W0092206

Kulturelle Entdeckungen
Mittelhessen

Landkreis Gießen
Lahn-Dill-Kreis
Landkreis Limburg-Weilburg
Landkreis Marburg-Biedenkopf

Kulturelle Entdeckungen Mittelhessen

© 2007
Sparkassen-Kulturstiftung
Hessen-Thüringen (Herausgeber)

Alle Rechte vorbehalten

Nachdruck, auch auszugsweise
und Übernahme der Texte im Internet,
nur mit schriftlicher Genehmigung des Herausgebers.

Redaktion:
Dr. Thomas Wurzel (verantwortlich)
Marietta Lüders
textwert, Bad Hersfeld

Satz und Layout:
Müller-Stoiber & Reuss, Darmstadt

Druck und Bindung:
Frotscher Druck GmbH, Darmstadt

Vertrieb:
Verlag Schnell & Steiner GmbH,
Leibnizstraße 13, 93055 Regensburg
www.schnell-und-steiner.de

ISBN 978-3-7954-1854-0

Zu beziehen über
die Sparkassen-Kulturstiftung Hessen-Thüringen,
die Sparkassen in Mittelhessen,
die Touristikbüros in den beteiligten Kreisen
und über den Buchhandel.

Inhalt

Grußwort der Landräte und Oberbürgermeister

Die Lahn entspringt im südlichsten Zipfel Nordrhein-Westfalens und durchquert auf ihrem Weg die hessischen Landkreise Marburg-Biedenkopf, Gießen, Lahn-Dill und Limburg-Weilburg sowie den rheinlandpfälzischen Rhein-Lahn-Kreis. Luftlinie sind es von der Quelle im Rothaargebirge bis zur Rheinmündung nur 80 Kilometer, doch der Fluss windet sich 242 Kilometer durch das abwechslungsreiche Lahntal und fällt dabei von 628 Meter auf 61 Meter über Normalnull. Von Gießen bis zu ihrer Mündung ist die Lahn eine Bundeswasserstraße.

Die Lahn trennt den Taunus vom Westerwald, aber viele Brücken, früher Furten, verbinden den Kölner Raum mit dem Frankfurter. Von beiden Seiten des Ufers blicken Zeugen einer bewegten historischen Zeit auf den Vorbeiziehenden herab. In Marburg verstarb die thüringische Landgräfin und später heilig gesprochene Elisabeth (1231), ihre Tochter Sophie von Brabant war es, die in Marburg die Landgrafschaft Hessen für ihren Sohn Heinrich in einem Erbfolgekrieg aus Thüringen herauslöste (1248). Die Konradiner gründeten in Limburg, Weilburg und Wetzlar im 9. Jahrhundert Stifte, die über Jahrhunderte das religiöse Leben an der Lahn prägten.

Noch heute zeugen alte Steinbrücken vom Leben auf beiden Flussseiten. Über sie querten Handelsleute und Krieger den Fluss.. Schon die Römer können die Lahn streckenweise als Transportweg genutzt haben. Im 16. Jahrhundert werden die Lahn erstmals vertieft und Treidelpfade angelegt. In der zweiten Hälfte des 19. Jahrhunderts dampften die ersten Züge durch das Lahntal. Die Schienenstränge wuchsen von der Mündung in Lahnstein lahnaufwärts, fast so wie der legendäre Kahn mit dem Leichnam des heiligen Lubentius, der vom Wind gegen den Strom bis an die Kalkfelsen von Dietkirchen getrieben worden sein soll.

Weder auf dem Fluss noch auf der Schiene wird heute noch Eisenerz transportiert. Die Wassersportler haben die Lahn entdeckt und die ehemaligen Leinpfade laden heute Wanderer und Radfahrer ein. Sie können eine Flusslandschaft mit Orten entdecken, die Geschichte durchlebt haben. In Marburg residierten die hessischen Landgrafen, Philipp der Großmütige gründete hier im Jahre 1527 die erste protestantische Universität der Welt. Aus dem nassau-weilburgischen Hause entstammt die in Luxemburg regierende großherzogliche Familie und von Dillenburg führen die familiären Verbindungen ins holländische Königshaus.

Wetzlar wurde unsterblich in die Literatur eingeführt durch Goethes Werther, das dort angesiedelte Reichskammergericht zählte neben Wien, Regensburg und Frankfurt zu den zentralen Machtzentren des Alten Reiches. Ernst Leitz schuf Ende des 19. Jahrhunderts hier die erste Kleinbildkamera. Gießen benannte seine 1607 gegründete Universität nach dem Chemiker Justus Liebig, der erstmals die Bedeutung mineralischer Stoffe für das Pflanzenwachstum erkannte und so die wissenschaftlichen Grundlage für Beseitigung des Hungers in Europa des 19. Jahrhunderts schuf.

Aber auch Berühmtheiten wie der Physiker Röntgen, der Sozialist Liebknecht und der Schriftsteller Büchner bereicherten die Stadt und trugen zu ihrem Ruhm bei. Neben dem 400-jährigen Jubiläum der Universität feiert die Stadt Gießen in diesem Jahr auch das 100-jährige Jubiläum des Stadttheaters. Limburgs einzigartiger siebentürmiger Dom zierte einst den 1000 DM-Schein und er grüßt markant die Autofahrer auf der A 3.

Um diese Schätze kennen zu lernen, soll die Publikation „Kulturelle Entdeckungen Mittelhessen" eine Orientierungshilfe sein. Dass die Wege schon einmal etwas weiter ab ins „Landesinnere" führen können, unterstreicht die große Bedeutung der Region in der Vergangenheit wie heute.

Unser besonderer Dank geht an die Sparkassen-Kulturstiftung Hessen-Thüringen und die Sparkassen unserer Kreise, die diesen Band in der Reihe „Kulturelle Entdeckungen" ermöglicht haben, ebenso den Autoren und Fotografen, die Natur und Kultur ins rechte Licht rückten.

Im Juli 2007

Robert Fischbach
Landrat des Kreises Marburg-Biedenkopf

Heinz-Peter Haumann
Oberbürgermeister der Stadt Gießen

Willi Marx
Landrat des Kreises Gießen

Manfred Michel
Landrat des Kreises Limburg-Weilburg

Wolfgang Schuster
Landrat des Lahn-Dill-Kreises

Egon Vaupel
Oberbürgermeister der Universitätsstadt Marburg

Vorwort

Mittelhessen ist dieser Band der „Kulturellen Entdeckungen" gewidmet. Dieses Gebiet, das sich auch an der Lahn vom Ederkopf bis Limburg und ihren Nebenflüssen wie Dill und Ohm orientiert, umfasst vier hessische Landkreise und reicht vom Rothaargebirge bis in den Westerwald. Die Landschaft ist historisch sehr vielfältig. Wurde sie im Norden von der Landgrafschaft – dem späteren Kurfürstentum Kassel – bestimmt, gehörte ihr Kern zu Hessen-Darmstadt, das bis ins „Hinterland" reicht. Unverkennbar sind auch der Einfluss Oraniens und des Herzogtums Nassau. Seit Gründung des Landes Hessen im Jahr 1945 ist dieser Raum politisch zusammengeführt. Diese Vielfalt erklärt, warum bis heute nur wenige Veröffentlichungen diesen mittelhessischen Kulturraum vorstellen.

Mit diesem Band ihrer „Kulturellen Entdeckungen" will die Sparkassen-Kulturstiftung Hessen-Thüringen die Attraktivität dieses Raumes widerspiegeln. Dabei kann und will die vorgestellte Auswahl an Sehenswürdigkeiten nicht vollständig sein. Sie soll einen Überblick über die Vielfalt des kulturellen Erbes dieser Region geben, deren Orientierungslinie die Lahn und die den Fluss begleitende Eisenbahn ist.

Die vorliegenden Texte und Bilder sollen Neugier wecken und zu einer kleinen Reise oder einem Ausflug einladen. Ein lexikografisch geordnetes Inhaltsverzeichnis sowie ein nach Landkreisen geordnetes Register erleichtern ebenso wie die beiliegende Übersichtskarte, Anfahrtsbeschreibungen, Öffnungszeiten und Internetadressen den Zugang zu den einzelnen Objekten und Orten.

Hervorzuheben ist die gemeinschaftliche Förderung durch die Sparkassen-Finanzgruppe. Dank gilt daher der Bezirkssparkasse Dillenburg, der Sparkasse Gießen, der Sparkasse Grünberg, der Sparkasse Laubach-Hungen, der Kreissparkasse Limburg, der Sparkasse Marburg-Biedenkopf, der Kreissparkasse Weilburg sowie der Sparkasse Wetzlar.

Besonderer Dank gilt den Mitwirkenden aus den Landkreisen und Städten. Zu nennen sind hier insbesondere Dr. Marie-Luise Crone, Landrat a.D. Dr. Karl Ihmels, Lahn-Dill-Kreis, Rainer Kieselbach, Dr. Markus Morr und Karl Michael Stöppler. Dank gilt auch Sparkassendirektor a.D. Heinrich C. Hormann (Laubach) sowie Josef Schmitt (Elz), der noch als Mitarbeiter der Kreissparkasse Limburg das Projekt entschieden befürwortet hat. Sie alle haben maßgeblich bei der Gewinnung fachkundiger Autor(inn)en und Fotograf(inn)en mitgewirkt bzw. selbst Texte und Fotos erstellt und darüber hinaus für ergänzendes Bildmaterial gesorgt. Dank gilt auch den Autor(inn)en, insbesondere Eckart Büxel, Bad Hersfeld, die mit ihrer profunden Sachkenntnis wesentlich zum Gelingen dieser Publikation beigetragen haben.

Frankfurt im Juli 2007

J. Böhmer

Gregor Böhmer
Vorsitzender des Vorstandes der
Sparkassen-Kulturstiftung Hessen-Thüringen

Verzeichnis der Orte nach Landkreisen

Kreis Gießen

Lahn-Dill-Kreis

Kreis Limburg-Weilburg

21	Bad Camberg
25	Beselich
38	Brechen
63	Elbtal
66	Elz
98	Hadamar
117	Hünfelden
141	Limburg
186	Runkel
190	Selters
200	Villmar
203	Weilburg
216	Weinbach

Kreis Marburg-Biedenkopf

13	Amöneburg
18	Angelburg
24	Bad Endbach
30	Biedenkopf
39	Breidenbach
44	Cölbe
45	Dautphetal
58	Ebsdorfergrund
70	Fronhausen
88	Gladenbach
120	Kirchhain
125	Lahntal
158	Lohra
160	Marburg
175	Münchhausen
177	Neustadt
183	Rauschenberg
196	Stadtallendorf
199	Steffenberg
214	Weimar
220	Wetter
232	Wohratal

Zeichenerklärung

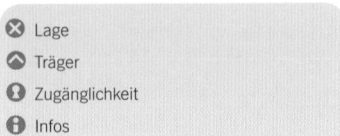

⊗ Lage
⬙ Träger
❶ Zugänglichkeit
❶ Infos

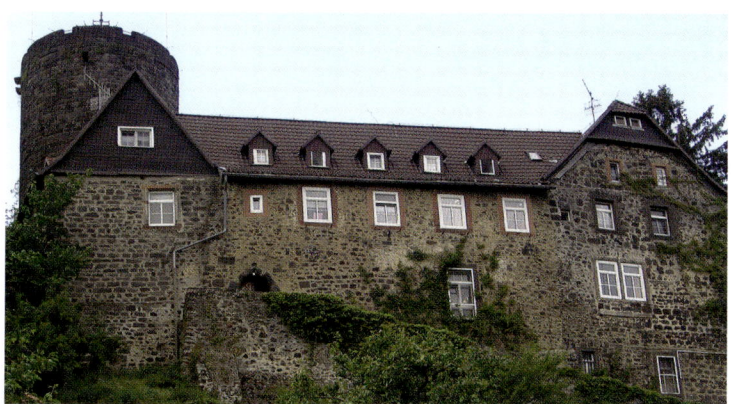

A

Allendorf-Nordeck

Burg Nordeck

Burg Nordeck dient heute als Internat

- ❌ nördlich des Ortes, Steingasse 19
- 🔵 privat
- ❶ von außen zugänglich
- ❶ www.internat-burg-nordeck.de

Der 22 Meter hohe Bergfried von Burg Nordeck eröffnet einen weiten Ausblick ins Lumdatal, zu den Bergen um Gießen und zum Vogelsberg.

Angeblich hatten dies schon im achten Jahrhundert Alhard und Childebert, zwei Mannen von Karl dem Großen, erkannt und den Berg mit den ersten Mauern befestigt. Sowohl die Heerstraße in Nord-Süd-Richtung als auch die Grünberger Straße durchs Lumdatal waren von hier aus gut zu übersehen. Als die Burg Mitte des 13. Jahrhunderts an die Landgrafen von Hessen überging, war sie ein hervorragender Stützpunkt, um den Austausch von Waren und Informationen zwischen dem Erzbistum Mainz und seiner Enklave Amöneburg zu unterbinden.

Die ältesten erhaltenen Gebäudeteile einer von den Gleiberger Grafen errichteten Burganlage stammen aus dem 12. Jahrhundert. Sie finden sich im mächtigen Bergfried und einigen Grundmauern westlich des heutigen dreiflügligen Baus. Eine südlich gelegene Schildmauer und die Schlosskapelle nordöstlich der Burg sind noch in gutem Zustand erhalten.

Die Burgmannen von Nordeck erscheinen nicht immer im besten Licht – im Mittelalter wurden sie öfters als Raubritter tituliert. Im Laufe der Zeit war das Anwesen im Besitz zahlreicher Adelsgeschlechter – zuletzt fiel es 1909 durch Erbschaft an die Familie von Schwerin zu Friedelhausen.

Mit dem Jahre 1926 zog jedoch neues Leben in die Burg ein: Der Reformpädagoge Otto Erdmann gründete auf Burg Nordeck ein Landschulheim mit dem Ziel, neue Formen der Schulbildung zu verwirklichen. Seine Mitstreiterin war Anna Geheeb, die Schwester des Gründers der bekannteren Odenwaldschule, an der auch Erdmann vor dem Ersten Weltkrieg gearbeitet hatte. Mit der Idee einer betont individuellen Erziehung bereichert das Internat bis heute das Bildungswesen der Region. Der Hessische Kultusminister verlieh dem Landschulheim das Prädikat „Schule besonderer pädagogischer Prägung". ●

A

Allendorf-Winnen
Evangelische Pfarrkirche

❌ nördlich am Ortsrand, Marburger Str. 28

🕐 nach Vereinbarung

ℹ️ ev. Kirchengemeinde Winnen,
Tel. 06407-6290

Das kleine Örtchen Winnen am nördlichen Rand des Lumdatals wurde erstmals 1238 erwähnt. Schon früh besaß Winnen einen eigenen Pfarrbezirk, zu dem zeitweise auch Allendorf gehörte. Etwas oberhalb der Ortschaft liegt der wehrhaft ummauerte Kirchhof, auf dem eine gut erhaltene Wehrkirche aus der zweiten Hälfte des 13. Jahrhunderts steht.

Von Süden her vermittelt die aus Bruchsteinen gemauerte Chorturmanlage einen weitgehend ungestörten Eindruck, lediglich die Türen sind in spätgotischer Zeit verändert worden. Die schönen Maßwerkfenster an Chorturm und Westseite erinnern deutlich an die nur wenig früher erbaute Elisabethkirche in Marburg. Mit seinen Eckquadern setzt sich der Turm markant vom Kirchenschiff ab. Aus seinem pyramidenförmigen Helm springt nach Süden ein oktogonaler Dacherker bis über die Traufkante hervor und seinen Abschluss bildet eine elegant abgesetzte Turmspitze.

An der Nordseite findet sich eine spätgotische Sakristei mit gewölbter Decke. Die nördliche Erweiterung des Schiffes, durch die der Bau zur Hallenkirche mit länglichem Tonnengewölbe und Empore wurde, erfolgte erst später. Die neogotische Rankmalerei im Inneren stammt aus der Zeit um 1900.

Wer vom Kirchhof aus seinen Blick über das weite Lumdatal schweifen lässt, sollte noch der schönen Grabplatte an der Südfassade Beachtung schenken: Der stark verwitterte Stein aus dem 16. Jahrhundert zeigt einen betenden Ritter, flankiert von seinen beiden Frauen. ●

Die Pfarrkirche von Süden

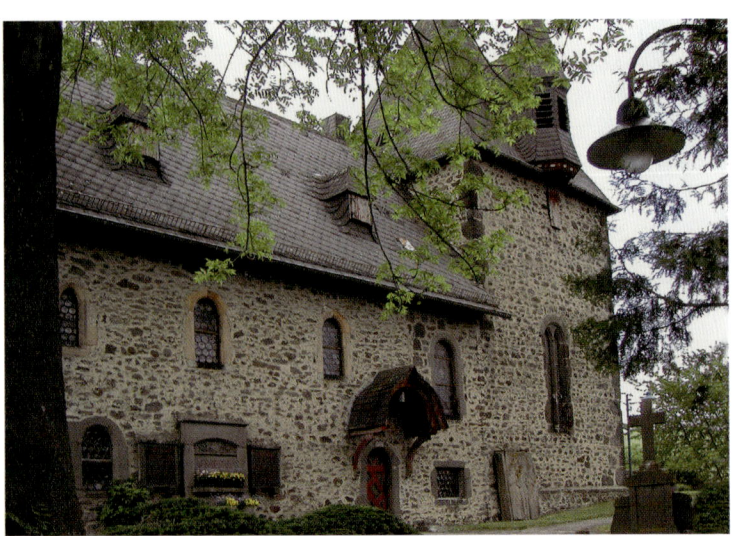

Amöneburg

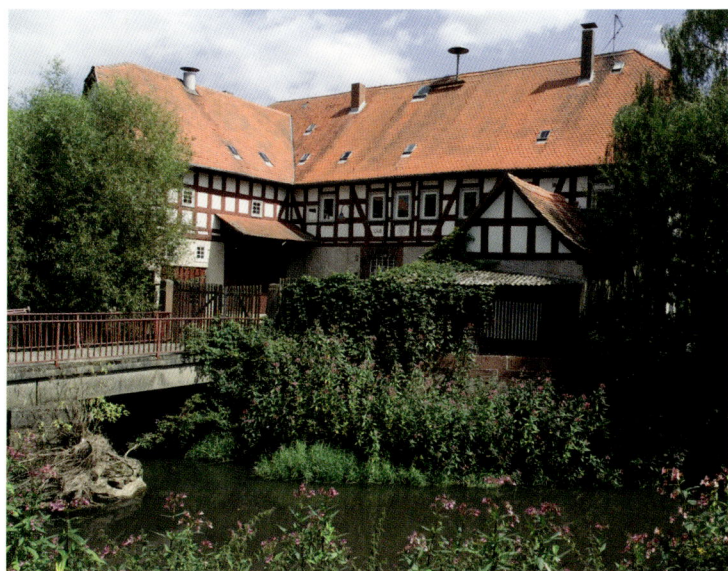

Die Brücker Mühle an der Ohm

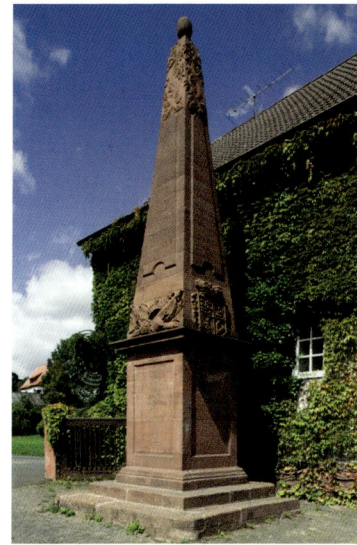

Denkmal für die Schlacht von 1762

Amöneburg
Brücker Mühle

❌ östlich v. Amöneburg, Am Friedenstein 6

🔺 privat

🕐 Di bis Fr 9.30-18.30 Uhr, Sa. 9-14 Uhr

ℹ Tel. 06422-850864,
   E-Mail: tkleinschmidt@gmx.net

Die Brücker Mühle am Fuße von Amöneburg wurde 1248 erstmals urkundlich
erwähnt. Sie wurde im 15., 17. und 20.
Jahrhundert mehrfach zerstört, aber
immer wieder aufgebaut. Ein Ereignis im
Siebenjährigen Krieg macht sie zu einem
der geschichtsträchtigsten Orte im Landkreis Marburg-Biedenkopf: Am 21. September 1762 tobte am Fuße der Amöneburg eine der Entscheidungsschlachten
zwischen den Franzosen und den mit
den Preußen verbündeten Westarmeen
unter Herzog Ferdinand von Braun-
schweig. 527 Soldaten fanden dabei
den Tod, 1363 wurden verwundet. Am

13

A

15. November 1762 wurde im Brücker Wirtshaus direkt neben der Mühle zwischen den Kontrahenten ein Waffenstillstand geschlossen. Ein achteinhalb Meter hoher Obelisk beim Brücker Wirtshaus erinnert noch heute an die Ereignisse des Jahres 1762.

Neben dem Mühlenbetrieb diente die Brücker Mühle bis in die 1950er Jahre auch als Pumpstation für die Wasserversorgung der Stadt Amöneburg. Diese war von 1859 bis 2005 Besitzerin der Mühle und sorgte dafür, dass die Wasserräder bereits um die Jahrhundertwende durch leistungsfähige Turbinen ersetzt wurden.

Der langjährige Pächter und jetzige Besitzer der Brücker Mühle versuchte stets, die Geschichte der Mühle mit den wirtschaftlichen Anforderungen in Einklang zu bringen. Heute steht wieder das Mahlen von Getreide im Mittelpunkt der historischen Mühle, die damit zu den am längsten betriebenen Anlagen in Deutschland zählt. Besucher sind in der Brücker Mühle gern gesehen: Im Rahmen von Mühlenführungen wird über den Ablauf der verschiedenartigen Mahlvorgänge informiert und im angeschlossenen Mühlenladen werden Lebensmittel aus ökologischer Erzeugung angeboten. Außerdem können sich die Gäste mit Kaffee, Getränken oder kleinen Speisen bewirten lassen und selbst für größere Veranstaltungen wie Familienfeiern, Betriebsausflüge, Seminare und Tagungen sind Räumlichkeiten vorhanden. ●

Amöneburg
Lindaukapelle und Waschbach

❌ am Nordfuß der Amöneburg

🕐 außen frei zugänglich, Kapelle nach Anmeldung

ℹ️ Pfarramt St. Johannes, Tel. 06422-2103

Imposant erhebt sich die Amöneburg als weithin sichtbarer Basaltkegel inmitten des Amöneburger Beckens, einer weiten, fruchtbaren Ebene östlich von Marburg.

Bis heute das Ziel von Wallfahrten:
Die Magdalenenkapelle der Wüstung Lindau

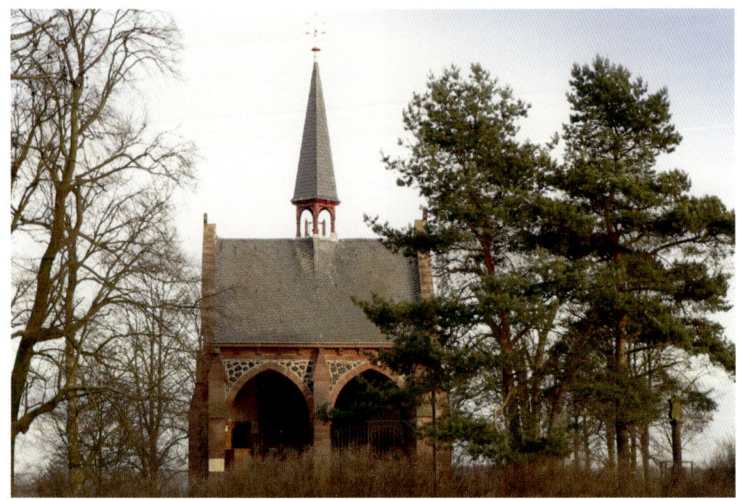

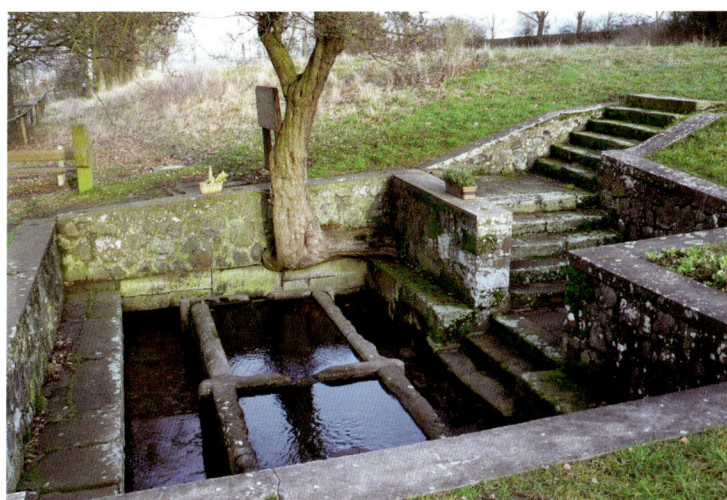

Von hier aus hatte Bonifatius 721 seine Missionstätigkeit in der Region begonnen. Dazu gründete er inmitten der fränkischen Festung ein Kloster und ließ eine Kirche bauen. Wie ein Fels in der Brandung trotzte die Amöneburg auch der Reformation und blieb Zentrum der katholischen Enklave des ehemaligen Erzbistums Mainz.

Am Fuße des Bergkegels, nahe der nördlichen Zufahrt liegt die Lindaukapelle. Das kleine Gotteshaus verdankt seinen Namen der Wüstung Lindau, die einst hier am Nordhang der Amöneburg lag. Bis heute ist sie Jahr für Jahr das Ziel von Wallfahrten zum Bonifatiustag am 5. Juni und zur Magdalenenoktav am 22. Juli.

Die Kapelle entstand 1847 nach Plänen des Architekten Peter Zindel. Sie war allerdings nicht das erste Kirchengebäude an dieser Stelle. Bereits 1343 ist für den Vorgängerbau die Weihe eines Altares zu Ehren der heiligen Maria Magdalena bezeugt. Der heutige neugotische Bau besitzt zwei im Verhältnis zum Grundriss sehr hohe Kreuzrippengewölbe. Seine Außenmauern sind in dem

Taufte hier einst Bonifatius die Heiden?

für die Amöneburg typischen Basaltstein errichtet und mit Sandsteinquadern eingefasst. Aus letzteren bestehen auch die markanten Stützpfeiler der seitlich offenen Kapelle, die von einem hoch aufragenden Dachreiter bekrönt wird.

Direkt gegenüber der Kapelle, jenseits der ansteigenden Straße, liegt in der Mitte eines von Bäumen gesäumten Platzes die Waschbach. Ein paar Stufen führen zu dem mit Sandsteinquadern eingefassten Quellbrunnen hinab. An dieser Quelle soll Bonifatius – der Überlieferung nach – seine für das Christentum gewonnenen Heiden getauft haben. Da es auf der Amöneburg selbst kein Wasser gab, liegt diese Vermutung nicht fern, dass es sich hier tatsächlich um den Bonifatiusbrunnen handeln könnte. Die Amöneburger Bürger waren stets auf die Quellen am Fuße des Basaltkegels angewiesen. Hier am Waschbach wurde Trinkwasser geholt und – wie der Name sagt – Wäsche gewaschen. Von der Bevölkerung wird das Wasser bis heute als Heil- und Trinkwasser geschätzt. ●

A

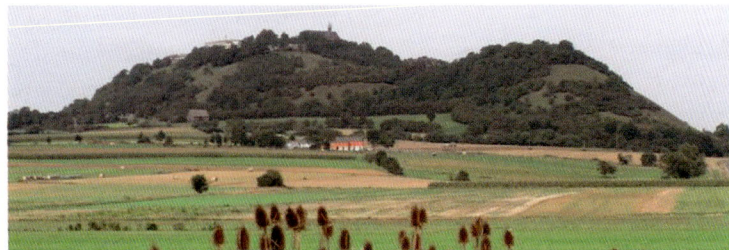

Amöneburg

Der Südhang des Amöneburger Basaltkegels

Naturschutzgebiet

❌ Parkplätze an der K 30 aus Richtung Kirchhain und Brücker Mühle sowie der K 29 aus Richtung Rossdorf, von dort Fußwege ins NSG

🕐 jederzeit frei zugänglich, Naturschutz-informationszentrum

ℹ️ Tafeln am Naturlehrpfad, NSG-Zentrum; www.amoeneburg.de

Das Basaltmassiv der Amöneburg ragt 165 Meter aus der flachen Ohmebe-ne in die Höhe. Entstanden ist diese her-ausragende Landmarke im Amöneburger Becken durch einen Vulkan, der im hoch-gedrückten Buntsandstein stecken blieb und dort erkaltete. Die Erosion hat im Laufe von 40 bis 50 Millionen Jahren den harten Basaltkern aus dem umgebenden Sandstein freigelegt.

Klimatisch gesehen zählt die Amö-neburg zu den niederschlagärmsten Gebieten Hessens. Fast senkrecht scheint die Sonne auf die steilen Hänge, die nur die dünne Schicht Oberboden bedeckt. Außerdem sind die Temperatur-unterschiede zwischen der Ohmebene und dem Bergplateau erheblich. Vor allem im Frühjahr und im Herbst herr-schen in der Altstadt auf dem Berg noch Plusgrade, während es unten im Tal schon gefriert.

Auch der Mensch hat die Vegetation an der Amöneburg nachhaltig beeinflusst. Schon seit keltischer Zeit war der Berg besiedelt, im Mittelalter wurden die Hänge aus strategischen Gründen von Bäumen freigehalten und bis nach dem Zweiten Weltkrieg wurden die Flächen intensiv mit Ziegen und Schafen bewei-det. All diese Faktoren haben dazu bei-getragen, dass um die Amöneburg herum eine bemerkenswerte Flora und Fauna entstand, die schon früh als schüt-zenswert eingestuft wurde. Mit dem Grundüngsjahr 1927 zählt das 31 Hektar große Areal rund um die Amöneburger Altstadt zu den ältesten Naturschutzge-bieten Hessens.

Besonderheiten des Schutzgebietes sind wärmeliebende Pflanzen, die sonst teilweise nur im Mittelmeerraum vorkom-men. Auf der Nordseite kommen wieder-um Flechten, Moose und Farne vor, die sonst nur in den Alpen oder in Skandina-vien gedeihen. Entsprechend vielfältig und abwechslungsreich ist die Fauna: Nachtigall, Steinkauz, Gartenrotschwanz und viele Arten seltener Insekten kann man hier antreffen. Detaillierte Informa-tionen werden im Naturschutzinforma-tionszentrum neben dem Rathaus ver-mittelt, außerdem führt ein Naturlehrpfad durch das Schutzgebiet und erläutert die Besonderheiten vor Ort. Einen herrlichen Ausblick über das Naturschutzgebiet bie-tet der Mauerrundweg, welcher auch Ausgangspunkt für den Naturlehrpfad ist. Bei klarer Sicht kann man von dort bis in die Rhön, den Vogelsberg, das Rothaar-gebirge und den Knüll sehen. ●

Amöneburg-Mardorf

Katholische Pfarrkirche Sankt Hubertus

- ❌ im Ortszentrum, An der Kirche
- 🕐 täglich von 8-18 Uhr geöffnet
- ℹ️ Pfarrbüro: Tel. 06429-285

Auf dem mittelalterlichen Mardorfer Kirchhof haben sich bis heute Teile der Ringmauer sowie der massive Wehrturm der Kirche erhalten. Dieser wurde als Chorturm einer Vorgängerkirche im 13. Jahrhundert errichtet und um 1400 zum mächtigsten Wehrturm der Gegend ausgebaut. Nach dem Abriss der alten Kirche schließt heute der schmale Chor des 1713-1726 errichteten Kirchenbaus südlich an den wuchtigen Turm an.

Der bisher als Sakristei genutzte Raum im Erdgeschoss des Turmes ist also der ehemalige Chor des frühgoti-

schen Vorgängerbaus. So erklären sich auch die sehr bedeutenden Wandmalereien aus der Zeit um 1270, die hier zu finden sind. Sie zeigen die Kreuzigungsszene, den heiligen Martin sowie Szenen aus dem Leben der heiligen Elisabeth (1207-1231).

Die Darstellungen orientieren sich an den Motiven der Marburger Elisabethfenster und sind in der Palette der damals erschwinglichen und verbreiteten Farben rot, ocker und schwarz angelegt. Bei den mit roten und schwarzen Konturstrichen sowie gelben und roten Flächen angelegten Bildern handelt sich vermutlich um die ältesten bekannten Wandgemälde der heiligen Elisabeth und die frühesten Darstellungen der Heiligen außerhalb Marburgs. Angesichts der fast europaweiten Dimension der vom Deutschen Orden betriebenen Elisabeth-Verehrung gewinnen diese frühen Bildwerke überregionale Bedeutung. ●

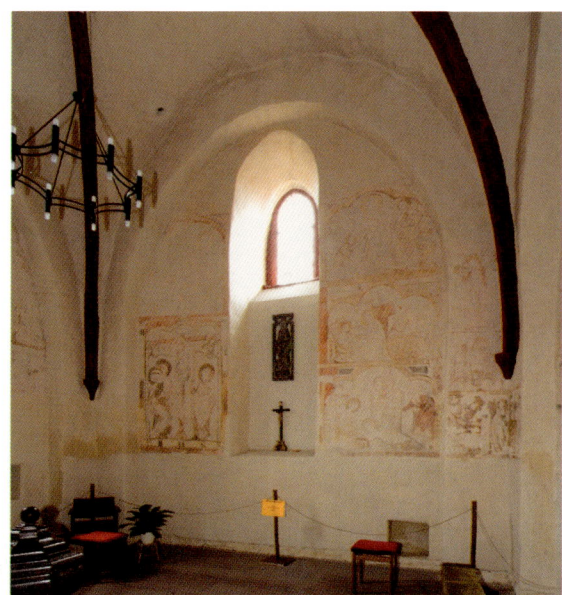

Frühgotische Wandmalereien in Sankt Hubertus

A

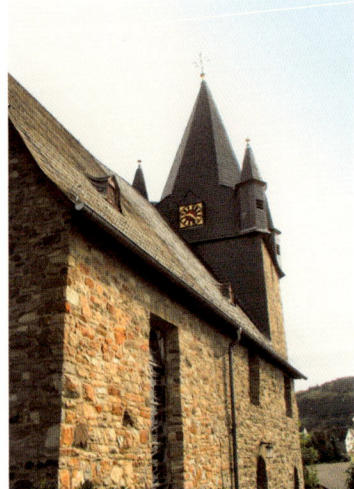

Angelburg-Lixfeld

Kirche

- ⊗ im Ortskern, Britzenbachstraße
- ⊕ außen frei zugänglich, Besichtigung nach Anmeldung
- ⓘ ev. Pfarramt Lixfeld, Britzenbachstr. 1, Tel. 06464-911017

Der Turm der Lixfelder Kirche macht mit seinen kleinen Fenstern einen wehrhaften Eindruck. Und sicher werden seine Mauern und die des Kirchhofs der Bevölkerung etwas Schutz gegen metzelnde Horden geboten haben, die in Kriegszeiten durch die Region zogen. Dennoch sind sich die Experten nicht einig, ob das Lixfelder Gotteshaus als Wehrkirche bezeichnet werden kann – Lage und Alter sprechen dagegen.

Der Turm als ältester Teil der Kirche wurde vermutlich schon zur Zeit der Christianisierung Ende des achten Jahrhunderts erbaut. Demnach wäre der ursprüngliche Bau eine sogenannte Taufkirche, die die fränkischen Missionare der

Kirche mit Turm aus dem 8. Jahrhundert

Chatten in den Gerichtsbezirken bauten. Im späten Frühmittelalter wurde die Lixfelder Kirche dem Erzbistum Mainz zugeordnet und bekam nach und nach den Rang einer eigenständigen Pfarrkirche. Ein Hinweis darauf sind die sechs Mainzer Weihekreuze, die in den 1970er Jahren im Chorraum freigelegt wurden.

Zu dieser Zeit wurde auch das im 17. Jahrhundert erbaute Kirchenschiff erweitert. Unter der fachkundigen Aufsicht beteiligte sich die ganze Gemeinde an den Baumaßnahmen. Neben einem Anbau bekam die Kirche ein Tonnengewölbe, damit auf der Empore genügend Kopffreiheit herrschte. Auch die modernen, bunten Fenster sowie der Taufstein, das Lesepult und der Altar aus „Hinterländer Grünstein" (Diabas) stammen aus der Mitte der 1970er Jahre.

Wesentlich älter ist dagegen die mit einem Gittertürchen versehene Wandnische im Chorraum. In der Zeit vor der Reformation wurden in diesem Sakramentshäuschen Wein und Hostien aufbewahrt, worauf auch die Bemalung oberhalb der Nische schließen lässt. Die Kanzel stammt aus dem Jahre 1595 und auch der vor dem Chorraum hängende Corpus Christi dürfte aus jener Zeit stammen.

Der Weg zum Turm der Lixfelder Kirche führt über die Empore durch eine enge Nische zwischen Orgel und Wand. Über eine enge Treppe erreicht man den Dachstuhl. Auf zwei Ebenen hängen hier vier mächtige Glocken. Das offene Gebälk macht die Konstruktion der vier Ecktürmchen erkennbar und durch die schmalen Schlitze der dicken Bruchstein-Mauern lässt sich die Umgebung erahnen. ●

A

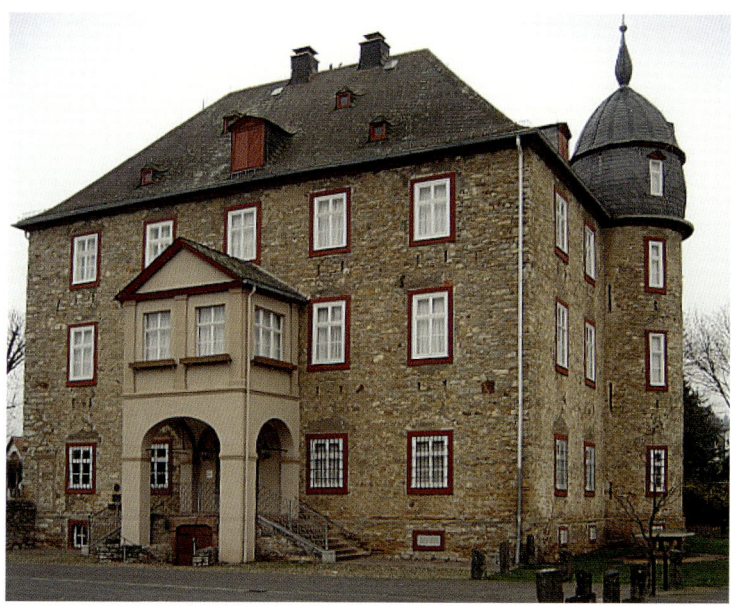

Asslar-Werdorf

Schloss und Heimatmuseum

Heimatmuseum im barocken Schlossbau

❌ im Zentrum von Werdorf

🔵 Stadt Asslar

ℹ geöffnet: 2. und 4. So im Monat;
14-18 Uhr, Führungen nach Vereinbarung

ℹ Verein für Heimatgeschichte Werdorf,
Tel. 06443-833177, E-Mail:
heimatverein-werdorf@t-online.de
Stadtverwaltung Asslar,
Tel. 06441-80374 bzw. -83,
E-Mail: kulturamt@asslar.de

Das kleine Barockschloss im Herzen von Werdorf hat eine wechselvolle Geschichte: 1690 als Witwensitz gebaut, wurde das Anwesen zunächst von Ernestine Sophie von Solms-Greifenstein, der Witwe Graf Wilhelms II., und ihren beiden Töchtern bewohnt. Später diente es als Sommerresidenz und Ausflugsziel adliger und besser gestellter Familien.

1941 kam das Schloss in den Besitz der Gemeinde Werdorf, die es zunächst als Ausbildungsstätte, Internat und Wohnraum nutzte.

Einzelne Räume des Schlosses dienten bereits seit 1981 dem „Verein für Heimatgeschichte" zur Unterbringung seiner heimatkundlichen Sammlung. Zum Museum der Stadt Asslar wurde das Gebäude aber erst nach einer zweijährigen Umgestaltung und vollständigen Sanierung im Jahre 1992.

Heute ist auf einer Fläche von ca. 900 Quadratmetern eine abwechslungsreiche Sammlung zu bestaunen, die verschiedene Bereiche der regionalen Geschichte und Lebensweise sowie die Schlosshistorie beleuchtet: Der mit zeitgenössischer Ware ausgestattete „Tante-Emma-Laden" im Erdgeschoss, die Schulstube und die Spielzeugsammlung

19

A

geben lebendige Einblicke in die Alltags-kultur vergangener Zeiten. Das regionale Handwerk ist eindrucksvoll durch einen voll funktionsfähigen Frisörsalon, eine Schneiderwerkstatt sowie eine Schreine-rei, eine Druckerei und eine Schmiede dokumentiert.

Das zweite Obergeschoss widmet sich dem Bereich Wohnen. Im Zentrum steht dabei das 19. Jahrhundert und der Kontrast zwischen bäuerlicher und adli-ger Lebenswelt: Das große, kostbar möblierte Biedermeierzimmer ist dabei als Spiegel fürstlicher Kultur anzusehen. Im Gegensatz dazu bieten Küche, Kam-mer, Waschküche, Spinnstube und Leine-weberei einen Eindruck vom Leben der einfachen Leute.

Exponate und Dokumente aus der Zeit des Nationalsozialismus, des Zwei-ten Weltkrieges, zur Flucht und zur Ver-treibung aus den ehemaligen deutschen Ostgebieten und den 1950er Jahren ergänzen die Präsentation im Haupt-gebäude. In den Nebengebäuden des

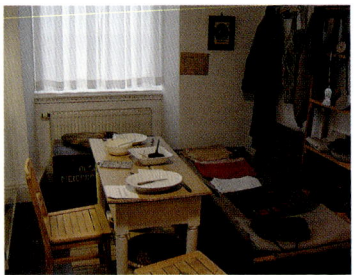

Erstausstattung Heimatvertriebener 1945

Schlosses werden die Bereiche Landwirt-schaft, Brandschutz und Eisenbahn thematisiert. ●

Original 50er Jahre – der Tante-Emma-Laden

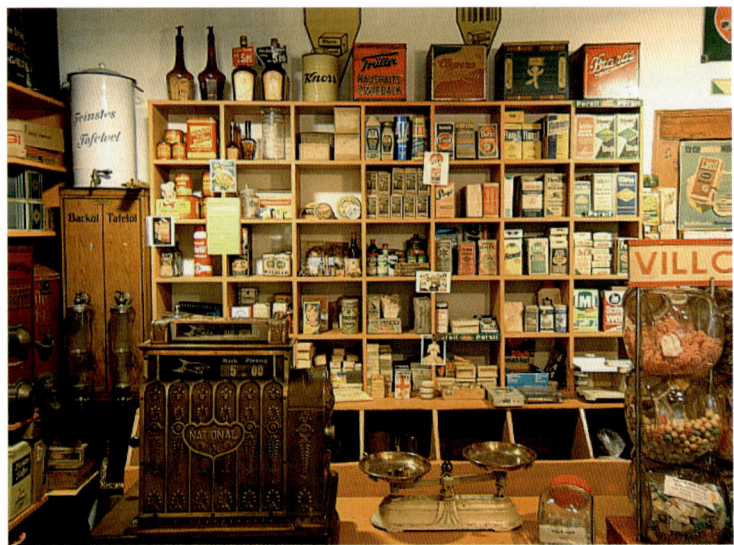

Bad Camberg

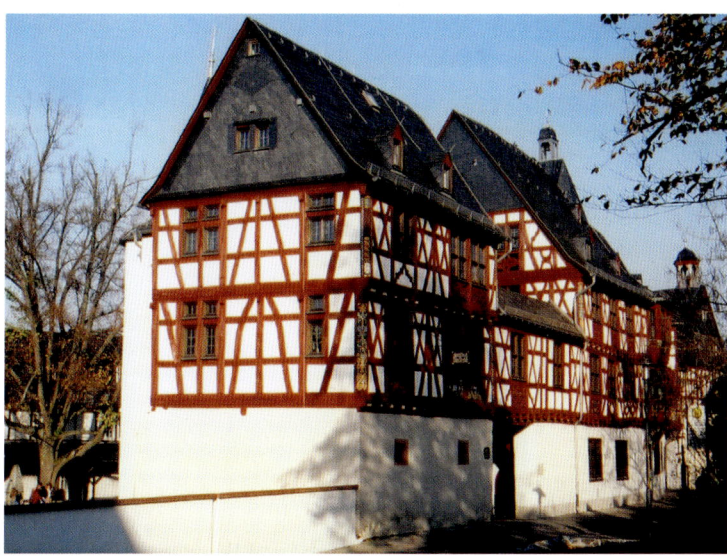

Bad Camberg
Amthof

Über 140 Meter Fachwerk „am Stück"

- ⊗ im Ortszentrum, Am Amthof 15
- ☁ seit 1993 Sitz der Stadtverwaltung
- ⊕ außen frei zugänglich, während der Dienstzeiten auch innen
- ⓘ Kurverwaltung, Am Amthof 15, Tel. 06434-202411

Mit mehr als 140 Metern Länge besitzt der Bad Camberger Amthof eine der längsten Fachwerkfronten Hessens. Wappenfelder und eine reiche Fachwerkornamentik zieren die Straßenansicht. Die Brüstungsfelder des prachtvollen zweigeschossigen Erkers schmücken allegorische Schnitzreliefs: ein der Asche entsteigender Phönix und ein Pelikan, der seine Jungen mit dem eigenen Blut säugt. All dies zeugt von der Macht und vom Reichtum der kurtrierischen Oberamtmänner, denen der Amthof bis 1815 als Wohnung und Amtssitz diente.

Ursprünglich bestand das Ensemble mit seinem Bruchsteinunterbau und den zwei Fachwerkgeschossen aus drei Einzelhöfen. Die heutige Gestaltung geht auf den Baumeister Achatius von Hohenfeld zurück, der bereits bestehende Gebäudeteile 1669 erweiterte. Ein Straßenüberbau verbindet seitdem den Amthof mit der 1661 errichteten Hohenfeldkapelle und dem mittelalterlichen Obertorturm. Auch das Rentmeisterhaus ist mit einem Torübergang an das Hauptgebäude angebunden.

Letzteres ist der älteste Teil der Anlage und wurde 1609 für den Amtmann Lubert von Heyden errichten. Sein Wappen und das seiner Frau Ursula von Schöneberg zieren das Gebäude, das seit 1981 als „Amthof-Galerie" als Ausstellungsfläche für heimische Künstler genutzt wird.

1942 erwarb die Stadt Bad Camberg den Amthof. Nach Umbauten und Sanierung in den 1950er und 1980/90er Jahren

B

wird er bis heute zu öffentlichen Zwecken genutzt. Im geräumigen Innenhof mit den ehemaligen Stallungen und Remisen ließ man 1980 den ältesten Brunnen der Stadt wieder aufbauen. Jeden Sommer bietet der öffentlich zugängliche Hof den stimmungsvollen Rahmen für ein großes Lampionfest. ●

Bad Camberg
Kräutergarten

❌ Am Badehausweg, Kur- und Gesund-
   heitszentrum

☁ Stadtverwaltung Bad Camberg

❶ frei zugänglich

❶ Kurverwaltung, Am Amthof 15,
   Tel. 06434-202411

Bad Camberg ist einer der ältesten Kneipp-Kurorte: Bereits 1927 – als dritter Standort in Deutschland und erster in Hessen – wurden hier systematisch Wasserkuren nach Sebastian Kneipp (1821 - 1897) angeboten. Die offizielle Bezeichnung „Staatlich anerkanntes Kneippheilbad" erhielt die Stadt 1977. Der 2002 angelegte Kräutergarten erin-

Die Kräuter des Sebastian Kneipp

nert an den bayerischen Pfarrer und Naturheiler und weist darauf hin, dass Kneipp nicht nur auf die Heilkräfte des Wassers, sondern auf die der Natur insgesamt setzte.

Der Kneipp-Kräutergarten wurde auf einer Fläche von rund 800 Quadratmetern in der Nähe des Kur- und Gesundheitszentrums direkt neben dem neuen Tretbecken angelegt. Rechts und links des befestigten Hauptweges wurden einige hundert Heilkräuter in 14 Beeten angepflanzt. Gruppiert sind sie nach unterschiedlichen Anwendungsgebieten: Neben den bekannteren Duft-, Gewürz- und Küchenkräutern findet der Besucher unterschiedlichste Stauden- und Gehölzarten, die bei Rheuma, Nervenleiden, Schlafstörungen, Magen- bzw. Darmbeschwerden, Leber- und Gallenleiden usw. heilende oder lindernde Kräfte entfalten.

„Vorbeugen sollt ihr durch diese Kräuter, nicht das Übel erst groß werden lassen", riet Sebastian Kneipp seinen Patienten. Damit meinte er vor allem einheimische Pflanzen, die auch für die ärmeren Leute erschwinglich waren. Für eine verantwortungsvolle Selbstbehandlung mit mild wirkenden Heilpflanzen entwickelte Kneipp vielfältige Rezepturen für Tees, Säfte, Dragees, Bade- und Wickelzusätze, Inhalationen und Salben. ●

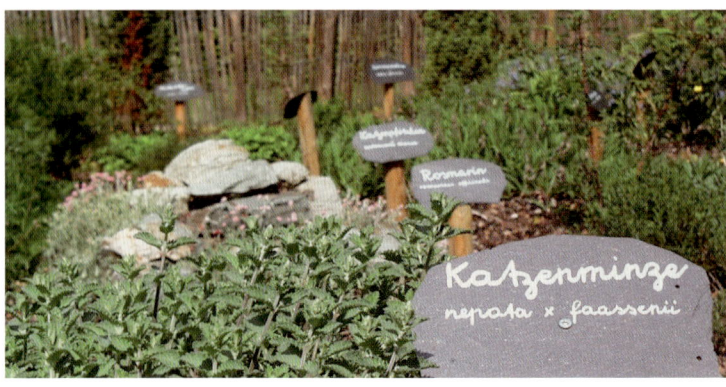

B

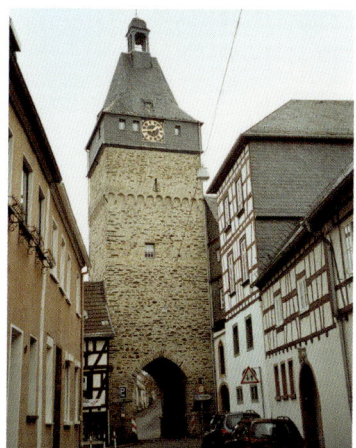

Bad Camberg

Untertor- und Obertorturm

⊗ im Ortszentrum, Altstadt

⊕ außen frei zugänglich

❶ Kurverwaltung, Am Amthof 15,
Tel. 06434-202411

Eine Stadtmauer mit dreizehn Türmen umschloss Camberg ab der zweiten Hälfte des 14. Jahrhunderts. Von der Mauer sind heute nur noch Teile vorhanden, außerdem zwei Turmreste. Zwei sehr gut erhaltene Tortürme prägen noch heute das Stadtbild: der Ober- und der Untertorturm.

Der 1392 errichtete Obertorturm im Osten der Altstadt ist stolze 33 Meter hoch. Er ist das Wahrzeichen der Stadt und prägt auch das Stadtwappen. In seinem spitzbogigen Torbogen, finden sich noch Reste eines Fallgitters und die Aussparungen für die starken Balkenriegel. Mit letzteren wurde das zweiflügelige Stadttor bei Gefahr verschlossen. Der zunächst als „Hinterpfort" bezeichnete Turm endete ursprünglich mit einer flachen Verteidigungsplattform. Sein heutiges Aussehen erhielt er um 1630 als das

Cambergs Wahrzeichen – der Oberturm (links), der Unterturm (unten)

Fachwerkgeschoss mit Türmerstube und das steile Walmdach mit seinem Glockentürmchen aufgesetzt wurden.

Der Untertortum ist zwei Jahre jünger als sein östliches Pendant. Mit einer Neigung von 1,44 Meter schmiegt er sich an die Fachwerkhäuser in der Kirchgasse, die im 18. Jahrhundert an Turm und Stadtmauer gebaut wurden. Aus diesem Grund wird er auch als „Schiefer Turm von Camberg" bezeichnet. Von der einst mächtigen Befestigungsanlage, die den westlichen Zugang zur Stadt schützte, ist heute nur noch der Hauptturm erhalten. Gleich drei hintereinander liegende Tore sicherten den Zugang – ihre steinernen Widerlager sind noch heute zu erkennen. Seit seiner Restaurierung im Jahre 2001 erstrahlt der 21 Meter hohe Rechteckturm in neuem Glanz. Über seinen Zinnen erhebt sich nun auch wieder ein Dach, das in Angleichung an den historischen Zustand gestaltet wurde. Den früheren Spitzhelm hatte amerikanische Artillerie in der Karwoche 1945 in Brand geschossen. ●

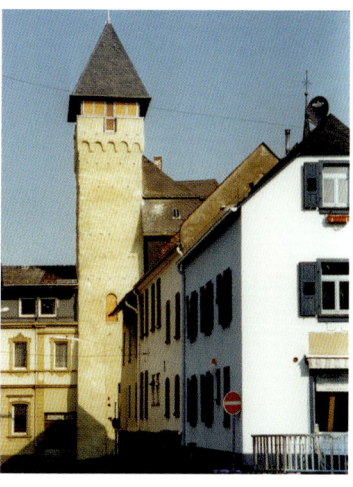

Bad Endbach

B

Bad Endbach
Eisenbahnviadukt

⊗ östlich des Stadtzentrums neben der
Landstraße Richtung Weidenhausen

◗ Deutsche Bahn AG

❶ frei zugänglich

In neun Bögen überspannt der ge-
schwungene Sandsteinviadukt in Bad
Endbach eine Landstraße und das Tal der
Salzböde. Mittlerweile funktionslos steht
das Bauwerk als technisches Denkmal
für die regionale Eisenbahngeschichte
und die Ingenieurkunst um die Wende
vom 19. zum 20. Jahrhundert.

Die sogenannte Aar-Salzböde-Bahn
von Niederwalgern im Lahntal nach
Herborn wurde in den Jahren 1890 bis
1902 gebaut. Die Grundsteinlegung für
den Salzbödeviadukt erfolgte am 24. Juli
1899. Die Pläne für das 175 Meter lange
und 18 Meter hohe Bauwerk lieferte die
Eisenbahnbauinspektion. Nach zweijähri-
ger Bauzeit rollte am 15. Juli 1901 der
Eröffnungssonderzug über den Viadukt.
Ein weiteres Jahr später war die Aar-Salzböde-Bahn durchgängig befahrbar und
das Marburger Hinterland hatte
Anschluss an das überregionale Schienennetz.

Fast exakt 100 Jahre nach der Einweihung des Salzbödeviadukts wurde die
Strecke Herborn-Niederwalgern 2001
stillgelegt. Gleichwohl ist der Viadukt bis
heute Wahrzeichen von Bad Endbach.
Wie sein Schwesterbauwerk über das
Schlierbachtal in Bad Endbach-Harten-
rod ermöglichte es die verkehrsmäßige
Erschließung des sogenannten Hinterlandes – dem westlichen Teil des Landkreises Marburg-Biedenkopf. Industrie-
ansiedlungen wären ohne die Eisenbahn
sicher ausgeblieben und auch für die
Umstrukturierung zu einem Kurort war
die Bahnstrecke eine wichtige Voraussetzung. ●

Illuminierte Eisenbahngeschichte

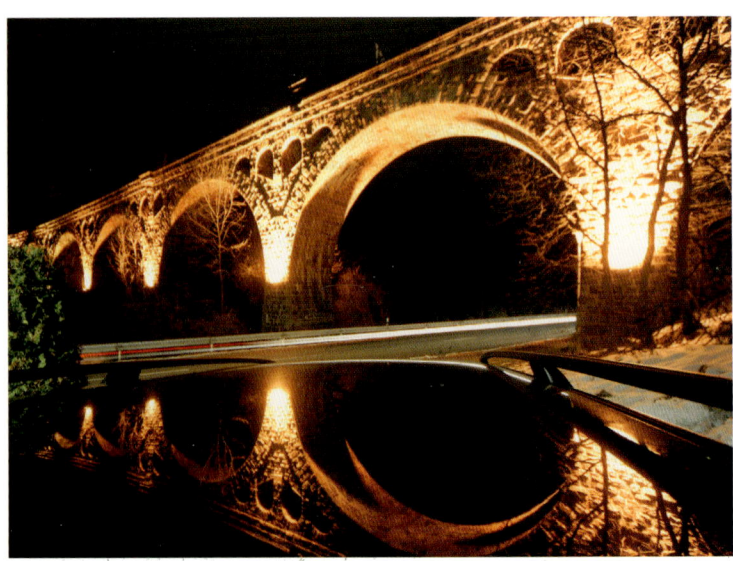

Beselich

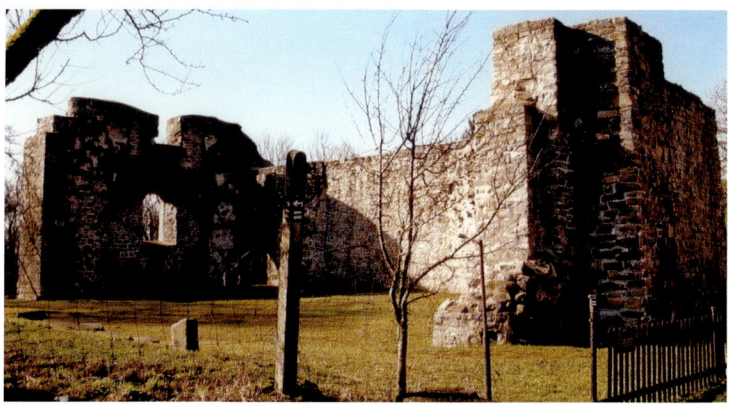

Beselich-Niedertiefenbach

Klosterruine

Erhaltene und restaurierte Erdgeschossmauern des Westbaus

- ❌ L 3322 Obertiefenbach – Schupbach, Hinweisschild Wallfahrtskapelle
- ☁ privat
- ⊕ außen frei zugänglich
- ℹ Heimatstube „Alte Schule", An der Kirche, Beselich – Obertiefenbach nach Absprache Tel. 06484-6354; Verein zur Erhaltung der Klosterruine Beselich e. V., Tel. 06479-91035

Eine Kirche und ein zehntfreier Hof, die der Trierer Erzbischof um 1150 einem Wanderprediger namens Gottfried übertrug, bildete die Grundlage für die Klosteranlage auf der Waldhöhe des Beselicher Kopfes. Der fromme Priester, dessen voller Name nicht überliefert ist und der später den Beinamen „von Beselich" erhielt, gründete hier ein Praemonstratenserinnenkloster. Die Nonnen hatten seit 1197 eine eigene Priorin und waren dem Abt des Klosters Arnstein untergestellt. Auf Gottfried gehen ferner die Gründungen der an der Lahn gelegenen Frauenklöster Altenberg, Brunnenburg, Dirstein, Schönau und Seligenstadt bei Seck zurück. Außerdem soll er den

Bau der ersten hölzernen Lahnbrücken in Limburg und Wetzlar veranlasst haben.

Wer aber war dieser Gottfried, der auch den Beinamen „Clamator" (der Rufer) trug? Da er als Bauherr zahlreicher Kirchen, Brücken und Klöster genannt wird, muss er über nicht unwesentliche eigene Finanzmittel verfügt haben. Deshalb wird vermutet, dass er aus einem Adelsgeschlecht im Lahngebiet stammt und vor seiner Wanderpredigertätigkeit Kanoniker am Dietkirchener Lubentiusstift war.

Das von Gottfried von Beselich gegründete Prämonstratenserinnenkloster stellte über mehrere Jahrhunderte den religiösen, gesellschaftlichen und kulturellen Mittelpunkt der Region dar. Nach der Reformation wurde auch das Kloster Beselich 1588 aufgelöst. Im 17. Jahrhundert ging der Klosterhof in Privatbesitz über. Die zwischen 1170 und 1230 erbaute Kirche verfiel und so stehen heute noch die Erdgeschossmauern des Westbaues. Grabungen lassen auf eine dreischiffige, flachgedeckte Pfeilerbasilika mit fünf Jochen schließen. Sie besaß kein Querschiff und die Chorapsiden waren in ihrer Tiefe gestaffelt. ●

Biebertal

Kreis Gießen **Biebertal-Fellingshausen**

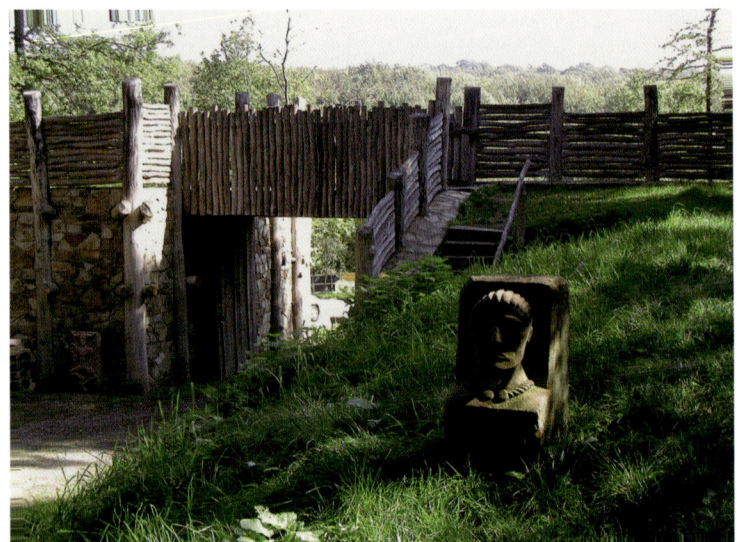

Biebertal-Fellingshausen

Keltisches Oppidum am Dünsberg

Rekonstruktion des Keltentores

❌ L 3047 gegenüber Abzweig Krumbach, Parkplatz „Krumbacher Kreuz" mit nachgebautem Keltentor, von hier aus Wanderwege

🕐 Führungen während der Grabungszeit im Juli

ℹ Dünsbergverein e. V., Mittelweg 1a, Tel. 06409-9649

Durch den in den 1970er Jahren errichteten, 108 Meter hohen Fernmeldeturm ist der landschaftsdominierende bewaldete Berg schon von weitem erkennbar. Auf seinem Gipfel steht außerdem ein um 1899 errichteter Aussichtsturm mit angegliederter Gaststätte. Bei guter Sicht reicht die Aussicht von hier bis zum Westerwald, Vogelsberg und Taunus.

Doch es ist nicht die schöne Aussicht, was die Wanderer auf den Dünsberg zieht, die meisten interessieren sich für die Spuren der Kelten, die durch archäologische Grabungen zutage gefördert wurden. Sie belegen, dass auf dem Dünsberg eine große Keltensiedlung existiert hat. Zwischen 150 und 25 vor Christus herrschten die Kelten über weite Teile Mitteleuropas. Wohl unter der Führung von Fürsten waren sie in Stämmen organisiert und regierten von städtähnlichen Zentren aus die jeweilige Gegend. Die Völkerwanderung und die Vorstöße der Römer ließen ihre Kultur im 1. Jahrhundert vor unserer Zeitrechnung zunehmend verschwinden.

Der Dünsberg war solch ein keltisches Oppidum. Vermutlich war er dicht besiedelt und war sowohl politisches und religiöses Zentrum als auch Mittelpunkt für Handel und Handwerk. Zum Schutz vor Eindringlingen wurde der Dünsberg mit drei Ringwällen umgeben. Sie umfassen eine Fläche von rund 90 Hektar und Reste davon sind noch heute deutlich zu erkennen. Der älteste Wall um den Berg-

B

gipfel dürfte aus dem 8. Jahrhundert vor Christus stammen. Der mittlere und der untere Wall sind vermutlich 500 Jahre jünger.

Auch zahlreiche Spuren von Gebäuden und des alltäglichen Lebens sind am Dünsberg erhalten. Der Arbeit des Dünsbergvereins ist es zu verdanken, dass der Besucher des Berges heute eine Reihe von Möglichkeiten findet, um sich mit der der Welt und Geschichte der Kelten am Dünsberg vertraut zu machen. Zu diesem Zweck wurde bereits 1986 ein archäologischer Wanderweg eingerichtet, der alle wesentlichen keltischen Relikte miteinander verbindet. Startpunkt ist der südöstlich gelegene Parkplatz mit der freien Rekonstruktion eines Keltentores und dem neuen Keltengehöft als Informationszentrum. ●

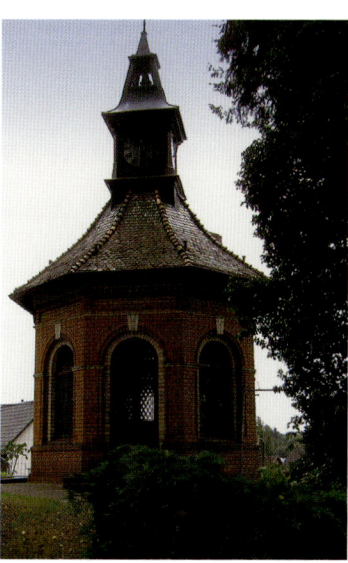

Exponat der Weltausstellung im Jahr 1900

Biebertal-Rodheim
Gail'scher Park

❌ Ortsmitte Richtung Wettenberg, Gleibergstraße 15

🏛 Stadt Biebertal

🕐 März bis Oktober Sa 14-18 Uhr, So und feiertags 10-18 Uhr, sonst So 13-16 Uhr; Führungen im Sommer jeden 1. So im Monat 14 Uhr ab Parkeingang; Sonderführungen nach Vereinbarung

ℹ Tel. 06409-81070 oder -6347

Mit einer Rauchtabakmanufaktur in Gießen legte Georg Philipp Gail 1812 den Grundstock für ein florierendes Familienunternehmen. Bald reichten die Arbeitskräfte in Gießen für die Zigarrenproduktion nicht mehr aus und Gail gründete Filialen – eine entstand 1851 in Rodheim. Wie an ihrem Gießener Stammsitz baute die Familie neben der Tabakfabrik

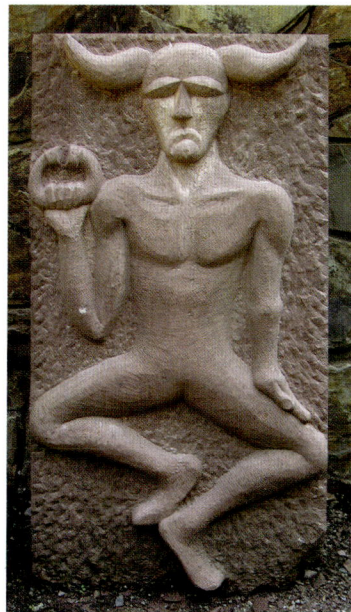

Der Keltenfürst – zeitgenössische Steinmetzarbeit im keltischen Stil

B

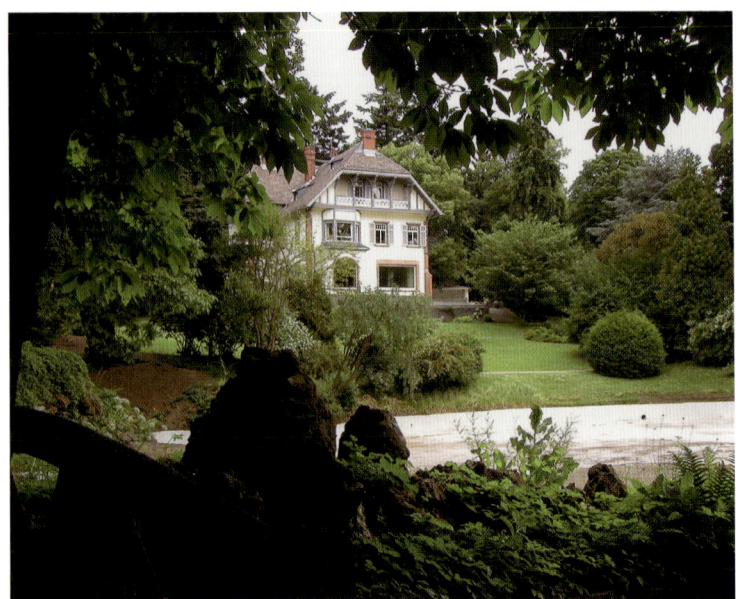

Villa im Landhausstil

ein Wohnhaus. So entstand zunächst das „Schweizerhaus" mit einem kleinen Park von einem halben Hektar Größe.

Heute ist der Englische Landschaftspark fünf mal so groß. Ein Enkel des Firmengründers ließ die Anlage zwischen 1882 und 1896 zum Sommersitz der Familie ausbauen und engagierte dafür die renommierten Frankfurter Gartenarchitekten Andreas Weber (1832-1901) und Franz-Heinrich Siesmayer (1817-1900). Letzterer hatte als Schöpfer des Palmengartens und der Kurparke von Bad Homburg und Bad Nauheim damals schon einen legendären Ruf. Zu bewundern ist die geniale Raumaufteilung, die geschickte Geländemodellierung und die einfallsreiche Wegführung. Durch harmonisch kontrastierende Öffnungen des Geländes erleben die Spaziergänger eine beeindruckend abwechslungsreiche Naturinszenierung.

An Bauten gibt es das alte „Schweizerhaus", das durch eine Steinsammlung zur Miniaturschweiz erweitert wurde. Oberhalb des Ententeichs liegt die Villa – 1896 nach Plänen des Architekten Franz van Hoven im Landhausstil erbaut. Sehenswert sind außerdem das Keramiktürmchen, mit dem die Gail'schen Tonwerke auf der Pariser Weltausstellung 1900 für ihre Produkte warben und der mit einer Hüttenfassade kaschierte Eiskeller.

Dass sich die Gemeinde Biebertal, die das Anwesen 2003 erwarb, den Unterhalt dieses Kulturdenkmals leisten kann, verdankt sie dem Engagement eines Mäzens, der sich sich als Partner an den hohen laufenden Kosten, die der Unterhalt eines solchen Parkes mit sich bringt, beteiligt. Außerdem hilft ein Freundeskreis, den so erschlossenen Ort der Erholung und Begegnung zu schützen, zu pflegen und weiterzuentwickeln. ●

B

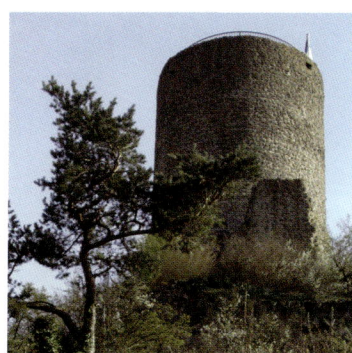

Der 23 Meter hohe Bergfried

gern der Burg stets ihre ungeschützte Seite zu. Erst wenn die Befestigungsmauern und Schalentürme der Oberburg überwunden waren, standen die Angreifer vor dem Bergfried – der letzten Zufluchtstätte der Verteidiger.

Dieser mächtige Turm hat einen Durchmesser von knapp zehn Metern bei einer unteren Wandstärke von 3,6 Metern. Der über einen Steg vom Hauptgebäude aus erreichbare Eingang liegt in 8,5 Metern Höhe. In seinem Inneren boten drei Kuppelgewölbe und mehrere Balkendecken reichlich Raum zum vorübergehenden Leben und zum Lagern von Waffen und Vorräten.

Vom Hauptgebäude der Oberburg steht heute nur noch die rund zehn Meter hohe nördliche Giebelwand. Hier lagen der Rittersaal und im Obergeschoss die Kemenaten der Herrschaften. Als sich die Ritterschaft auf Vetzberg um 1300 vergrößerte, wurden auch in der Unterburg Wohngebäude errichtet. Heute sind davon nur noch die mächtigen Eckmauern und Strebepfeiler des Hauptgebäudes erhalten. Das heutige Oberdorf der Gemeinde Vetzberg war durch eine 340 Meter lange, mit Halbschalentürmen bestückte Mauer und eine Schutzhecke gesichert.

Nach dem Aussterben der Grafen von Gleiberg übernahmen die Ritter von Vetzberg die Burg. Wegen wirtschaftlicher Schwierigkeiten entwickelten sie sich im späten Mittelalter zunehmend zu Raubrittern, die Händler und Reisende plünderten. Durch die verbesserten Feuerwaffen wurde die Burg ab dem 14. Jahrhundert uninteressant. Sie verfiel und diente der Dorfbevölkerung als Steinbruch.

Seit 1965 ist sie im Besitz des Vetzbergvereins und der Stadt Biebertal. Kurz nach dem Kauf begannen die ersten Sanierungs-, Restaurations- und Sicherungsmaßnahmen. ●

Biebertal-Vetzberg
Burg Vetzberg

⊗ Vetzberg, Burgstraße

◔ Vetzberg-Verein e. V.

ⓘ außen frei zugänglich; Führungen und Schlüssel für Turmmittelgeschoss beim Vetzbergverein

ⓘ Vetzberg-Verein, Tel. 06409-7258 bzw. -9330; Touristik-Kooperation Gleiberger Land, Tel. 06409-690

Weithin sichtbar erhebt sich am Rande des Gießener Lahntals die Burg Vetzberg. Sie diente den Gleiberger Grafen dazu, die nach Gladenbach verlaufende Handelsstraße zu schützen. Die Oberburg wurde vermutlich schon in der ersten Hälfte des 12. Jahrhunderts errichtet, die Unterburg dürfte rund 150 Jahre jünger sein. Heute ist die Wehranlage nur noch in Resten erhalten – am markantesten ist der 23 Meter hohe Bergfried, der die Bekanntheit des Vetzbergs begründet.

Insgesamt sechs Tore mussten Angreifer überwinden, um bis zu ihm vorzustoßen. Das erste Tor zwischen Dorf und Unterburg ist bis heute erhalten. Im Uhrzeigersinn windet sich der schmale künstlich angelegte Weg um den Basaltkegel. Mit dem Schild in der Linken, wandten die Angreifer so den Verteidi-

Biedenkopf

Kreis Marburg-Biedenkopf **Biedenkopf**

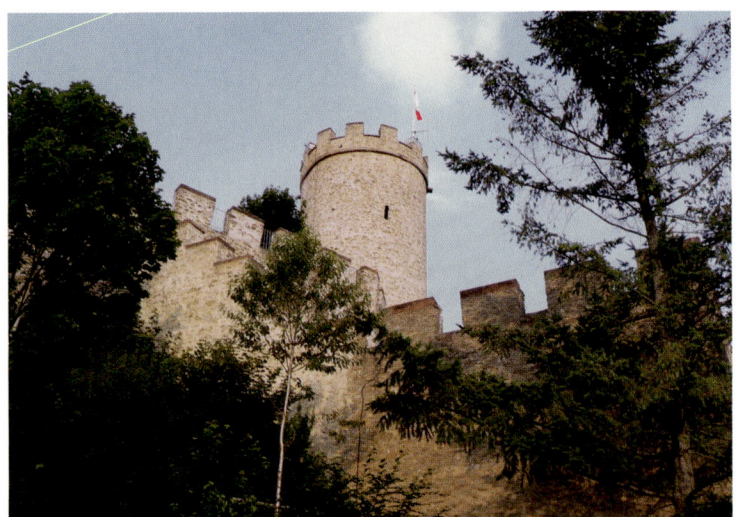

Biedenkopf

Schloss und Hinterlandmuseum

Bergfried und zinnenbesetzte Burgmauer

- ❌ nördlich des Stadtzentrums, Fußweg und Zufahrt ausgeschildert
- ⬆ Landkreis Marburg-Biedenkopf
- 🕐 1. April bis 15. November Di bis So 10-18 Uhr; sowie Oster- und Pfingstmontag. Führungen nach Voranmeldung
- ℹ Hinterlandmuseum, Im Schloss 1, Tel. 06461-924651, E-Mail: hinterlandmuseum@t-online.de

Das Schloss Biedenkopf liegt auf einem etwa 200 Meter langen Bergrücken im oberen Lahntal. Die ältesten Spuren einer ehemaligen Burganlage gehen auf das 12. Jahrhundert zurück. Ende des 13. Jahrhunderts ließ Landgraf Otto die Burg von der nördlichen Hälfte des Berges nach Süden verlegen und die ursprünglich ungewöhnlich große Anlage auf etwa ein Drittel verkleinern.

Der älteste erhaltene Teil der Anlage ist der Bergfried, der dendrochronologischen Untersuchungen zufolge um 1158 bzw. 1175 erbaut wurde. Der früher freistehende Turm wurde später in den Mauerverlauf einbezogen. Er ist 21 Meter hoch, hat einen Durchmesser von sieben und eine Mauerstärke von fast zwei Metern. Eine Rundbogenöffnung auf halber Höhe war ursprünglich der einzige Eingang. Er war nur über eine Leiter oder Holztreppe erreichbar. Das innere Burgtor und das Ecktürmchen auf der Mauer stammen aus der zweiten Hälfte des 14. Jahrhunderts.

Der 1455 erbaute Palas misst 32 mal zwölf Meter und besitzt ein schlichtes Portal mit Hohlkehle. Erd- und Obergeschoss gliedern sich in drei Zonen – an die Eingangshalle bzw. den Festsaal schließen sich seitlich jeweils zwei kleinere Räume an. Im Festsaal im Obergeschoss steht der älteste Kamin mit kleinem Rauchfang und Wangensäulen. In der ehemaligen Burgküche im Erdgeschoss zeugt vor allem der große

B

Rauchfang und ein Ausgussstein von der Funktion des Raumes. Die übrigen drei kleineren Räume dienten Wohnzwecken, wie Heizvorrichtungen, Sitzbänke, Wandschränke und Aborterker belegen.

Besonders sehenswert ist das offene Dachgeschoss mit seinem zehn Meter hohen Dachstuhl. Für die Konstruktion dieses Kehlbalken-Sparrendachs waren rund 150 Eichenstämme notwendig – 2690 laufende Meter Holz wurden verbaut. Für ein breites Publikum ist dieser einzigartige Einblick in die Zimmermannskunst des 15. Jahrhundert erst seit der umfassenden Sanierung möglich. Unter anderem deshalb wurde das Schloss Biedenkopf, nach dem Abschluss der fünfjährigen Sanierungsarbeiten im Jahre 1993, vom Land Hessen mit dem „Hessischen Denkmalschutzpreis" ausgezeichnet.

Das Hinterlandmuseum wurde 1908 im Landgrafenschloss Biedenkopf mit historischen Beständen eingerichtet, die vor allem der privaten Sammelleidenschaft zweier Biedenkopfer Bürger zu verdanken sind. Überregionale Bedeutung erlangte das Museum schon zu jener Zeit vor allem durch seinen umfangreichen Trachtenbestand. Während der Sanierung des Schlosses musste die gesamte Sammlung ausgelagert werden, was die Möglichkeit für umfassende Restaurierungs- und Inventarisierungsarbeiten bot. Außerdem wurde eine völlig neue Museumskonzeption für die 700 Quadratmeter große Ausstellungsfläche entwickelt.

Die Exponate sind nun unterschiedlichen thematischen Schwerpunkten der Regional- und Kulturgeschichte des Hinterlandes zugeordnet. Im Erdgeschoss werden die Themen Burggeschichte, Feuer- und Brandschutz, Post und Reisen sowie die Eisenindustrie und die Techniken der Erzverarbeitung behandelt. Die Tradition des Grenzgangfestes und die Formen der Waldnutzung sind die leiten-

den Themen im ersten Obergeschoss. Die umfangreiche Trachtensammlung wird im Dachgeschoss präsentiert, wobei interessante soziale und ökonomische Bezüge hergestellt werden. In der Dachempore runden die Ausstellungen zum Bauhandwerk das Museum ab. ●

Biedenkopf-Eckelshausen
Schartenhof

❌ östlich der B 62, Obere Bergstraße 12

☁ privat

🕐 bei Ausstellungen: täglich 14-18 Uhr, sonst nach Vereinbarung

ℹ Schartenhof, Obere Bergstraße 12, Tel. 06461-2710
www.schartenhof.de

Rund 300 Jahre lang beherbergte der alte Hakenhof einen bäuerlichen Betrieb. Doch Mitte des 20. Jahrhunderts ent-

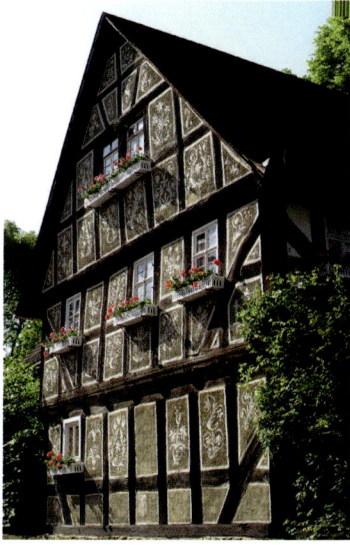

Reich verzierte Fassade mit floralen Mustern

B

sprach er nicht mehr den Ansprüchen der technisierten Landwirtschaft, die Bewohner zogen aus, entfernten alles Verwertbare und ließen die Gebäude einfach verfallen. Das Kaufinteresse der süddeutschen Künstlerin Annemarie Gottfried muss den damaligen Besitzern völlig skurril erschienen sein, schließlich war ihnen das Anwesen nicht einmal die Kosten für den Abriss wert.

1972 begann die neue Eigentümerin mit der Renovierung der beiden Scheunen und des Wohnhauses. 27 Jahre später war mit dem Umbau des Stallgebäudes die Sanierung des Schartenhofs abgeschlossen. Heute ist das Fachwerkensemble mit seinen Bruchsteinsockeln und der alten Linde im Hof das unumstrittene Schmuckstück des Dorfes. Besonders reizvoll sind die Kratzputzornamente in den Gefachen. Die schönsten floralen Motive finden sich an der Giebelseite des Wohnhauses aus dem 17. Jahrhundert.

Doch der Schartenhof ist viel mehr als ein preisgekröntes Fachwerkgehöft. Hier entstand mitten in der mittelhessischen Provinz ein lebendiges kulturelles Zentrum für Kunst, Musik und Theater: Das ganze Jahr über wird ein umfangreiches Kulturprogramm mit außergewöhnlichen Ausstellungen und kreativen Aktivitäten angeboten; 1987 starteten im Schartenhof die ersten „Eckelshausener Musiktage", die sich zu einem Kammermusikfestival von internationalem Ruf entwickelten und zehn Jahre später entstand hier das Marionettentheater Schartenhof, dessen Figuren sich längst in die Herzen eines überregionalen Zuschauerkreises gespielt haben.

Der idyllische Schartenhof ist heute eine Oase der Inspiration und ein Refugium für kreative Menschen; er wurde zum Platz für Begegnungen berühmter Maler, Musiker, Schriftsteller, bildender Künstler und Gästen aus der ganzen Welt. ●

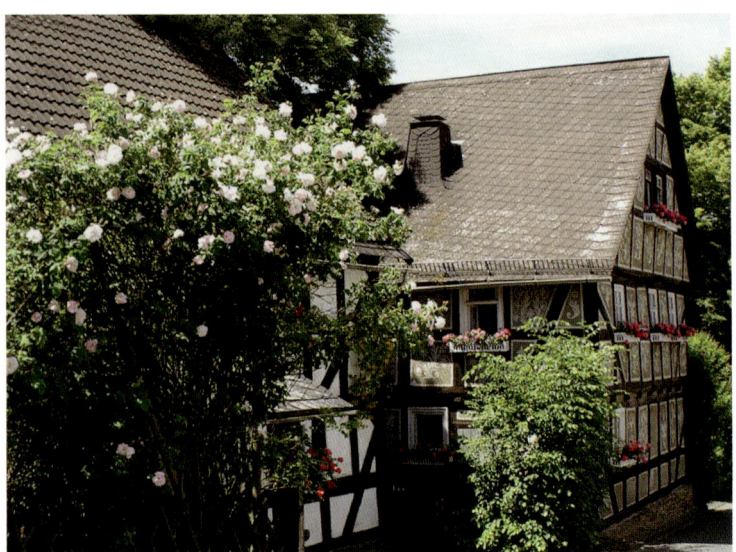

Kulturzentrum im idyllischen Fachwerkensemble

Bischoffen/Hohenahr

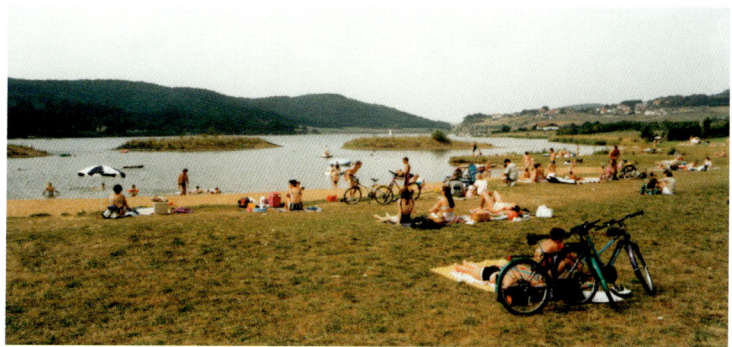

Bischoffen/Hohenahr

Badevergnügen am Stausee

Aartalsperre

- ⊗ zwischen Bischoffen und Hohenahr-Niederweidbach, an der B 255

- ◐ Wasserverband Dillgebiet

- ⊕ Staudamm und Rundwanderweg zu jeder Zeit, Badestrand zu den jeweiligen Öffnungszeiten

- ⊕ Gemeinden Hohenahr, Tel. 06446-92300; www.hohenahr.de

Es war ein Schock für das ganze Lahn-Dill-Gebiet: am 7. und 8. Februar 1984 wurde die Region von einem Hochwasser heimgesucht, das entlang der Bäche und Flüsse eine Spur der Verwüstung hinterließ und Schäden in Millionenhöhe verursachte. Seit 1946 hatte es keine so verheerende Naturkatastrophe mehr in der Region gegeben. In den folgenden Jahren wurde unter der Koordination des Regierungspräsidiums Gießen der Hochwasserschutz in der Region massiv ausgebaut und ein zentraler Hochwasser-Warndienst eingerichtet. Um bei Unwettern die Zuflüsse in Lahn und Dill besser steuern zu können, wurden in den folgenden Jahren an der Perf und im Aartal Talsperren errichtet.

Die Aartalsperre wurde 1991 fertiggestellt. Mit über 80 Hektar Wasserfläche

ist der Aartalsee nach dem Edersee das zweitgrößte Stillgewässer Hessens. Hinter dem 15 Meter hohen und 270 Meter langen Staudamm wird das Wasser der Aar und vier kleinerer Zuflüsse angestaut, Vor- und Hauptbecken fassen zusammen bis zu vier Millionen Kubikmeter.

Neben ihrer Funktion als Hochwasserrückhaltebecken dient die Aartalsperre dem Ausgleich extremen Niedrigwassers und der Stromerzeugung. Eine moderne Durchströmturbine erzeugt bis zu 250 Kilowatt Strom.

Seit 1992 ist der See für die Freizeitnutzung freigegeben. Ein Segel- und Surfclub hat sich etabliert, Angler nutzen das Gewässer und im Sommer laden großflächige Liegewiesen und ein künstlich angelegter Sandstrand zum Baden ein. Ein ausgebauter Rundweg um den See wird gerne von Fußgängern, Joggern, Inlineskatern und Radfahrern genutzt. Im Bereich der südlich gelegenen Vorsperre führt dieser in weitem Bogen um die Wasserfläche herum. Mit Inseln und unterschiedlich gestalteten Uferbereichen wurden hier gezielt Lebensräume für bedrohte Vogelarten und andere Tiere geschaffen. Mit einem Fernglas können Naturliebhaber diese Artenvielfalt aus gebührendem Abstand bestaunen. ●

B

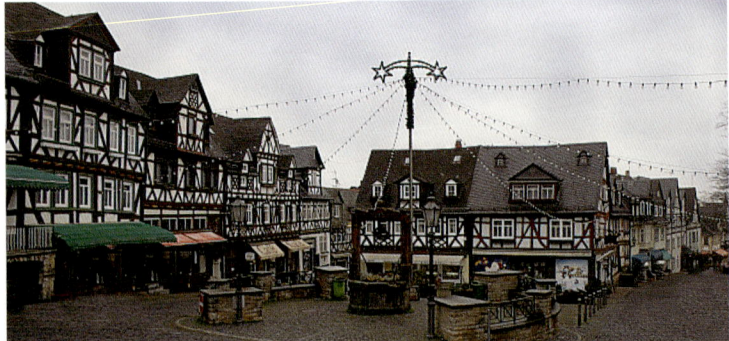

Braunfels

Braunfels planmäßig angelegter Marktplatz

Marktplatz

- ❌ im Zentrum von Braunfels
- ☁ Stadt Braunfels
- ❶ jederzeit zugänglich
- ❶ Braunfelser Kur-GmbH,
  Fürst-Ferdinand-Straße 4 a,
  Tel. 06442-93440; www.braunfels.de

Das Städtchen Braunfels ist geprägt von seiner malerischen Altstadt aus dem frühen 18. Jahrhundert und seinem pittoresken Schloss. Seine Blütephase erlebte die Stadt als sie Graf Wilhelm Moritz zu Solms-Greifenstein Braunfels (1651–1724) zu seinem Regierungssitz machte. Er legte die städtebaulichen Grundlagen, die heute den besonderen Charme von Braunfels begründen.

Nach den entbehrungsreichen Jahren des Dreißigjährigen Krieges hatte im Jahr 1679 ein verheerender Flächenbrand das Schloss und Teile der Stadt vernichtet. Der von Graf Wilhelm Moritz veranlasste Wiederaufbau sorgte für einen wirtschaftlichen Aufschwung, der durch Verwaltungsreformen und Gewerbesiedlungen noch weiter unterstützt wurde. Beim Wiederaufbau der Stadt wurden mit großzügigen Planungen die Fesseln der alten Stadtanlage gesprengt:

Den regelmäßigen Marktplatz legte man jenseits der Stadtmauer an. Die ihn umgebenden Fachwerkhäuser entstanden alle in den Jahrzehnten um 1700 und für ihre Abmessungen galten strenge Vorgaben: Sie sollten „eines wie das andere 60 Schuh lang und 40 Schuh in der Breite gebaut werden". Der Platz und das sich dahinter erhebende Schloss bilden bis heute ein eindrucksvolles Ensemble. ●

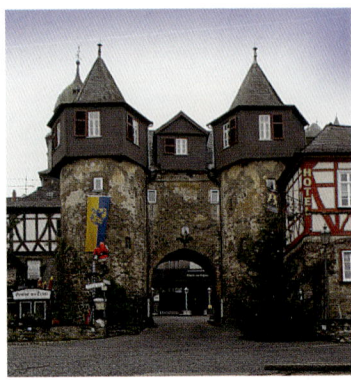

Zugang zum Schloss – die „Unterste Pforte"

Braunfels
Schloss

- ✖ südwestlich der Altstadt
- ◐ privat
- ⏰ April bis Oktober: täglich 10-18 Uhr; Familienmuseum von 9-20 Uhr; November bis März: Sa, So und FT 11-16 Uhr; Familienmuseum 11-13 Uhr; 24.12. und 1.1. 13-16 Uhr; wochentags nach Voranmeldung
- ℹ Fürstliche Rentkammer, Tel. 06442-5002; www.schlossbraunfels.de

Die Silhouette wirkt wie im Märchen: Hoch über den Dächern der schiefergedeckten Altstadthäuser von Braunfels erhebt sich ein Schloss mit malerischen dicht geschachtelten Dächern und Giebeln, Türmen und Erkern. Und wie bei den Märchen spiegelt auch das heutige Erscheinungsbild des Schlosses Braunfels vor allem den Geschmack und die romantische Geisteshaltung des 19. Jahrhunderts wider: Der neogotische Rittersaal entstand um 1845 und zur vollständigen Umgestaltung des Schlosses im Stile des Historismus beauftragte

B

Fürst Georg 1880 den Architekten Edwin Oppler.

Allerdings reichen die Ursprünge der Anlage – auch dies gleicht den Märchen – viel weiter zurück: Seit mehr als 750 Jahren ist die markante Basaltkuppe nachweislich bebaut. Doch im Unterschied zum heutigen Bau war die im Jahre 1246 erstmals erwähnte Schutzburg eine einfache, funktionale Wehranlage. Das „Castellum Bruninvels" bestand aus einem Turm und einigen kleineren Gebäuden, die von Gräben und Palisaden umgrenzt waren. Seit etwa 1270 wurde die Anlage durch die Grafen von Solms erweitert und als Wohnburg genutzt. Es kam der Bergfried und ein zweiteiliger Saalbau hinzu und die Befestigung wurde um eine Schildmauer und ein Torbau im Westen ergänzt. Das Aufkommen von Feuerwaffen größerer Reichweite machte seit dem 14. Jahrhundert die Errichtung von Ringmauern mit Verteidigungstürmen und Wallanlagen notwendig.

Graf Heinrich Trajektin veranlasste schließlich den Umbau zur barocken Residenz. Doch die neue Pracht wurde 1679 durch den verheerenden Stadtbrand größtenteils wieder zerstört und musste unter Graf Wilhelm mühsam wie-

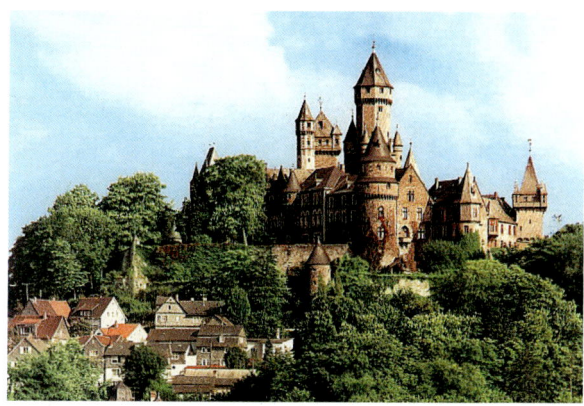

Märchenschloss hoch über Braunfels

B

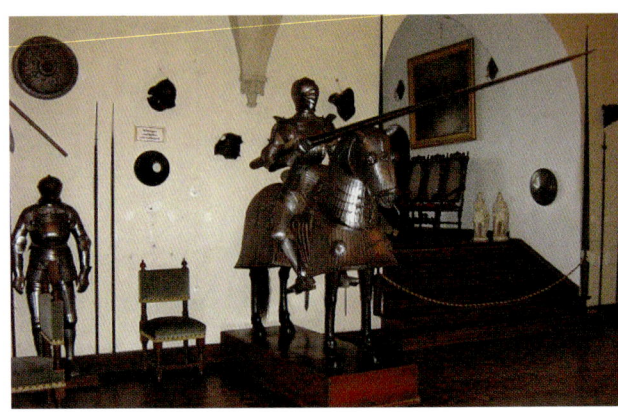

Rüstungen im neogotischen Rittersaal

der aufgebaut werden. In dieser Form bestand das Schloss bis zu den erwähnten Umbauten im 19. Jahrhundert.

Schloss Braunfels ist bis heute im Besitz der Familie von Solms-Braunfels. Die Innenräume sind teilweise als Museum gestaltet und im Rahmen von Führungen zugänglich; die zu besichtigenden Bereiche umfassen den Schlosshof, den Rittersaal, Gesellschaftsräume, die Gemäldegalerie sowie den Kanonenplatz und die Schlosskirche. Besonders erwähnenswert sind die umfangreiche Sammlung historischer Waffen, die sakralen Ausstellungsstücke aus dem ehemaligen Kloster Altenberg mit Teilen des kunsthistorisch bedeutenden Altenberger Altars und dem legendären Ring der heiligen Elisabeth von Thüringen sowie die Galerie mit Gemälden niederländischer Meister (van Eyck) und der hessischen Malerfamilie Tischbein.

Für Kinder gibt es spezielle museumspädagogisch ausgearbeitete Führungen. Das fürstliche Familienmuseum ist ohne Führung zugänglich. ●

Braunfels
Stadtmuseum Obermühle

⊗ Gebrüder-Wahl-Straße, an der Ortsausfahrt Richtung Tiefenbach

☁ Stadt Braunfels

🕐 Januar bis November 1. und 3. So im Monat; Führungen nach Vereinbarung

ℹ Heimatkundliche Arbeitsgemeinschaft Braunfels e. V. Tel. 06442-6696; www.stadtmuseum-obermuehle.de

Wahrscheinlich im 13. Jahrhundert als Wehrturm erbaut, diente die Obermühle zunächst der Sicherung zweier sich kreuzender Handelsstraßen. Nach dem Bau der Burg verlor der Bau diese strategische Bedeutung und diente nur noch als Getreidemühle. Im 15. Jahrhundert wurde auf Betreiben des Grafen von Solms-Braunfels ein Eisenhammer eingerichtet. Ein hervorragend erhaltenes Hammerwerk, das bei Grabungsarbeiten im Jahr 1999 unter drei Metern Schutt entdeckt wurde, gehört heute zu den interessantesten Exponaten des Museums. Es stammt aus dem Jahre 1771 und der Besucher kann die mächtigen Eichenbalken der Anlage durch eine im Boden eingelassene Glasscheibe betrachten. Wie bei seinem Auffinden ist das Gebälk noch heute vollständig von Wasser bedeckt. Nur so ist der gute Erhaltungszustand des Holzes sichergestellt.

Spätestens seit dem 17. Jahrhundert existierte in der Obermühle eine sogenannte „Wasserkunst". Mit ihr wurde die Wasserversorgung des mehr als 100 Meter höher gelegenen Schlosses sichergestellt. Ein Mühlrad trieb eine Pumpe an, die das Wasser durch eine 800 Meter lange, eiserne Rohrleitung beförderte. Die letzte dieser Pumpen war bis 1971 in Betrieb und stellt heute eine weitere Hauptattraktion des Museums dar.

Die weiteren Exponate im Stadtmuseum Obermühle drehen sich um das Arbeiten und Wohnen der Braunfelser Bürger: Der erste Ausstellungsschwer-punkt ist den ehemaligen Braunfelser Handwerken (Schmied, Schlosser, Wagner, Küfer und Bäcker) gewidmet. Daneben verdeutlichen Exponate den heimischen Bergbau und die eisen-verarbeitende Industrie. Im Gegenzug zu diesen vormals männlich dominierten Berufen wird im zweiten Ausstellungsteil historische Frauenarbeit thematisiert. Neben der Konservierung von Lebensmitteln und der Wäschepflege werden Handarbeiten und textile Techniken (Spinnen, Stricken, Häkeln, Klöppeln und Nähen) präsentiert. Die Wohnung des Müllers im Turm der Mühle mit Küche, „Guter Stube", Schlafzimmer und einer reichhaltigen Spielzeugsammlung geben eindrucksvolle Einblicke in die bürgerliche Lebens- und Wohnkultur vergangener Zeiten. ●

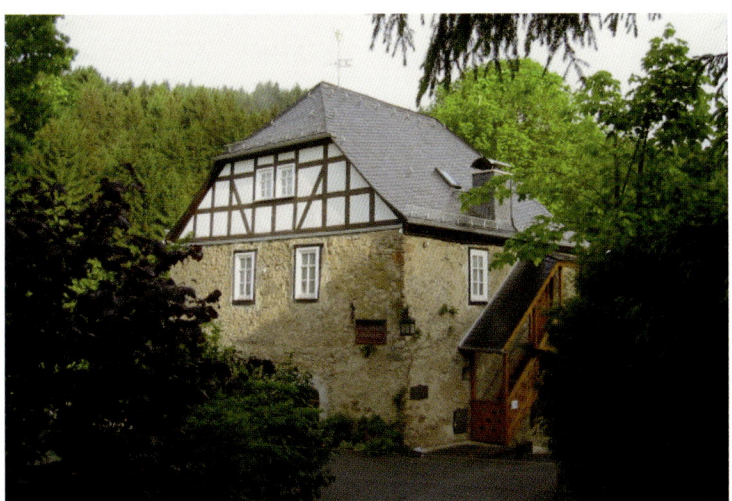

Neben dem Museum birgt die Obermühle weitere Überraschungen

B

Brechen
Berger Kirche

- ⊗ an der B 8 beim Abzweig Richtung Hünfelden (ausgeschildert)
- ☁ kath. Kirchengemeinde Brechen-Werschau
- ❂ außen frei zugänglich; innen: im Sommer So 9-18 Uhr
- ❶ Freundeskreis Berger Kirche e. V., Tel. 06438-6982 oder 06438-920568

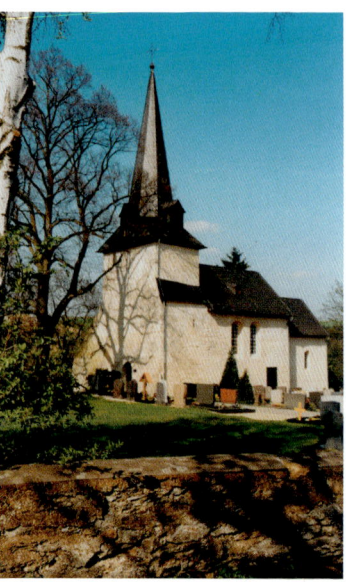

Die ehemalige Mutterkirche des „Goldenen Grundes"

Die ehemalige Mutterkirche des Goldenen Grundes liegt westlich von Niederbrechen auf einer Bergkuppe. Der kleine romanische Bau wurde vermutlich um das Jahr 1000 als Pfarrkirche von Bergen erbaut, zu dem die umliegenden Ortschaften Nauheim, Neesbach, Panrod und Werschau gehörten. 1490 starb Bergen in folge der Pest aus und wurde Wüstung. Seitdem diente der Kirchhof nur noch als Begräbnisstätte und die Kirche wurde als Friedhofskapelle genutzt. Noch heute liegt hier der Friedhof von Werschau.

Dem romanischen Hauptschiff der Kirche wurde später ein nördliches Querschiff hinzugefügt. Über dem Westwerk mit seinen breiten Strebpfeilern erhebt sich ein quadratischer Turm mit gotischem Spitzhelm.

Der Innenraum der Kirche ist flach gedeckt und weist einige Spuren hochmittelalterlicher Bemalung auf. Besonders sehenswert ist der heilige Georg zu Pferd als Schutzpatron der Kirche an der Nordwand. Von der historischen Ausstattung ist nur noch der Altaraufsatz von 1670 in der Kirche verblieben. Die Schutzmantelmadonna aus Sandstein entstand 1987 und die Lindenholz-Figur des Sankt Georg wurde 1999 dem Original von 1420/30 nachempfunden, das heute im Diözesanmuseum in Limburg zu bewundern ist.

Mit dem Berger Pfingstritt knüpfte 1933 der Jugendpfarrer und spätere Limburger Bischof Ferdinand Dirichs an eine frühere Wallfahrtstradition an: Die Reiter aus dem Goldenen Grund folgten in einer Prozession dem Allerheiligsten, das von dem mitreitenden Pfarrer getragen wurde. In nationalsozialistischer Zeit unterbrochen, wurde der Pfingstritt nach dem Krieg wieder aufgenommen. Heute erinnert die Maiandacht am Pfingstmontag an die 1968 eingestellte Gepflogenheit. Von Mai bis September finden in der Kirche Gottesdienste und kulturelle Veranstaltungen statt. ●

Breidenbach

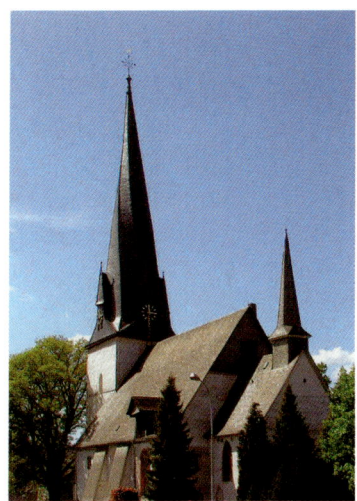

Die unverwechselbare Spitzhaube der Kirche

Breidenbach
Evangelische Kirche

❌ östlich der Hauptstraße, Altweg

🕐 vor und nach den Gottesdiensten oder
   nach Vereinbarung

ℹ️ ev. Gemeindebüro, Hauptstraße 26,
   Tel. 06465-4300 oder Küsterin,
   Tel. 06465-1039

Wie eine Schraube windet sich der schlanke achteckige Spitzhelm der Breidenbacher Kirche himmelwärts. Das schlank wirkende Gebäude auf einem Hügelsporn entstand in der Mitte des 13. Jahrhunderts und ist einer Gruppe südwestfälisch-hessischer Bauten zuzuordnen, die als spätromanische Wandpfeilerhallen bezeichnet werden.

Das Kirchenschiff hat eine Teilung von dreimal drei Jochen. Der quadratische Chor wurde 1388 an das Schiff angebaut und die Seitenschiffe endeten ursprünglich mit kleinen Nebenapsiden. Der Haupteingang befindet sich im quadratischen Westturm, der mit seinen fast zwei Meter starken Mauern um 1250 als Wehrturm erbaut worden ist.

Um 1460 hatten Setzungserscheinungen schwere Schäden am Kirchenschiff verursacht: Die Gewölbe hatten sich gesenkt und die tragenden Säulen bis zu 40 Zentimetern aus der Senkrechten gedrückt. Als zusätzliche Widerlager wurden damals die massiven Pfeilervorlagen an den Längsseiten angebaut. Im Zuge der Bauarbeiten bekam die Kirche auch ihre gotischen Spitzbogenfenster, der Dachstuhl wurde 1477 erneuert und um 1500 bekam der Turm jene Spitzhaube, deren massiv verdrehte Gratsparren ihn bis heute so unverwechselbar machen.

Der älteste Ausstattungsgegenstand ist vermutlich der romanische Taufstein aus Bimsbasalt. Manche Fachleute datieren ihn auf das Jahr 950, womit er ein Überbleibsel aus der Vorgängerkirche wäre, deren erste urkundliche Erwähnung in das Jahr 913 fällt. Andere datieren ihn – gemeinsam mit dem farbig gefassten Altarkreuz – auf das 13. Jahrhundert.

Auch die Wandmalereien stammen aus der Bauzeit des Kirchenschiffes. Beachtenswert sind vor allem die überlebensgroße Christophorusdarstellung an der Ostwand des nördlichen Seitenschiffes und das Fresko des heiligen Martins links neben der Orgelempore.

Die fünfstufige Empore an der Westseite wurde schon vor der Reformationszeit eingebaut. Damit besitzt die Kirche eine der ältesten Orgelemporen Deutschlands. Ein Instrument stand allerdings erst seit 1639 darauf und die heutige Heynemann-Orgel stammt aus dem Jahre 1768.

Die Seitenemporen und das Pfarrfrauengestühl am Nordausgang wurden um 1628 ergänzt. Sie markieren die Umgestaltung des Kirchenraumes zur protestantischen Predigtkirche. ●

B

Breitscheid
Evangelische Pfarrkirche

- ❌ Kirchstraße
- ❶ außen frei zugänglich, innen nach den Gottesdiensten
- ❶ www.ev-dill.de

Auf einer kleinen Anhöhe am westlichen Ortsrand erhebt sich die evangelische Pfarrkirche eindrucksvoll aus der leicht gewellten Hochfläche des Westerwaldes. Sie ist von der annähernd runden Grünfläche des ehemaligen Kirchhofs umgeben, dessen Ummauerung bis heute erhalten ist. Die Kirchstraße führt in gerader Linie auf den mächtigen Turm zu und öffnet vom Ortskern aus eine eindrucksvolle Blickachse.

Breitscheid wurde urkundlich 1230 erstmals erwähnt und schon 1309 schloss das Dorf mit Bruder Rychold von Herborn einen Vertrag, der das Verhältnis einer neu erbauten Kapelle zur Mutterkirche in Herborn regelte. Eine Neufassung dieses Vertrages 40 Jahre später nennt erstmals den heiligen Antonius als Patron der Breitscheider Kirche. 1450 erhielt der Kirchturm eine erste große Glocke und 1519 kam zu dieser „Mittagsglocke" eine dem Kirchenpatron geweihte „Feuerglocke" hinzu.

Das Schiff des aus Bruchsteinen errichteten Kirchenbaus ist ein ursprünglich gotischer dreiachsiger Saalbau, der aber modern verändert wurde. Der östlich vorgelagerte, quadratische Chorturm besitzt im Untergeschoss rundbogige, darüber schießschartenähnliche Öffnungen. Er wird durch einen eingezogenen, polygonalen Spitzhelm abgeschlossen.

Bemerkenswert sind die Malereien im Inneren der mittelalterlichen Chorturmanlage: die Fensterlaibung im Altarraum wird von zwei Engeln flankiert, die aus dem 14. Jahrhundert stammen, den Triumphbogen ziert eine barocke quaderartige Bemalung. ●

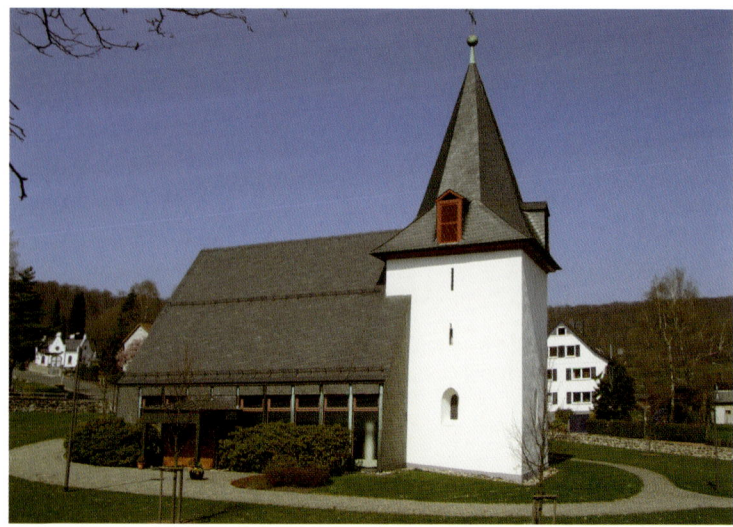

Die Breitscheider Kirche umgeben vom Rund des Kirchhofes

Breitscheid
Herbstlabyrinth-Adventhöhlensystem

- ⊗ ca. 1 km östlich von Breitscheid, nördlich der K 68 Breitscheid – Erdbach
- ⬡ Gemeinde Breitscheid
- ⊕ offizielle Eröffnung in 2008
- ⓘ Gemeinde Breitscheid,
  Tel. 02777-913321
  www.gemeinde-breitscheid.de

Erst 1993 entdeckten Höhlenforscher im Karstgebiet bei Breitscheid die Adventhöhle, 1994 folgte das Herbstlabyrinth und bis in die jüngste Zeit kamen immer neue spektakuläre Entdeckungen hinzu. Mit seiner bislang vermessenen Gesamtganglänge von über fünf Kilometern ist das Höhlensystem schon jetzt das größte Hessens. Seine gewaltigen Gangdimensionen, die in bis zu 79 Meter Tiefe reichen, seine zum Teil großflächigen

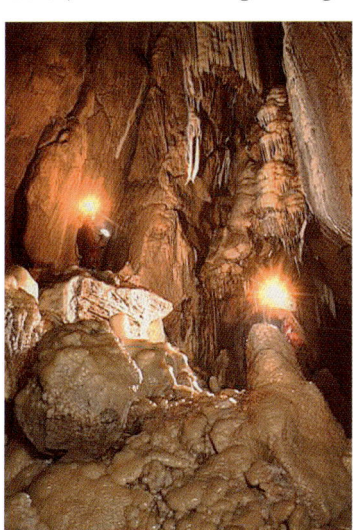

Versinterungen und die zahlreichen Knochenfundstätten eiszeitlicher Höhlenbären machen das Herbstlabyrinth-Adventhöhlensystem zu einer der bedeutendsten Karsthöhlen Deutschlands.

Die Kalklagerstätte zwischen Erdbach und Breitscheid entstand vor etwa 400 Millionen Jahren. Im Erdzeitalter des Devon bildete sich hier in einem tropischen Meer ein mächtiges Korallenriff. Eindringendes Wasser wusch im Laufe der Jahrmillionen den Kalk stellenweise aus und es entstanden Hohlräume. Tropfsteine oder Sinter sind eine Besonderheit solcher Karsthöhlen. Sie entstehen, wenn kalkhaltiges Wasser durch feine Risse und Fugen in einen Hohlraum gelangt und dort verdunstet. Mit einer Geschwindigkeit von etwa einem Zentimeter pro Jahrhundert bilden sich dann stehende Tropfsteine (Stalagmiten), hängende Zapfen (Stalagtiten), Girlanden, Vorhänge oder geschlossene Sinterüberzüge an Höhlenwänden und -böden.

Eine der schönsten deutschen Karsthöhlen, die „Knöpfchenhalle", ist ab 2008 für die Öffentlichkeit zugänglich. Sie ist 50 Meter lang, 20 Meter breit und bis zu 30 Meter hoch und voller Tropfsteine und Kalzitkristalle. Der neue künstlich geschaffene Zugangsstollen beginnt in einem kleinen, ehemaligen Steinbruch und ist gut fünfzig Meter lang. Danach verläuft die geführte Besichtigungstour rund 80 Meter über Treppen und Stege durch die faszinierende Unterwelt des Herbstlabyrinth-Adventhöhlensystems. ●

Kunstwerke der Natur: Tropfsteine und Sinterüberzüge

B

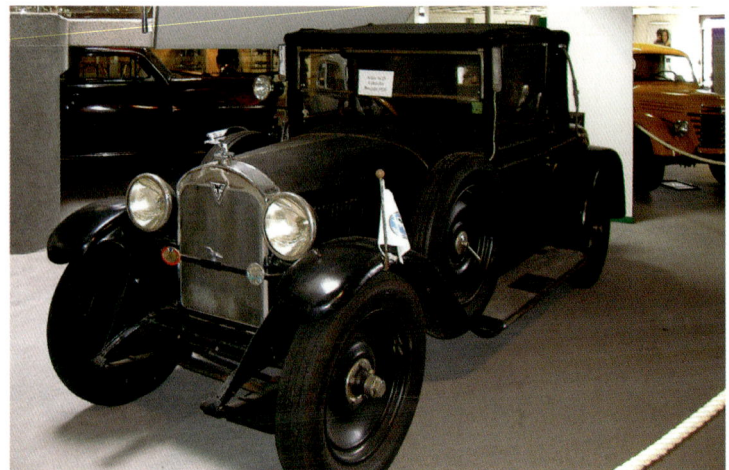

Buseck-Altenbuseck

Nicht nur für Sammler: Adler-Oldtimer

Sammler- und Hobbywelt

⊗ Gewerbegebiet Flösserweg, zwischen Ort und A 485 (AS Wieseck), Am Kiesacker 5

☁ SaHo Sammler- und Hobbywelt GmbH

🕐 täglich 10-18 Uhr

ℹ Tel. 06408-500853; www.suhw.de

Eine Welt voller Skurrilitäten, Sammler-schätze und Modellanlagen haben die Brüder Harald und Bernd Busse mit ihrer großflächigen Sammler- und Hobbywelt geschaffen. Die beiden – selbst leiden-schaftliche Sammler – hatten eine eben-so einfache wie erfolgreiche Idee: Sie mieteten ein ehemaliges Einrichtungs-haus an und stellten die Flächen in Form großer begehbarer Vitrinen interessierten Sammlern zur Verfügung. Schätze, die bislang im Verborgenen von Keller-räumen, Dachböden oder Garagen schlummerten, wurden so einem großen Publikum zugänglich.

Was seit 2005 in den über 2000 Quadratmeter großen Ausstellungsräu-men präsentiert wird, ist sehenswert und reicht von kunstvoll bis kitschig, von exklusiv bis banal. Reservistenkrüge und Gießener Militäruniformen, Puppen und Werkzeugsammlungen, Oldtimer und Blechspielzeuge – ja sogar ein echter sizilianischer Eselskarren haben Ehren-plätze gefunden. Und im Erdgeschoss hat neben originalgetreu eingerichteten Bürgerstuben ein komplettes Vampir-museum eine Heimat gefunden: Echte Filmkulissen und Kostüme, Särge und allerlei Dokumente über den Vampirglau-ben lehren den Besucher das Gruseln.

In den Hobby-Welten dreht sich alles ums Spielen: Modelleisenbahnanlagen gibt es in verschiedenen Maßstäben und aus diversen Epochen. Manche sind mit viel Liebe zum Detail gestaltet. Daneben werden Carrera-Rennbahnen unter-schiedlicher Größe präsentiert und an verschiedenen Rennstrecken können sogar gegen Gebühr Wettfahrten veran-staltet werden. Homo ludens und Homo collector – beide kommen in der Samm-ler- und Hobbywelt voll auf ihre Kosten und manche tauchen hier einen ganzen Tag lang ab. ●

Buseck-Großen Buseck
Schloss und Schlosspark

❌ nördlich des Ortskerns,
Ernst-Ludwigstraße 15

☁ Gemeinde Buseck

⏱ Führungen nach Vereinbarung

ℹ Gemeindeverwaltung, Tel. 06408-911251

Das „Busecker Tal" war über viele Jahrhunderte ein relativ eigenständiges Herrschaftsgebiet im gemeinschaftlichen Besitz der Herren von Buseck und von Trohe. In den zugehörigen Orten entstanden mehrere Burgen und Herrenhäuser, von denen Schloss Großen-Buseck das bedeutendste ist. Erstmals erwähnt wird das ehemalige Wasserschloss in einem Lehensvertrag von 1458, es ist jedoch davon auszugehen, dass seine Ursprünge wesentlich früher liegen.

Das Busecker Schloss ist ein L-förmiger Bau aus zwei dreigeschossigen Flügeln. Der Westflügel aus der Renaissancezeit steht auf den Fundamenten eines Wohnturms aus dem 14. Jahrhundert. Über der Tür zur Schlosskapelle findet sich noch der Wappenstein der Familie von Trohe aus diesem Vorgängerbau. Gottlieb von Nordeck zur Rabenau ließ 1754 den barocken Südflügel mit den markanten Eckerkern anbauen. Über seinem Torbogen prangt das Allianzwappen seiner Familie mit der von Minnigerode. Zugleich wurde die Brücke über den damals noch mit Wasser gefüllten Graben vor dem Südflügel errichtet.

Ihr heutiges Antlitz im neugotischen Stil erhielt die Schlossanlage im Zuge einer Modernisierung um 1870. Auch die Gestaltung des viereinhalb Hektar großen Parks zum englischen Landschaftsgartens stammt aus jener Zeit. Als die letzte Erbin rund 100 Jahre später das gesamte Anwesen an die Gemeinde verkaufte, war das Schloss in desolatem Zustand. Der geplante Abriss scheiterte jedoch am Einspruch des Denkmalamtes. Heute ist es Sitz der Gemeindeverwaltung und der umgebende Park mit der gründerzeitlichen Remise, Teilen der Schlossmauer und dem ehemaligen Hofgut im Südwesten ist öffentlich zugänglich.

Beim Bau des neuen Bürgerhauses auf dem Gelände der ehemaligen Schlossgärtnerei wurden die Grundmauern der „Perch" – eines weiteren Wohnturmes aus dem 14. Jahrhundert – freigelegt. Fundstücke der Ausgrabung sind im Foyer des Bürgerhauses zu sehen. ●

Einstiges Wasserschloss im reizvollen Park

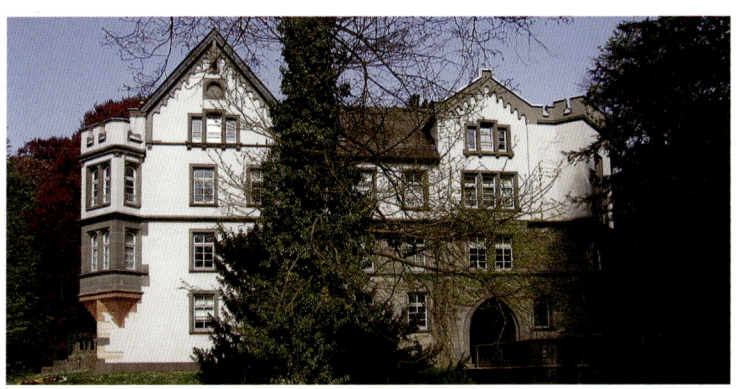

Cölbe

Steinkump oder Taufstein

❌ B 3/B 62 Ausfahrt Kassel, K 34 in Richtung Ginseldorf/Bürgeln, gegenüber dem Abzweig nach Bürgeln in Forstweg abbiegen; von dort ca. 600 Meter nach Westen (Hinweisschild); der „Taufstein" liegt zwischen Forstweg und Ohm.

ℹ jederzeit frei zugänglich

Die Steinschale nahe einem Forstweg an der Ohm war in Funktion gar nicht zu sehen: Auf dem Grund des Flusses liegend erzeugten solche „Steinkumpe" durch ihre konische Form einen Strudel, der selbst bei höherem Wasserstand leicht erkennbar war. Bis ins 19. Jahrhundert hinein dienten sie in der Ohm als unverrückbare Grenzmarken für die Fischerei.

Im Schönstädter Salbuch wird bereits 1592 ein solches Becken unter der Bezeichnung „Taufstein" erwähnt.

Der Begriff ist jedoch irreführend. Die Form des Beckens und der relativ roh belassene Zustand widersprechen einer sakralen Nutzung. Vermutlich bezieht sich die Bezeichnung lediglich auf die formale Ähnlichkeit mit einem Taufbecken. Eine Verbindung zu Bonifatius, der darin die Heiden der Region getauft haben soll, gehört sicherlich ins Reich der Legenden.

Nach den überlieferten Quellen müssen sich im Bereich des ehemaligen Gerichts Schönstadt bis zu sechs derartiger Steine in der Ohm befunden haben. Einen davon haben Cölber Bürger 1911 bei einem Niedrigwasser aus der Ohm geborgen. Als der über eine Tonne schwere Stein im Zuge von Bauarbeiten an der nahe gelegenen Bundesstraße versetzt werden sollte, zerbrach das Becken. In einer gemeinsamen Initiative mehrerer Marburger Ämter und Vereine konnte der Stein 1988 restauriert und in der Nähe seines ursprünglichen Standortes wieder aufgestellt werden. ●

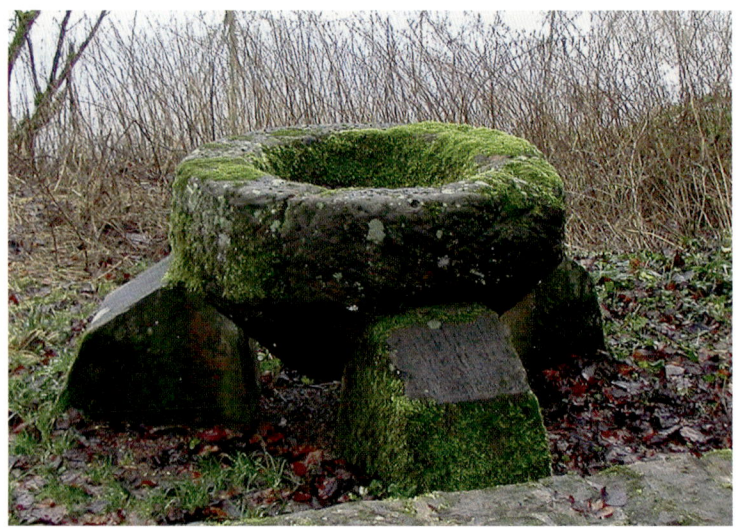

Im Fluss verursachte der Kump einen künstlichen Strudel

Dautphetal-Holzhausen

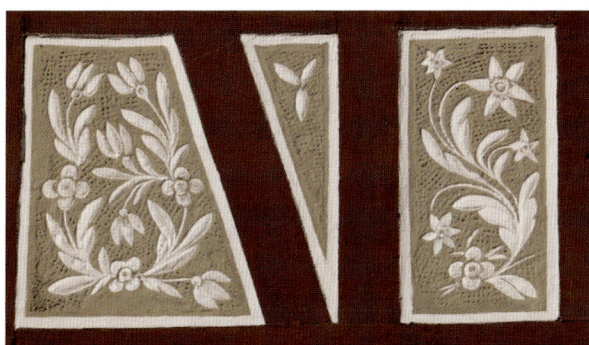

*Floraler
Schmuck in
„Reliefmanier"*

Dautphetal-Holzhausen
Kratzputz

 im gesamten Ortskern von Holzhausen
sowie an zahlreichen anderen
Fachwerkgebäuden im Landkreis
Marburg-Biedenkopf

Die Gefache von Fachwerkhäusern reg-
ten schon immer zur ästhetischen Ausgestaltung an. Kratzputz ist eine Sonder-
form dieser Verzierung, die sich vor allem
in Oberhessen herausgebildet hat. Die
ältesten Funde stammen hier aus dem
Jahr 1676, doch erst im 18. Jahrhundert
fand diese Technik häufigere Verwendung. Bis heute haben sich zahlreiche
Kratzputz-Fassaden erhalten; eine besonders schöne Ansammlung dieser
Schmuckformen sind in Holzhausen am
Hünstein zu finden. Hier hat sich die alte
Technik durch ortsansässige Handwerker
über Generationen gehalten und zu einer
wahren Volkskunst entwickelt.

Wie viele Schmuckformen hat auch
die Kratzputztechnik funktionale Wur-
zeln: Auf die mit Flechtwerk geschlossenen Gefache wurde zunächst ein mit
Stroh, Häcksel oder Spreu vermengter
Lehmbewurf aufgebracht. Damit der
anschließend aufgetragene Kalkmörtel
auf diesem Untergrund gut haftete, musste er mechanisch in den Lehm gedrückt

werden. Der Übergang zum Holz erfor-
derte dabei eine besonders sorgfältige
Bearbeitung – so entstand ein circa fünf
Zentimeter breiter Rahmen, dessen
innen liegende Fläche dazu reizte, künstlerisch gestaltet zu werden.

Dabei lassen sich drei Ausführungen
des Kratzputzes unterscheiden: Beim
einfachen „Stempelputz" werden mit
Hilfe eines Holzstempels Kreise, Spiralen,
Rauten oder Schachbrettmuster in den
frischen, geglätteten Putz gedrückt. In
der „Tüpfelmanier" werden die Muster
durch einzelne oder gebündelte Spitzen
– ursprünglich mit einem Reisigbesen –
eingedrückt. Meist tauchen diese Spit-
zenbündel kombiniert mit viereckigen
oder rosettenförmigen Stempeln auf.
Auch die Umrisse figürlicher Darstellungen wie Blätter, Blumen oder Tiere
werden in Tüpfelmanier durch einzeln
nebeneinander gesetzte Punkte erzeugt.
Abschließend wird das Ornament entwe-
der mehrfarbig bemalt oder durch par-
tielles „Stippen" oder Aufrauen und
anschließendes Weißen belebt.

Mit der „Reliefmanier" erreichte der
Kratzputz um die Mitte des 19. Jahrhundert seine künstlerische Blütezeit:
Freihändig werden mit einem löffelförmi-
gen Modelliereisen Blätter und Blüten-
zweige, Tiere, Vögel und Blumenkörbe in
den frisch gestippten Putz modelliert und
eingeritzt. ●

D

Dietzhölztal-Ewersbach
Evangelische Pfarrkirche

❌ am östlichen Ortsrand, Pfarrstraße 5

🕐 außen frei zugänglich, innen nach den Gottesdiensten

ℹ️ www.ev-dill.de

Nähert man sich Ewersbach von Westen durch das Dietzhölztal, so entfaltet die Margarethenkirche mit ihrem gestuften, konkav geschwungenen Turmhelm eine eindrucksvolle Fernwirkung. Sorgfältig geostet erhebt sie sich am Hang der Kirchhecke nördlich der den Ort durchquerenden Oranienstraße.

Ihre Vorgängerkirche erfuhr Ende des 12. Jahrhunderts erhebliche bauliche Veränderungen: der größte Teil der Westmauer wurde abgebrochen, das Schiff erweitert und ein mächtiger Westturm errichtet. Aus dieser Bauphase haben sich bis heute der ehemals rechteckige Chor als heutiges Vorchorjoch, die Außenmauern des Langschiffes mit Fischgrätverbänden und der quadratische Turm erhalten, dessen charakteristische Haube ihn aber erst seit 1824 ziert. Außerdem finden sich mehrere rundbogige Fenster und ein romanisches Portal, deren Öffnungen heute alle zugemauert sind. Besonders sehenswert sind die erhaltenen romanischen Malereien in den schrägen Fensterlaibungen und ein schönes Blattkapitell am südlichen Triumphbogenpfeiler.

In der Zeit um 1500 kam es zu weiteren einschneidenden Baumaßnahmen. An die Stelle der flachen Holzbalkendecke trat nun ein dreijochiges Kreuzgewölbe. Auch die aus rotem Sandstein gefertigte Kanzel am nördlichen Pfeiler des Triumphbogens stammt aus dieser Bauphase. Sie ist ein wichtiges Zeugnis spätgotischer Steinmetzkunst im nördlichen Nassau.

Nach Einführung der Reformation wurden 1617 bis 1618 auf beiden Langseiten des Kirchenschiffes zweigeschossige Emporen eingebaut, die auf ihren Schwellen Inschriften mit religiösen Texten und den Namen des damaligen Pfarrers tragen. Die zwischenzeitlichen Veränderungen wurden bei Renovierungsarbeiten in den Jahren 1967 bis 1970 zurückgenommen, wodurch die räumliche Gesamtwirkung des alten romanischen Baukörpers wieder zur Geltung kommt. ●

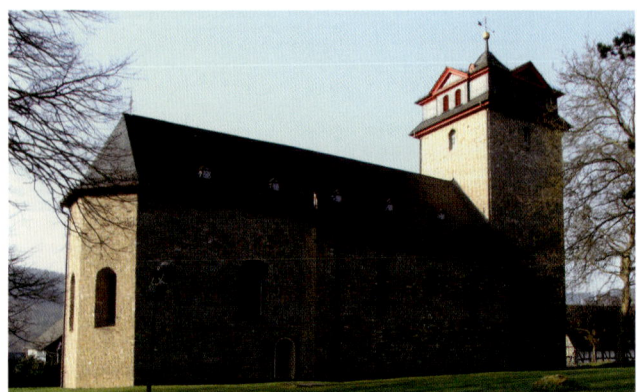

Die Ewersbacher Kirche von Nordosten

Dillenburg

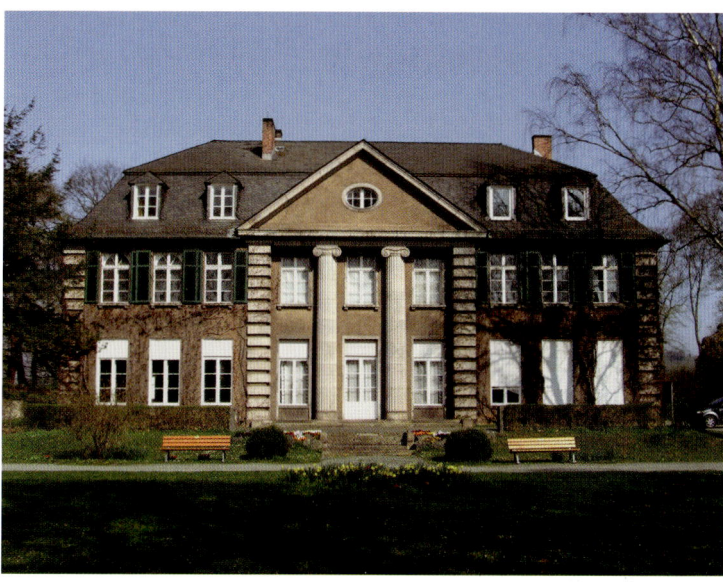

Dillenburg
Villa Grün

Früher Industriellen-Villa – heute Wirtschafts-geschichtliches Museum

- ❌ Schlossberg 3
- 🏛 Dillenburger Museumsverein e. V.
- 🕐 1. April (bzw. Karfreitag) bis 1. November: Di bis So 9-12 Uhr und 13-17 Uhr
- ℹ Dillenburger Museumsverein,
  Tel. 02771-800065
  www.museumsverein-Dillenburg.de

Nur etwas zurück versetzt vom steilen Abhang des Schlossberges steht die „Villa Grün", ein zweigeschossiger neoklassizistischer Bau mit Mansardgeschoss. Die neunachsige Fassade ist durch einen Mittelrisalit mit ionischen Säulen und einem Giebelfeld mit Ochsenaugenfenster gegliedert. Der Name erinnert an die Familie des Erbauers, den Gruben- und Hüttenbesitzer Carl Grün, der das Haus um 1914 errichten ließ. 1979 erwarb die Stadt Dillenburg die Villa und überließ sie dem neu gegründeten Museumsverein. Dieser richtete hier das Wirtschaftsgeschichtliche Museum ein, das 1983 eröffnet wurde.

Die Ausstellungen dokumentieren in über zwanzig Räumen die Entwicklung und die Vielfalt der regionalen Wirtschaft, die vom Bau von Großkesselanlagen über die Herstellung haarfeiner Drähte, dem Bergbau und Glockenguss bis zur Haubergswirtschaft reicht. Das Erdgeschoss widmet sich vor allem der heimischen Geologie und der Großindustrie, wie dem Berg- und Hüttenwesen. Gusseiserne Öfen, Herde, Kamin- und Ofenplatten oder Kunstgussteile sind als Produkte dieser Grundstoffindustrie im Obergeschoss zu sehen. Eine eigene Abteilung zeigt die Entwicklung der Küchen von der frühneuzeitlichen Kochstelle bis zur modernen Flugzeugküche, die im Dillenburger Raum entwickelt wurden. ●

D

Dillenburg
Wilhelmstraße und Landgestüt

❌ Wilhelmstraße,
Landgestüt: Wilhelmstraße 24

🕐 Straße jederzeit frei zugänglich;
Landgestüt auf Anfrage

ℹ️ Landgestüt: Tel. 02771-898311
www.landgestuetdillenburg.de

Obwohl Dillenburg bereits 1344 Stadt-rechte erhielt, bildete sich erst im Spät-mittelalter ein Siedlungsbild mit städti-schem Charakter aus. Der weitere Ausbau der Stadt erfolgte nach dem Dreißigjährigen Krieg, vor allem aber im 18. Jahrhundert. Ein wesentlicher Impuls dafür lag in der Zerstörung des Schlosses im Jahre 1760 durch die Franzosen. Da es für die Beamten der neu ein-gerichteten Regierung an Wohnraum mangelte, entstanden in den Jahren 1769 bis 1790 erstmals Neubauten außerhalb der alten Stadtgrenzen.

Die Pläne für diese Stadterweiterung stammten von Johann Friedrich Sckell, der damals Bauinspektor der nassaui-schen Regierung war. Sein Neffe Friedrich Ludwig Sckell wurde später ein berühmter Gartenbauarchitekt und erhielt den Adelstitel. Die elf Gebäude-typen, die Sckell 1768 für die westliche Seite der Wilhelmstraße entwarf, tragen – wie viele seiner Projekte – die fast moderne Handschrift dieses Baumeis-ters: Sie sind durchweg zweigeschossig und stehen traufständig zur Straße. Mit fünf, sieben und neun Achsen variiert ihre Breite, wobei die Gebäudemitte stets durch einen Mittelrisalit mit Dreiecks-giebel oder Zwerchhaus betont wird. Zu den Häusern gehören Gärten, deren frühere Gestaltung noch an den Terras-sierungen, Einfriedungen und verein-zelten Pavillons zu erahnen ist.

Am ehemals südlichen Ende der Wilhelmstraße wurde 1769 mit dem Bau des nassauischen Marstalls begonnen. Sein Zentrum bildet die Reithalle mit ihrem T-förmigen Grundriss. In den Stall-gebäuden sind die Wände der Pferde-boxen zum Teil noch heute mit den klassizistischen Fliesen versehen. Östlich der Wilhelmstraße liegt der Reitplatz, auf dem bis heute Reit- und Fahrturniere sowie Hengstschauen und -paraden stattfinden. Die angrenzende ehemalige Orangerie beherbergt heute ein Kut-schenmuseum. 1871 bezog das neu gebildete Preußische Hessisch-Nassaui-sche Landgestüt den Marstall, 1957 wurde das Hessische Landgestüt in Darmstadt aufgelöst und mit dem in Dillenburg vereint. ●

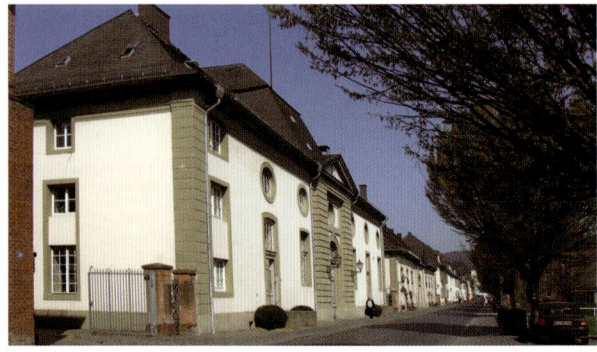

Blick in die Wilhelmstraße mit Gebäuden des Landgestüts

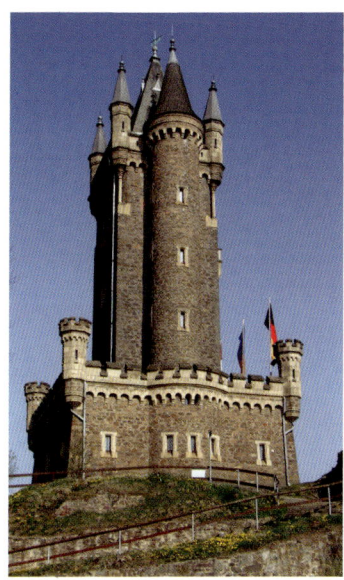

Der Wilhelmsturm – Dillenburgs Wahrzeichen

Dillenburg
Wilhelmsturm und Kasematten

- ✕ Schlossberg
- ◔ Dillenburger Museumsverein e. V.
- ◷ 1. April (bzw. Karfreitag) bis 1. November: Di bis So 9-12 Uhr und 13-17 Uhr
- ⓘ Dillenburger Museumsverein,
  Tel. 02771-800065
  www.museumsverein-Dillenburg.de

Der Wilhelmsturm, das heutige Wahrzeichen der Stadt, dominiert erst seit 1875 die Silhouette des Dillenburger Schlossberges. Doch der steile Bergrücken hoch über dem Dilltal trug schon im 12. Jahrhundert eine Burg. Die Festung wurde im Zuge der Dernbacher Fehde 1325 zerstört, danach aber größer und wehrhafter als zuvor wieder aufgebaut. Seit der zweiten Hälfte des 15. Jahrhunderts

diente sie den Grafen und späteren Fürsten von Nassau-Dillenburg als ständiger Sitz. Maßgebliche Bautätigkeiten gehen auf Wilhelm den Reichen zurück. Sein Sohn Wilhelm I. erblickte hier 1533 das Licht der Welt. Dieser erbte im Alter von elf Jahren unter anderem Besitzungen in den Niederlanden und den Titel „Prinz von Oranien". Später verlegte er seine Residenz nach Den Haag und so leitet sich das niederländische Königshaus in direkter Linie von dem Dillenburger Wilhelm I. von Oranien ab.

Im Verlauf des Siebenjährigen Krieges versank 1760 das Schloss unter dem Hagel französischer Kanonen, Bomben und Granaten in Trümmern. Die verbliebenen Ruinen und die größtenteils intakt gebliebenen Wehrgänge der alten Festungsanlage wurden einige Jahre später geschleift.

In den 1930er Jahren wurde begonnen, Teile der Kasematten öffentlich zugänglich zu machten und nach weiteren Freilegungen ist heute ein ausgedehntes unterirdisches Verteidigungssystem zu besichtigen: Die 1525 bis 1535 errichtete „Hohe Mauer", die den Schlossberg zur Stadtseite begrenzt, die Bollwerke „Jägergemach", „Rondell" und „Junkergemach" sowie die Bastion „Scharfes Eck", die in der zweiten Hälfte des 16. Jahrhunderts entstand. Abschluss und Höhepunkt des Rundgangs durch eine der besterhaltenen Kasematten Europas ist die Besichtigung des 62 Meter tiefen Brunnens in der „Löwengrube" mit dem „Rubensgefängnis". Namensgeber des Kerkers ist der Vater des berühmten Malers, der hier wegen eines Ehebruchvergehens mit Anna von Sachsen einsaß.

Rund einhundert Jahre nach der Zerstörung der Festung besann sich das Dillenburger Bürgertum wieder auf die feudale Vergangenheit der Stadt: Schon 1849 öffnete man die „Löwengrube" und in den 1870er Jahren erschloss man

D

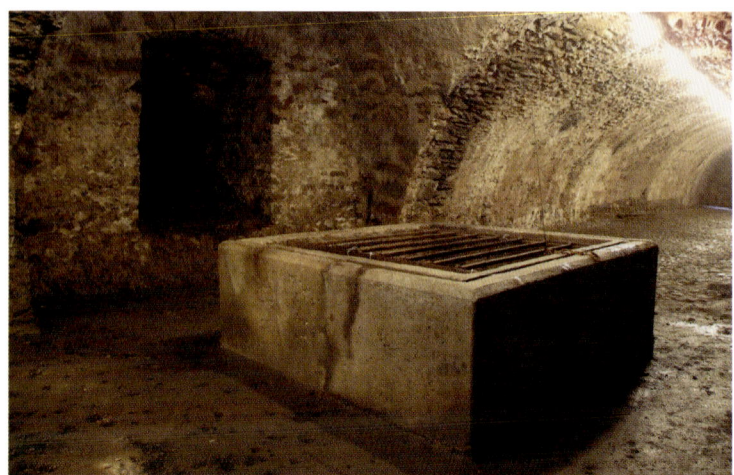

Der 62 Meter tiefe Brunnen in der „Löwengrube" versorgte das Schloss mit Wasser

einen Teil der Anlagen zur Besichtigung. Höhepunkt des historischen Interesses an der Vergangenheit war aber die Errichtung des Wilhelmsturms. Möglich wurde der Bau nicht zuletzt durch eine großzügige Spende von Prinzessin Marianne, einer Tochter König Wilhelms I. der Niederlande. Nach dreijähriger Bauzeit konnte der viergeschossige Turm 1875 eingeweiht werden.

Ursprünglich sollte der Wilhelmsturm einzig als Ehrenmal für Wilhelm von Oranien und als Aussichtsturm dienen. Nachdem 1882 eine Ausstellung altertümlicher Gegenstände im Turm großen Anklang gefunden hatte, wurde beschlossen, in den Turmstuben ein Museum einzurichten. Das Oranien-Nassauische Museum, in dem neben der Genealogie des Hauses Oranien-Nassau mit Dokumenten und Erinnerungsstücken dessen Geschichte dargestellt wird, wurde in den 1990er Jahren um- und neugestaltet. Ein Schloss- und ein Kasemattenmodell vermitteln ein Bild der Dillenburger Schlossanlage vor der Zerstörung. Zudem bietet eine Computeranimation ausführliche Informationen zum Schloss und seiner Baugeschichte. ●

Dillenburg-Nanzenbach

Ehemalige Bahnstation Herrnberg

❌ an der Schelde-Lahn-Straße (L 3042) zwischen Dillenburg-Oberscheld und Eschenburg-Hirzenhain

ⓘ außen frei zugänglich

Wer von Dillenburg kommend das Scheldetal hinauf fährt, der begegnet bereits am Ortsausgang von Niederscheld einem eindrucksvollen Viadukt. Es gehörte, wie das alte Stationsgebäude „Herrnberg" zu einer geschichtsträchtigen Eisenbahnstrecke, die 1987 stillgelegt wurde. Heute dient die ehemalige Bahnstation Wohnzwecken und ein Teil der Räume wird von den Eisenbahn-Sportfischern genutzt, die auf dem ehemaligen Bahngelände ein paar Fischteiche unterhalten. Doch so still und idyllisch wie heute war es nicht immer im Schelderwald. Ganz im Gegenteil: Über ein halbes Jahrhundert lag hier, am Fuße des Herrnbergs, ein regelrechtes Verkehrszentrum, von dem aus die umliegenden Eisenerzgruben und Hochöfen erschlossen wurden.

Schon zehn Jahre nachdem 1862 Dillenburg an die Köln-Gießener Bahn angeschlossen war, wurde die Nebenbahn entlang der Schelde in Betrieb genommen. Zunächst endete sie als Stichbahn am „Nicolausstollen", wenige Meter von der Zeche „Königszug" entfernt, denn ihr ausschließlicher Zweck war die Erschließung der Eisenerzgruben. Personenverkehr gab es erst seit 1896.

Als der „Hessen-Nassauische Hüttenverein" am 11. Juli 1905 seinen neuen Hochofen in Oberscheld anblies, wuchs der Druck, eine direkte Verkehrsanbindung zu den Eisenerzgruben an der oberen Lahn zu schaffen. So wurde die Scheldetalbahn bis ins Lahntal verlängert, wo sie Anschluss an die Marburg-Siegener Bahn fand. 1911 war die 32 Kilometer lange Strecke von Biedenkopf-Wallau über Breidenbach nach Dillenburg fertiggestellt. Eine besondere bahntechnische Herausforderung lag zwischen dem Bahnhof Herrnberg und Hirzenhain. Hier galt es, eine Steilstrecke mit bis zu 60 Promille Anstieg zu überwinden, was zunächst nur mit der Zahnstangentechnik möglich war: Eine Lok schob je zwei Waggons hinauf, wodurch auf dem Streckenabschnitt werktags nahezu pausenlos Züge verkehrten. Erst als 1922 Dampflokomotiven der Baureihe 94 eingesetzt wurden, ging es im normalen „Reibungsbetrieb" über die Wasserscheide zwischen Lahn und Dill.

Der Güterverkehr verringerte sich erstmals, als der Hessen-Nassauische Hüttenverein am Herrnberg seine zentrale Aufbereitung einrichtete, wo mehrere Gruben per Seilbahn angebunden waren. In die Güterwaggons kam dann nur noch das vom tauben Gestein getrennte Erz. Nachdem 1968 die einst größte hessische Eisenerz-Mine „Königszug" geschlossen wurde, erlosch auch der Oberschelder Hochofen für immer. Als letzte Grube im Scheldetal stellte „Falkenstein" 1973 den Betrieb ein und der Güterverkehr auf der Scheldetalbahn wurde bedeutungslos. Personenzüge verkehrten dagegen noch bis 1987. ●

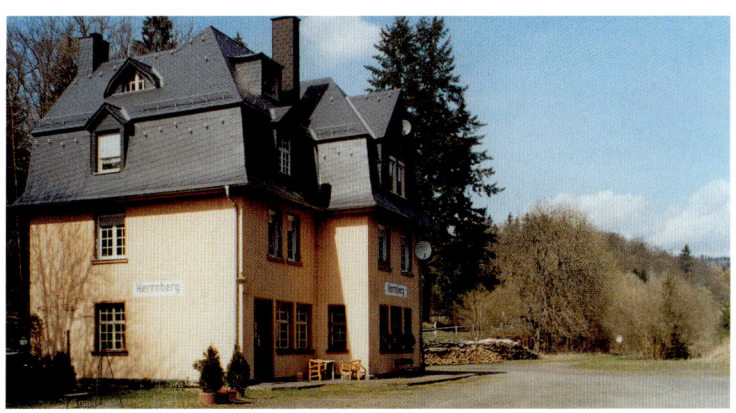

Heute herrscht Ruhe am einstigen Drehkreuz des Erzbergbaus

D

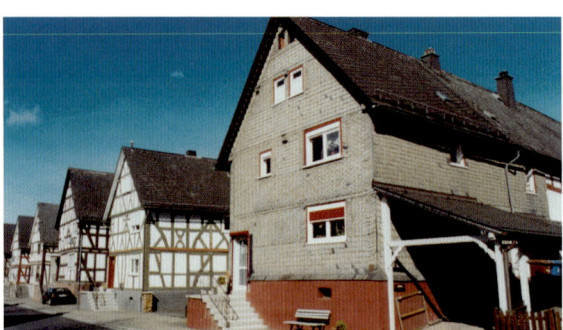

In Reih und Glied stehen die Häuser in Nanzenbachs Hauptstraße

Dillenburg-Nanzenbach

Ortsansicht und Bergbau-Gedenkstätte

❌ Hauptstraße in der Dorfmitte; Bergbau-Anlage an der Schwarzbachstraße

☁ Heimatverein Nanzenbach e. V.

❶ jederzeit frei zugänglich

❶ Heimatverein, Tel. 02771-33140

Eine schnurgerade Hauptstraße, die giebelständigen Häuser rechts und links alle in gleichem Abstand und offensichtlich nach einem einheitlichen Bauplan gebaut – solch eine dörfliche Ansicht ist in Hessen selten und daher steht das komplette Ensemble unter Denkmalschutz. Allerdings haben die Nanzenbacher die schmucke Hauptstraße dem wohl schlimmsten Ereignis ihrer Geschichte zu verdanken: Ein Brand legte 1772 fast das ganze Dorf in Schutt und Asche. Übrig blieben damals nur ein Wohnhaus – andere Quellen sprechen von zwei oder drei Gebäuden – und die Kirche. Letztere musste 1962 einem Neubau weichen.

Planung und Umsetzung des Neuaufbaus lagen bei dem Bergmeister Johann Henrich Jung. Er sorgte dafür, dass jeder Nanzenbacher nach spätestens drei Jahren wieder ein angemessenes Dach über dem Kopf hatte.

Brandschutz war bei seiner Planung ein wichtiges Kriterium. Deswegen wurden eine breite Hauptstraße und üppige Abstände von Haus zu Haus vorgesehen. Zudem hatte man von der Küche aus Stallungen und Scheunen des Nachbarn jederzeit im Blick – eine solche Brandkatastrophe sollte sich in Nanzenbach nie wiederholen.

Schon damals, Ende des 18. Jahrhunderts, war neben der Landwirtschaft der Bergbau die wichtigste Erwerbsquelle der Dorfbewohner. Am südlichen Dorfrand standen die beiden größten Kupfergruben Nassaus: das Bergwerk „Neuer Mut" und die „Gemeiner Zeche". Während der Kupferbergbau schon im 20. Jahrhundert keine Rolle mehr spielte, erlebte der Eisenerzbergbau in dieser Dekade seinen Höhepunkt und Niedergang: Neben „Neue Lust", „Friedrichszug" und „Stillingseisenzug" gab es zahlreiche kleine Gruben und auch die Grube „Königszug" lag teilweise auf Nanzenbacher Gemarkung. Seit 1973 ist jedoch der Bergbau im Dillgebiet nur noch in der Erinnerung lebendig. Um sie wach zu halten, hat der Heimatverein in den 1990er Jahren eine Gedenkstätte bei der ehemaligen Kupferzeche „Neuer Mut" angelegt. Im Zentrum steht ein von außen jederzeit einsehbarer kleiner Schaustollen mit einer typischen untertägigen Szenerie. ●

Dillenburg-Niederscheld
Eisenbahnviadukt

- ✖ nordöstlich des Ortskerns
- ➊ jederzeit frei zugänglich
- ➊ Bergbau- und Feldbahnverein
  Schelderwald e. V.

Der 120 Meter lange Eisenbahnviadukt überspannt am nordöstlichen Ortsausgang von Niederscheld die Schelde, eine Land- und zwei Nebenstraßen. Vor allem beim Bau von Bahnstrecken in bergigen Gebieten sind solche Kunstbauten notwendig, um starke Höhenunterschiede in der Topographie auszugleichen. Der Viadukt bei Niederscheld wurde 1871-1872 erbaut und passt sich mit seiner S-förmigen Linienführung dem Talverlauf an. Sechs gleiche Bögen mit einer lichten Weite von jeweils rund 16 Metern überspannen das Tal. Die Pfeiler sind rund zweieinhalb Meter breit und die Ansichtsflächen wurden in Werksteinmauerwerk aus regionalem Kalkstein aufgeführt.

Der Bau dieser Eisenbahnstrecke durch das Scheldetal ist eng verknüpft mit der Hauptlinie durch das Dilltal und den Erzgruben im Schelderwald. Mit der Einweihung der Deutz-Gießener Bahn von Köln über Haiger und Dillenburg nach Gießen wurde das Dilltal 1862 an das überregionale Schienennetz angeschlossen. Diese Strecke diente gleichermaßen dem Gütertransport wie dem Personenverkehr.

Die bald darauf erbauten Nebenbahnen in die Seitentäler waren dagegen zunächst ausschließlich für den Abtransport der dort gewonnenen Erze gedacht: Bereits 1872 wurde der Schienenstrang nach Oberscheld eröffnet, 20 Jahre später folgte die Dietzhölztalbahn. Personenzüge verkehrten aber erst seit 1896 von Ewersbach im Dietzhölztal bis ins Scheldetal und brachten den dort beschäftigen Bergleuten eine große Erleichterung. Die weiten Fußwege zu den Gruben im Schelderwald waren zusätzlich zu den harten und langen Arbeitstagen eine große Belastung. Die eisenbahntechnisch aufwändige Weiterführung der Scheldetalbahn in Richtung Biedenkopf wurde 1911 realisiert.

Zwei Faktoren brachten den Eisenbahnverkehr im Scheldetal schließlich zum Erliegen: der Erzabbau war seit den 1960er Jahren nicht mehr konkurrenzfähig und der Personenverkehr verlagerte sich immer mehr auf die Straße. Ende Mai 1987 wurde die Strecke stillgelegt und der Gleiskörper ist mittlerweile fast vollständig demontiert. Lediglich im ehemaligen Bahnhof Oberscheld-Hochofen betreibt der dortige Bergbau- und Feldbahnverein eine 600 Millimeter-Feldbahn. ●

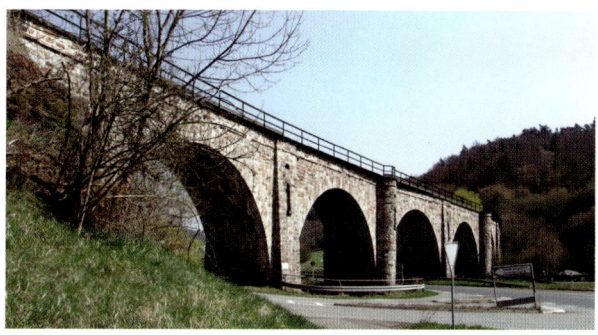

Talquerung über sechs Bögen

D

Dillenburg-Oberscheld
Besucherstollen Ypsilanta

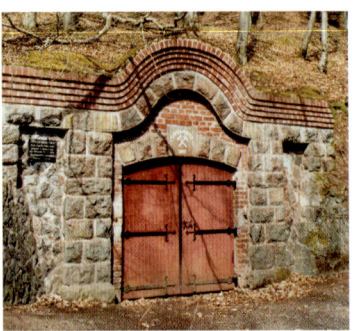

Stollenmundloch der Grube Ypsilanta

❌ L 3363 Richtung Siegbach-Eisemroth, am Ortsende links (beschildert)

🕐 April bis Oktober 1. So im Monat 14-17 Uhr, Führungen nach Vereinbarung

ℹ️ Bergbau- und Feldbahnverein Schelderwald e. V., Tel. 02771-21193

Wer heute im Schelderwald unterwegs ist, der bewegt sich nur auf den ersten Blick in einer Naturlandschaft. Auf Schritt und Tritt begegnet man Spuren des Bergbaus: Stollenmundlöcher, Tagebaute – sogenannte Pingen – sowie zahlreiche Gebäude, die ursprünglich im Zusammenhang mit der Erzgewinnung und -verarbeitung standen. Nachweislich seit dem 12. Jahrhundert wurden hier Bodenschätze, meist Kupfer- und Eisenerz, gefördert.

Insgesamt waren es Hunderte von Bergwerken und in vielen von ihnen arbeiteten allenfalls eine Handvoll Männer. Daneben gab es auch einige große Grubenbetriebe. Der „Königszug" war sogar die größte Eisenerzgrube Hessens. Hier arbeiteten noch 1960 rund 500 Bergleute in Abbautiefen von bis zu 500 Metern.

Die Grube Ypsilanta war also eine von vielen im Schelderwald und sie war eine eher unbedeutende Anlage. In Betrieb war sie zwischen 1834 und 1936. Doch der Stollen, der heute den Besuchern zugänglich ist, diente zum Schluss als Sprengstofflager und andere Grubenteile wurden schon seit 1907 zur Wasserlösung verwendet – also zum Ableiten von Grubenwasser einer Nachbargrube. Und doch steht diese Bergbauanlage exemplarisch für einen Wirtschaftszweig, der für eine ganze Epoche das Leben zahlreicher Menschen im Schelderwald, Dietzhölztal und Biedenköpfer Land prägte.

Außerdem eignet sich die Grube Ypsilanta mit ihrem schönen Mundloch gut als Besucherstollen. Seit den 1990er Jahren führt der Bergbau- und Feldbahnverein Schelderwald die Besucher durch den 140 Meter langen Abbau. Zuvor werden sie mit Gezähe und Geleucht ausgestattet – so bezeichnet der Bergmann Werkzeug und Lampe. Die untertägigen Arbeitsbedingungen der Bergleute werden dadurch etwas besser nachvollziehbar und im Licht der Grubenlampe wird auch die Geologie des Schelderwaldes, mit seinen verschiedenen Erzen und Mineralien greifbarer als in manchem Museum. ●

Dillenburg-Oberscheld
Hochofen und Überlandzentrale

❌ Hochofengelände südlich, Überlandzentrale nördlich der Schelde-Lahn-Straße

🔄 E-on Mitte

🕐 von außen möglich

ℹ️ Bergbau- und Feldbahnverein Tel. 02771-21193 E-on Mitte, Tel. 02771-8734520

Durch den Holzreichtum im Dillgebiet hielten sich hier die Holzkohle-Hochöfen für die Eisenverhüttung länger als in

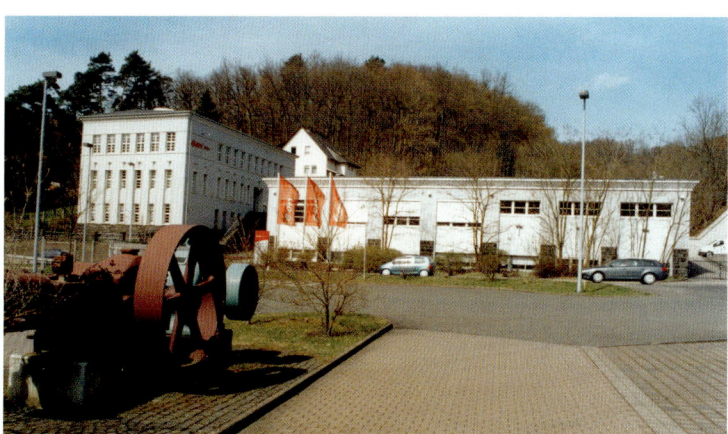

Von der Resteverwertung zum Energieversorger

anderen Bergbaurevieren. Erst 1898 erlosch der letzte seiner Art in Eschenburg-Eibelshausen. Der Hessen-Nassauische Hüttenverein, dem die meisten dieser antiquierten Anlagen gehört hatten, konnte sieben Jahre lang kein Roheisen mehr aus dem Erz seiner Gruben gewinnen. Erst 1905 ging der neue, mit Steinkohle befeuerte Hochofen in Betrieb, den das Unternehmen in Oberscheld direkt neben der Schelde-bahn erbaut hatte.

Mit wenigen Unterbrechungen blieb die Anlage bis zum April 1968 in Betrieb und verhüttete die Erze der umliegenden Gruben. Dann erlosch ihr Feuer für immer. Mehr als 60 Jahre belieferte der Hochofen die ehemaligen Hüttenstand-orte des Hessen-Nassauischen Hütten-vereins mit Roheisen. Diese waren näm-lich mittlerweile in reine Gießereien umgewandelt worden und stellten Herde, Öfen, Badewannen und andere guß-eiserne Fertigprodukte her.

Bei der Planung des Hochofens wurde auch die Nutzung der Nebenpro-dukte berücksichtigt. Eines davon waren die brennbaren Abgase des Ofens. Diese „Gichtgase" wurden schon seit 1906 für

die Stromerzeugung genutzt und so kam Oberscheld als erstes Dorf im Dillkreis in den Genuss einer Stromversorgung. 1908 folgte Niederscheld mit seinen ehemaligen Hüttenbetrieben und nach-dem die Anlage um einen kohlebefeuer-ten Dampferzeuger erweitert worden war, konnten 1910 auch Herborn und Dillen-burg versorgt werden. Über ein Frei-leitungsnetz wurden die Gießereibetriebe im oberen Dietzhölztal und im Bieden-köpfer Hinterland angeschlossen und mit der Zeit bekamen so fast alle umliegen-den Ortschaften elektrischen Strom.

Weil die Stromverteilung mit wach-sender Abnehmerzahl immer aufwändi-ger wurde, gliederte man den Bereich schon 1910 aus dem Hochofenbetrieb aus. Die eigens gegründete „Hessen-Nassauische Überlandzentrale" sorgte seit 1913 für die Stromversorgung der Region und bestand bis 1956 unter die-sem Namen. Sie errichtete 1928 jenseits der Schelde-Lahn-Straße ein neues Umspannwerk. In seiner gelungenen Architektur hat sich der Gebäudekom-plex bis zum heutigen Tage nahezu voll-ständig erhalten. Die Hochofenanlagen dagegen wurden in den Jahrzehnten nach der Stilllegung weitgehend demon-tiert. ●

D

Driedorf
Plansiedlung und Burgturm

❌ Ortskern

🔄 außen frei zugänglich

ℹ️ Gemeindeverwaltung Driedorf,
   Tel. 02775-95420; www.driedorf.de

Driedorf war zunächst ein Haufendorf, das sich – 1305 mit Stadtrechten ausgestattet – nördlich des Junkernschlosses um Kirche und Friedhof gruppierte. Dieser Siedlungsgrundriss änderte sich nach einem verheerenden Dorfbrand im Jahr 1819. Dem Großfeuer fielen 196 Gebäude und die Kirche zum Opfer. Der Wiederaufbau erfolgte in regelmäßiger und erweiterter Form, der neue Ortsgrundriss ist bis heute erhalten: Die Weiher-, Wilhelm-, Oranien- und Teile der Schlossstraße verlaufen exakt parallel zu einander und werden unter anderem von der Weilburger Straße rechtwinklig gekreuzt.

Auch ein großer Teil der seinerzeit erbauten Häuser hat die Zeiten überdauert. Die regelmäßig aufgereihten Parzellen der Hofreiten wurden nicht mehr mit den verbreiteten Einhäusern bebaut, die Wohn- und Wirtschaftsteil unter einem Dach vereinten. Vielmehr entstanden voneinander getrennte Zeilen aus Wohn- und Wirtschaftsgebäuden. Wie zu dieser Zeit üblich fand das sogenannte „riegellose Fachwerk" Verwendung, eine Konstruktion, die auf den Einbau waagerechter Hölzer zwischen den Ständern

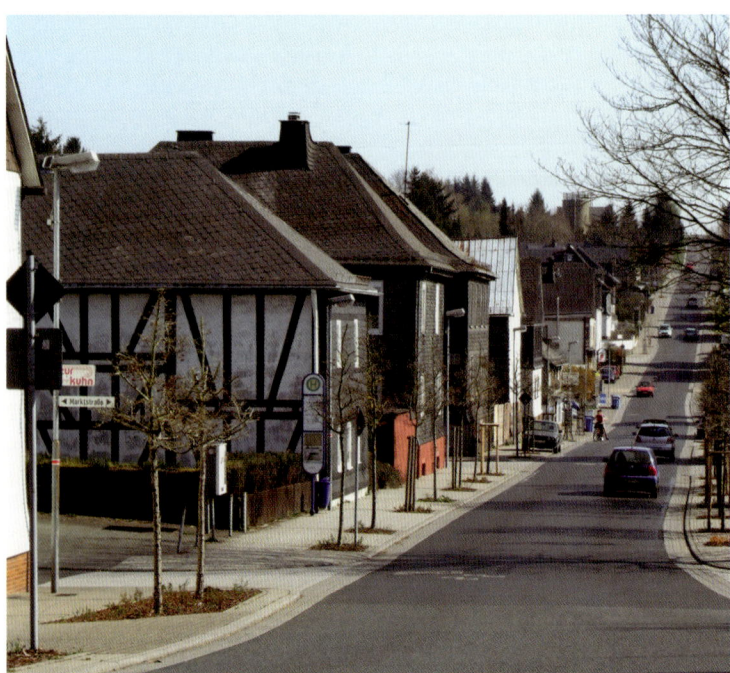

Verzicht auf Querstreben reduzierte den Holzbedarf beim Hausbau

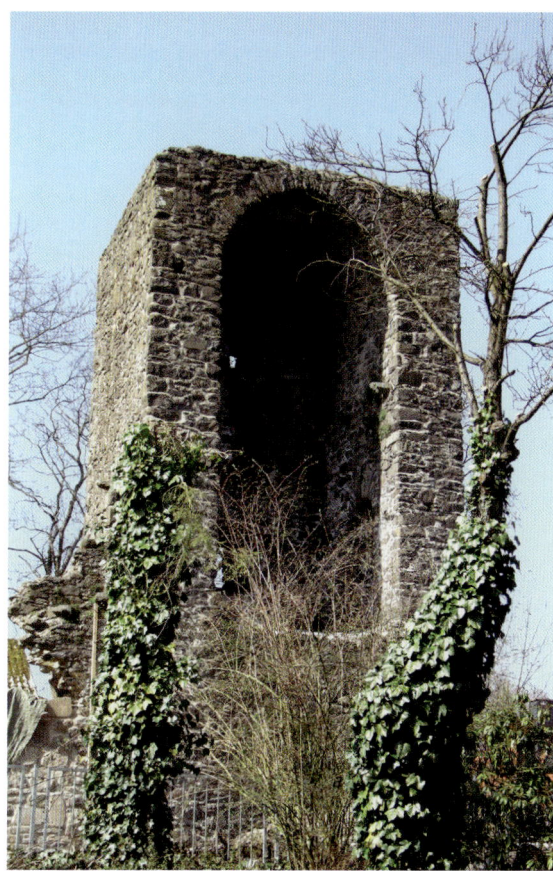

*Der Schalenturm in
der Turmstraße*

verzichtet. Diese Bauweise war in Nassau-Dillenburg 1790 per Gesetz eingeführt worden.

Die klassizistische, geräumige Saalkirche in der Wilhelmstraße 15, die heute den großen freien Platz südwestlich der Weilburger Straße prägt, wurde in den Jahren 1822 bis 1827 nach Plänen von Baudirektor Johann Schrumpf aus Wiesbaden erbaut.

Die wenigen Teile der ehemaligen Ortsbefestigung haben sich am besten im Bereich der Turmstraße erhalten. Hier stehen ein rechteckiger, zur Straße hin offener Schalenturm und Reste der sogenannten Oberburg. Diese gegen Ende des 13. Jahrhunderts errichtete Festung fiel dem Brand von 1672 zum Opfer. Die Ruine der sogenannten Unterburg findet sich südlich des Ortskernes. Zu sehen sind die Grundmauern der quadratischen Anlage und Reste eines rechteckigen Wohnbaus mit stichbogenförmigen Fensteröffnungen. ●

Ebsdorfergrund

E

Ebsdorfergrund-Dreihausen

Karolingische Siedlung Höfe

- ❌ ca. 1 km südlich des Dorfes im Wald gelegen; Zufahrt über Londorfer Weg, am Wasserhochbehälter parken (ausgeschildert)

- ⓘ jederzeit frei zugänglich, Führungen nach Vereinbarung

- ⓘ Arbeitskreis Dorfgeschichte Dreihausen e.V. www.hoefe-dreihausen.de bzw. www.ad-dreihausen.de

In der Nähe von Dreihausen im Ebsdorfergrund befindet sich ein archäologisches Denkmal von besonderem Rang: Bei den so genannten Höfen handelt es sich nach jüngsten Erkenntnissen vermutlich um eine karolingische Burg und salische Königspfalz. Die ausgedehnte Burganlage wurde um die Mitte des achten Jahrhunderts im damals fränkisch-sächsischen Grenzraum errichtet. Eine Mauer teilte sie in eine kleinere Ober- und eine größere Unterburg.

Könige hatten damals keinen festen Wohnort. Sie zogen vielmehr durch das Land und ließen sich zeitweise in Königspfalzen nieder. Zum Schutz und für Verwaltungsaufgaben führte der König stets ein großes Gefolge mit sich. Die Unterburg der Höfe war sicher groß genug, um eine größere Zahl von Menschen in Zelten oder einfachen Hütten aufnehmen zu können. In der Oberburg standen dagegen mehrere Fachwerkbauten, darunter ein repräsentatives Anwesen mit steinernem Untergeschoss. Außerdem gab es eine Rundkapelle – ein Bautyp, der vor allem im zehnten Jahrhundert im königlichen Umfeld errichtet wurde. Von ihrer hochwertigen Ausstattung sind Reste der Ausmalung und ein kleines Stück Porphyr erhalten.

Die Architektur und nicht zuletzt dieser grüne Stein legen die Vermutung nahe, dass die Anlage tatsächlich den salischen Königen Heinrich III. (1017-1056) und Heinrich IV. (1050-1106) als Königspfalz gedient haben könnten. Schließlich galt Porphyr als Mineral, das seit der römischen Antike der kaiserlichen Repräsentation vorbehalten war. ●

Grundmauern des steinernen Hauses aus dem 8. Jahrhundert

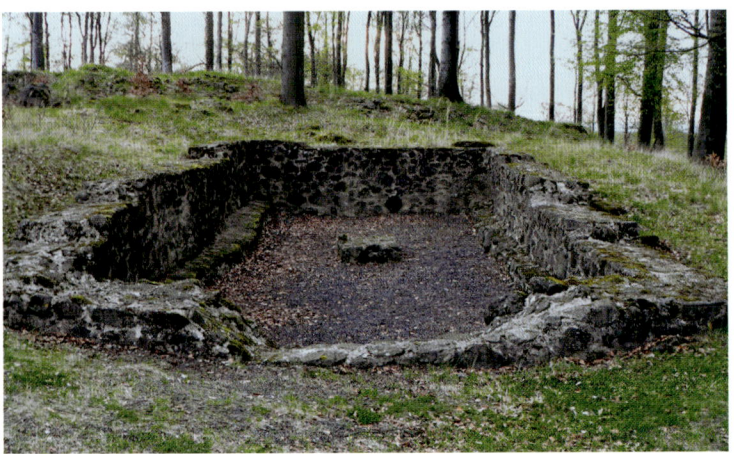

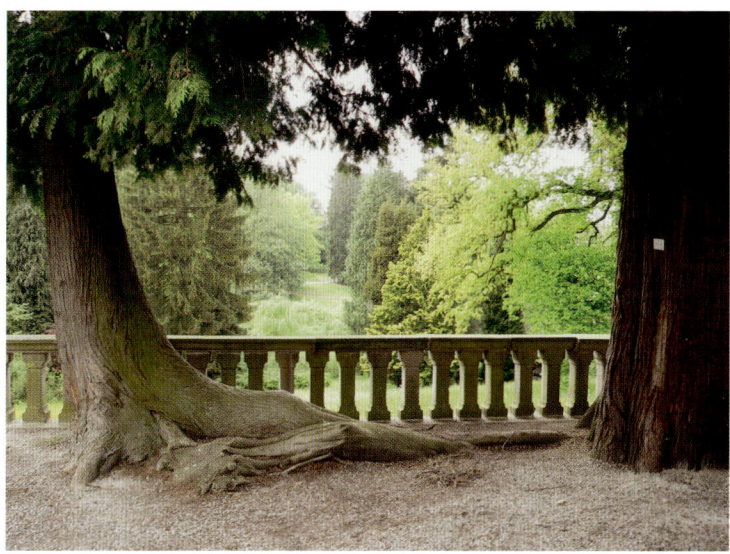

Ebsdorfergrund-Rauischholzhausen
Park und Schloss

Blick in die Parkanlage Heinrich Siesmayers

- ⊗ südlich des alten Dorfkerns, Ferdinand-von-Stumm-Straße
- ☁ Universität Gießen
- ❶ Schloss-Hotel, Tel. 06424-301100; rauischholzhausen.schloss-hotel@uni-giessen.de

Mitte des 8. Jahrhunderts wird in einer Urkunde Kaiser Karls des Großen erstmals der Ort Holzhausen erwähnt. In dem Mainzer Lehen übte für Jahrhunderte die Familie Rau die Grundherrschaft aus. Deshalb erhielt der Ort im Jahre 1934 auch offiziell die Bezeichnung Rauischholzhausen.

Südlich des alten Dorfkerns liegt ein weitläufiger Landschaftspark, der früher einmal rund 100 Hektar umfasste. Obgleich die Parkfläche heute nur noch rund 30 Hektar groß ist, zählt die Anlage dennoch zu den bedeutendsten historischen Gartenanlagen Hessens.

Ihre Ursprünge gehen auf das Jahr 1873 zurück, als die Familie Rau das gesamte Anwesen an Ferdinand Stumm verkaufte. Der Diplomat und Montanindustrielle beauftragte den Frankfurter Gartenarchitekten Franz Heinrich Siesmayer (1817-1900) mit der Planung und Realisierung einer großen Parkanlage. Siesmayer hatte sich damals schon mit der Gestaltung des Frankfurter Palmengartens und des Bad Nauheimer Kurparks einen Namen gemacht.

Kosten spielten bei den Arbeiten offensichtlich kaum eine Rolle: Die alte Wasserburg wurde kurzerhand abgerissen und es entstand an gleicher Stelle ein Teich. Mit gewaltigem Aufwand wurden zahlreiche, bereits große Bäume verpflanzt. Die rund 28.000 Gehölze, die alleine in der vierjährigen Bauzeit gepflanzt worden waren, wurden später noch weiter ergänzt.

Stilistisch ist die Rauischholzhauser Parkanlage dem Historismus zuzuord-

E

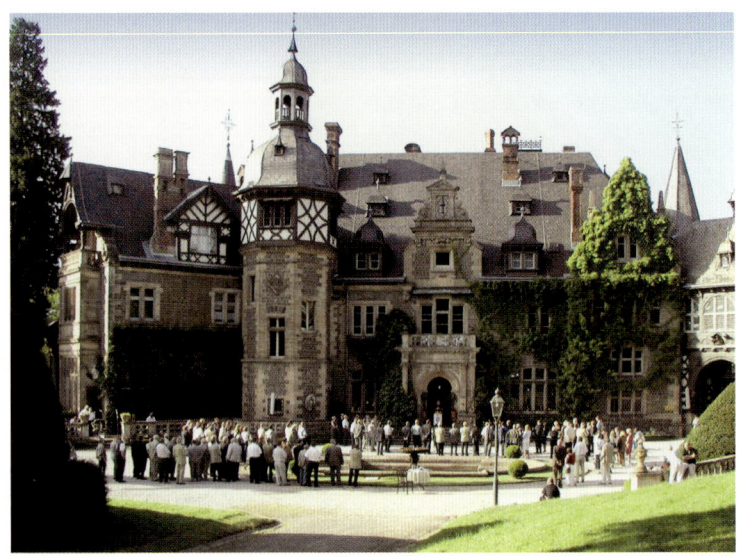

Das pittoreske Schloss im englischen Landhausstil

nen. Seine prägenden Elemente in der Gartenbaukunst sind architektonischer und ornamentaler Art: Mit Terrassen und Fontänen, Alleen und Blumenbeeten wurde mehr inszeniert als in den Epochen davor. Entsprechend der romantischen Naturauffassung jener Zeit wurden bestimmte Gehölze als „Bäume für die Seele" aufgefasst. So versuchten die Gartengestalter mit Trauerweiden, Säuleneichen oder dunkelnadligen Koniferengruppen gezielt Stimmungen zu erzeugen. Die Gesamtanlage untergliederte man dabei in mehrere eigenständige Parkräume.

Oberhalb des Schlossteiches, an einer exponierten Stelle in der Parklandschaft entstand in den 1870er Jahren das neue Schloss. Die letzten Bauabschnitte wurden allerdings erst 1908 abgeschlossen. Im englischen Gutsherrenstil erhebt sich die asymmetrische, zweigeschossige Anlage über der Parkanlage. Die steilen Dächer von Haupt-

und Nebenhaus gehen ineinander über, während in der Sockeletage eine Durchfahrt aus Fachwerk die Bauteile trennt. Das harmonische Zusammenspiel von massiver Bauweise und Fachwerk verbunden mit der Einbettung in die Parkanlage machen Schloss und Park zu einem Gesamtkunstwerk des Historismus.

Im Winter 1941/42 trennte sich die Familie Stumm von ihrem gesamten Besitz in Rauischholzhausen. Er ging 1945 in den Besitz des Landes Hessens über und ist heute der Justus-Liebig-Universität in Gießen zur Nutzung überlassen. Die seit 1956 unter Landschaftsschutz stehende Parkanlage ist für die Öffentlichkeit zugänglich. Das „Schloss" dient heute der Universität Gießen vor allem als Tagungsstätte und als Veranstaltungsort. Es beherbergt außerdem ein Restaurant, das bei gutem Wetter den Hof vor dem Schloss als Kaffeeterrasse nutzt. ●

Ebsdorfergrund-Wittelsberg
Wittelsberger Warte

E

❌ westlich des Ortes, Abzweigung von der K 38 Wittelsberg-Moischt am Ortsausgang Richtung Süden

❗ nur von außen zugänglich

Die Ortsumgehung von Wittelsberg führt in weitem Bogen um einen Hügel vulkanischen Ursprungs herum, der sich am südwestlichen Ende des Amöneburger Beckens aus der flachen Landschaft erhebt. Auf dieser Anhöhe steht – zusammen mit der 1844 erbauten Pfarrkirche – die Wittelsberger Warte. Der gotische Wachturm aus Bruchsteinmauerwerk besitzt einen hochgelegenen Eingang und seine Schlüssellochschießscharten waren speziell für die Verwendung von Armbrüsten konzipiert. Der Wachturm war zudem von einem Wall-Graben-System umgeben, das vermutlich durch eine Palisade verstärkt war.

Landgraf Ludwig I von Hessen ließ die Warte 1431 erbauen, um eine bessere Kontrolle über den Verkehr auf der wichtigen Handelsstraße der „Langen Hessen" zu bekommen. Hintergrund dieser Bestrebung war die andauernde Fehde mit dem Erzbischof von Mainz um dessen Einfluss im Machtbereich der Hessischen Landgrafen. Amöneburg lag als Enklave des Erzbistums nur wenige Kilometer nördlich von Wittelsberg. Daher war die Kontrolle einer der Hauptzufahrtswege von strategisch hoher Bedeutung.

Die Wittelsberger Warte ist gleichzeitig das Wahrzeichen und zentraler Bestandteil des Wappens der Gemeinde Ebsdorfergrund. Der Turm kann leider nicht mehr bestiegen werden, dennoch lohnt sich der Besuch allein wegen des schönen Ausblicks über den Ebsdorfergrund. ●

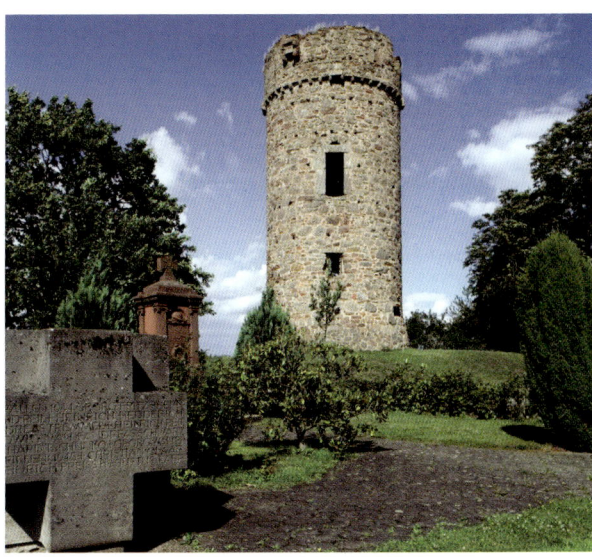

Der gotische Wartturm bei Wittelsberg

Ehringshausen

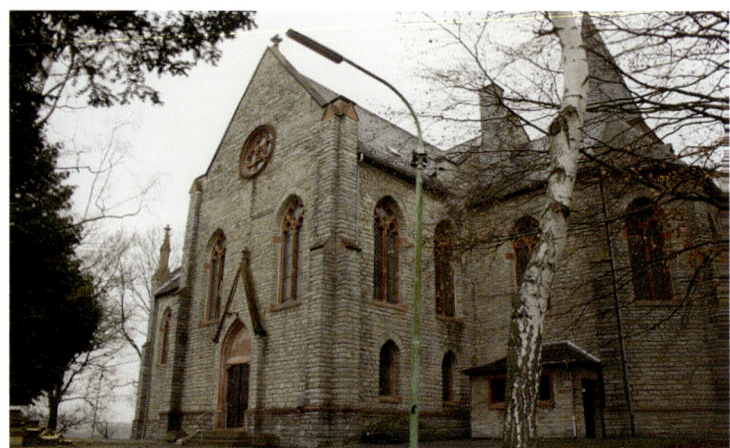

Ehringshausen-Dillheim

Die imposante Landkirche von Dillheim

Landkirche

- ❌ Am Kirchplatz
- ❗ vor und nach den Gottesdiensten und nach Vereinbarung
- ℹ️ ev. Kirchengemeinde Ehringshausen-Dillheim, Am Kirchplatz 6, Tel. 06443-3343

Auf einer Anhöhe über den Dillauen liegt die größte Landkirche des Lahn-Dill-Kreises. Das neogotische Gotteshaus wurde 1864 bis 1866 errichtet, nachdem ein Vorgängerbau wegen drohender Einsturzgefahr abgerissen werden musste. Der ummauerte, rechteckige Kirchhof zeugt noch heute von der Wehrfunktion, die dieser Ort für die Bewohner Dillheims einst hatte. 1226 wird an diesem Ort erstmals eine Kirche in den Archivquellen erwähnt. Von diesem Vorgängerbau wurde nur der Turm in den mächtigen Kirchenneubau übernommen, dessen mit schlanken Strebpfeilern versehene Mauern aus geschichtetem Kalkstein vom Höllenberg bei Ehringshausen errichtet wurden. Nur das Maßwerk, die Friese und behauenen Abschlüsse sind aus rotem Sandstein gefertigt.

Besonders sehenswert ist der Innenraum des weiten Saalbaues, der aus Haupt- und Querschiff besteht. Um den Raum frei von Säulen zu halten, wurden die hölzernen Emporen im Hauptschiff mittels Wandpfeilern und Knaggen frei tragend konstruiert. In den Seitenschiffen bilden sie eine Zwischendecke.

Den Innenraum überspannt eine flache, hölzerne Kassettendecke und der Boden des Saalbaues ist mit Sandsteinplatten belegt. Bemerkenswert ist die Gestaltung der Wandflächen, mit ihrem fast kubistisch anmutenden Anstrich. Der polygonale Ostchor ist durch einen gotischen Triumphbogen vom Schiff getrennt. Ein Sandsteinkreuz, ein mit biblischen Motiven versehenes Lesepult und die schöne Kanzel aus Eichenholz sind beachtenswerte Ausstattungsgegenstände. Die Orgel auf der westlich gelegenen Orgelempore wurde 1970 von den Gebrüdern Oberlinger aus dem pfälzischen Windesheim erbaut. Auch zwei der drei Glocken im spitzhelmigem Turm der Dillheimer Landkirche stammen aus der Zeit nach dem Zweiten Weltkrieg. ●

Elbtal

Elbtal-Dorchheim
Friedhofskapelle Sankt Nikolaus

- K 485 Dorchheim –
  Frickhofen, Brunnenstraße (am Friedhof)
- außen frei zugänglich; geöffnet Sa + So
  ca. 8-18 Uhr; Schlüssel beim Küster,
  Waldmannshäuserstr. 19

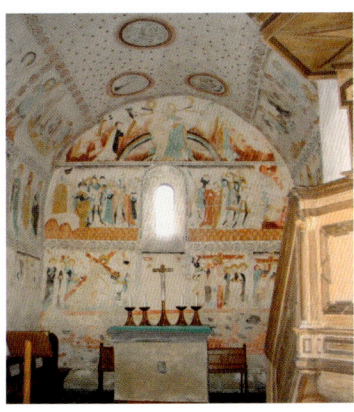

Seit dem Bau der neuen Pfarrkirche in Dorchheim 1906 dient die alte Pfarrkirche Sankt Nikolaus nur noch als Friedhofskapelle. Die zweischiffige romanische Basilika stammt aus dem frühen 12. Jahrhundert. Seit 1320 hielten hier Zisterzienser den Gottesdienst, bis sie durch die Reformation verdrängt wurden. Außen sind die baulichen Veränderungen deutlich erkennbar, die diese Kirche um die Wende vom 16. zum 17. Jahrhundert erfahren hat. Im Innern öffnet sich dem Besucher ein Kleinod spätmittelalterlicher Schnitzereien und Wandgemälde.

Wandgemälde im Chorraum, Detail (unten)

Die eichenen Mittelpfeiler sind mit Drachen, Rankenwerk, Fratzen- und Heiligenköpfen verziert, ebenso die Eckbögen der Empore. Der beeindruckende Gemäldezyklus im Chorraum wurde erst bei einer Restaurierung in den Jahren 1960 bis 1963 entdeckt und freigelegt.

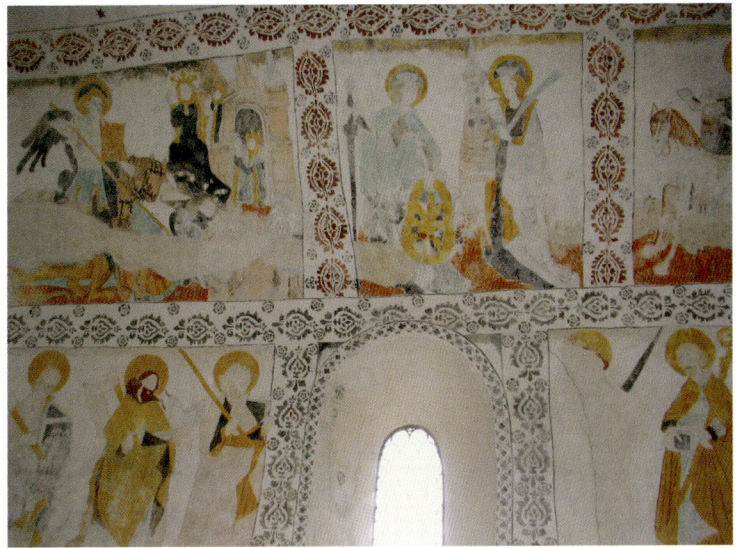

E

Er zeigt die Passion Christi, die zwölf Apostel, das Jüngste Gericht und fünf Heiligenszenen. Die Figuren strahlen eine ungeheure Lebendigkeit aus und die Farben der Seccomalerei sind hell und leuchtend.

Die Malereien stammen wohl aus der Zeit kurz vor der Reformation und wurden nicht fertiggestellt. Zahlreiche Figuren sind unvollendet geblieben und zeigen noch keine Gesichtsausmalung, andere sind nur in Umrissen vorgezeichnet. Vermutlich wurden sie im Zuge der Reformation überkalkt und entgingen so dem Bildersturm. Teile des unteren Kreuzweges wurden allerdings im Zuge von Reparaturarbeiten in den 1950er Jahren für immer zerstört. ●

Elbtal-Dorchheim
Ehemaliger Marienstätter Hof

⊗ Rathausstraße 1

☁ Gemeinde Elbtal

❸ außen frei zugänglich; innen:
Mo, Do, Fr 9-12 Uhr, Di 17-18.30 Uhr

❶ Rathaus, Tel. 06436-94460

Das Zisterzienserkloster Marienstatt im Westerwald war seit dem 14. Jahrhundert in Dorchheim begütert. Der „Marienstätter Hof" ist einer von ehemals drei Höfen, die bis 1806 vom Kloster bewirtschaftet wurden. Der zweistöckige Bau geht in seiner Grundsubstanz bis in das 17. Jahrhundert zurück. 1702 wurde er umgebaut und aufwändig ausgestattet. Bald nach der Säkularisation wurde das stattliche Gebäude als Schule genutzt und seit 1993 beherbergt es die Gemeindeverwaltung von Elbtal.

Über seinem hohen, massiven Erdgeschoss liegt ein prächtiges, klar gegliedertes Fachwerkobergeschoss. Seine Verstrebungen zeigen das Mann-Motiv und ein Brüstungsband aus Andreaskreuzen und Zierstreben. Das steile Walmdach ist mit kleinen Dachreitern besetzt und vor der Hauptfassade erhebt sich über die gesamte Gebäudehöhe ein polygoner Erker der von einem geschwungenen Helm abgeschlossen wird. ●

Einst klösterlicher Gutshof, heute Rathaus

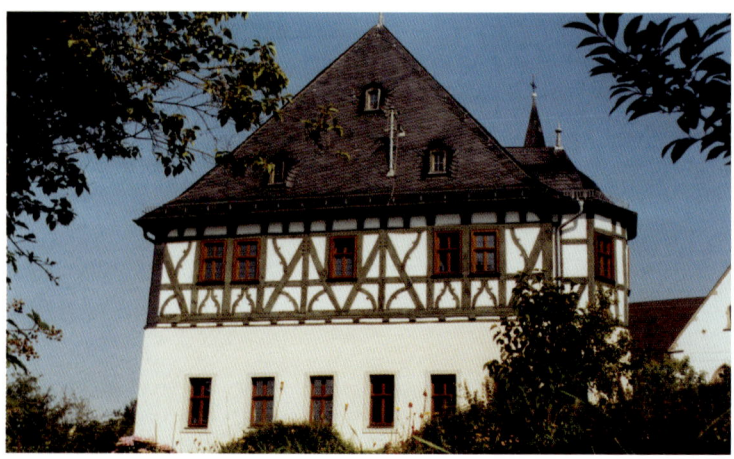

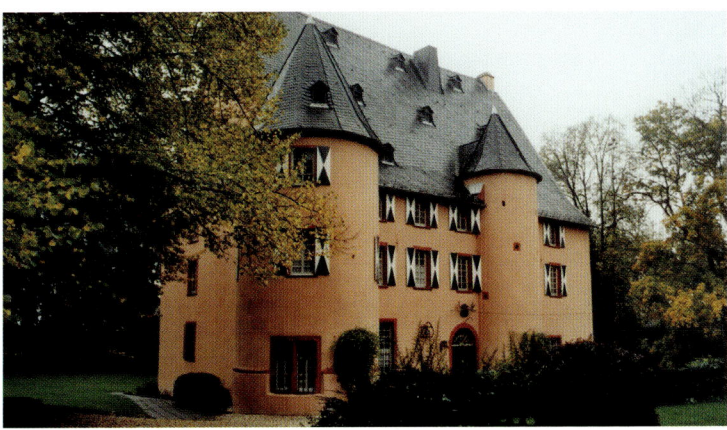

Elbtal-Elbgrund

Burg und Herrensitz Walmannshausen, heute Schullandheim

Burg und Herrensitz Waldmannshausen

⊗ Frickhofener Straße 39

⬆ Adolf-Krüper Schullandheim, Hagen

❶ außen frei zugänglich

1486 ließ Thebes von Waldmannhausen eine Wasserburg – die sogenannte „Neue Burg" – als Herrensitz im Elbtal errichten. Der dreigeschossige spätgotische Steinbau mit steilem Satteldach besitzt an den entgegengesetzten Ecken zwei Rundtürme mit Kegeldächern und in der Mitte der vorderen Längsseite einen Treppenturm.

1777 fiel das Gut an Nassau-Oranien, das es dem ehemaligen Kolonialgouverneur von Java, Christiaan Hendrik van Erath verkaufte. Der Holländer ergänzte den bestehenden Herrenbau um einen repräsentativen Schloss-Neubau, der allerdings nur äußerlich ein Schloss war – innen diente er als Kornspeicher und Pferdestall. Auch ein Gutshaus wurde erbaut, an dem die Inschrift „gubernator Indiae orientalis" bis heute an Holländer erinnert, der später in den Reichsritterstand erhoben den Beinamen „zu Waldmannshausen" erhielt.

Schließlich ließ die Familie van Erath um 1800 die Außenanlagen zu einem englischen Landschaftspark umgestalten, der in wesentlichen Teilen noch heute existiert. Dabei integrierten sie auch die Ruinen einer mittelalterlichen Burg und deren kreisförmigen Wall. Westlich des Hofes sind noch heute die Mauern eines Rechteckgebäudes und die Stümpfe zweier Rundtürme sichtbar.

Im 19. Jahrhundert wechselte der Herrensitz abermals den Besitzer – zunächst war es die Frankfurter Bankiersfamilie Bethmann, später die ehemaligen Herzöge von Nassau. Letztere bauten Burg und Schloss zu einem Erholungsheim der Nervenheilanstalt Hadamar um. Als dieses im Jahre 1933 aufgehoben wurde, erwarb der Schullandheimverein der Oberrealschule mit Reformrealgymnasium Hagen das gesamte Anwesen Waldmannshausen mit etwa 23 Morgen Park und Gartenland. Am 1. Mai 1935 wurde das Heim eingeweiht und wird bis heute als Schullandheim genutzt. ●

E

Elz

Haus Loer — Gemeindemuseum

- ⊗ Pfortenstraße 5
- ◉ Gemeinde Elz; Elzer Geschichts- und Museumsverein
- ◉ außen frei zugänglich; Führungen nach Voranmeldung
- ◉ Tel. 06431-52545

Elz ist heute das größte Dorf Hessens. Dabei wurden der Siedlung 1442 schon einmal die Stadtrechte verliehen, doch die Grafen von Nassau ließen die entstehende Stadtbefestigung schnell wieder abreißen. So hat sich Elz seinen dörflichen Charakter bewahrt — ein Idyll, das in den 1920er Jahren der Limburger Maler Peter Assmann (1862-1939) in qualitätsvollen Federzeichnungen festhielt, die fünf bedeutende Elzer Fachwerkhäuser aus dem 16. bis 18. Jahrhundert zeigen.

Heute befinden sich das historische Rathaus (Rathausstraße 39), das Haus Bausch (Ecke Gräbenstraße/Friedrich-Ebert-Straße), das Schönauer Hofhaus (Lehrgasse Nr. 5/7), Haus Sommer (Gaststätte Schützenhof, Alexanderstr. 2) sowie das Haus Loer in gut restauriertem Zustand. Den Erhalt dieser wertvollen Bausubstanz verdankt die Gemeinde vor allem dem unbeirrbaren Einsatz des heimischen Restaurators Josef Weimer.

Vor allem die sorgfältige Restaurierung des Hauses Loer setzte in den 1980er Jahren Maßstäbe. Bei dem Barockgebäude von 1610 wurde nicht nur die Außenfassade mit ihrem schönen Erker anhand von Untersuchungen originalgetreu wieder hergestellt, auch im Inneren versuchte man den ursprünglichen Charakter des Gebäudes möglichst umfassend zu rekonstruieren. So wurde die Aufteilung der Räume wieder hergestellt, die originale Gestaltung der

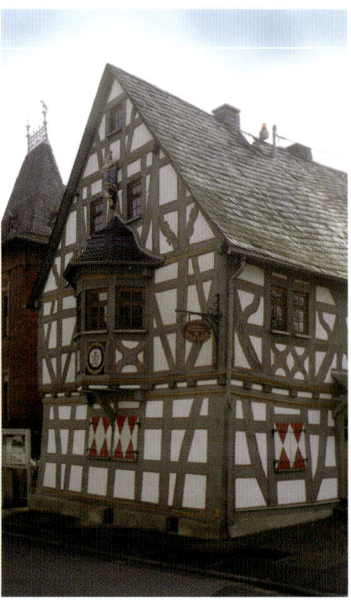

Das Haus Loer, eines der sehenswerten Fachwerkhäuser in Elz

Innenwände freigelegt und die Ausbesserung sowie die Rekonstruktion der Decken- und Wandgefache geschah mit den gleichen Materialien und Arbeitstechniken wie vor 400 Jahren. Außerdem fand man bei den Arbeiten im Keller eine Brunneneinfassung aus dem 15. Jahrhundert, die ebenfalls konserviert wurde. Im Rahmen von Führungen kann das heute als Gemeindemuseum genutzte Gebäude besichtigt werden. ●

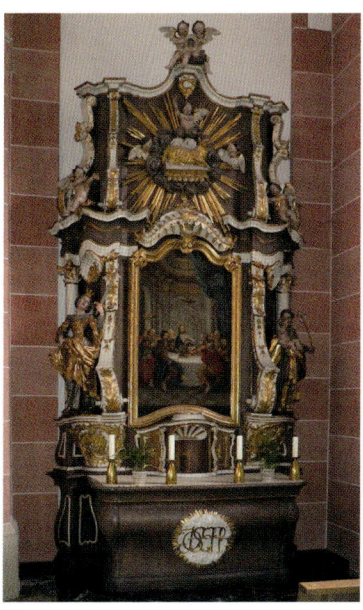 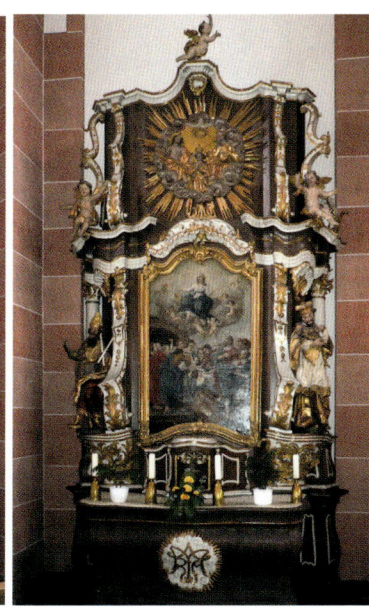

Elz

Katholische Pfarrkirche Sankt Johann

Die Seitenaltäre in der Pfarrkirche St. Johann: das Pfingstwunder (links), Mariä Himmelfahrt (rechts)

- Pfortenstraße 1
- Pfarrgemeinde St. Johann, Elz
- außen frei zugänglich; innen: außerhalb der Gottesdienste ab 9 Uhr
- Faltblatt in der Kirche

Die neoromanische Pfarrkirche wurde nach den Entwürfen des Baumeisters Rock aus Nassau in den Jahren 1851 errichtet, die obere Turmhälfte wurde allerdings erst 1908 fertiggestellt. Geweiht wurde die Kirche im Jahre 1854 und der Kirchweihtag ist bis heute der Anlass für Hessens größte Kirmes am dritten Wochenende im September.

Die aus Naturstein errichtete dreischiffige Basilika besitzt eine flache Kassettendecke, die auf Rundarkaden mit hohen Oktogonpfeilern ruht. Der Chor ist dagegen mit einem Baldachingewölbe versehen. In der Ausstattung des Innenraumes finden sich einige Kunstwerke aus anderen Kirchen: Der barocke Aufsatz am Hauptaltar aus dem frühen 18. Jahrhundert zeigt das Relief einer Marienkrönung und stammt aus der 1819 abgerissenen Pfarrkirche von Niddatal-Ilbenstadt. Die beiden Seitenaltäre kommen aus dem Limburger Dom und wurden um 1780 von Bildhauern aus der „Hadamarer Schule" geschaffen: Der Josefsaltar an der Südseite trägt die Heiligenfiguren Katharina und Josef, der Marienaltar an der Nordseite ist mit den Bildnissen vom heiligen Blasius und von Johannes Nepomuk versehen. Auch die Kreuzigungsgruppe am Ende des rechten Seitenschiffs ist dem Hadamarer Barock zuzurechnen. ●

Eschenburg

Lahn-Dill-Kreis **Eschenburg-Eiershausen**

E

Eschenburg-Eiershausen
Mühlchen

❌ Mühlenweg

☁ Gemeinde Eschenburg

🕐 Führungen und Öffnungszeiten
nach Vereinbarung

ℹ Irene Krüger Tel. 02774-912908

Das Mühlchen ist ein Kleinod im wört-
lichen Sinne: Trotz einer Erweiterung um
1880 misst sie nur achteinhalb mal viereinhalb Meter. Nach einer aufwändigen
Renovierung strahlt das Gebäude seit
2002 wieder in neuem Glanz. In seinem
Inneren ist ein mächtiges, eichenes Well-
baumgerüst und ein altes Kammrad zu
bewundern, das mit einem modernisier-
ten Wasserrad verbunden ist. So gibt das
Mühlchen heute den rustikalen Rahmen
für Ausstellungen und kleinere kulturelle
Veranstaltungen.

Als „Altmühle" wird die Anlage 1560
erstmals urkundlich erwähnt, als der 60
Jahre vorher erfolgte Kauf der Mühle
nochmals bestätigt wurde. Die Hinweise
auf den vom Schwarzbach gespeisten
Mühlteich, einige Meter oberhalb des
Mühlengebäudes, sind nur unwesentlich

jünger. Im Dreißigjährigen Krieg wurde
die Mühle vermutlich zerstört, denn 1718
erhielten vier Männer die Erlaubnis, die
Mühle wieder aufzubauen. Als Abgaben
hatten sie unter anderem jährlich einen
Malter Korn und ein feistes Schwein an
die Herrschaft abzuführen. Außerdem
verpflichteten sie sich, die Mühle und das
Mahlwerk auf eigene Kosten in Stand zu
halten sowie ihre Mahlgäste nicht zu
betrügen und sie der Reihe nach zu
bedienen.

Regelmäßig mussten im Mühlwerk
Einrichtungteile ausgetauscht werden,
wobei das Holz für die Verschleißteile im
Räderwerk durch die Untertanen bereitgestellt werden musste. Außerdem hatten diese einmal im Jahr den Mühlgra-
ben unentgeltlich zu räumen. Als 1783
die Hauptantriebswelle brach, stand die
Mühle jedoch für einige Monate still. Bis
ins frühe 20. Jahrhundert war die Mühle
in Betrieb, dann folgte die endgültige
Stilllegung und das kleine Gebäude verfiel zusehends. Ein Teil der Mühlenein-
richtung blieb unverändert erhalten, so
dass mit dem Erwerb des Anwesens
durch die Gemeinde Eschenburg in den
1990er Jahren nicht nur ein Gebäude,
sondern auch ein kleines technisches
Denkmal gerettet wurde.   ●

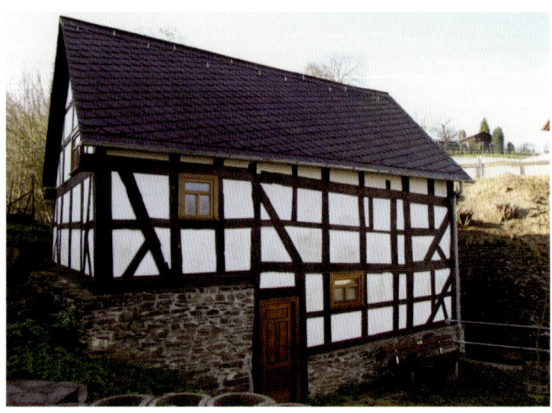

*Ein kleines, aber
feines Baudenkmal –
das Mühlchen*

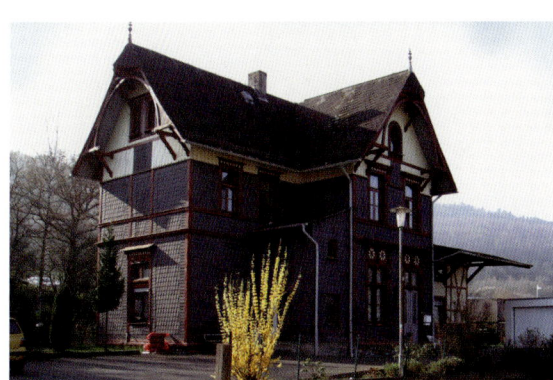

*Einer der Typen-
bauten an der
Diezhölztalbahn*

Eschenburg-Wissenbach
Bahnhof

- ⊗ Dietzhölzstraße 17, am montanhistorischen Wanderweg Dillenburg-
  Eschenburg-Dietzhölztal

- ◉ privat

- ➊ von außen frei zugänglich

- ➊ zum montanhistorischen Wanderweg:
  Fremdenverkehrsamt Dillenburg,
  Rathausstraße 7, Tel. 02771-19433

Die Nebenstrecke von Dillenburg ins
Dietzhölztal hatte, neben der Scheldetalbahn, die größte Bedeutung für die wirtschaftliche Entwicklung der Region. Sie
sollte eigentlich zu einer Verbindung
nach Siegen ausgebaut werden, doch die
Überwindung der Haincher Höhe erwies
sich zur damaligen Zeit als zu aufwändig.

Dillenburg war seit 1862 an das
Eisenbahnnetz angeschlossen und schon
bald diskutierten interessierte Stellen
immer wieder über mögliche Trassen-
führungen der sogenannten „Secundär-
bahnen". 1886 waren die Planungen so
weit fortgeschritten, dass die gut 16 Kilometer lange Dietzhölztalbahn nach
Ewersbach in Angriff genommen werden
konnte. Die Bauarbeiten begannen im
Sommer 1890, doch schon wenige

Monate später gab es den ersten Rück-
schlag: Ein frisch aufgeworfener Bahndamm wurde durch ein Hochwasser
stark beschädigt.

Ende Februar 1891 schrieb das mit
der Ausführung beauftragte Büro die
Arbeiten für die Bahnhöfe aus. Um Bau-
kosten zu sparen, errichtete man entlang
der gesamten Strecke Typenbahnhöfe
im Landhausstil, deren giebelständiger
Mitteltrakt mit ein- oder beidseitigen
Flügelbauten realisiert wurde: Der Wissenbacher Bahnhof mit einem Flügelbau
und Lagerschuppen war der Grundtyp und
kostete rund 13.000 Goldmark. Er ist als
zweigeschossiger, verschieferter Fachwerkbau errichtet. Die Dachüberstände des
Schopfwalmdaches mit ihrem schmucken
Fachwerkbogen überdecken die holzver-
schalten, farblich abgesetzten Giebel-
wände. In dieser Ausführung gleicht der
Wissenbacher Bahnhof denen in Frohnhausen, Eibelshausen und Ewersbach.

1892 wurde die Dietzhölztalbahn
feierlich eröffnet. Am festlich geschmückten Wissenbacher Bahnhof hing damals
ein Schild mit dem Spruch: „Den Heimat-
gauen zum Segen/zur Wehr, Germania,
dir/zum ew'gen Frieden/gebaut, dies hof-
fen wir!" Keine 100 Jahre später, im Mai
1989, wurde der Personenverkehr eingestellt und heute ist der Gleisstrang ab
Dillenburg Nord vollständig stillgelegt. ●

Fronhausen

F

Fronhausen
Kirche

⊗ Ortsmitte, Steinweg

ⓘ außen frei zugänglich,
Besichtigung nach Absprache

ⓔ ev.-luth. Kirchengemeinde Fronhausen;
Tel. 06426-346

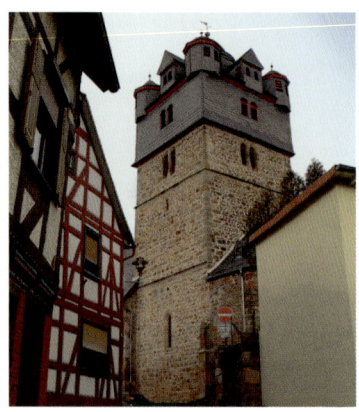

Die Fronhäuser Kirche ist ein roma-
nischer Bau, der bereits 1159 im Besitz
der Erzbischöfe von Mainz war. Sie ist
eine typische Wehrkirche und war Teil
einer ehemaligen Befestigung, die den
gesamten Dorfkern umschloss. Genaue
Baudaten der Saalkirche sind nicht übermittelt.

*Das Frohnhäuser Kegelspiel: Turmhaube mit
neun Spitzen, unten: Abschlussstein mit Engel*

Das Kirchenschiff ist der ältere Teil,
doch seine ursprünglich runden Tür- und
Fensterbögen wurden im 13. Jahrhundert
zugemauert und durch gotische Bogen-
formen ersetzt. Auch der Chor ist ein
Anbau aus gotischer Zeit. Am auffällig-
sten ist jedoch der 24 Meter hohe, quadratische Wehrturm, mit zwei Schießscharten nach Norden und Süden. Von
der verschieferten Glockenstube aus hat
man durch umlaufende, gekoppelte
Rundbogenfenster einen guten Blick ins
Lahntal. Eine der drei Glocken soll aus
einer ehemaligen mittelalterlichen Wallfahrtskirche in der näheren Umgebung
stammen. Wegen seiner bemerkenswerten Dachform wird er im Volksmund
„Kegelspiel" genannt: Vier Zwerchgiebel
und vier Wichhäuschen gruppieren sich
um den zentralen Dachreiter mit Spitz-
kuppel – wie die Kegel beim Kegelspiel.

Das Kirchenschiff wird von zwei
barocken Emporen bestimmt. Sie ruhen,
wie die flache Decke, auf Holzstützen.
Zwischen zwei spitzbogigen Triumph-
bögen liegt der große Turmraum mit
einer spätbarocken Kanzel und einem
Altar vermutlich von 1382. Sehenswert ist
der an der Nordwand eingemauerte Epitaph mit der Darstellung des Vogtpaares

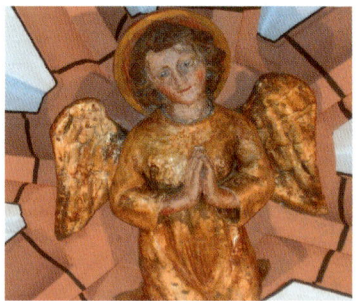

Johan und Margaretha, beide verstarben
1568. Die drei gotischen Fenster des
Chores wurden 1892, 1920 und 1922
von der Familie Schenck zu Schweinsberg gestiftet, die lange Zeit in Fronhausen ansässig war. Turmhalle und Chor
besitzen Kreuzrippengewölbe, die auf
Konsolen abgefangen werden. Das Chor-
gewölbe ist jedoch eine Rekonstruktion
aus dem 19. Jahrhundert. Der originale
Abschlussstein mit barockem Engel ist
daher in der nördlichen Chormauer
eingemauert. Bei der jüngst abgeschlos-
senen Renovierung wurden Farbigkeit
und Ornamentik der Raumschale in
Anlehnung an die Renovierung von 1892
ausgeführt. ●

Fronhausen
Ober- und Unterburg

- ⊗ Ortsmitte, Steinweg
- ◔ privat
- ⊙ nur von außen zu besichtigen

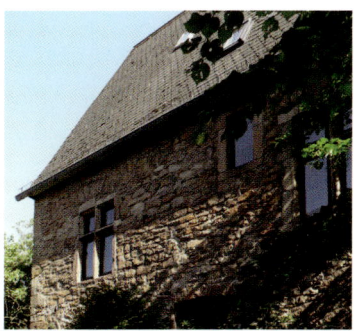

Bruchsteinmauerwerk der Oberburg

Die Oberburg wurde als Sitz der Vögte von Fronhausen um 1250 erbaut. Später diente die frühere Wasserburg zeitweise als Brauhaus. Um 1970 konnte Eberhard Freiherr Schenk zu Schweinsberg das Gebäude erwerben und vor dem Verfall retten. Auch die etwas jüngere Unterburg war früher eine Wasserburg. Erstmals erwähnt wurde sie 1367, doch bereits um 1400 wurde der Besitz unter den Töchtern des Erbauers Craft Vogt aufgeteilt. Im 17. Jahrhundert wurde die Burg zum Wohnsitz der landgräflichen Schultheißen. Auch dieses Gebäude ist seit

1917 in Besitz der Familie Schenk zu Schweinsberg. ●

Wappen an der Fronhausener Burg

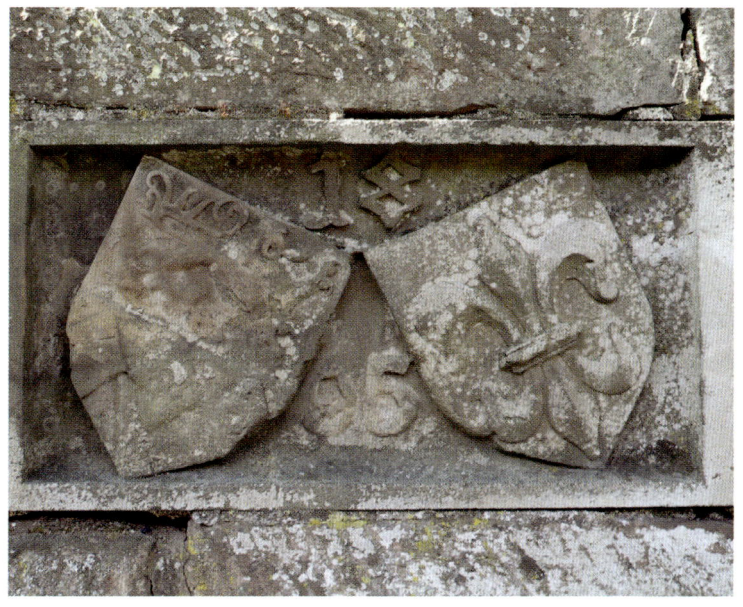

G

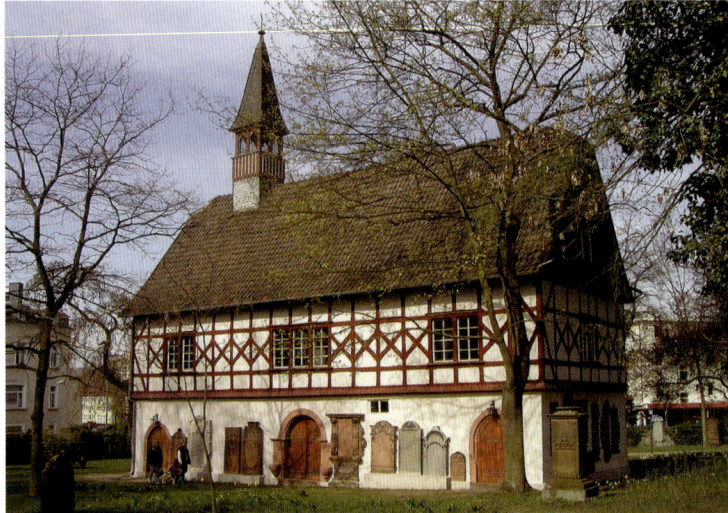

Gießen

Fachwerkkapelle von 1623 auf dem Alten Friedhof

Alter Friedhof

- ✖ Haupteingang am Beginn der Licher Straße
- ◉ Stadt Gießen
- ❶ frei zugänglich
- ❶ Faltblatt mit Plan des Friedhofs bei der Tourist-Information, Berliner Platz 2, Tel. 0641-19433

Um 1530 erklärte der Hessische Landgraf Philipp der Großmütige den ursprünglichen Pestfriedhof außerhalb des gleichzeitig geplanten neuen Festungsrings zum „Gottesacker". Fast 400 Jahre lang wurden die Gießener hier bestattet. Erst gegen Ende des 19. Jahrhunderts – Gießen war mittlerweile Hauptstadt der neuen Provinz Oberhessen und die Stadtmauern waren einer Wallanlage gewichen – reifte der Plan, den Friedhof in einen Stadtpark umzugestalten. Seit 1903 waren auf dem Alten Friedhof keine Neubelegungen mehr

zugelassen, lediglich Urnenbestattungen in den Familiengrabstätten sind bis heute möglich.

Verschiedene Grabmale und Kapellen machen das eingefriedete und mit großen Bäumen bewachsene Areal zu einem kulturhistorisch interessanten Ort. Schon der Haupteingang ist flankiert von zwei ehemals zusammengehörenden Grabsteinreliefs aus dem 16. Jahrhundert, deren Originale sich heute im Oberhessischen Museum befinden. Einige Schritte weiter gelangt man zu einer Fachwerkkapelle von 1623. An ihrem massiven Sockel wurde schon vor 1900 begonnen, besondere Grabsteine des Friedhofes zusammenzustellen.

Etwas weiter östlich stößt man auf die private Andachtskapelle, die Wolff von Todenwart um 1630 für seine an der Pest verstorbene Frau errichten ließ. Der wohlhabende Bürger richtete außerdem eine Stiftung ein, die bis heute wirkt: Jährlich am 10. Juni um sechs Uhr morgens – der Todesstunde Catharina

Todenwarts – zahlt die „Todenwartsche Stiftung" ihre Erträge an Bedürftige aus.

Entlang der nördlichen Friedhofsmauer finden sich weitere Grabmäler städtischer Adelsgeschlechter, während an der Ostmauer die prachtvollen Grabbauten der Gießener Fabrikantenfamilien liegen. Im südlichsten Teil trennt ein natürliches Geländegefälle das jüdische Grabfeld vom christlichen Bereich ab. Der Rückweg zum Haupteingang führt an der berühmtesten Grabstätte des Alten Friedhofes vorbei: In dem schlichten Familiengrab der Familie Röntgen wurde 1923 der berühmte Physiker Wilhelm Conrad Röntgen beigesetzt. Es war sein ausdrücklicher testamentarischer Wunsch, hier in Gießen begraben zu werden, wo bereits Röntgens Eltern und seine Frau ihre letzte Ruhestätte gefunden hatten. ●

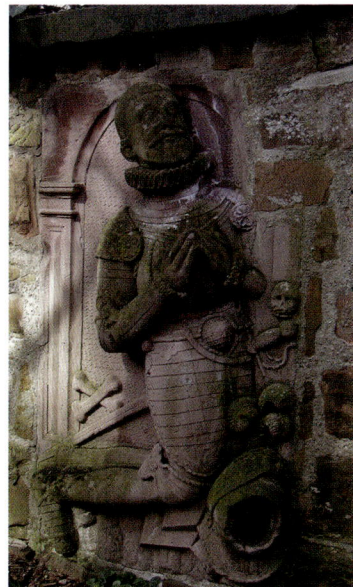

Renaissance-Grabstein am Eingang des Friedhofes (Original im Oberhessischen Museum)

Gießen
Altes Schloss

G

⊗ Innenstadt, Brandplatz 2

⬥ Stadt Gießen

❶ frei zugänglich, Di bis So 10-16 Uhr; Führungen im Rahmen der Stadtführung oder nach Vereinbarung, Turmbesteigung während der Öffnungszeiten möglich

ℹ Oberhessisches Museum, Brandplatz 2, Tel. 0641-3062477

Zusammen mit dem Botanischen Garten bildet das Alte Schloss heute die malerische Kulisse für den Gießener Wochenmarkt. Seine ältesten Teile entstanden vermutlich um 1300 und waren Teil der alten Stadtbefestigung. Damals lag das Gebäude als Wasserburg in einer Gabelung der Wieseck und bot der Stadt Schutz vor Angriffen aus nordöstlicher Richtung. Reste des alten Wassergrabens zeugen hoch heute von diesem Ursprung des Alten Schlosses.

Im 16. Jahrhundert wurde das Anwesen zu einer Nebenresidenz der Hessischen Landgrafen, seit 1604 beherbergte es die fürstliche Kanzlei, später wurde es Hofgericht und Regierungssitz der Provinz Oberhessen und schließlich Museumsgebäude. All diese Nutzungen hinterließen bauliche Veränderungen. Doch während der ehemalige Palas und die Stallgebäude ihren mittelalterlichen Charakter behielten, wurden der zum Brandplatz orientierte Hauptbau und der Heidenturm durch Umbauten im Stil der Neorenaissance stark verändert.

1891 war schon der Abriss des Schlosses geplant. Doch dann entschloss sich die Stadt zur Übernahme des baufälligen Gebäudes, um es als Museum zu nutzen. Der Umbau nach den Plänen des nassauischen Kirchenbaumeisters Ludwig Hofmann aus Herborn begann im Jahre 1903. Zunächst wurde

G

das verputzte Bruchsteinmauerwerk freigelegt und das schlichte Krüppelwalm-
dach bekam Stufengiebel und voluten-
bekrönte Gauben. Die Fenster wurden in
Sandsteingewände gefasst und im ersten
Stock wurde ein polygonaler Erker mit
dem berühmten Lautenspieler angefügt.
Im Innenbereich erfuhr das Schloss gra-
vierende Umgestaltungen, um ab 1905
die Sammlungen des oberhessischen
Geschichtsvereins und die Gail'schen
Sammlungen aufnehmen zu können.

Nach schweren Luftangriffen auf
Gießen brannte das Schloss am
6. Dezember 1944 vollständig aus. Für
den 1976 begonnenen Neubau legte
man zunächst alle Außenmauern nieder.
Nur der Turm und das gotische Tor blieben stehen. Anschließend wurde die alte
Fassade rekonstruiert, lediglich die opulenten Gauben weggelassen. Der Heidenturm mit seiner Welschen Haube ist
einem Umbau aus dem späten 18. Jahrhundert nachempfunden worden. Im
Inneren entstand ein moderner
Museumsbau, den seit 1980 wieder das

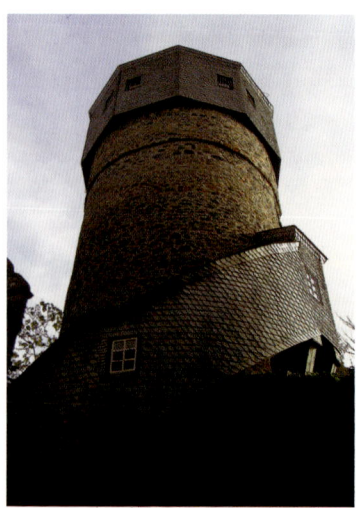

Der Heidenturm des Alten Schlosses

Oberhessische Museum nutzt. Daneben
wurde ein städtischer Veranstaltungsraum geschaffen und der Keller beherbergt ein Restaurant. ●

Gießen
Beith-Jaakov Synagoge

❌ Jüdisches Gemeindezentrum,
Burggraben 4-6

☁ Jüdische Gemeinde Gießen

ⓘ von außen zugänglich

Mit der Reichspogromnacht endete eine
jahrhundertealte Tradition jüdischen
Lebens in Gießen. 1867 erbaute die
liberale jüdische Gemeinde am heutigen
Berliner Platz eine Synagoge, 1899 folgte die orthodoxe Gemeinde mit einem
Neubau in der Steinstraße. Beide Gotteshäuser fielen dem Vernichtungswahn
vom 10. November 1938 zum Opfer.
1942 wurden die letzten 150 jüdischen
Bewohner der Stadt in die Vernichtungs-
lager verschleppt – in der Bevölkerungs-
statistik von 1925 wurden noch über
1000 Einwohner jüdischer Konfession
gezählt.

Heute erinnern nur noch verschie-
dene Bronzetafeln an den früheren
Standorten der Synagogen an das
Schicksal der jüdischen Bürger und ihrer
Versammlungsstätten. Doch seit 1978
gibt es wieder eine jüdische Gemeinde in
Gießen und die Zahl ihrer Mitglieder ist
mittlerweile auf rund 400 angewachsen.
Im Gemeindezentrum am Burggraben
werden nicht nur Religionsunterricht,
sondern auch Gruppentreffen für Kinder,
Frauen und Senioren; Aktivitäten wie
Basteln oder Tanzen, Sprachkurse in
Deutsch und Hebräisch sowie Computer-
kurse angeboten.

Am 28. August 1995 konnte hier
eine neue Synagoge eingeweiht werden.
Eine alte, nicht mehr genutzte Fachwerk-

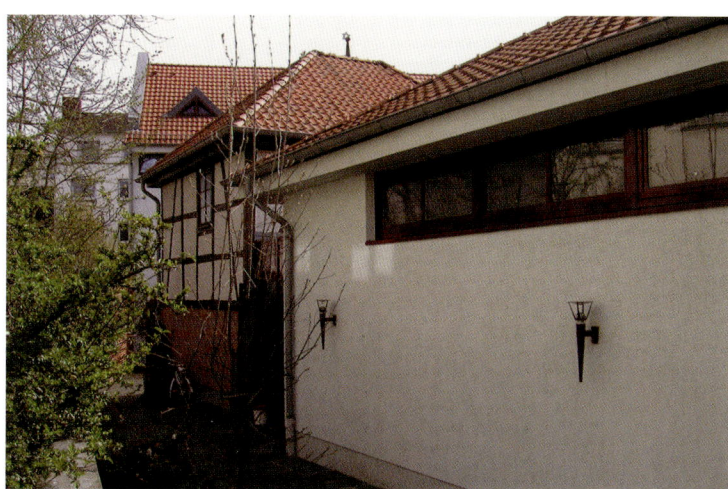

synagoge von Wohra im Landkreis Marburg-Biedenkopf wurde sorgfältig abgetragen und im Innenhof des Gemeindezentrums wieder aufgebaut. Als Mittelpunkt der sie umfassenden modernen Gebäude schafft die Beith-Jaakov-Synagoge so die Verbindung zwischen Vergangenheit und Gegenwart jüdischen Lebens in Gießen und der Region. ●

Der translozierte Synagogenbau im modernen Umfeld

Gießen
Bergwerkswald

> ❌ ca. 2,5 km südlich des Zentrums; Besucherparkplatz an der Zufahrtsstraße Schwarzacker; oder: 6 km nördlich von Leihgestern (L 3031), Parkplatz gegenüber der Bergarbeitersiedlung Oberhof
>
> ⬣ Gemarkung Gießen und Linden
>
> ❶ frei zugänglich
>
> ❶ Orientierungskarte am Besucherparkplatz, ausgewiesene Rundwanderwege; Touristinformation Gießen, Tel. 0641-19433 oder Stadt Linden, Tel. 06403-6050

Am südlichen Stadtrand von Gießen liegt ein ehemaliges Tagebaugelände, das seit 1930 weitgehend sich selbst überlassen wird. Autobahnen und Bahntrassen durchschneiden den sogenannten Bergwerkswald, was seinen Wert als Naherholungsgebiet erheblich einschränkt. Trotzdem haben sich – vom Menschen weitgehend ungestört – in den zahlreichen Seen und Tümpeln teils seltene Pflanzen und Tiere angesiedelt. Deshalb wurde 1976 ein 82 Hektar großer Teil nördlich des Gießener Ringes zum Naturschutzgebiet erklärt.

Der Name Bergwerkswald verweist auf die zahlreichen Eisen- und Manganerzgruben, die es früher in diesem Gebiet gab. Die „Lindener Mark", wie das Gebiet früher hieß, galt als ergiebigste Manganerzlagerstätte Deutschlands. Zunächst unter Tage wurde der Abbau ab 1842 nur noch im Tagebau betrieben. 1929 waren die Vorkommen erschöpft und der Bergbau wurde eingestellt.

G

Die zahlreichen Teiche, Sümpfe und Bruchwaldflächen sind Auswirkungen der aufgegebenen Stollen. Noch heute kann es von Zeit zu Zeit zu plötzlichen Bodenabsenkungen kommen. Die Abraumhalden wurden von Pioniergehölzen wie Kiefern, Birken und Weiden besiedelt. Auf den trockenen Flächen entstanden Zwergstrauchheiden und Trockenrasen, während sich auf in den feuchten Wiesen Seggenriede, Röhrichtgesellschaften und Flachmoore ausbreiteten.

Eine Besonderheit stellen auch die an die Oberfläche tretenden Gesteinsschichten dar. So ist der Bergwerkswald einer der seltenen rechtsrheinischen Fundorte silurischer Gesteine aus der Phase des Erdaltertums. ●

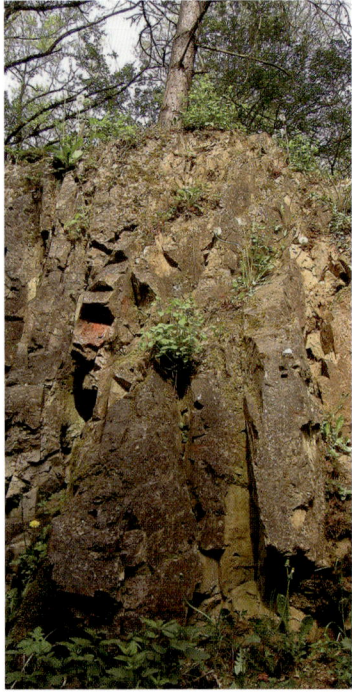

Spuren des Tagebaus im Bergwerkswald

Gießen
Botanischer Garten

> ✖ Stadtmitte, Eingang am Ende der Sonnenstraße
>
> ☁ Justus Liebig Universität
>
> ✦ täglich 8-15.30 Uhr während der Sommermonate teilweise bis 18 bzw. 20 Uhr geöffnet

Der Botanische Garten ist eine Oase der Ruhe mitten im geschäftigen Treiben der Universitätsstadt. Bei schönem Wetter verbringen unter den alten Bäumen viele Menschen hier gerne ihre Freizeit. An Sommersonntagen wird er im Rahmen der „botanischen Konzerte" gar zu einem unvergleichlichen Konzertsaal.

Dabei war der Botanische Garten in erster Linie als Lehrgarten geplant. Hier sollten Studenten der Botanik die Vielfalt der Pflanzenwelt kennen und bestimmen lernen. Im Jahr 1609 schenkte Landgraf Ludwig V. von Hessen-Darmstadt der zwei Jahre zuvor eröffneten Gießener Universität ein Stück Land aus dem Burg- und Schlossgarten des Alten Schlosses. Es entstand zunächst ein kleiner Heilpflanzengarten, den der Botaniker und Mediziner Ludwig Jungermann gestaltete.

Die Niederlegung der Stadtmauer im 19. Jahrhundert bot die Gelegenheit zu einer erheblichen Erweiterung. Dabei wurde der Heilpflanzengarten mit dem benachbarten Forstgarten zusammengelegt. Anlässlich der 300-Jahrfeier der Universität im Jahre 1907 entstand schließlich ein großes Gewächshaus im Zentrum des Gartens. Der filigrane Jugendstilbau fiel dem Zweiten Weltkrieg zum Opfer – nur noch eine Freitreppe mit Brunnenanlage und einem Wasser speienden Gesicht erinnern heute daran.

In gepflegten Beeten und Treibhäusern können Besucher den pflanzlichen Artenreichtum der ganzen Welt kennen

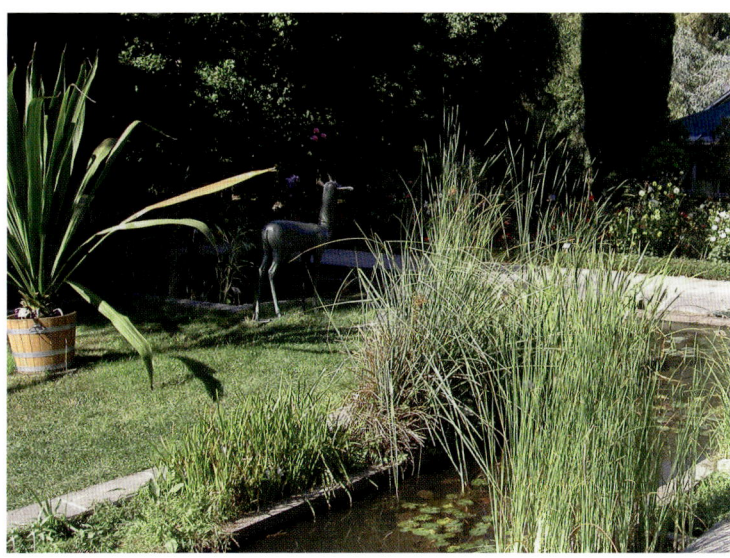

Im Botanischen Garten

lernen oder erfahren, welche Kulturpflanzen bei uns heimisch und welche eingeführt sind. Die jüngste Erweiterung ist das sogenannte Alpinum: Auf felsigen Miniaturbergen können hier Studenten und interessierte Besucher die hochmontane Pflanzenwelt kennen lernen. ●

Gießen
Domäne Schiffenberg

❌ südöstlich von Gießen, nördlich der L 3131 Gießen – Lich, ab Ampelanlage bei Petersweiher der Beschilderung folgen

🚍 Stadt Gießen

ℹ️ frei zugänglich, Führungen nach Absprache oder im Rahmen der „Klostertour"; Gaststätte: Di bis So 11-23 Uhr

ℹ️ Touristinformation, Berliner Platz 2, Tel. 0641-19433

Die Augustiner Chorherren, die vor etwa 800 Jahren das Kloster Schiffenberg

bewohnten, waren – den historischen Quellen zufolge – mit hoher krimineller Energie und einer guten Portion Habgier gesegnet: Im 13. Jahrhundert fälschten sie eine Kaiserliche Urkunde und verschafften sich so die Abgaben von sechs umliegenden Ortschaften. Außerdem behielten die Mönche sämtliche legalen Einnahmen für sich, obwohl sie diese zu gleichen Teilen mit dem Frauenstift „Cella" teilen sollten. Die Nonnen klagten 1264 vor dem Gießener Schöffengericht und bekamen die Hälfte der Güter des Schiffenbergs zugesprochen. Doch die Herren verschleppten den Ausgleich um Jahre.

Wegen der ständigen Querelen verfügte Erzbischof Balduin von Trier 1323 die Aufhebung des Klosters und die Güter wurden dem Deutschen Orden übertragen. Die weitere Geschichte des Schiffenbergs blieb von Streitigkeiten und häufig wechselnden Besitzern geprägt, die ihre Spuren in Form von zahlreichen An- und Umbauten hinterließen.

G

Der wichtigste und älteste Bau ist die doppelchörige Pfeilerbasilika mit oktogonalem Vierungsturm aus dem 12. Jahrhundert. Querschiff und Ostchor wurden in spätgotischer Zeit stark verändert. Vom ehemaligen Westwerk mit zwei Rundtürmen ist nur noch die halbrunde Apsis erhalten. Der massivste Eingriff war aber der Abriss des südlichen Seitenschiffs und des angrenzenden Kreuzgangs im 18. Jahrhundert.

Südlich der Kirche ließ der Deutsche Orden um 1493 die sogenannte Komturei errichten. Die in Bruchstein gemauerten Sockelgeschosse und die östliche Giebelwand sind noch aus der Bauzeit, die Fachwerkfront dagegen ist wesentlich jünger. Seit 1837 beherbergt die Komturei eine Gastwirtschaft. Das macht den Schiffenberg bis heute zu einem beliebten Ausflugsziel der Gießener Bürger.

Schützend legt sich die Gebäudezeile der ehemaligen Domäne um den Innenhof mit seinem barocken Ziehbrunnen aus rotem Sandstein. Das nach Süden offene Kirchenschiff und die Arkadenfront bietet sich als Kulisse für eine Bühne förmlich an. Der weitläufige, von Kastanien beschattete Innenhof gibt in den Sommermonaten den stimmungsvollen Rahmen für die Konzertreihe „Musikalischer Sommer" und anderer klassischer Konzerte.

Die Ringmauer um das ehemalige Kloster wurde wiederhergestellt, nachdem der Schiffenberg 1972 in den Besitz der Stadt Gießen übergegangen war. Ihre ältesten Teile stammen vermutlich noch aus der Gründungszeit des Klosters, die im Jahre 1103/05 mit einer Stiftung von Clementia von Gleiberg an das Erzbistum Trier begann. Besiedelt war der Schiffenberg aber schon sehr viel früher: Keramikreste der Urnenfeldkultur, etwa 1000 vor Christus und Hinweise auf eine Siedlung in der Spätbronzezeit wurden bei archäologischen Grabungen in den Jahren 1972/73 entdeckt. Vor dem „Eselstor" sind Ausgrabungen aus der Zeit zu sehen, in der sich auf dem Berg eine größere Keltensiedlung befand. Der heutige Name leitet sich schließlich aus der Herrschaftszeit der Karolinger ab, die hier im 8. Jahrhundert einen Verwaltungssitz einrichteten – eine Schöffenburg (Skephenburg). ●

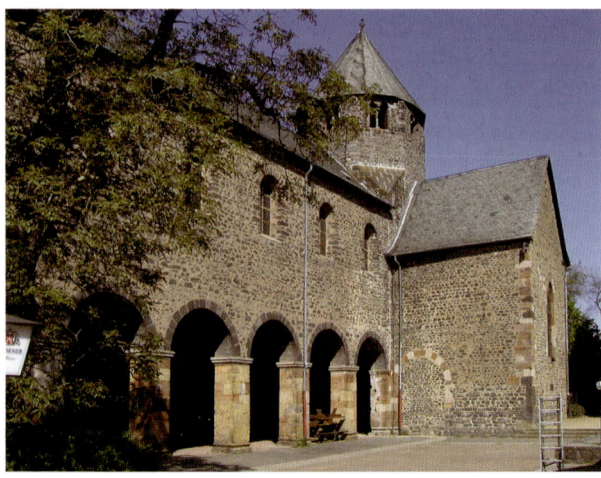

Die Pfeilerbasilika mit Vierungsturm, Querhaus und zerstörtem Seitenschiff

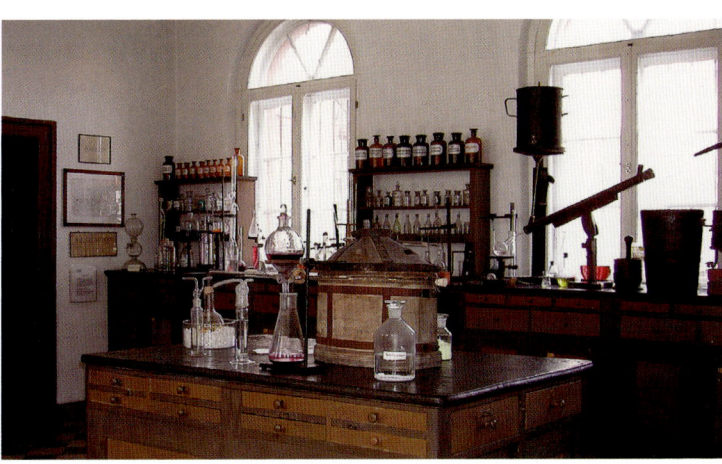

Gießen
Justus von Liebigs Labor

Liebigmuseum

❌ Liebigstraße 12

🔼 Justus-Liebig-Gesellschaft

🕐 Di bis So 10-16 Uhr;
Führungen nach Absprache

ℹ️ Tel. 0641-3062477

Für die Schüler der Gießener Gymnasien gehörte der Ausflug ins Liebigmuseum seit jeher zu den willkommenen Abwechslungen im Schulalltag. Besonders eindrucksvoll ist dieser Ausflug, wenn ein Mitglied des Trägervereins im Frack den Liebig spielt und das ehemalige Forschungslabor mit Schall und Rauch belebt.

Doch das Museum im westlichen Wachhäuschen der Neuen Kaserne auf dem Seltersberg ist mehr als eine „Feuerzangenbowlen-Inszenierung". Es sind tatsächlich die weitgehend originalgetreu erhalten Räumen, in denen Justus von Liebig zwischen 1824 und 1852 arbeitete und wohnte. Dies macht den Ort zu einem bedeutenden naturwissenschaftlichen Denkmal: Hier entwickelte

Liebig den „Fünfkugelapparat", der die chemische Elementaranalyse verbesserte und von hier aus propagierte er seine „Agrikulturchemie", die erste wissenschaftliche Abhandlung zum Pflanzenwachstum, die die Landwirtschaft revolutionieren sollte.

Schon seit 1890 gab es ein Liebig-Denkmal in der Gießener Ostanlage. Doch der Forscher, der auch Erfinder eines Fleischextraktes ist, der in aller Welt – außer in Deutschland – nach Liebig benannt ist, hatte nach Meinung ehemaliger Schüler und Freunde ein eigenes Museum verdient. So wurden seine ehemaligen Räume restauriert, mit alten Geräten ausgestattet, die teilweise noch aus Liebigs Nachlass stammten, und 1920 als Museum der Öffentlichkeit zugänglich gemacht. In insgesamt zwölf Räumen werden die Arbeits- und Lehrbedingungen zur Zeit Liebigs eindrucksvoll dokumentiert. Zu sehen sind unter anderem das alte Labor, das analytische Labor, der Vorlesungssaal, das Studierzimmer, wertvolle Schriftstücke und die alten Apparaturen. ●

G

Gießen
Mathematikum

❌ Liebigstraße 8, nähe Bahnhof

◐ Mathematikum e. V., Gießen

🕐 Mo bis Fr 9-18 Uhr, Do bis 20 Uhr,
Sa, So und FT 10-19 Uhr

ℹ Tel. 0641-9697970
www.mathematikum.de

Das Mathematikum – eröffnet im Jahre
2002 – betrat als weltweit erstes Mathe-
matik-Museum seiner Art absolutes Neu-
land. Kann Mathematik tatsächlich Spaß
machen, taugt das Thema für das Konzept eines „Mitmach-Museums"?
Die Ausstellungsmacher um den Gießener Mathematikprofessor Dr. Albrecht
Beutelspacher traten den Beweis an und
das Museum erwies sich von Anfang an
als ausgesprochener Publikumsmagnet:
Statt der erwarteten 60.000 Besucher
kamen im Jahr 2003 doppelt so viele.
Der Ansturm zwang zur Erweiterung und
so wurde im März und November 2003
die Ausstellungsfläche auf rund 1.000
Quadratmeter erweitert.

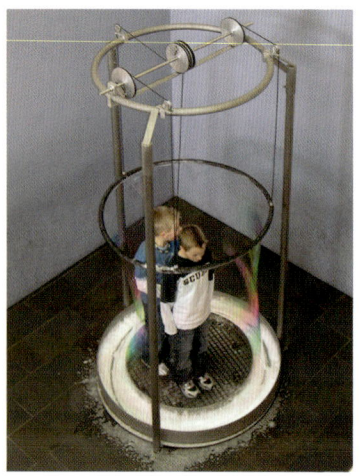

Riesenseifenblase als Hyperboloid

An über 100 Exponaten können
Besucher durch spielerisches Ausprobie-
ren selbst aktiv werden. Flüssigkeiten in
drehbaren Gefäßen machen mathema-
tische Kurven als plastische Form
erkennbar, Formeln, Zahlen, geometrische Formen und die Bestandteile kom-
plexer mathematischer Beziehungen
werden in verblüffend einfachen Ver-
suchsanordnungen im wahrsten Sinne
des Wortes begreifbar gemacht.

Immer wieder werden Bezüge zum
Alltag und zu den unterschiedlichen
Anwendungsgebieten deutlich. Schließlich klären Schautafeln in einer allge-
meinverständlichen Sprache über die
Bedeutung und Hintergründe der gezeigten Objekte und Versuche auf.

Die Geschichte des Mathematikums
begann im Jahre 1993 als Universitäts-
projekt an der Gießener Universität. Die
Studierenden sollten ein geometrisches
Modell herstellen und etwas von der
„darin steckenden Mathematik" erklären.
Die Ergebnisse wurden in einer Ausstellung präsentiert – dem ersten Vorläufer
des heutigen Museums. ●

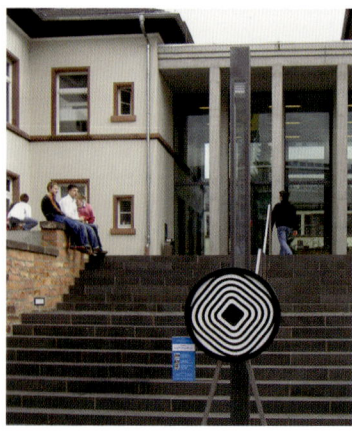

Der Eingang zum Mathematikum

Gießen
Neues Schloss

⊗ Senckenbergstraße 1

☁ Universität Gießen

ⓘ Führungen im Rahmen der Stadtführungen oder nach Vereinbarung

ⓘ Touristinformation, Berliner Platz 2,
Tel. 0641-19433

Das Neue Schloss entstand im Zuge der
Stadtbefestigung, die Kurfürst Philipp von
Hessen seit 1531 in Angriff genommen
hatte. Nachdem Wall und Mauer fertiggestellt waren, wurde mit einem „großen
Bau hinterm Schloss" begonnen. 1539
konnte die neue Wohnresidenz des Landgrafen bezogen werden. Vermutlich war
hier derselbe unbekannte Baumeister
am Werk, der auch die prächtigen Fach-
werkrathäuser in Alsfeld und Schotten
errichtet hat.

Das mächtige Gebäude ist fast 35
Meter lang und 12 Meter breit. Sein
Bruchsteinsockel besitzt Fenstergewände
und ein spätgotisches Portal, das mit
feinen Steinmetzarbeiten verziert ist.
Darüber erhebt sich ein Fachwerkobergeschoss und ein steiles dreigeschossiges

Schopfwalmdach. Das Fachwerk im frän-
kisch-hessischen Stil weist nur wenige
Schmuckelemente auf. Um so deutlicher
treten so die Erker an den vier Gebäude-
ecken, der Runderker an der Nord-
fassade und der polygonale Treppenturm
auf der Südseite als gestalterische Elemente in Erscheinung. Alle diese Anbauten reichen bis in die Dachzone und werden jeweils von sogenannten welschen
Hauben bekrönt.

Der Landgraf nutzte das Schloss nur
wenige Jahre, denn schon 1609 bezog
die Universität den Bau. Der große Säu-
lensaal, der das gesamte Untergeschoss
einnahm, eignete sich gut als Auditorium
maximum. Nach einer wechselhaften
Nutzungsgeschichte wurde 1910, auf
Initiative des Gießener Industriellen
Wilhelm Gail, im Erdgeschoss ein Museum für Völkerkunde eingerichtet. Auch
das Obergeschoss diente Ausstellungs-
zwecken. Zeitweilig wurden Erinnerungs-
stücke aus dem Ersten Weltkrieg präsentiert und der Oberhessische Kunstverein
nutzte die Räume als Galerie. Nach dem
Zweiten Weltkrieg zogen wieder Studie-
rende in das Neue Schloss – heute
beherbergt es den Fachbereich Geo-
grafie der Justus Liebig Universität. ●

G

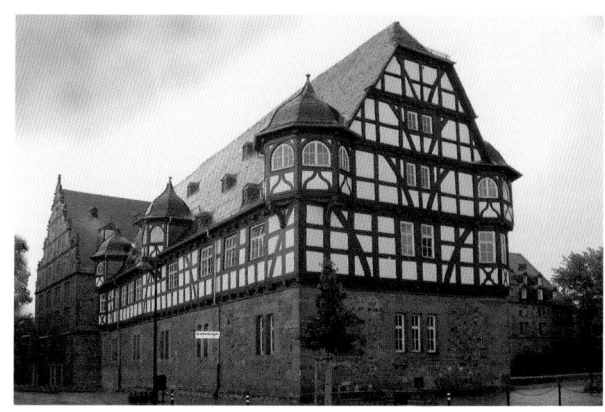

*Neue Schloss
von Nordwesten,
dahinter das
Zeughaus*

81

G

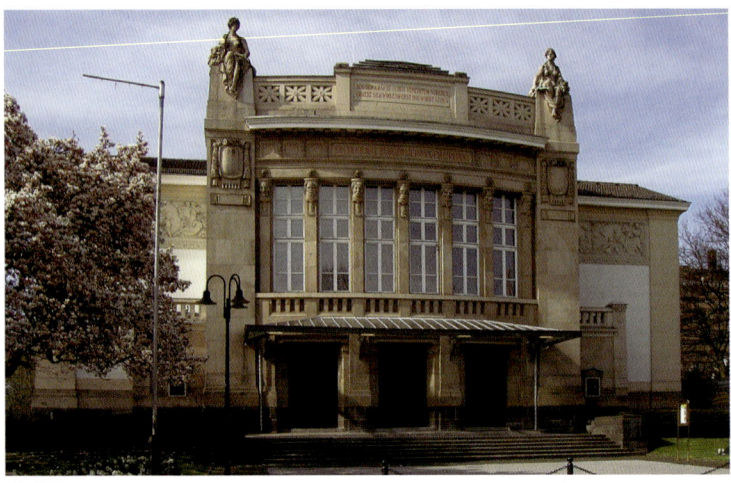

Gießen

Stadttheater

Jugendstil-Fassade des Stadttheaters

- ❌ Berliner Platz
- 🏛 Stadt Gießen
- ❓ Führungen nach Absprache
- ☎ Tel. 0641-79570;
  E-Mail: dialog@stadttheatergiessen.de

„Aus der Kräfte schön vereintem Streben erhebt sich wirkend erst das wahre Leben". Aus dem Schiller-Vers, der die Fassade des Stadttheaters ziert, spricht der Stolz der Gießener Bürgerschaft. Sie hatten mit Spenden in Höhe von 400.000 Mark die Realisierung dieses Prachtbaus ermöglicht. Obwohl zu Beginn eher dem Schauspiel verbunden, entwickelte sich das Stadttheater schnell zu einem Dreispartenhaus. Und bis zum heutigen Tag sind die Gießener stolz auf „ihr" Theater, das 2007 sein 100-jähriges Bestehen feierte.

Vor dem Stolz stand aber die Scham über den Mangel an geselliger Unterhaltung in der Stadt: Der Studienaufenthalt des Fürstensohnes Ernst Ludwig an der Gießener Universität war es, der 1890 beim städtischen Bürgertum dieses Gefühl heraufbeschwor. Noch im gleichen Jahr gründete sich ein Theaterverein und die Idee zum Bau eines eigenen Theaters nahm Gestalt an. Der Verein verkaufte Anteilsscheine und schließlich unterstützten rund 600 Personen den Bau des Theaters mit privatem Kapital.

1906 war es so weit: Die Stadt übernahm das letzte Drittel der Kosten und stellte den Bauplatz in den Wallanlagen. Trotz der Probleme mit dem schlammigen Kiesboden war im Dezember der Rohbau fertiggestellt. Im Juli 1907 hob sich vor 802 voll besetzten Plätzen erstmals der Vorhang. Gegeben wurden gleich drei Klassiker: aus Goethes Faust „Vorspiel auf dem Theater", Kleists „Der zerbrochene Krug" und „Wallensteins Lager" von Schiller.

Bei dem vollendeten Jugendstilbau erhebt sich schlicht gegliederte Fassade über einem Sockelgesims aus Tuffstein. Fenstereinfassungen und Pfeiler sind aus weißem Mainsandstein. An der Fensterfront über dem Eingang schauen

Masken auf die Besucher hinab. Sie symbolisieren Zorn, Hohn, Witz, Satire, Bosheit, List und Verachtung.

Auf den beiden Hauptpfeilern des Mittelbaus thronen links die „Thalia", die Muse des Lustspiels, und rechts „Melpomene", die Muse des Trauerspiels. Dazwischen – über der Schrifttafel – thronte einst eine Quadriga, die im Krieg zerstört wurde. Zwei Wandfriese schmücken die beiden Flügelbauten – links die Allegorien von Tanz, Wein, Musik und Liebe, rechts die des Krieges, der Rhetorik, Kunst und Wissenschaft.

Auch im Inneren ist die Ausstattung nach der letzten Renovierung wieder weitgehend originalgetreu hergestellt. Bis hin zu den kleinen Sitzgruppen, die so unbequem sind wie sie aussehen, erstrahlt das Haus in reinem Jugendstil. ●

Das Wallenfels'sche Haus

Gießen
Wallenfels'sches Haus

G

❌ Innenstadt, Kirchplatz 6

🔵 Stadt Gießen

🕐 Di bis So 10-16 Uhr,
Führungen nach Absprache

ℹ️ Oberhessisches Museum, Brandplatz 2,
Tel. 0641-3062477

Wie das Alte Schloss so ist auch das Wallenfels'sche Haus lediglich die rekonstruierte Fassade eines ehemals historischen Gebäudes. Der im Volksmund auch „Burgmannenhaus" genannte Bau am Kirchenplatz steht tatsächlich über den Kellergewölben zweier Häuser, die in den Anfängen Gießens die bewaffneten Beschützer der Wasserburg beherbergten: Diese Burghut lag seit dem frühen 13. Jahrhundert bei den Herren von Schwalbach.

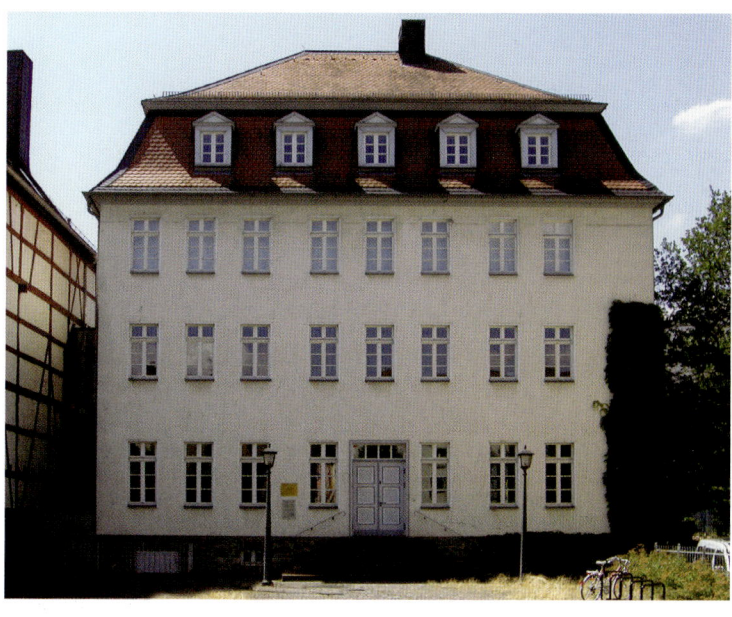

G

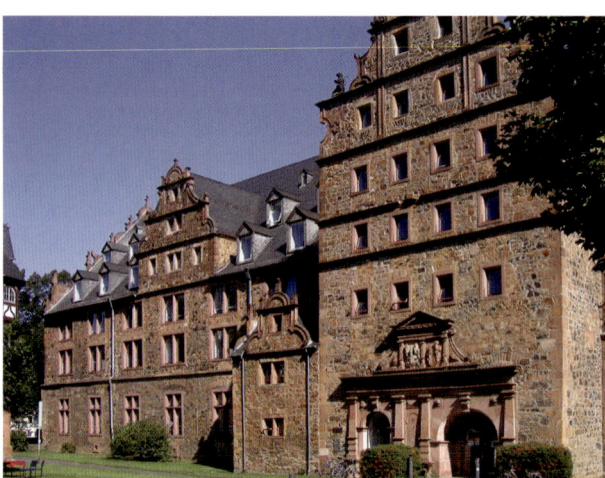

Das rekonstruierte Zeughaus mit Universitätskarzer von Westen

Wann genau im 18. Jahrhundert die alten Häuser abgerissen und durch das imposante Gebäude mit seinem hohen Mansardendach ersetzt wurden, ist nicht bekannt. Die Fachwerkkonstruktion ließ aber wohl schon sein Erbauer verputzen, um die vornehme Massivbauweise vorzutäuschen. Bevor das Haus 1857 in den Besitz der Familie Wallenfels kam, beherbergte es die Hofkammer und später das Hofgericht. Während des langjährigen Besitzes der Familie Wallenfels war das Gebäude mit einem mittlerweile abgerissenen Anbau der Standort einer Textilfärberei.

1979 kam das Wallenfels'sche Haus in städtischen Besitz. Die Stadt ließ das Ensemble 1983 vollständig abreißen und errichtete das Hauptgebäude unter Wahrung des äußeren Erscheinungsbildes wieder neu. Dabei wurden in der Rückwand und der rechten Seitenwand Reste der alten Stadtmauer integriert.

Zusammen mit dem benachbarten Leib'schen Haus beherbergt das Gebäude seit 1987 Teile des Oberhessischen Museums. Hier sind die Abteilungen Erdgeschichte, Archäologie und Völkerkunde, die Antikensammlung und die stadtgeschichtliche Abteilung des Museums zu finden. ●

Gießen
Zeughaus

- ⊗ Senckenbergstraße 3
- ◕ Universität Gießen
- ❶ Führungen im Rahmen der Stadtführungen oder nach Vereinbarung
- ❶ Touristinformation Berliner Platz 2, Tel. 0641-19433

Das Zeughaus ist das erste Kasernengebäude Gießens und der einzige erhaltene Renaissancebau der Stadt. Doch auch dieses Bauwerk brannte im Bombenhagel von 1944 vollständig aus. Später wurde das Gebäude wieder weitgehend originalgetreu rekonstruiert – nur die Fenster blieben ohne ihre ursprünglichen Steinsprossen. Kasseler Architekturprofessoren schickten daraufhin ihre Studierenden lange Zeit nach Gießen, um den „unerträglichen Stilbruch" einmal selbst zu sehen.

Erbaut wurde das Zeughaus in den Jahren 1586 bis 1590 durch den bedeutenden Hofbaumeister und Astronomen Eberhardt Baldewein. Im Zusammenhang mit dem Ausbau der Gießener Befestigungsanlagen unter Landgraf Ludwig IV. benötigte die hessische Artillerie ein großes Waffenlager. Erst im 19. und 20. Jahrhundert nutzte die Armee das ehemalige Arsenal als Kaserne.

Am westlichen Mittelrisalit mit seinem schönen Renaissancegiebel wurde schon 1609 der Universitätskarzer angebaut. Der Karzer diente fast 300 Jahre als Universitätsgefängnis, denn bis ins 20. Jahrhundert hinein besaßen Universitäten eine eigene akademische Gerichtsbarkeit. Ernst Ecksteins Humoreske „Der Besuch im Karzer" aus dem Jahr 1875 nimmt direkt Bezug auf Gießen, doch deren literarische Bedeutung resultiert nicht aus den autobiographischen Bezügen. Es war vielmehr der satirische Angriff auf die „Kaste" der Gymnasial- und Universitätsprofessoren, der zu dieser Zeit unerhört war.　　　　●

Gießen-Wieseck
Badenburg

G

❌ an der Lahn, ca. 5 Kilometer nordwestlich von Gießen; Inselweg 122

ℹ frei zugänglich, Gaststätte geöffnet Mi bis Sa 18-24 Uhr, So 11-24 Uhr

ℹ Touristinformation, Berliner Platz 2, Tel. 0641-19433

Schon im 19. Jahrhundert war es in Gießen ein beliebtes Sonntagsvergnügen, mit der Familie etwas lahnaufwärts zu spazieren und in der Badenburg einzukehren. Die bekannte Gaststätte wurde jedoch zu Beginn des Ersten Weltkriegs aufgegeben und das Anwesen stand lange Zeit leer. Bis in die 1950er Jahre hinein trafen sich in der Ruine Mitglieder von schlagenden Studentenverbindungen, um dort ihre „Mensuren" auszutragen – streng reglementierte Fechtkämpfe mit scharfen Waffen.

Einst subversiver Treffpunkt Georg Büchners – die Badenburg

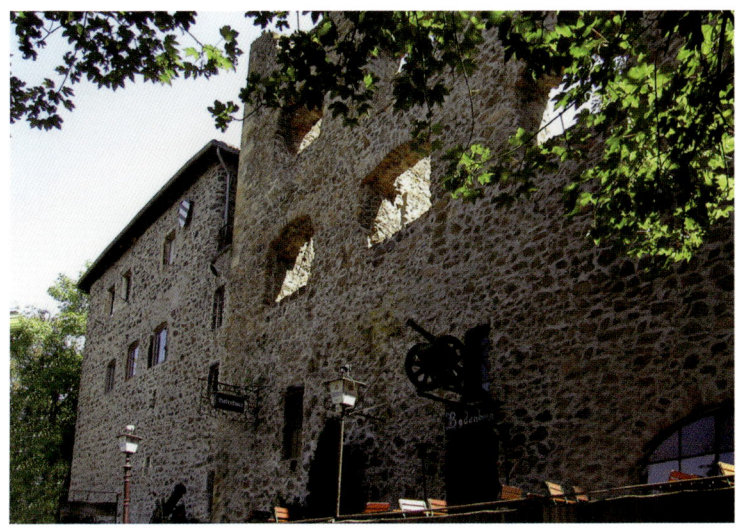

G

Der seltene Blaurote Steinsamen gedeiht am Hangelstein prächtig

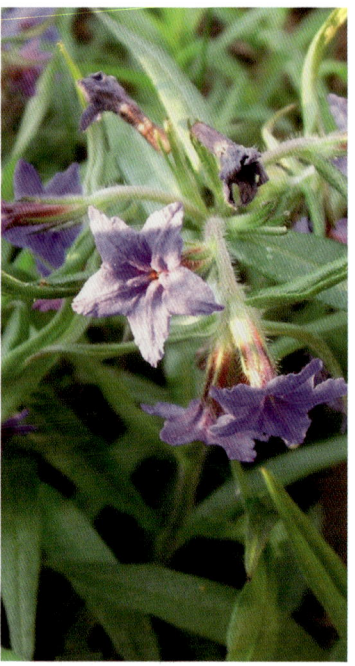

In den 1970er Jahren zog wieder Leben in das alte Gemäuer ein. Ein rustikales Schankrestaurant nutzt seitdem das historische Umfeld, um das Flair des Ritterlebens zu vermitteln.

Entstanden als Hofgut wird die Badenburg erstmals 1356 urkundlich erwähnt. Ursprünglich gehörten zum Gut Badenburg auch eine Mühle und eine eigene Kapelle. Im 15. Jahrhundert kam das Anwesen in den Besitz der landgräflichen Vasallenfamilie von Weitolshausen. Wegen wirtschaftlicher Probleme wurde die Badenburg im 18. Jahrhundert verkauft, blieb aber unbewohnt und diente der Landbevölkerung als willkommenes Depot für Baumaterial. Wohl erst im 19. Jahrhundert entwickelte sich die Burgruine mit ihrer idyllischen Lage an der Lahn und dem Blick zur Burg Gleiberg zum Ausflugsziel für Gießener Bürger und Studenten.

Bekannt wurde die Badenburg vor allem als Treffpunkt einer revolutionären Gruppierung um den damaligen Gießener Medizinstudenten Georg Büchner. Hier gründete sich 1834 der geheime „Preßverein", deren erstes Ziel die Anschaffung einer Druckerpresse und die Befreiung politischer Gefangener war. Gemeinsam mit dem Friedberger Pfarrer und Schulrektor Friedrich Ludwig Weidig verfasste Büchner die revolutionäre Kampfschrift „Hessischer Landbote", in der unter dem Schlagwort „Friede den Hütten, Krieg den Palästen" zum Widerstand gegen die Fürstenwillkür und die soziale Ungerechtigkeit aufgerufen wurde. Nachdem ein Spitzel die Gruppe verraten hatte, floh Büchner ins französische Exil. ●

Gießen-Wieseck
Hangelstein

> ❌ A 482 AS Gießen-Wieseck, Richtung Buseck fahren, links zur Gaststätte Waldfrieden, vom Parkplatz beschilderte Wanderwege
>
> ➕ frei zugänglich

Der 305 Meter hohe Hangelstein ist ein Basaltkegel, der heute von den Autobahnen A 480 im Norden und A 482 im Osten von seiner Umgebung etwas abgeschnürt ist. Geologisch gehört der Hangelstein zu den westlichsten Ausläufern des Vogelsberges. Vor allem am steilen Nord- und Westhang zeigt sich der Basalt in beeindruckenden Felsenformationen, wie etwa der Teufelskanzel. Die schönen, waagerecht liegenden Ba-

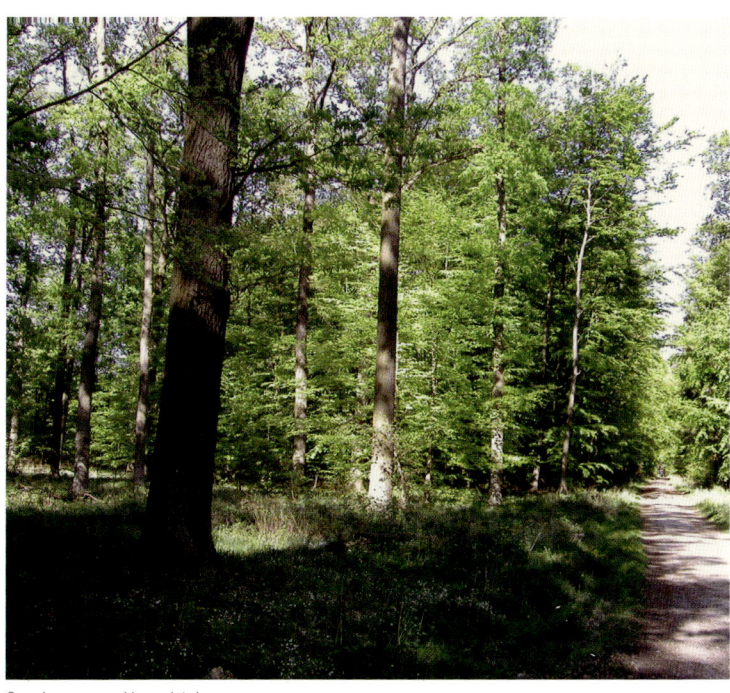

Spazierweg am Hangelstein

saltsäulen am Fuße der Teufelskanzel wurden wahrscheinlich im Mittelalter durch menschlichen Abbau freigelegt.

Auf dem Westsporn des Berges zwischen Steinbruch und Gipfel sind Reste von Ringwällen aus zwei vorgeschichtlichen Perioden zu erkennen. Die Befestigungsanlage umschließt eine oberhalb der Felsabstürze gelegene Terrasse und ein östlich gelegenes wasserführendes Tälchen. Querwall und Graben zwischen Sporn und Gipfel entstanden im Mittelalter.

1594 kam der Hangelstein als landgräfliche Schenkung in den Besitz der Stadt Gießen. Als Gießener Enklave fünf Kilometer von der Stadt entfernt, wurde der Hangelstein nur wenig zur Waldweide und zum Holzeinschlag genutzt. So haben sich in dem rund 100 Hektar großen Gebiet die Wälder in einer sehr naturnahen Zusammensetzung erhalten. Elsbeeren-Winterlinden-Wälder auf den Südhängen und Linden-Ahorn-Mischbestände auf den trockenen Hochflächen begeistern heute die Naturliebhaber. Im Unterwuchs finden sich seltene Pflanzen wie Kuckucksknabenkraut, Pfirsichblättrige Glockenblume, Genfer Günsel, Lerchensporn, Wald-Gelbstern oder Lungenkraut. Auch Eidechsen und Feuersalamander, Klein- und Grauspechte sowie die Hohltaube finden hier gute Lebensbedingungen. Aus diesem Grund wurde der Hangelstein schon 1939 als Naturschutzgebiet ausgewiesen und zählt damit zu den ältesten Schutzgebieten Hessens. ●

Gladenbach

G

Gladenbach-Friebertshausen

Wolfskapelle

- ✖ südlich des Ortes, Wolfskapellenstraße
- ⊕ außen frei zugänglich,
  innen nach Vereinbarung
- ℹ ev. Kirchengemeinde Mornshausen/
  Salzböde, Pfarrweg 10, Tel. 06462-1526

Die sagenumwobene „Wolfskapelle" am rechten Ufer der Allna gehört zu den merkwürdigsten Sakralbauten im Hinterland, dem westlichen Teil im Landkreis Marburg-Biedenkopf. Schon ihre Lage außerhalb des Ortes ist ungewöhnlich und deutet eher auf die Funktion einer Wallfahrtskirche hin. Tatsächlich gibt es Quellen, in denen eine Tochter der heiligen Elisabeth als Erbauerin des Gotteshauses genannt wird. Verschiedene bau-

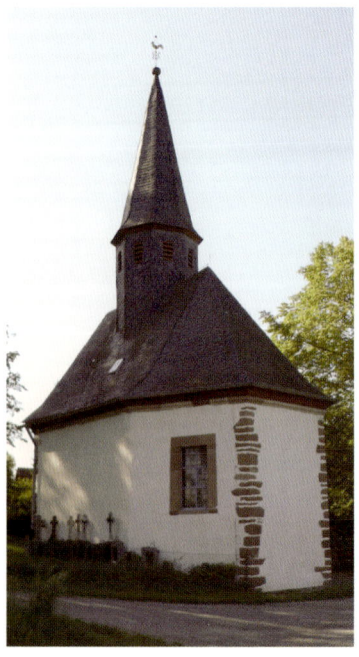

liche Details und Archivunterlagen belegen außerdem, dass die heutige Kapelle lediglich der Chorraum einer ehemals viel größeren Kirche war.

Ein Hochwasser hatte im Jahre 1741 die Fundamente des Gotteshauses unterspült. Wegen der Setzungsschäden musste 1747 das Schiff abgerissen und der Chor gründlich saniert werden. Damals wurde vermutlich das Gewölbe entfernt, die flache Decke eingezogen und die Westempore eingebaut. Die schmalen, rechteckigen Fenster und der Zugang der dem Dorf zugewandten Nordseite sind ebenfalls im Zuge dieser Baumaßnahmen entstanden.

Der heutige Saal besitzt im Osten einen 3/8-Chorschluss, der jedoch stark in die Länge gezogen ist. Mehreckige Konsolen und Mauerreste zeugen noch vom früheren Rippengewölbe und über der heutigen Westwand ist ein gedrückter Spitzbogen zu erkennen – der Triumphbogen der einst Kirchenschiff und Chor verband. Über dem Dach der Kapelle erhebt sich ein steiler, spitzhelmiger Dachreiter mit einer der heiligen Maria geweihten Glocke aus dem Jahre 1486.

Trotz dieses Eckdatums bleibt die Datierung des Gebäudes schwierig. Schriftliche Quellen belegen eine Bauzeit in der zweiten Hälfte des 13. Jahrhunderts. Der Chorbogen mit seiner gedrückten Form würde dieser Datierung auch entsprechen. Der „steile" Chorschluss ist allerdings in der Region selten und findet sich lediglich am Chor der Kirche in Haiger wieder. Der stammt jedoch aus der zweiten Hälfte des 15. Jahrhunderts. Möglicherweise hat man also zu dieser Zeit einen neuen Chor an das frühgotische Schiff gesetzt oder den Chor massiv umgebaut. ●

*Ein bemerkenswerter Sakralbau –
die Wolfskapelle*

Gladenbach-Rüchenbach,
-Rachelshausen und -Frohnhausen
Fachwerkkirchen im Hinterland

G

❌ (1) Rüchenbach, Rüchenbacher-Str. 29;
(2) Rachelshausen, Zur Hohen Str. 33;
(3) Frohnhausen, Sportplatzstr. 1

ℹ️ (1) ev. Kirchengemeinde
Mornshausen/Salzböde, Tel. 06462-1526;
(2) ev. Kirchengemeinde Runzhausen,
Tel. 06462-1684;
(3) ev. Kirche Gladenbach,
Tel. 06462-8701

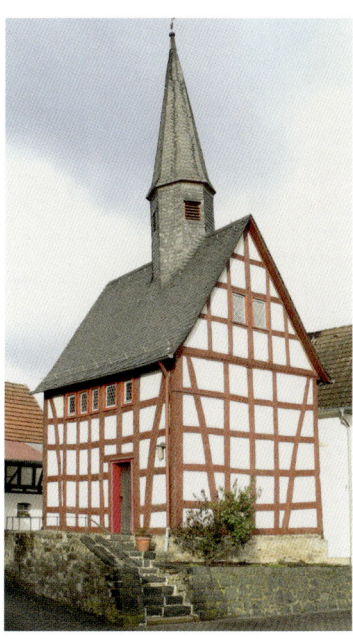

Rüchenbacher Kirche mit Ständer-Fachwerk

Das sogenannte Hinterland – der westliche Teil des Landkreises Marburg-Biedenkopf – gilt als reiche Fachwerklandschaft. Gleichwohl ragt eine Gruppe von Gebäuden besonders heraus: die Fachwerkkirchen. Eine besonders hohe Zahl dieser Kleinkirchen gibt es um Gladenbach herum. Manche könnten eher als Kapellen bezeichnet werden und ohne ihre typischen Dachreiter wäre manches der Gotteshäuser kaum von der sonstigen dörflichen Fachwerkbebauung zu unterscheiden.

Eine der ältesten Fachwerkkirchen befindet sich in Rüchenbach. Ihr Fachwerkaufbau wurde in der zweiten Hälfte des 16. Jahrhunderts auf einem massiven Sandsteinsockel errichtet. Das Fachwerk ist noch als Ständerbau ausgeführt, d. h. die senkrechten Stützen verlaufen vom Fundament bis zur Dachtraufe und auch die Streben sind durchgängig. Mit ihren fast quadratischen Seitenwänden, dem steilen Satteldach und ihrer – im Vergleich zur Höhe – geringen Breite – wirkt das kleine Kirchlein dennoch hoch aufragend. Der spitze Dachreiter unterstützt diese Wirkung nachdrücklich. Im Innern besitzt die Rüchenbacher Kirche eine dreiseitig umlaufende Empore mit hölzernen Brettdocken.

Die Fachwerkkirche in Rachelshausen, einem der höchst gelegenen

Orte des Hinterlandes, entstand in den Jahren 1626/27. Das zweigeschossige Kirchengebäude liegt zwischen zwei großen Höfen an der Hauptstraße. Ihr Fachwerk zeigt bereits die modernere Rähmbauweise, bei der das Fachwerk geschossweise abgezimmert wird. Flüchtig betrachtet könnte sie als Wohnhaus erscheinen, lediglich das aufwändig gestaltete Schmuckfachwerk und der Dachreiter kennzeichnen den Bau als Kirche. Es sind vor allem die Zierstreben in den Brüstungsfeldern des Obergeschosses, die schon von Weitem ins Auge fallen: Andreaskreuze mit Viertelkreisbögen, Feuerböcke und geschweifte Gegenstreben mit Schmucknasen. Auch die Schwellen- und Rähmzonen sind mit Perl- und Eierstäben, gedrehten Taubändern und Klötzchenfriesen reich verziert. Im Inneren fällt vor allem der mächtige

89

G

Mittelpfeiler auf, der den Längsunterzug stützt und das konstruktive Zentrum der kleinen Saalkirche markiert.

Die kleine Fachwerkkirche in Frohnhausen aus dem Jahre 1770-79 ist eine sogenannte Kaffeemühlenkirche. Die Bezeichnung leitet sich aus der besonderen Form einiger Hinterländer Fachwerkkirchen ab: Sie haben einen annähernd quadratischen Grundriss, meist ein zweigeschossiges Fachwerkgefüge und pyramidenförmige Dächer mit Dachreiteraufsatz. Die Fachwerkkonstruktion der Frohnhäuser Kirche ist eine Mischung aus Ständer- und Rähmbauweise: die mächtigen Eck- und Bundständer laufen vom Sockel bis zur Traufe durch, während das dazwischen liegende Fachwerk geschossweise abgezimmert ist. Die Anordnung der Fenster und der Eingangstür an der Ostseite ist symmetrisch gestaltet. Insbesondere das einfach abgestufte Pyramidendach mit seinem oktogonalen Dachreiteraufsatz verleiht dem Kirchlein das Aussehen einer überdimensionalen Kaffeemühle. Auch die nahegelegenen Kirchen in Runzhausen und Seelbach besitzen eine ähnliche Form und werden dem gleichen Zimmermeister Johann Jakob Blöcher zugeschrieben. ●

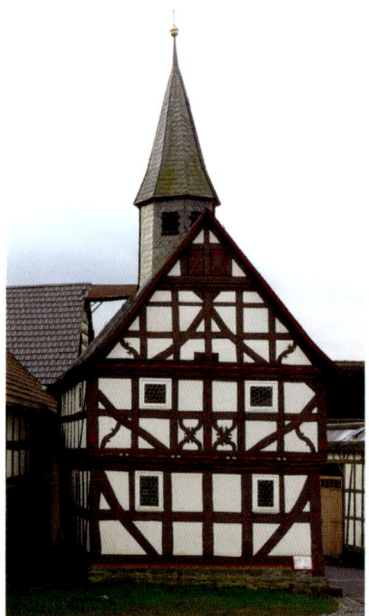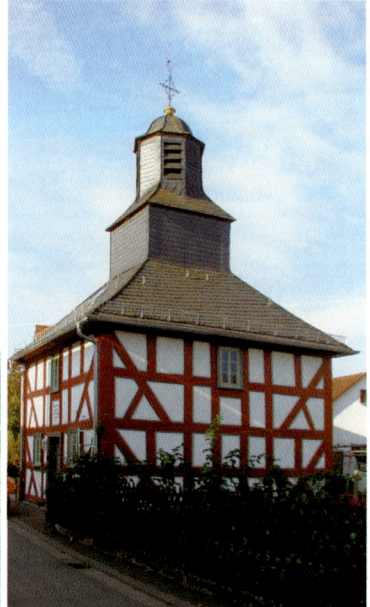

Reich geschmückte Fachwerkkirche in Rachelshausen (links) und die „Kaffeemühlenkirche" in Frohnhausen (rechts)

Greifenstein

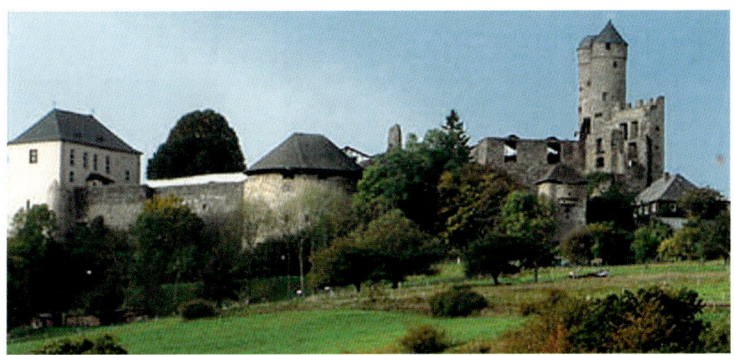

Greifenstein

Burg Greifenstein von Osten

Burg Greifenstein

- ⊗ südöstlich von Greifenstein, Talstraße 19
- ◌ Greifenstein-Verein e. V.
- ◔ 15. März bis 31. Oktober 10-18 Uhr, sonst: Sa und So 13-17 Uhr
- ⓘ Greifenstein-Verein, Talstraße 19, Tel. 06449-6460; www.burg-greifenstein.net

Die Doppeltürme von Burg Greifenstein beherrschen in spektakulärer Lage weithin die Landschaft. Nicht zuletzt wegen dieser imposanten Silhouette wurde die Höhenburg mit dem Prädikat „Denkmal von nationaler Bedeutung" ausgezeichnet. Das Entstehen der Burg entzieht sich weitgehend unserer Kenntnis; vermutlich wurde sie um 1100 erbaut, erste Erwähnung findet sie in einer Urkunde aus dem Jahr 1200. Durch ihre günstige Lage in der Nähe der für den Handel wichtigen Kölner Heerstraße war sie immer wieder Objekt machtpolitischer Streitigkeiten. Nach ihrer Erbauung im Mittelalter diente sie zunächst den Grafen zu Beilstein-Greifenstein als Residenz, bevor sie in den Besitz der Nassauer und schließlich in jenen des Hauses zu Solms überging.

Die ältesten Reste der Anlage – unregelmäßiges Mauerwerk aus der Zeit vor der ersten Zerstörung der Burg 1298 – finden sich im heutigen Restaurant, dem überdachten Keller des ehemaligen Marstalls. Die Doppeltürme des Bergfrieds errichteten Ruprecht Graf zu Nassau-Sonnenberg und Johann Graf zu Solms-Burgsolms nach 1381 auf der alten Schildmauer aus dem 13. Jahrhundert. Der Nassauer Turm ist an seinem runden Dach erkennbar. Der Bruderturm mit spitzem Helm und dem Greifen als Wetterfahne bietet dem Besucher von der Turmstube aus eine großartige Sicht über die Burganlage und das Greifensteiner Land.

Ein vollständig erhaltenes Bollwerk, erbaut unter Graf Otto zu Solms-Braunfels 1463, findet sich im Norden der Anlage. Der Beiname die „Münz" stammt von einem ehemals östlich gelegenen Anbau, in dem nach 1681 eigene Münzen geprägt wurden.

Ein gotisches Gewölbe nahe der später errichteten südöstlichen Auffahrt diente einst als Gefängnis. In dem ehemaligen Torbau aus dem frühen 15. Jahrhundert sind heute diverse Folterwerkzeuge zu sehen. Am ursprünglichen Aufgang im Westen finden sich die Reste des „Neuen Tores" aus dem frühen 17. Jahrhundert, das einen Wohnbau mit Renaissance-Arkadengang besaß. Auch

G

das anschließende ältere Torgebäude, das „feuchte Gewölbe" aus dem Jahr 1462 und die Südbastion sind nur noch in Ansätzen erhalten.

Die Burg – bis zum Jahre 1694 Residenz der selbständigen Grafschaft Greifenstein – wurde nicht zerstört, sondern aufgegeben: Wegen des Aussterbens der älteren Braunfelser Linie fielen die Besitzungen an Graf Wilhelm-Moritz zu Solms-Greifenstein, der seine Residenz nach Braunfels verlegte und sich fortan zu Solms-Braunfels nannte. Der allmähliche Verfall wurde durch das Engagement des Greifenstein-Vereins gestoppt, der die Burg 1969 übernahm und seitdem für ihren Erhalt sorgt. ●

Greifenstein

Deutsches Glockenmuseum

> ✖ südöstlich der Ortslage; auf Burg Greifenstein, östlich der Auffahrt
>
> ◆ Greifenstein-Verein e. V.
>
> ◕ 15. März bis 31. Oktober 10-18 Uhr, sonst: Sa und So 13-17 Uhr
>
> ❶ Tel. 06449-921943; www.glockenmuseum.de

Die südöstliche Ecke der Höhenburg Greifenstein wird durch einen mächtigen Geschützturm gesichert, der um 1620 unter Graf Wilhelm I. zu Solms-Greifenstein erbaut wurde. Den Namen „Rossmühle" verdankt das Bauwerk der Tatsache, dass es einst eine von Pferden betriebene Getreidemühle beherbergte, die in Belagerungszeiten zum Einsatz kam. Nach seiner Restaurierung bezog 1984 das „Deutsche Glockenmuseum" den mächtigen Rundbau. Sein zentraler, ovaler Kuppelraum mit den tiefen Wandnischen schien wie geschaffen für die Präsentation der bedeutenden Glockensammlung.

Schon 1972 begann man in Greifenstein damit, Glocken zu sammeln und auszustellen. Heute präsentiert das Museum über 40 historische Glocken aus allen Teilen Deutschlands – die älteste ist eine sogenannte Bienenkorbglocke aus dem 12. Jahrhundert. Die chronologische Präsentation verdeutlicht einerseits die Entwicklung von Formen und künstlerischer Gestaltung. Zugleich ist aber auch ein direkter Vergleich der unterschiedlichen Klangfarben möglich, denn die schwebend aufgehängten Glocken können durch Gummihämmer angeschlagen werden. Jedes Exponat offenbart so seine ganz charakteristische „Stimme".

Darüber hinaus informiert die Ausstellung über die kulturgeschichtliche Entwicklung der Glocke vom Signalgeber zum Musikinstrument, historische Techniken und Materialien des Glockengusses, die Symbolik der Glocke im Christentum und ihre Funktion als akustisches Zeichen in den unterschiedlichsten Lebens- und Kulturzusammenhängen. Auch der politisch motivierte Raub oder das Einschmelzen von Glocken in Kriegszeiten wird in der Ausstellung beleuchtet. So ermöglicht das außergewöhnliche Museum nicht nur den Querschnitt durch acht Jahrhunderte deutscher Glockengeschichte, es vermittelt fundiertes Hintergrundwissen und ermöglicht zugleich eine sinnliche Annäherung an das Thema. ●

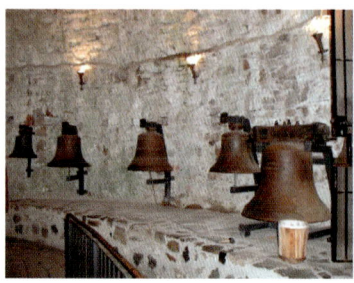

Das Deutsche Glockenmuseum

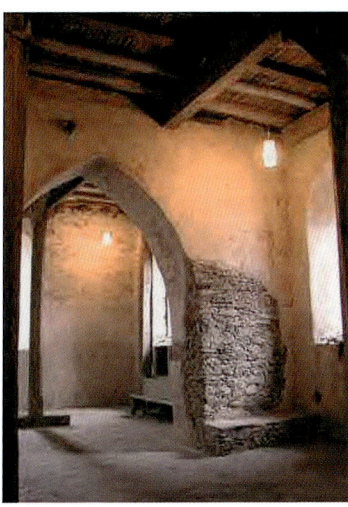

Die spätmittelalterliche Katharinenkapelle im Untergeschoss der Doppelkirche

G

Greifenstein

Doppelkirche

- ⊗ südöstlich der Ortslage; auf Burg Greifenstein, südlich am Kirchhof
- ⌂ Kirchengemeinde Edingen-Greifenstein
- 🕐 15. März bis 31. Oktober 10-18 Uhr, sonst Sa und So 13-17 Uhr
- ℹ Greifenstein-Verein, Talstraße 19, Tel. 06449-6460; www.burg-greifenstein.net

Auf die Bautätigkeit des Grafen Wilhelm Moritz zu Solms-Greifenstein geht ein besonders sehenswertes Gebäude auf Burg Greifenstein zurück: die aus einer alten Wehr- und einer Barockkirche bestehende Doppelkirche. Den Sockel des bemerkenswerten Kirchenbaus bildet die spätmittelalterliche Katharinenkapelle. Der Saalbau mit Rechteckchor entstand Mitte des 15. Jahrhunderts als Wehrkirche. Er ist mit Schießscharten ausgestattet und den Innenraum schmücken Fresken und eine Grafen-Loge. Die Kirche war der heiligen Katharina von Siena geweiht, einer bedeuten-

den religiösen Reformerin dieser Epoche, die nur wenige Jahre vor der Kirchenweihe 1476 heilig gesprochen worden war. Direkt an das Kirchenschiff schließen sich die Kasematten der Festungsanlage an, deren originale Gewölbe noch erhalten sind.

Angeregt von französischen Vorbildern versuchte der Graf Wilhelm Moritz 1683 dem altertümlichen Greifenstein einen leicht barocken Glanz zu verleihen. Er veranlasste auf der halb in der Erde stehenden gotischen Katharinenkapelle den Bau einer prachtvoll ausgestatteten Emporenkirche im barocken Stil.

Für die Ausschmückung des Innenraumes ließ der Graf unter anderem den Niederländischen Stuckateur Jan de Paeren nach Greifenstein holen. Die schwere, festliche Formensprache seiner Stuckdecke orientiert sich am italienischen Frühbarock und so hinterließ der Künstler auch seine italienisierte Signatur über der Südempore.

Obwohl die Arbeiten bereits 1694 fertiggestellt waren, zog sich die Einweihung der Kirche bis 1702 hin. Der Grund für diese Verzögerung lag wohl im Wegzug des Hofes nach Braunfels. Wie eine Inschrift unter dem prachtvollen Wappen des Landesherren und seiner Gemahlin an der Brüstung der Orgelempore bezeugt, waren die Bürger Greifensteins mit einer Bürgschaft an der Finanzierung der neuen Mutterkirche für das Kirchspiel Greifenstein-Edingen beteiligt. Sie wird heute noch als Amtskirche, in der sonntägliche Gottesdienste abgehalten werden, genutzt.

Der einst vorhandene Kirchturm wurde später niedergelegt. Seine drei Glocken wurden stattdessen in den Bruderturm gehängt. Der alte Bergfried dient der Katharinenkirche bis heute als Glockenturm. ●

G

Grünberg
Antoniterkloster

- ❌ Rosengasse
- ➕ außen frei zugänglich
- ℹ️ Stadt Grünberg Tel. 06401-804114

Die in Grünberg am längsten ansässigen Mönche waren die Antoniter. Ihr Ordenskreuz findet sich sogar im Stadtwappen wieder. Obwohl ein direkter Nachweis fehlt, muss es hier bereits vor 1222 eine Niederlassung des in Frankreich gegründeten Ordens gegeben haben, denn aus diesem Jahr ist die Gründung eines Mecklenburger Tochterklosters belegt.

Die ehemalige Klosteranlage bildet ein Trapez zwischen Bundesstraße, Marktplatz und Rosengasse. Von der Bundesstraße aus erkennt man, dass die Klostergebäude die Stadtmauer als Außenwand nutzten – vom ehemaligen Refektorium ist aber nur noch die Außenwand mit Fensteröffnungen und einem Erker erhalten. Gotische Bausubstanz hat sich auch noch in dem am Marktplatz

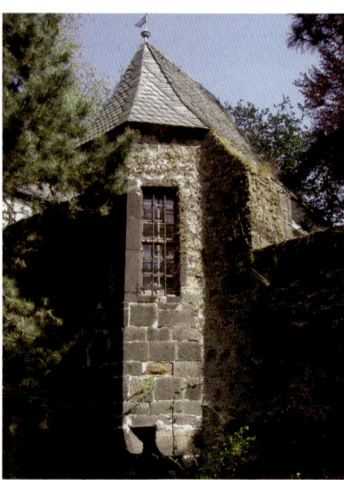

Erker des ehemaligen Refektoriums

gelegenen Kirchenschiff und im nördlich anschließenden Mönchsbau erhalten. In Letzterem findet sich eine Wendeltreppe und ein Lavabo aus der Entstehungszeit. Im Kirchenbau sind das Sakristeifenster, die Freskomalerei an einer Chorwand und ein um 1500 entstandenes Hochrelief des heiligen Antonius hervorzuheben.

Gut 300 Jahre nach seiner Gründung, wurde das Kloster im Zuge der Reformation aufgelöst. Die letzten elf Mönche erhielten als Entschädigung Abschlagszahlungen und eine lebenslange Rente. 1526 entstand an der Ostseite des Innenhofes Hessens höchstes Fachwerkhaus – der sogenannte Universitätsbau. Seinen Namen erhielt das Gebäude, weil während der Pestzeit 1542 Teile der Universität Marburg in den ehemaligen Klosterkomplex ausgelagert wurden. Im Sockel des Gebäudes sind verschiedene Grabsteine eingemauert. Etwas später wurde das Klosterareal vom Hofbaumeister Ebert Baldewein zum Witwensitz der hessischen Landgrafen umgebaut und erhielt seine heutige Gestalt. Zur Rosenstraße hin entstand um 1578 der mit einem schönen Fachwerkerker und typischem Renaissance-Giebel geschmückte Schlossneubau. ●

Grünberg
Diebsturm

- ❌ Hegweg/Diebsturmstraße
- 🔺 Stadt Grünberg
- ➕ frei zugänglich
- ℹ️ Stadt Grünberg, Tel. 06401-804114

Erbaut um 1300 ist der Diebsturm der letzte erhaltene Turm der mittelalterlichen Stadtbefestigung und Wahrzeichen von Grünberg. Er steht im Westen der Altstadt, der am wenigsten durch natürliche Gegebenheiten geschützten

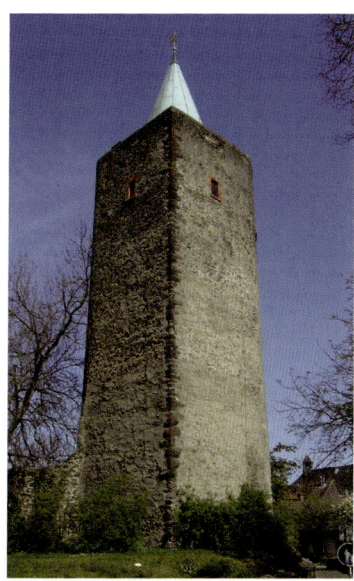

Vorne eckig, hinten rund – der Diebsturm

Alliierten teilweise gesprengt. Nach seiner Restaurierung ist er heute ein beliebter Aussichtsturm. Die Sicht reicht bei guten Bedingungen bis zum Taunus und in den Vogelsberg. Eine kleine Ausstellung im Inneren des Turmes erläutert seine Geschichte und die der Stadtbefestigung. ●

Grünberg
Fachwerkhäuser der Altstadt

> ❌ Marktplatz, Alsfelder Straße, Marktgasse, Rabegasse, Im Alten Posthof
>
> 🕐 außen frei zugänglich, Führungen nach Vereinbarung
>
> ℹ Stadt Grünberg Tel. 06401-904114

Durch seine günstige Lage an den „kurzen Hessen", einer wichtigen Handelsstraße von Frankfurt nach Mitteldeutschland, erlebte Grünberg im Mittelalter seine Blütezeit: 1230 wurde es Münzstätte, 1254 trat die Stadt dem „Rheinischen Städtebund" bei und 1272 bestätigte der hessische Landgraf Heinrich I. in einem „Freiheitsbrief" die städtischen Rechte und unterstellte die Grünberger Bürger seiner unmittelbaren Gerichtsbarkeit. Schließlich stiftete 1481 Kaiser Friedrich II. einen jährlichen Markt, der acht Tage dauern sollte. Dieser Gallus-Markt lebt bis heute fort.

Um den Marktplatz entstanden nach und nach zahlreiche aufwändige Fachwerkgebäude. Die ältesten erhaltenen Häuser stammen aus dem frühen 16. Jahrhundert und zeigen gotisches Fachwerk mit halbkreisförmigen Zierstreben und stark vorkragenden Geschossen. Schöne Beispiele sind die Gebäude Markt 6, Alsfelder Str. 1/3, Marktgasse 6 und Rabegasse 2, 8, 12. Das Eckhaus zur Marktgasse war einst das größte Gasthaus der Stadt und trug den Namen „Zum Wilden Mann".

Seite Grünbergs. Der Turm war in die Stadtmauer eingebunden und vom Wehrgang aus zugänglich, die Konsolen an den Zugängen sind heute noch sichtbar. Zur Stadtseite erscheint das Bauwerk als Rundturm, nach außen hin enden seine Mauern aber in einem spitzen Winkel. Dessen Kante ist aus behauenen, unverputzten Buckelquadern aufgesetzt während der restliche Turm in verputztem Bruchsteinmauerwerk ausgeführt wurde. Der tropfenförmige Grundriss hat vermutlich strategische Gründe: Nach außen ergeben sich so zwei gut überblickbare Flächen – die toten Winkel des Rundturmes werden vermieden.

Der Name des Turmes leitet sich durch seine Nutzung als Stadtgefängnis ab. Außerdem sanierte man 1895 das Bauwerk und nutzte es als Wasserturm für die Trinkwasserversorgung der Stadt. Im Zweiten Weltkrieg diente er zeitweilig als Munitionslager und wurde von den

G

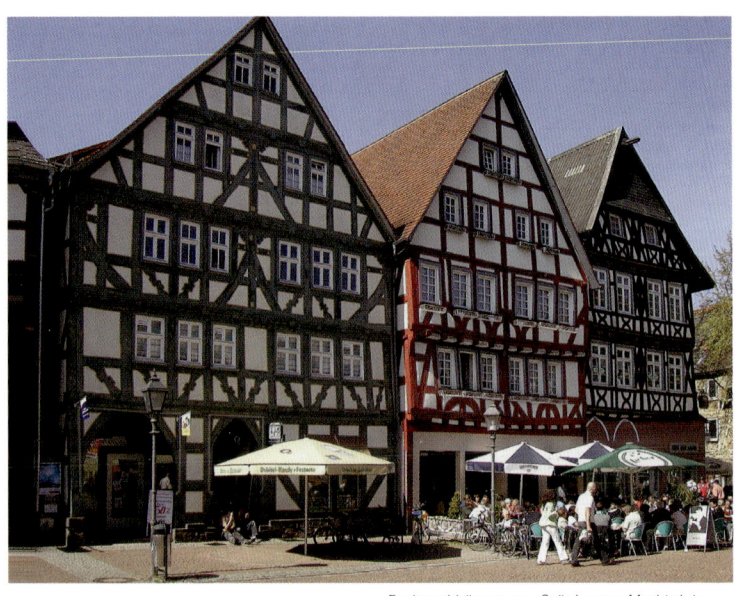

Fachwerkhäuser am Grünberger Marktplatz

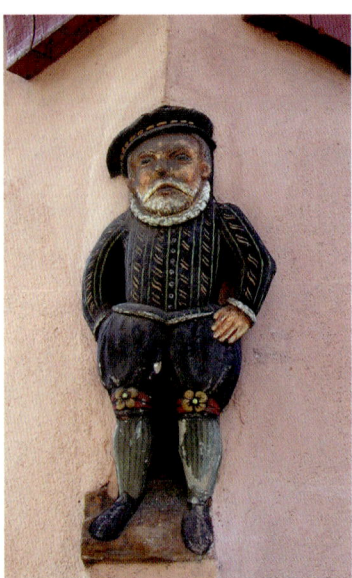

Das Erkermännchen am Rathaus

Im Renaissancestil ließ 1586 der Hersfelder Amtmann Hermann Rüdiger das Gebäude am Kopf des Markplatzes erbauen. Schon 1593 erwarb es die Stadt als Rathaus und nutzte die Halle im Erdgeschoss als Markt- und Handelsraum. Eine eiserne Elle neben der Eingangstür in dem schönen Renaissanceportal erinnert noch an diese Funktion. Die schön restaurierten Blumenornamente an den Fenstern, das Erbauerwappen und das Erkermännchen in spanischer Tracht machen das Bauwerk zum Schmuckstück des Marktplatzes.

Barockes Fachwerk zeigt die 1668 errichtete „Alte Post" nördlich des Marktplatzes. Sehenswerte Häuser aus dem 18. Jahrhundert finden sich am östlichen Teil des Marktes. Zusammen mit den restaurierten Häusern der abgehenden Gassen bildet der Grünberger Marktplatz ein veritables Museum der Fachwerkkunst aus fünf Jahrhunderten. ●

Grünberg
Wasserkunst und Brunnental

> ❌ Abstieg vom südlichen Ende des
> Winterplatzes
>
> ➕ frei zugänglich
>
> ℹ Stadt Grünberg, Tel. 06401-804114

Die Stadt Grünberg liegt hoch über Äschersbachtal. Strategisch gesehen war das schroffe Tal für die Stadt gewissermaßen ein natürlicher Festungsgraben. Problematisch war jedoch die Wasserversorgung: Die wasserführenden Basaltschichten speisen zwar ergiebige Quellen, doch diese lagen 60 Meter tiefer in der Talsohle. Der Weg hinunter ins Brunnental führte vom Winterplatz durch ein Tor, das durch einen Turm gesichert wurde.

Im Jahre 1419 gelang Heinrich von Hatzfeld ein bewundernswertes technisches Meisterwerk. Der Spezialist aus Fritzlar schuf eine „Wasserkunst", die diese Höhendifferenz überwand und das Wasser hinauf in die Stadt pumpte. Die Energie dazu lieferte das Wasser selbst: Die Quellen wurden in drei Teichen gefasst, wobei das abfließende Wasser über ein Mühlrad die Pumpe antrieb. Diese förderte stetig frisches Quellwasser durch eine Druckleitung nach oben. Am Winterplatz endete die Druckleitung und das Wasser gelangte in ein Reservoir im Brunnenhaus. Das heutige Gebäude des Brunnenhauses stammt aus dem Jahr 1582 und beherbergt eine kleine Ausstellung zur Technik der Wasserkunst. Es steht am selben Ort wie der Vorgängerbau des Heinrich von Hatzfeld.

Vom Brunnenhaus aus gelangte das Wasser über ein Leitungsnetz aus hölzernen Rohren in die sieben Brunnen der Oberstadt. Der Löwenbrunnen auf dem Winterplatz war einer davon. Der alte Ziehbrunnen auf dem Marktplatz ist dagegen ein Relikt aus der Zeit vor der Wasserkunst. Hier wurde aus 36 Metern Tiefe Grundwasser geschöpft. Im 19. Jahrhundert wurde der Schacht zugeschüttet und vergessen. Erst anlässlich des Hessentages 1980 gelangte er wieder in Erinnerung und wurde restauriert.

Immer wieder modernisiert, lieferte die Wasserkunst bis zum Ende des 19. Jahrhunderts den Grünbergern stets frisches Quellwasser. Im Brunnental selbst sind noch Teile dieser alten städtischen Wasserversorgung erhalten: Zwei von ehemals drei Teichen und das große Wasserrad der letzten Anlage aus dem 19. Jahrhundert sind von den gut ausgebauten Spazierwegen aus zu bewundern. ●

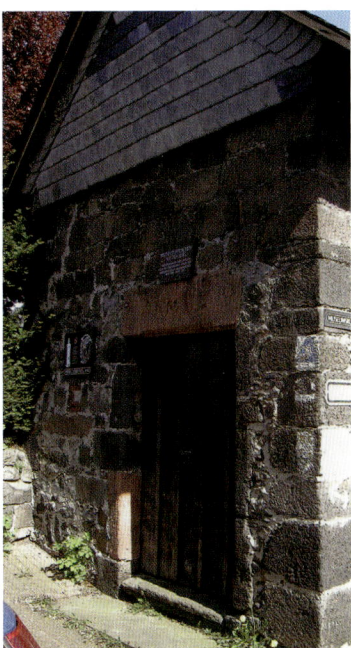

Das Brunnenhaus – die Verteilerzentrale der Wasserkunst

Hadamar

H

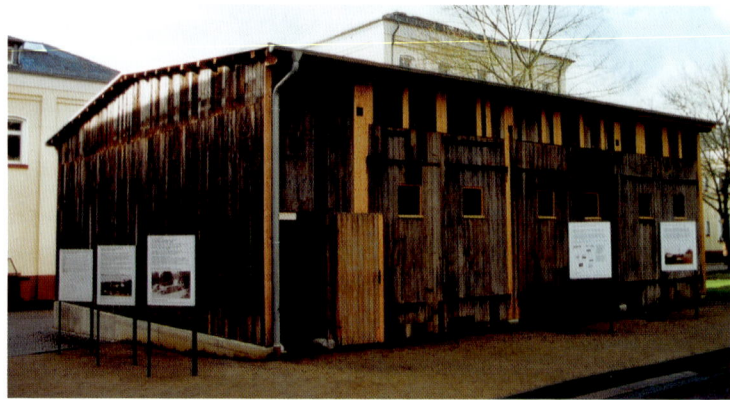

Hadamar

Gedenk- und Dokumentationsstätte

Die wiedererrichtete Busgarage in der Gedenk- und Dokumentationsstätte

- ⊗ Haus 5 des „Zentrums für Soziale Psychiatrie", Mönchberg Nr. 8 (ausgeschildert)
- ⬡ Landeswohlfahrtsverband Hessen
- ⊙ Di bis Do 9-16 Uhr, Fr 9-13 Uhr; erster So im Monat 11-16 Uhr; FT geschossen
- ⓘ Gedenkstätte Hadamar, Tel. 06433-9170; www.gedenkstaette-hadamar.de

Vom Mönchberg aus hat man den wohl schönsten Ausblick auf die Stadt Hadamar. Zugleich steht der Name für die unfassbaren Verbrechen, die hier in nationalsozialistischer Zeit begangen wurden. Nach Einrichtung der Tötungsanstalt Hadamar wurden in nur acht Monaten zwischen dem 13. Januar und dem 1. September 1941 insgesamt 10.072 Kinder, Frauen und Männer in einer als Duschraum getarnten Gaskammer mit Kohlenmonoxydgas getötet. Anschließend wurden Ihre Leichen im Krematorium verbrannt.

Zwischen August 1942 und März 1945 wurden die Morde an behinderten und psychisch kranken Menschen fortgesetzt, die aus dem gesamten Reichsgebiet nach Hadamar transportiert wurden. In dieser Phase ermordeten Ärzte und Pfleger noch einmal rund 4.500 Euthanasieopfer durch Injektionen, überdosierte Medikamente oder vorsätzliches Verhungernlassen. Ihre sterblichen Überreste wurden auf dem neu geschaffenen Anstaltsfriedhof in Massengräbern begraben.

Die Gedenk- und Dokumentationsstelle wurde 1991 eröffnet und umfasst auch den 1964 neu gestalteten Friedhof des Geländes. In den noch erhaltenen authentischen Kellerräumen ist eine Dauerausstellung über die NS-Euthanasie-Verbrechen zu sehen. Seit 2006 wird die Gedenk- und Dokumentationsstätte durch die in ihrem ursprünglichen historischen Umfeld wiedererrichtete Busgarage vervollständigt: In dem einfachen Gebäude mit Brettschalung und drei großen Toren waren jene „grauen Busse" stationiert, mit denen die Euthanasieopfer zu Tausenden nach Hadamar gebracht wurden. Von der Garage aus gelangten sie über eine hölzerne Schleuse direkt in die Gaskammer im Kellergeschoss des Hauptgebäudes. ●

Hadamar
Herzenbergkapelle mit Kreuzweg und Rosengarten

⊗ nördlich der Altstadt, vom Neumarkt aus dem Herzbergweg folgen

⌃ kath. Pfarrgemeinde St. Nepomuk

⊙ außen frei zugänglich, Besichtigungen täglich von 9-16 Uhr außerhalb der Gottesdienste

ⓘ kath. Pfarrei St. Nepomuk, Schlossgasse 11, Tel. 06433-93050; Fremdenverkehrsamt, Tel. 06433-89157; www.hadamar.de

Die Marien- und Prozessionskapelle geht zurück auf eine Schenkung der Stadt Hadamar an die Jesuiten im Jahre 1675. Nachdem auch Fürst Moritz Heinrich (1629-1679) in den Plan einwilligte, den Spielplatz der Gymnasialjugend auf dem „Hirtzberg" (Hirschberg) für den Bau einer Kapelle zu nutzen, wurden die Bauarbeiten aufgenommen. Der kleine, vermutlich achteckige Bau war kleiner als die heutige Kapelle und bildet heute deren Chor. Bald nach der Fertigstellung

der Kapelle stellten die Jesuiten zu Mariä Himmelfahrt ein mittelalterliches Gnadenbild auf: Die Madonna mit dem Kind, eine Skulptur aus dem 15. Jahrhundert, hatten die Jesuiten aus ihrer Niederlassung in Koblenz geholt.

Vermutlich gab es schon zu jener Zeit am 15. August, dem Fest Mariä Himmelfahrt, eine Prozession, die schnell größer wurde. Schon Ende des 17. Jahrhunderts reichte der Platz in der kleinen Kapelle nicht mehr aus. Fürst Franz Bernhard (1637-1695) ließ im Jahre 1690 ein Kirchenschiff anbauen und auch der Hochaltar mit seinen gedrehten Säulen wurde im Zuge dieser Erweiterung geschaffen. Kurz darauf wurde der steil ansteigende Weg vom Neumarkt zur Wallfahrtskapelle zu einem Kreuzweg ausgestaltet. Finanziert durch den zum Katholizismus konvertierten Kanzleidirektor Philipp Nikolaus von Heeser (1652-1699) gestaltete 1697 der Hofmaler Valentin Küßner ursprünglich sieben Stationen mit dem Leiden Christi. Diese wurden 1908 neu gestaltet und zeigen nun die sieben Schmerzen Mariens.

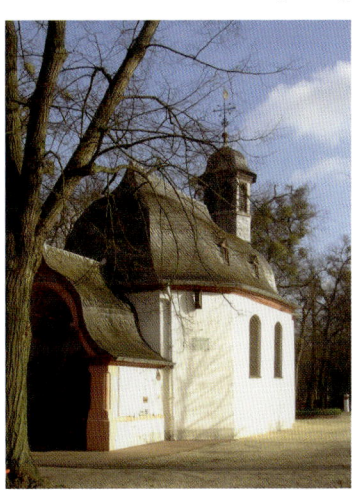
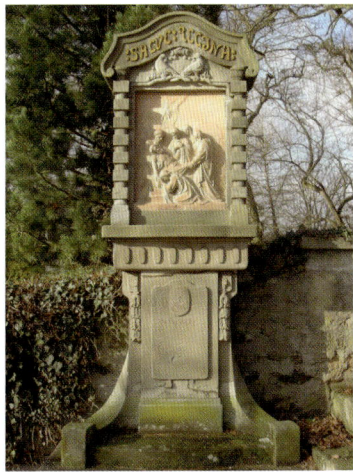

Die Herzenbergkapelle (links), Station am Fußwege zum Herzenberg (rechts)

H

Üppige Pracht im Rosengarten

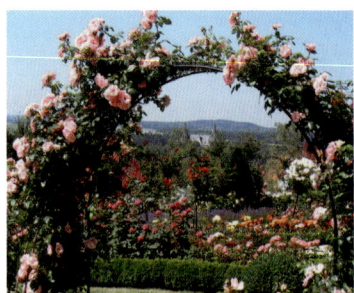

Der ursprüngliche Name der Kapelle wurde in neuerer Zeit durch die Bezeichnung Herzenberg verdrängt. Der Grund dafür liegt in der Bestattung der Herzen von vier Nassauer Fürsten neben dem Altar. Obwohl bereits das Konzil von Vienne 1311 entschieden hatte, dass die Seele im ganzen Körper des Menschen beheimatet sei, folgten sie dem im 17. Jahrhundert weit verbreiteten religiösen Brauch, das Herz eines Menschen an jenem Ort beizusetzen, wo dieser zu Lebzeiten mit Vorliebe weilte. Mit der Beisetzung in der Marienkapelle demonstrierten sie so die größtmögliche Hingabe und Verbundenheit mit der Gottesmutter. Je zwei aus schwarzem nassauischen Marmor gestaltete Tafeln zu beiden Seiten des Altares weisen auf die Herzbestattungen hin. Besonders künstlerisch wertvoll ist außerdem das 1736 von Johann Theodor Düringer, einem Mitglied der „Hadamarer Schule", geschaffene Epitaph.

Eine weitere Attraktion auf der Anhöhe des Herzenberges ist in den Sommermonaten der 3000 Quadratmeter große Rosengarten. Über 2000 Rosenstöcke von mehr als 160 verschiedenen Sorten entfalten hier ihre betörende Blütenpracht. Kunstvoll sind die Triebe in Rosenbögen und -lauben gefasst oder in Beeten liebevoll arrangiert und angelegt. ●

Hadamar
Ehemaliges Konviktsgebäude

❌ Bernardusweg 10

☁ Bistum Limburg

☺ außen frei zugänglich

❶ www.limburger-domsingknaben.org

In markanter Lage hoch über dem Elbtal erhebt sich ein burgähnliches Gebäude im Windsor-Stil, das von Fremden leicht für das Hadamarer Schloss gehalten wird. Doch spätestens das Kreuz über dem Giebel des Zwerchhauses und auf den Türmen stellt klar – es handelt sich um kein profanes Bauwerk. Als Priesterseminar wurde das dreiflügelige Bauwerk 1903 nach den Plänen des Limburger Diözesanbaumeisters Jacob Fachinger erbaut. Seit 1969 werden im Collegium Bernadinum aber keine Priester mehr ausgebildet. Es ist die Heimat der Limburger Domsingknaben, die anfänglich im Internat wohnten und musikalisch ausgebildet wurden. Heute ist es nur noch Ausbildungsstätte und beherbergt das Referat für Kirchenmusik des Bistums Limburg

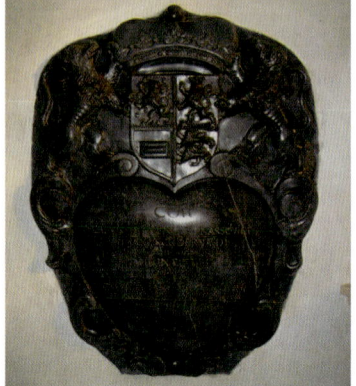

Epitaph von Fürst Franz Bernhard (1637-1695)

H

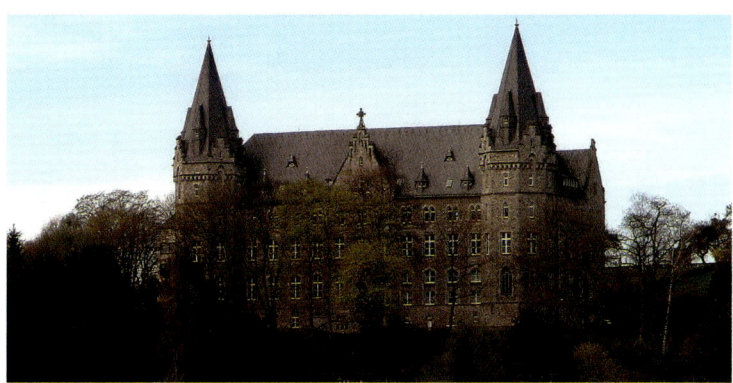

Das imposante Konviktsgebäude thront hoch über der Stadt

Das viergeschossige ehemalige Konviktsgebäude ist aus Kalkstein der näheren Umgebung errichtet. Seinen polygonalen Ecktürmen mit Spitzhelmen und getreppten Giebelchen verleihen ihm eine wehrhafte Erscheinung. Mit seiner Achse ist der Bau exakt auf das Schloss unten in der Stadt ausgerichtet. Er ist somit auch als trotzige Machtdemonstration der Kirche gegen die weltliche Herrschaft zu interpretieren. Offiziell war der Kulturkampf zwischen Bismarck und der katholischen Kirche zwar seit 1887 beigelegt. Gleichwohl klingt der Konflikt um die Trennung zwischen Kirche und Staat um die Jahrhundertwende noch deutlich nach. ●

Hadamar
Liebfrauenkirche

❌ Kirchgasse 41

☁ kath. Pfarrgemeinde St. Nepomuk

❶ außen frei zugänglich, Führungen: April bis Oktober So und FT 15-16 Uhr

ℹ kath. Pfarrei St. Nepomuk, Schlossgasse 11, Tel. 06433-93050; Fremdenverkehrsamt, Tel. 06433-89157; www.hadamar.de

Die spätgotische Liebfrauenkirche mit ihrem stattlichen Dachreiter und dem eingezogenen Westturm liegt unmittelbar am Ufer des Elbbaches. Die dreischiffige Hallenkirche gilt zu Recht als architektonisches Juwel von nationalem Rang. Über den vier Säulenpaaren mit verzierten Kapitellen entfaltet sich ein gotischer Deckenschmuck aus Kreuzrippen- und Netzgewölbe der mit Blattwerk, Wappen, Figuren und Masken reich verziert ist. Vor allem die Schlusssteine sind Zeugen einer meisterhaften Steinmetzkunst. Ebenfalls noch aus der Bauzeit stammen die mit vielfältigen Zeichnungen versehenen keramischen Bodenplatten.

Die heutige barocke Innenausstattung entstand zwischen 1630 und 1750. Der Hochaltar mit seinem reichen Figurenschmuck ist ein Meisterwerk der „Hadamarer Schule" und wurde 1738 durch Martin Volck geschaffen. Auch die lebensnahen Brustbilder der vier Evangelisten an der Kanzel von 1743 werden ihm zugeschrieben.

Errichtet wurde der Bau um 1379 als erste Marienkirche Hadamars. 1446 ließen die Adelsfamilien von Katzenelnbogen und von Nassau-Dillenburg die Liebfrauenkirche als Symbol ihrer Familienfreundschaft erneuern und erweitern. Die Wappen beider Stifterfamilien sind am Steinkapitel einer Säule verewigt. 1575

H

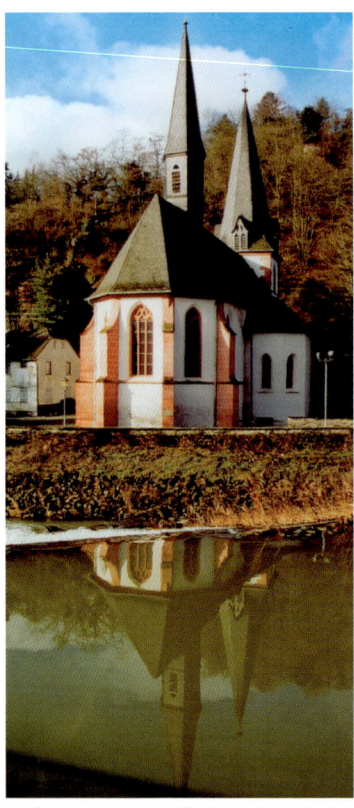

Hadamar

Ehemaliger Marstall und Stadtmuseum

⊗ Gymnasiumstraße 6-10

⊙ Di bis Fr 14-16 Uhr; jeden 1. So im Monat 14-17 Uhr und nach Vereinbarung; Juni bis September So 14-17 Uhr

ℹ Fremdenverkehrsamt, Tel. 06433-89157; www.hadamar.de

Südlich des Hadamarer Schlosses schließt sich der zwischen 1619 und 1625 erbaute Marstall an, von dem heute noch der Westflügel und ein Teil des Südflügels erhalten sind. In den eingeschossigen Gebäuden waren die Leibgarde sowie Wirtschafts- und Verwaltungseinrichtungen untergebracht. Restauriert präsentiert sich heute der lang gezogene eingeschossige Bau mit seinen regelmäßigen Zwerchhäusern, deren Renaissancegiebel mit typischem Rollwerk und Kartuschen verziert sind.

Seit 1988 ist in dem Gebäude das Stadtmuseum beheimatet. Als Hauptwerk wird hier der 68 Meter lange Fries „Per aspera ad astra" des Jugendstilkünstlers Karl Wilhelm Diefenbach ausgestellt. Der Fries zeigt in Scherenschnittmanier einen Festzug in Form einer Prozession. Der lateinische Titel bedeutet frei übersetzt „Über rauhe Pfade gelangt man zu den Sternen". Die Zivilisationskritik der Lebensreformbewegung um die Wende vom 19. zum 20. Jahrhundert ist unübersehbar: Der Weg zum Heil, zur Natur und zur Erlösung aus den unnatürlichen Zuständen der Zivilisation.

Bis in die 1920er Jahren hingen Reproduktionen dieses Frieses in zahllosen Bürgerhäusern. Später geriet der Künstler, wie die Lebensreformbewegung insgesamt, in Vergessenheit. Erst anlässlich der Ausstellung „Die Lebensreform"

entfernte man den Kirchenschmuck des 14. und 15. Jahrhunderts aus dem Kirchenraum und gestaltete den Innenraum zu einer reformierten Predigerkirche.

Im Zuge der Gegenreformation Anfang des 17. Jahrhunderts wurde die Liebfrauenkirche wieder zu einem katholischen Gotteshaus. Von 1637 bis 1818 diente sie als Stadtpfarrkirche, danach nutzte sie die Stadtpfarrei als Friedhofskapelle. Heute dient der Kirchenraum unter anderem als stimmungsvoller Rahmen für die sogenannten „Liebfrauenkonzerte", die hier während der Sommermonate an jedem ersten Sonntag gegeben werden. ●

auf der Darmstädter Mathildenhöhe entdeckte man 2001 den Maler und Sozialreformer neu.

Stadtmuseum im Renaissancebau des ehemaligen Marstalls

Karl Wilhelm Diefenbach wurde 1851 in Hadamar geboren. Er wuchs in einem gut behüteten Umfeld auf und sein Vater – Zeichenlehrer und Hofmaler von Beruf – erteilte seinem Sohn frühzeitig Zeichenunterricht. Ein Stipendium, vermittelt durch den Herzog von Nassau, ermöglichte ihm ein Studium an der Münchner Kunstakademie. Frühe Schicksalsschläge und Krankheiten machten ihn jedoch zum radikalen Verfechter

Szene aus dem 68 Meter langen Jugendstilfries

eines natürlichen Lebensstils, der Freikörperkultur und einer vegetarischen Ernährung. Zeitgenossen verspotteten ihn als „Kohlrabiapostel", doch er blieb zeitlebens seiner Einstellung treu.

Sein weiterer Lebensweg führte ihn über Wien und Kairo auf die Insel Capri, wo er sein Atelier gegen Eintritt für Besucher öffnete. Hier starb Diefenbach 1913 und noch heute erinnert dort ein Museum im Kloster Certosa mit seinen übergroßen mystischen Gemälden an den hessischen Maler. ●

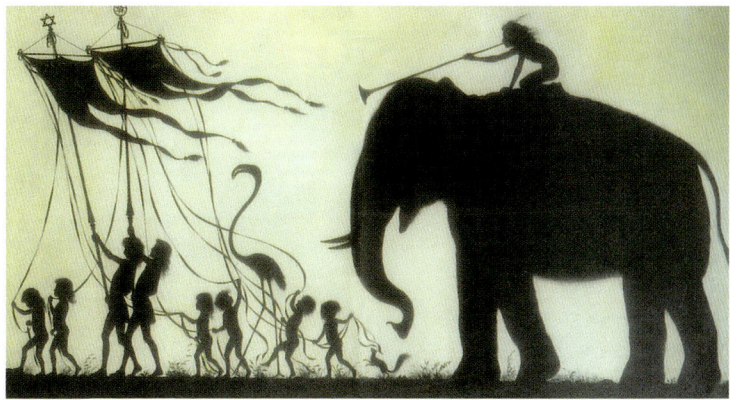

H

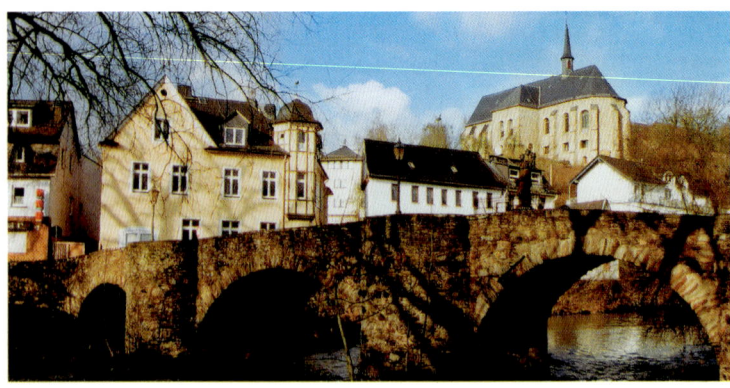

Hadamar
Nepomukbrücke

Nepomukbrücke, im Hintergrund der Mönchsberg mit Sankt Aegidius

- ❌ Elbbach
- 🔖 kath. Pfarrgemeinde St. Nepomuk
- ❶ außen frei zugänglich
- ❶ Fremdenverkehrsamt, Tel. 06433-89157; www.hadamar.de

Der Name Hadamar bedeutet so viel wie „Streitwasser" – ein deutlicher Hinweis auf den Stellenwert jener Furt, die seit Urzeiten hier die Querung des Elbbaches ermöglichte. Als seit dem frühen Mittelalter der Verkehr auf der wichtigen Ost-West Handelsstraße zunahm, wurde im 12. Jahrhundert eine steinerne Brücke über den Bach erbaut. An den ältesten Teilen des aus drei Haupt- und zwei Nebenbögen bestehenden Bauwerks sind noch heute gotische Bogenfriese erkennbar.

Ein Hochwasser im Jahre 1552 verursachte schwere Schäden an der Brücke. Wie eine Schrifttafel von 1571 bezeugt war der Neuaufbau nur durch den finanziellen Einsatz einer Hadamarer Familie möglich. Rund 200 Jahre später waren erneut größere Baumaßnahmen notwendig: 1764 wurde der westliche Brückenpfeiler und die Brückenbahn erneuert und die Wangen bekamen eine Verkleidung aus Schupbacher Marmor.

Im Zuge dieser Renovierungsarbeiten stifteten die seit 1730 ortsansässigen Jesuiten einen Brückenheiligen. Die Wahl fiel, wie in Limburg und Villmar auf die Figur Johannes Nepomuk. Der Legende nach starb der ehemalige Generalvikar des Prager Erzbischofs im 14. Jahrhundert den Märtyrertod, weil er gegenüber König Wenzel IV. das Beichtgeheimnis nicht preisgeben wollte. Dieser ließ Ihn foltern und schließlich von der Karlsbrücke in die Moldau werfen. Seine Kanonisierung zog sich allerdings hin – erst Papst Benedikt XIII. sprach ihn 1729 heilig.

Die Zuschreibung der Sandsteinfigur ist nicht restlos geklärt, vermutlich ist der Brückenheilige ein Werk von Martin Volck, einem der wichtigsten Vertreter der „Hadamarer Schule". Die Wirkung der Rokoko-Statue wird heute durch einen aus fünf Sternen bestehenden Strahlenkranz und einem hohen Gitter beeinträchtigt. Ein lohnendes Ziel ist die Nepomukbrücke allemal – nicht zuletzt durch den idyllischen Blick über den Elbbach auf das ehemalige Franziskanerkloster Sankt Aegidius. ●

Hadamar
Pfarrkirche Sankt Johannes Nepomuk, ehemaliges Jesuitenkolleg

❌ Schlossgasse 11/13

🔼 kath. Pfarrgemeinde St. Nepomuk

❶ außen frei zugänglich, tägl. von 9-16 Uhr außerhalb der Gottesdienste

ℹ️ kath. Pfarrei St. Nepomuk,
Schlossgasse 11, Tel. 06433-93050

Der Übertritt des Regenten Graf Johann Ludwig zum katholischen Glauben brachte auch für seine Untertanen den Konfessionswechsel. Um diesen Wechsel unverzüglich zu realisieren, holte Johann Ludwig Jesuiten in die Stadt. Sie gründeten mit seiner Unterstützung eine

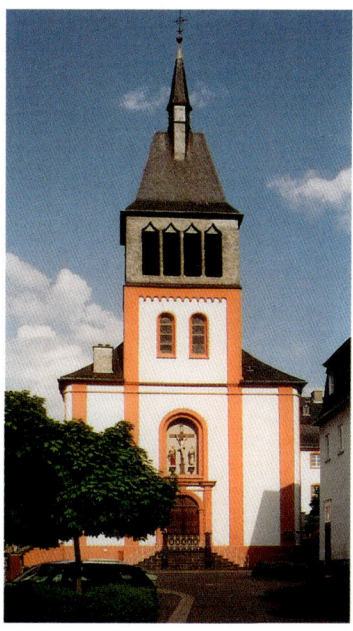

Niederlassung und hielten seit 1630 katholische Gottesdienste ab.

Im 18. Jahrhundert war eine Erneuerung der Jesuitengebäude dringend notwendig geworden. Mit Hilfe einer Stiftung konnte zwischen 1753 und 1757 eine repräsentative Dreiflügelanlage mit offenem Ehrenhof und einer Kirche als Nordflügel erbaut werden. Baumeister war der Tiroler Laienbruder Franz Pfisterer, von dem auch das gegenüberliegende Jesuitengymnasium stammt. 1898 erhielt die Kirche einen neugotischen Chor und über den ursprünglich klassizistischen Fassadenabschluss wurde der Westturm gesetzt.

Den Innenraum des Saalbaues gliedert eine Lisenen- und Gebälkordnung. Die Spiegeldecke mit den beiden großen Deckengemälden wird von stuckierten Schmuckkartuschen gesäumt. Die Bilder haben das Martyrium und die Verherrlichung des Kirchenpatrons Johannes Nepomuk zum Thema.

Die Rokoko-Innenausstattung der Kirche stammt aus den Jahren 1754 bis 1762: Der Hochaltar und die Seitenaltäre gehören zu den Hauptwerken der „Hadamarer Schule" und wurden vermutlich von Johann Theodor Düringer geschaffen. Auch die Umsetzung von Kanzel, Beichtstühlen und Orgelprospekt stand unter der künstlerischen Aufsicht der Hadamarer Meister. Das Bildprogramm des Hochaltars zeigt im Zentrum den heiligen Johannes Nepomuk, der seine Schweigepflicht als Beichtvater – symbolisiert durch die Zunge – der Heiligen Jungfrau weiht. Er wird flankiert vom heiligen Ignatius, dem Gründer des Jesuitenordens und dem Jesuitenmissionar Franz Xaverius sowie zwei weiteren heilig gesprochenen Jesuiten. Das Altarretabel nimmt das im Barock beliebte Motiv des Triumphbogens auf. ●

Portal des Jesuitenkollegs, heute Pfarrkirche Sankt Johannes Nepomuk

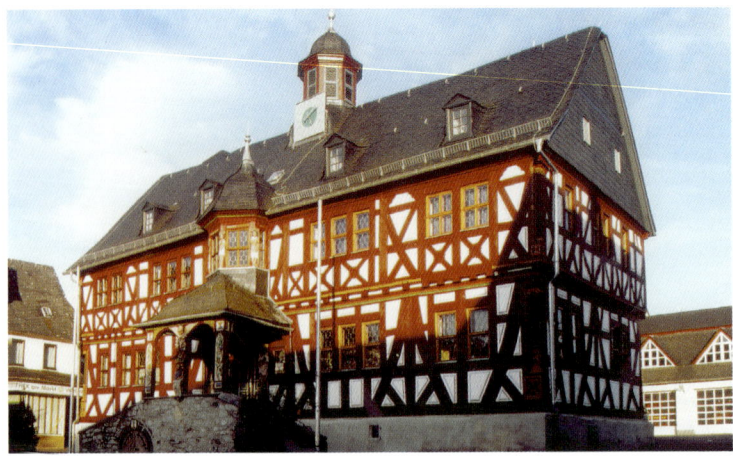

Hadamar

Das restaurierte Rathaus auf dem Untermarkt

Rathaus

- ⊗ Untermarkt 1
- ◉ Stadt Hadamar
- ❶ außen frei zugänglich; innen während der Bürozeiten
- ❶ Fremdenverkehrsamt, Tel. 06433-89157; www.hadamar.de

Am Ostende des abschüssigen Untermarkts steht ein stattliches Fachwerkgebäude mit einer ausgeprägten Mittelachse: Das Podest der doppelläufigen Freitreppe mit zwei Arkadenbögen überspannt ein geschwungenes Schieferdach, darüber erhebt sich im Obergeschoss ein Erker, den ein polygoner Turmhelm krönt und hoch oben, auf dem steilen schiefergedeckten Satteldach erhebt sich ein achteckiger Uhrenturm mit blau-goldenem Zifferblatt und Prismenkuppel.

Seit 1818 ist dieses Gebäude das Rathaus der Stadt Hadamar – gebaut wurde es im Jahre 1639 allerdings als Wohnhaus des gräflichen Sekretärs und Landschultheißen des Dehrner Cents.

Noch im selben Jahrhundert wurde der Ostflügel mit seinem Mansarddach hinzugefügt. Neben seiner Nutzung als Rathaus diente das Ensemble auch längere Zeit als Schule. Das schöne Sichtfachwerk mit seinen markanten Andreaskreuzen in der Brüstungszone des Obergeschosses wurde erst wieder durch eine im Jahre 2005 abgeschlossene Restaurierung freigelegt.

Besonders reich geschmückt präsentiert sich der Eingangsbereich: Seine Arkaden sind mit farbig gefassten Dekorschnitzereien versehen und der Eingang wird flankiert von zwei Figuren – Herkules und eine Frauengestalt stehen als Sinnbilder für Ehre, Kraft, Tugend und Fruchtbarkeit. Vermutlich wurden sie von den selben Bildhauern geschaffen, die damals in der Franziskanerkirche und auf dem Mönchberg tätig waren. Diese Gestaltung bis hin zu dem Sinnspruch über dem Portal „Friede dem Eintretenden – ein Gruß dem Scheidenden", demonstrieren unverkennbar den Reichtum und das Selbstbewusstsein des kleinstädtischen Bürgertums im 17. Jahrhundert. ●

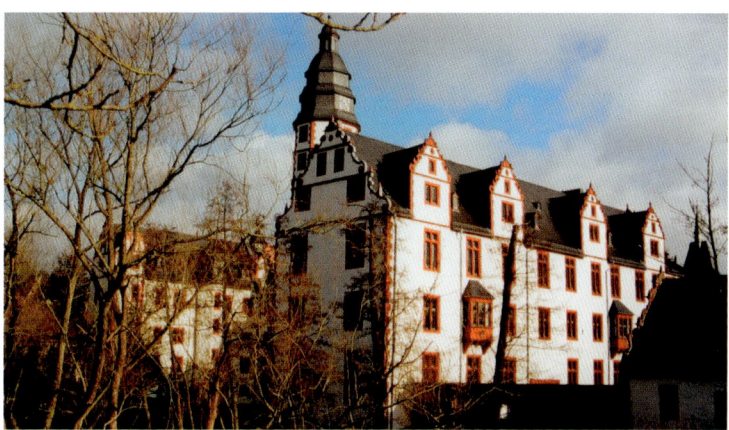

Hadamar

Blick vom Elbbach auf das Renaissanceschloss

Renaissanceschloss und Schlosskirche

⊗ Gymnasiumstraße

⬥ Land Hessen

❶ außen frei zugänglich; ev. Schlosskirche zu Gottesdiensten geöffnet, So 10 Uhr und letzter So im Monat 18 Uhr

❶ Schlosskirche:
ev. Pfarramt, Tel. 06433-2357;
Fremdenverkehrsamt, Tel. 06433-89157;
www.hadamar.de

Bis 1324 gehörte Hadamar zur Grafschaft Diez. Wo heute das Renaissanceschloss steht, lag damals ein Gutshof der Zisterziensermönche des Klosters Eberbach. Im Jahre 1320 kaufte Graf Emich von Nassau-Hadamar den Klosterhof und baute ihn zur Wasserburg aus. Mit dem Aussterben der älteren nassauhadamarischen Linie wechselte 1372 der Landesherr und Hadamar wurde Verwaltungsmittelpunkt der Grafschaft. Stadtrechte hatte die Residenzstadt schon seit 1324 inne.

Bei einem verheerenden Feuer im Jahre 1540 brannten Stadt und Burg nieder. Den Wiederaufbau verdankt die Stadt vor allem dem Grafen und späteren Fürsten Johann Ludwig von Nassau-Hadamar (1590-1653). Er ließ das Renaissanceschloss errichten und war für die planmäßig angelegte Neustadt mit ihren großen Marktplätzen und öffentlichen Brunnen verantwortlich.

Nach dem Tod Johanns VI. im Jahre 1606 fiel dem 17-jährigen Johann Ludwig der Ausbau der ehemaligen Burg zu einem modernen Schloss mit Wirtschaftsteil zu. Um seine, durch Reisen in zahlreiche europäische Länder beeinflussten Vorstellungen zu realisieren, ließ er den Baumeister Joachim Rumpf aus Hanau nach Hadamar berufen. Unter Einbeziehung der spätgotischen Wasserburg wurde das Schloss im einheitlichen, niederländischen Renaissancestil ausgebaut. Bis zur Vermählung mit Gräfin Ursula im Jahr 1617 waren die Arbeiten am Nord- und Ostflügel fertig gestellt. Der Südflügel mit der Schlosskapelle und der lang gestreckte Marstall und der sogenannte Fohlenhof wurden 1629 vollendet.

Die Innenräume im ersten und zweiten Stock sind mit kunstvollen Arbeiten

H

aus der Werkstatt des Tessiner Stuckateurs Eugenio Castelli verziert. Die eleganten Stuckdecken im Fürsten-, Sommer- und Wintersaal entstanden während der Regentschaft des letzten Fürsten Franz Alexander (1695-1711). Zugänglich sind die Säle heute jedoch nur im Rahmen von Konzerten, Ausstellungen oder bei Privatveranstaltungen. Gleichwohl gilt das Renaissanceschloss als Wahrzeichen der Stadt Hadamar und zumindest bei den stimmungsvollen Konzerten im Schlosshof kann eine breitere Öffentlichkeit die frühere höfische Pracht noch heute erahnen. ●

Hadamar-Niederzeuzheim

Jungsteinzeitliches Steinkammergrab

> ✖ L 3278 Richtung Frickhofen (ca. 800 m), kleiner Parkplatz hinter dem Wald rechts, ca. 300 am Waldrand entlang (Ausschilderung)
>
> ➊ frei zugänglich
>
> ➊ Informationstafeln vor Ort; Historischer Verein Niederzeuzheim, Tel. 06433-4877

Seit einer ersten Grabung 1911 war die Existenz einer Grabanlage in der Gemarkung „Hohler Stein" nördlich von Nieder-

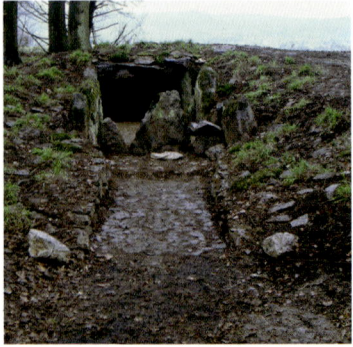

Steinkammergrab aus der Jungsteinzeit

zeuzheim bekannt. Das Megalithgrab aus der späten Jungsteinzeit wird auf die Zeit um 3000 vor Christus datiert und ist damit das einzige aus der jüngeren Wartbergkultur, das vor Ort erhalten ist.

Die Kollektivgräber der Wartbergkultur lagen meist in unmittelbarer Nähe zu den Siedlungen. Grabkammer und Lage der Toten war stets auf das Dorf ausgerichtet. Durch ein „Seelenloch" im Türstein standen die Verstorbenen auch noch nach dem Tod mit ihrem Heimatdorf in Verbindung. Füllte sich die Kammer, wurden die Schädel und Langknochen entlang der Wände aufgestapelt. Für Niederzeuzheim geht man von etwa 200 Toten aus, erhalten waren aber nur die Überreste von 23 Erwachsenen und zwei Kindern.

Die mächtigen Steine der Gräber kamen meist aus der näheren Umgebung. Sie sind ein bis zwei Meter lang, bis zu 1,5 Meter hoch und 40 bis 60 Zentimeter stark. Die Lücken zwischen den Wandsteinen waren ursprünglich mit Trockenmauerwerk sorgfältig ausgefüllt. Nachdem die großen Deckplatten aufgelegt worden waren, überdeckte man die gesamte Kammer mit einem runden oder ovalen Erdhügel. Lediglich der Eingang blieb – verschlossen durch eine schwere Türplatte mit dem sogenannten Seelenloch – zugänglich.

Wie bei Megalithgräbern häufig der Fall, war auch in Niederzeuzheim der massive Deckstein nicht mehr vorhanden. Nach jahrelanger Suche wurde er im Jahre 2003 nur 15 Meter östlich des Grabes unter einer Erdschicht gefunden. Dies gab den Anstoß zu einer umfassenden Restaurierung durch den „Historischen Verein Niederzeuzheim" in enger Zusammenarbeit mit dem Landesamt für Denkmalpflege. Diese und die ergänzenden Infotafeln zur Geschichte des Grabes und der jungsteinzeitlichen Bestattungskultur wurde 2004 mit dem Hessischen Ehrenamtspreis ausgezeichnet. ●

Haiger

Haiger
Evangelische Pfarrkirche

- ⊗ Theutbirgweg
- ◉ ev. Kirchengemeinde Haiger
- ◉ nach Vereinbarung
- ◉ Gemeindebüro Tel. 02773-4749;
  Stadtverwaltung Haiger Tel. 02773-8110
  oder 811111

Die Bergkuppe über dem Marktplatz in Haiger war wohl schon im Mittelalter befestigt. Jedenfalls wird schon im frühen 10. Jahrhundert eine Taufkirche erwähnt, deren Turm als Wehr- und Fluchtburg diente. Diese Kirche schenkte König Konrad I. im Jahr 914 dem Walpurgisstift in Weilburg, zusammen mit dem Königshof Heigera und dessen Marktrechten. In der ersten Hälfte des 11. Jahrhunderts wurde die Kirche durch einen Neubau im romanischen Stil ersetzt. Von diesem 1048 durch den Erzbischof Eberhard von Trier geweihten Gotteshaus ist bis heute der untere Teil des Westturms erhalten. Die Fundamente des Vorgängerbaus sind bei Grabungen in der Sakristei gefunden worden.

In der Mitte des 15. Jahrhunderts erfuhr die Kirche einen massiven Umbau. Das Kirchenschiff wurde durch den Anbau von Seitenschiffen zur Basilika erweitert, ein spätgotisches Gewölbe ersetzte die hölzerne Flachdecke und Altarraum und Chor mit Rippengewölbe und 3/8-Schluss wurden angefügt. Ihre heutige Gestalt erhielt die Pfarrkirche durch weitere Umbauten: Im frühen 16. Jahrhundert wurde das Querhaus eingezogen, die barocke Orgel wurde 1732 in Dienst gestellt. Das Netzgewölbe mit Stuckmedaillons im Mittelschiff sowie die Rankenmalereien im Vierungsjoch stammen aus dem 18. Jahrhundert.

Von herausragender Bedeutung ist der beeindruckende Bilderzyklus in Altarraum und Chor. Er wurde um 1487 von flämischen Malern geschaffen und zeigt in der unteren Zone Stationen aus der Leidensgeschichte Jesu, darüber die zwölf Apostel sowie im oberen Bereich Jesus als den Weltenrichter, die vier Evangelisten und das Schweißtuch der heiligen Veronika. Das Wappen der letzten Ritter von Haiger findet sich am Ende einer spitz zulaufenden Gewölberippe über dem Mittelteil des Schiffes.

Nach Einführung der Reformation 1578 wurden die Fresken übertüncht. So waren sie geschützt und überstanden sogar unbeschadet den Stadtbrand von 1723, der die Innenausstattung der Kirche schwer beschädigte. Wiederentdeckt und freigelegt wurden die Fresken in den Jahren 1902 bis 1905. ●

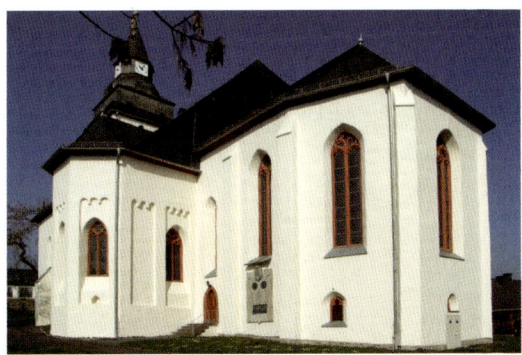

*Ansicht der Haigerer
Kirche von Südosten*

H

Haiger-Langenaubach
Gedenkstätte Grube Constanze

- ✖ Gedenkstätte: am südlichen Dorfrand beim Friedhof, Am Lindenberg
- ⬤ Bergbaufreunde „Glückauf Constanze" Langenaubach/Donsbach e. V.
- ⓘ jederzeit frei zugänglich
- ⓘ Stadtverwaltung Haiger Tel. 02773-8110 oder 811111

Im Jahr 1836 pachtete Peter Odernheimer aus Dillenburg ein „Eisensteinlager" vom Landesherren Herzog Wilhelm von Nassau. Der Grube am östlichen Dorfrand von Langenaubach gab der Pächter den Namen „Constanze". Dieses Bergwerk entwickelte sich zur einzigen Abbaustätte im Lahn-Dill-Revier, die neben den Gruben im Scheldetal eine größere bergwirtschaftliche Bedeutung erlangen konnte.

1867 waren schon siebzig Männer hier beschäftigt und noch vor der Jahr

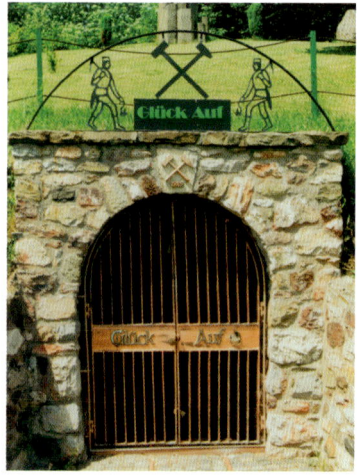

Rekonstruiertes Stollenmundloch an der Gedenkstätte

hundertwende ging der Tagebau in den Tiefbau über. Ab 1898 verband eine drei Kilometer lange schmalspurige Werksbahn am östlichen Hang des Aubachtals die Grube Constanze mit dem Bahnhof Haiger.

Ihren Höhepunkt erlebte die Grube nach dem Zweiten Weltkrieg als die Fördermengen zwischen 20.000 und 30.000 Tonnen Erz pro Jahr betrugen. Das Lager galt zwar als das geologisch interessanteste, aber zugleich als technisch schwierigstes im Revier. Dass die Grube bis in die 60er Jahre in Betrieb blieb, lag wohl maßgeblich am hohen Kalkgehalt des Erzes. 1963 schloss die Constanze, zwei Jahre nachdem sie mit 39.000 Tonnen ihre höchste Fördermenge erreicht hatte.

Von den einstigen Betriebsanlagen ist kaum etwas übrig geblieben. Doch die ehemaligen Bergleute haben sich mittlerweile zusammengeschlossen, um die Erinnerung an die Bergbautradition wach zu halten. Erstes Resultat ist eine Gedenkstätte am örtlichen Friedhof: Eine Gedenktafel, die an tödlich verunglückte Bergleute erinnert, wird ergänzt durch mehrere Fördergeräte und ein nachgebautes Stollenmundloch, das zur Weihnachtszeit sogar beleuchtet ist.

Im Landschaftsbild südöstlich von Langenaubach hat vor allem der einstige Tagebau deutliche Spuren hinterlassen. Doch die Natur hat sich das Areal längst wieder angeeignet. Auf den Schutthalden und brachliegenden Flächen konnte sich die Vegetation unterschiedlich stark entwickeln. Das Herzstück ist ein großer Steinbruch mit Zugängen zu den ehemaligen Bergwerksstollen. Er hat die Form eines Kraters mit felsigen Steilwänden. Im Norden beträgt die Höhe der Wände etwa 30 Meter, im Süden ungefähr 50 Meter. 1987 hat der NABU die Flächen des ehemaligen Bergwerkes erworben und es als Landschaftsschutzgebiet ausgewiesen. ⬤

Herborn

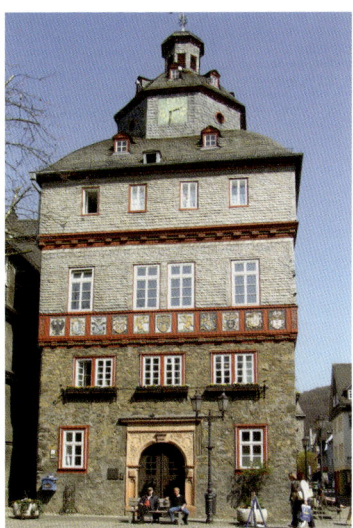

Herborn
Altstadt

❌ (1) Stadtzentrum, Marktplatz;
(2) Mühlbach 5/7;
(3) Schulbergstraße 3/5;
(4) Schulbergstraße; (5) Kirchberg 11

🕐 alles außen frei zugänglich;
Besichtigung innen:
(1) zu Dienstzeiten des Rathauses,
(3) Museum: Di 14-17.30 Uhr,
Sa, So u. feiertags 14-18 Uhr oder nach
Vereinbarung

ℹ️ Stadtmarketing Herborn GmbH,
Hauptstraße 39, Tel. 02772-7081900;
Museum, Tel. 02772-708216;
www.herborn.de

In wohl keiner anderen Stadt auf den
Ostausläufern des Westerwaldes hat sich
eine so eindrucksvolle Altstadt erhalten
wie in Herborn. Noch heute wird der
Stadtkern von einer teilweise erhaltenen
Stadtmauer eingefasst. Sie war Ausdruck
der Stadtrechte, die Herborn 1251 zugesprochen wurden.

Das Herborner Rathaus

Die Befestigung bestand aus einer
Mauer, die mit einem Wehrgang und insgesamt neun Türmen besetzt war. Ein
vorgelagerter Graben und ein Zwinger im
Norden boten zusätzlichen Schutz. Zwei
der Türme eigneten sich auch zum Auf-
stellen von Geschützen: der 1530 als
Artilleriebollwerk errichtete „Dicke Turm"
und die „Neue Pforte", auch „Leonhards-
turm" genannt. Dieser 1562 errichtete
Bau ist das letzte vollständig erhaltene
Stadttor Herborns.

Das 1589 errichtete Rathaus liegt
am Marktplatz im Zentrum der Altstadt.
Der untere Teil des quadratischen
Gebäudes ist über zwei Geschosse
in Bruchsteinmauerwerk ausgeführt.
Darüber erhebt sich eine ebenfalls zweigeschossige, verschindelte Fachwerkkonstruktion und ein Pyramidendach, das
von einem oktogonalen Dachreiter
gekrönt wird. Neben seiner Funktion als
Rathaus diente das Gebäude als
Gerichtsstätte, als Tagungsort der Zünfte
und Tanzhaus, aber auch als Weinspei-
cher, Waffenarsenal und Depot für Feuer-
löschgeräte. Im Gesims des zweiten

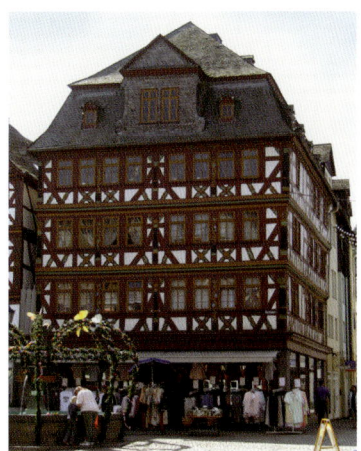

Ein typisches Herborner Doppelhaus: Markt 1/2

H

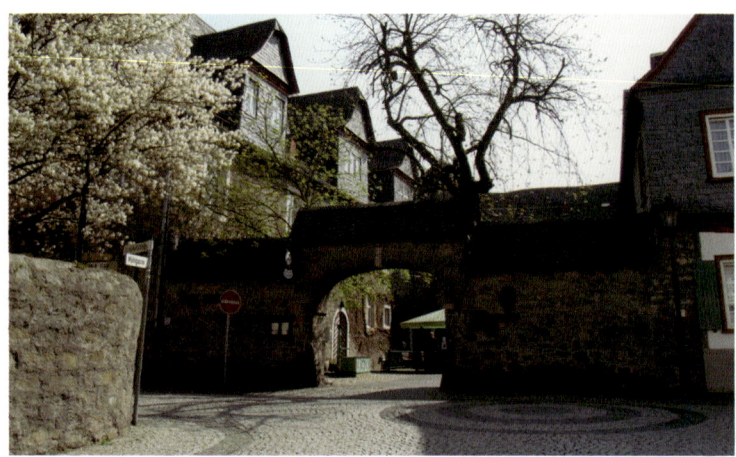

Die „Hohe Schule" war einst Ausbildungsort für Pfarrer und Beamte

Obergeschosses entstand ab 1650 eine Galerie mit geschnitzten Familienwappen, Zunft- und Handelszeichen der Herborner Bürgermeister und Ratsherren. Auch wenn die Originale heute im Museum aufbewahrt werden, geben ihre Kopien Auskunft über die einflussreichen Persönlichkeiten Herborns im 17. Jahrhundert.

In der Altstadt ist das Straßenbild durch zahlreiche giebelständige Fachwerkhäuser geprägt. Sie sind zumeist dreigeschossig und auffallend schmal. Viele von ihnen sind als Doppelhäuser angelegt, in denen zwei selbständige Wohneinheiten unter einem Dach zusammengefasst sind. Gegenüber dem Rathaus steht ein besonders schöner Vertreter dieses Typs. Das Gebäude entstand um 1726 und zeigt mit ausgeprägten Mannfiguren, Andreaskreuzen und reichem Schnitzwerk die Schmuckelemente spätbarocker Fachwerkarchitektur. Diese platzsparende Bauweise ist Folge der beengten Verhältnisse innerhalb der Stadtmauern. Sie verdeutlicht aber auch die Sozialstruktur Herborns.

Oft waren in den Häusern kleinere Handwerksbetriebe untergebracht, wie beispielsweise im Haus Mühlbach 5/7, das bis ins 19. Jahrhundert hinein eine Färberei beherbergte.

Vor dem Neubau des Rathauses am Markt diente das Haus in der Schulhofstr. 3/5 als Rathaus. Nach einem Umbau Ende des 16. Jahrhunderts durch Conrad Rosbach zog hier 1592 die Hohe Schule ein. Dieses Kolleg hatte Graf Johann VI. von Nassau-Dillenburg 1584 im Zusammenhang mit den calvinistischen Reformbestrebungen zur Ausbildung reformierter Pfarrer und Beamter gegründet. Rasch zog diese „Universität" Gelehrte von hohem Rang nach Herborn. So lehrten hier die calvinistischen Theologen Caspar Olevian und Johann Piscator. Die bekanntesten ehemaligen Studenten der kleinen Universität sind der Schriftsteller Jan Amos Comenius und Friedrich Adolf Diesterweg, der zu den bedeutendsten Pädagogen des 18. Jahrhunderts gehörte. Die Geschichte der Hohen Schule und der hier zwischen 1584 und 1817 tätigen Gelehrten, sind Ausstellungsschwerpunkte des städtischen Museums, das heute einen Teil der Gebäude nutzt. Unter anderem verweisen ein Orrey-

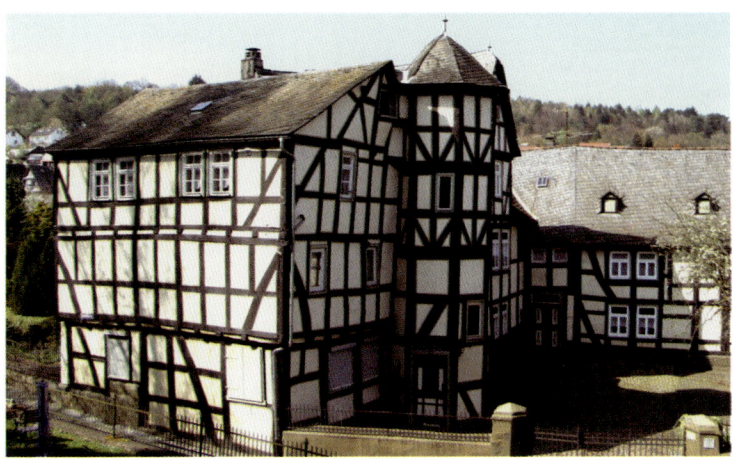

Die zur Blütezeit der Hohen Schule bedeutende Corvin'sche Druckerei

Planetarium aus der Zeit um 1780 und eine Apotheke aus der zweiten Hälfte des 18. Jahrhunderts auf die verschiedenen Forschungszweige.

Im Westen der Schulhofstraße zweigt der Schulberg ab, an dessen Ende die Corvin'sche Druckerei liegt. Das Vorderhaus dieses sehenswertes Gebäudeensembles, ein dreigeschossiger Fachwerkbau, stammt noch aus dem 16. Jahrhundert. Seiner östlichen Giebelwand ist ein achteckiger Fachwerkturm vorgestellt, der sich über alle drei Stockwerke erhebt. Er datiert inschriftlich in das Jahr 1606. Zur Blütezeit der Hohen Schule lag hier ein bedeutendes Druck- und Verlagshaus von europäischer Geltung, das 1591 durch den Züricher Buchdrucker Christoph Corvin ins Leben gerufen wurde.

Etwas südlich der ehemaligen Druckerei liegt die Stadtkirche. Einige romanische Elemente haben sich in den nördlichen Bereichen des Glockenturms und des Mittelschiffs erhalten. Bis auf die Südseite, die 1811 in neugotischem Stil rekonstruiert wurde, stammt das Gotteshaus zum größten Teil aus der Zeit um 1600. Der Chor ist jedoch älter und besitzt im Inneren ein aufwändiges Netz-

gewölbe aus der Zeit um 1488. Es wird der Steinmetzfamilie Eseler/Eßler zugeschrieben, die auch in den spätgotischen Kirchen im fränkischen Nördlingen und Dinkelsbühl tätig war.

Erhaben über der Altstadt thront das 1350 erstmals urkundlich genannte Herborner Schloss. Seine Aufgabe war es, sowohl den Marktort selbst als auch die durch Herborn verlaufende Fernstraße zu beschützen. Als wehrhafter Verteidigungsbau markiert es den südwestlichen Eckpunkt der Stadtbefestigung. Seit dem Ende des 16. Jahrhunderts beherbergte es die Bibliothek der Hohen Schule. Sie zählt etwa 3650 Bände, überwiegend aus dem 16. und 17. Jahrhundert. Einige Handschriften und Drucke aus der Anfangszeit des Buchdrucks um das Jahr 1500 gehören ebenfalls zum Bestand dieser Forschungsbibilothek. Heute ist das Schloss im Besitz der Evangelischen Kirche in Hessen und Nassau, die hier ihre Pfarrerinnen und Pfarrer ausbildet. Damit kann es als letzter Überrest der Herborner Hohen Schule angesehen werden. ●

H

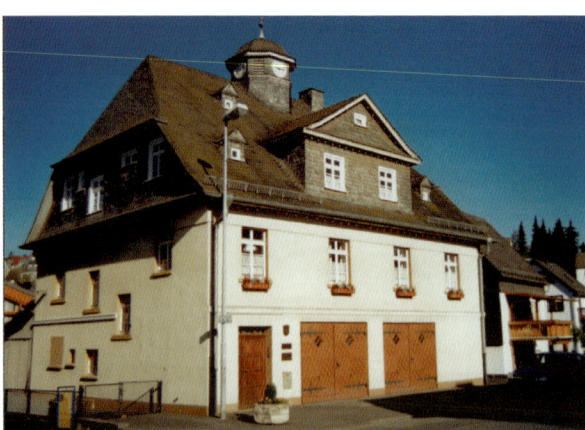

Das alte Burger Rathaus beherbergt heute ein Museum

Herborn-Burg

Heimat- und Industriemuseum Burg

- ⊗ Burger Hauptstraße (altes Rathaus)
- ⬆ Heimatverein Burg e. V.
- ❶ nach Absprache
- ❶ Heimatverein Burg, Tel. 02772-42892 bzw. -2534

Bis zum Ende des 19. Jahrhunderts hatten sich im Lahn-Dill-Revier noch zahlreiche kleine Hochöfen auf Holzkohlebasis gehalten. Das hier abgebaute Eisenerz eignete sich besonders gut für Gusseisen und dieses Material war wegen seiner vielfältigen Einsatz- und Gestaltungsmöglichkeiten vor allem im 19. Jahrhundert sehr geschätzt. Aus diesem Grund waren den Hütten stets Gießereien angegliedert, die gusseiserne Produkte aller Art hergestellt hatten: Geländer, Säulen, Straßenlaternen, Gartenmöbel, Badewannen, Gullydeckel, Öfen, Herde und vieles mehr.

Mit der Einrichtung eines zentralen, steinkohlebefeuerten Hochofens in Oberscheld beschränkte sich die Tätigkeit der ehemaligen Hüttenbetriebe auf die Gie-ßerei. Mit Hilfe sogenannter Kupolöfen wurde das Roheisen aufgeschmolzen und in Formen gegossen. Die „Burgerhütte" spezialisierte sich auf Öfen und Herde, die sie unter dem Namen „Juno" in ganz Europa vertrieb.

Zu Beginn des 20. Jahrhunderts kamen 75 Prozent aller im Deutschen Reich hergestellten Herde und Öfen aus dem Lahn-Dill-Gebiet. Marken wie „Juno" (Burg), „Oranier" (Dillenburg-Niederscheld) oder „Haas & Sohn" (Sinn) hatten bis nach dem Zweiten Weltkrieg klangvolle Namen. Um 1950 machten diese Heiz- und Kochgeräte immerhin noch sechzig Prozent in den Haushalten der jungen Bundesrepublik aus.

Seit 2002 wurde die zuletzt zum schwedischen Electrolux-Konzern gehörende Burgerhütte stillgelegt. An die lange Tradition des Eisengusses in Burg erinnert das kleine Museum mit zahlreichen Öfen, Herden und anderen Exponaten. Außerdem wird in einem besonderen Raum die Vertreibung der Sudetendeutschen thematisiert. In den Jahren 1946/47 wurden nämlich rund 13.500 Vertriebene durch ein Lager auf dem Gelände der Burgerhütte geschleust, bevor sie in der näheren und weiteren Umgebung ihr neues Zuhause fanden.●

Heuchelheim

Heuchelheim-Kinzenbach

Heimatmuseum Heuchelheim

- ✖ am Südrand von Kinzenbach,
  Bahnhofstraße 30

- ☁ Arbeitskreis Heimatmuseum im
  Kulturring Heuchelheim-Kinzenbach e. V

- ⏱ Mi 15-17 Uhr und So 10-12 Uhr;
  Führungen nach Vereinbarung

- ℹ Tel. 0641-61429 oder 61775;
  www.heuchelheimer-buergernetz.de/
  heimatmuseum

1878 erhielt Kinzenbach Anschluss an
das überregionale Eisenbahnnetz. Als
Teilstrecke der „Kanonenbahn" diente die
Strecke Lollar – Wetzlar der Umfahrung
Gießens. Bis in die 1960er Jahre gab es
einen lebhaften Personenverkehr, der
aber mit der allgemeinen Motorisierung
nachließ. 1983 legte die Bahn die
Strecke offiziell still und so verlor auch
das Backsteingebäude des Kinzenbacher
Bahnhofs seine Funktion.

Seit der Eröffnung des Heimatmuseums im Jahre 1989 herrscht aber
wieder Leben auf dem Bahnhofsgelände:
Am rekonstruierten Bahnsteig steht ein
roter Schienenbus auf dem kurzen Gleis-
stück, das vor der Demontage gerettet
werden konnte. Im Triebwagen ist die
Abteilung zur Geschichte der Eisenbahn
in Oberhessen untergebracht. Auch eini-

ge originale Signalmasten wurden vor der
Verschrottung bewahrt und im alten
Stellwerkraum veranschaulicht ein Modell, wie die Gleisanlagen einst ausgesehen haben.

Doch das Museum beschränkt sich
nicht auf Eisenbahngeschichte, sein
Thema ist die Entwicklung Heuchelheims
vom Bauerndorf zum Industrieort: Das
ländliche Handwerk ist mit den jeweils
typischen Werkzeugen vertreten, Schuh-
macher- und Schneiderhandwerk werden
sogar in funktionsfähigen Werkstätten
präsentiert. In der „Sommerküche", einer
nachgestellten Waschküche, erfährt man,
wie der große Waschtag vor der Erfindung der Waschmaschine ausgesehen
hat und beim originalgetreuen „Tante-
Emma-Laden" stammen alle Teile – von
den Bonbontütchen über die Theke bis
zu den Kaffeedosen und der Registrier-
kasse aus den 50er Jahren.

Die industrielle Arbeit wird an den
Beispielen einer Tabakmanufaktur und
der Kamerafabrikation bei Minox dokumentiert. Ein besonderer Schatz des
Museums sind die vielen Fotografien aus
den 1950er Jahren. Mitarbeiter der Firma
Minox bekamen öfters über das Wochenende eine Kamera mit nach Hause. So
entstand mit dem damals noch teuren
Medium Foto eine Dokumentation des
dörflichen Alltags, die außergewöhnlich
reichhaltig und umfassend ist. ●

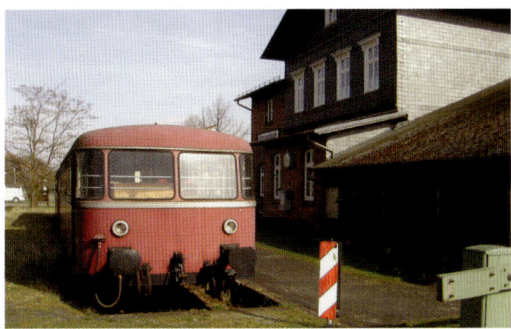

*Im Schienenbus wird die
Geschichte der Eisenbahn in
Oberhessen präsentiert*

Hohenahr

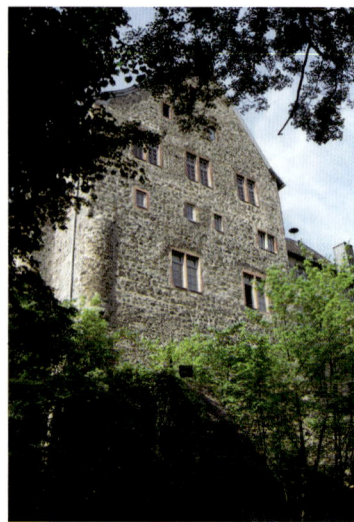

Burg Hohensolms dient heute der evangelischen Kirche als Tagungszentrum

Hohenahr-Hohensolms

Schloss

- ✖ Burgstraße 12
- ◕ ev. Kirche in Hessen und Nassau
- ❶ außen zugänglich
- ❶ ev. Jugendburg Hohensolms; Burgstraße 12, Tel. 06446-92310; www.jugendburg.de

Auf dem Ramsberg, der höchsten Erhebung des Dörfchens Hohensolms, steht die von den Grafen zu Solms im 14. Jahrhundert errichtete gleichnamige Burg. Dem Besucher bietet sich von hier ein herrlicher Rundblick bis zu den Höhen von Westerwald, Rothaargebirge, Vogelsberg und Taunus. Heute dient die Burg der Evangelischen Kirche zu Hessen-Nassau, die sie vorwiegend für ihre Kinder- und Jugendarbeit nutzt. Deshalb nennt sich die einstige Festung heute Jugendburg. Die Nebengebäude wurden aber in den letzten Jahren in erster Linie für die Erwachsenenbildung ausgebaut:

Der Marstall wurde zum modernen Tagungszentrum mit Hotelcharakter eingerichtet, in zwei weiteren Häusern stehen Tagungsräume, ein großer multifunktionaler Saal, Kreativräume, Medienräume bis hin zu modernen Ton- und Video-Studios zur Verfügung.

So friedlich wie heute ging es freilich auf Burg Hohensolms nicht immer zu: Der erste militärische Stützpunkt entstand 1321 als Mainzer Lehen auf dem heutigen Altenberg, rund zwei Kilometer südlich von Hohensolms. Im Verlauf der Fehde zwischen Mainz und Hessen wurde sie 1328 teilweise und nach erneuter Belagerung 1349 endgültig zerstört.

1350 errichteten die Grafen von Hohensolms die Burg Neu-Hohensolms am heutigen Standort. In der langanhaltenden Fehde zwischen den Solmsern mit der freien Reichsstadt Wetzlar wurde sie 1356 und 1363 schwer beschädigt. Doch die Grafen bauten sie immer wieder auf. Die Wende vom Wehrbau zum Wohnschloss erfuhr die Burg in der zweiten Hälfte des 16. Jahrhunderts.

Während des Dreißigjährigen Krieges wurde Burg Hohensolms erneut teilweise zerstört, um anschließend in barockem Prunk prachtvoller denn je wieder aufgebaut zu werden. 1718 verlegte der Graf seine Residenz nach Lich, doch Hohensolms blieb Sommerresidenz und Witwensitz.

1924 wurde Hohensolms zum Bundesheim der 1921 in Herborn gegründeten „Christdeutschen Jugend". Gründer und Leiter dieses Jugendbundes war der Gießener Professor für Praktische Theologie Leopold Cordier. Fortan blieb das Anwesen in der Hand der evangelischen Kirche und wurde kontinuierlich ausgebaut. ●

Hünfelden

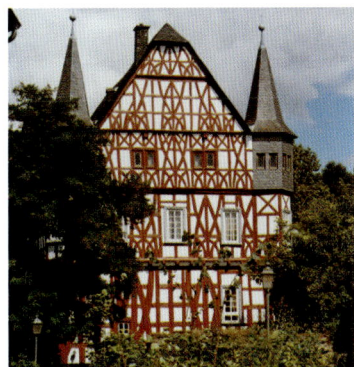

Hünfelden-Kirberg
Burgmannenhäuser

❌ Riedtscher Hof (Luisengasse 12/14);
Freiadelshof (Burgstraße 15);
Altes Rathaus (Burgstraße 38);
Steinscher Hof (Bubenheimer Str. 3)

◆ privat

❶ von außen zugänglich

Im Jahre 1355 unterzeichneten die Grafen Johann I. von Nassau-Weilburg und Gerhard VII. von Diez einen Vertrag, der dem Nassauer die Hälfte der Hoheitsrechte am Cent Nauheim zusprach. Dieses Papier beendete einen heftigen Streit über die Grundherrschaftsrechte im Zent Nauheim, die Johann I. vermutlich durch Heirat erworben hatte. Sogleich begannen beide mit dem Bau einer Burg und einer ausgedehnten Befestigungsanlage mit Mauer, Graben, Türmen und Toren um die Orte Kirchdorf, Bubenheim und Sindersbach. Obwohl die Verleihung von Stadtrechten dem König vorbehalten war, wurde der neu geschaffene Ort „Kirpurg" urkundlich als Stadt gegründet.

Zur richtigen Stadt wurde Kirberg jedoch nie, denn beide Herrscherhäuser hielten sich an den Erträgen der Ortschaft schadlos. 1594 wird Kirberg erstmals nur noch als Flecken bezeichnet

Prachtvolles Fachwerk am Stein'schen Hof

und die 1355 errichtete Mauer verfiel nach und nach. Mit einem Bogenfries verzierte Mauerreste in ursprünglicher Höhe finden sich noch heute an der Centscheune. Nachhaltigere Spuren haben jedoch die zahlreichen Kirberger Burgmannen und Adelsgeschlechter hinterlassen – die von Bubenheims, von Reiffenbergs, von Heppenhefts, von Heidens, von Holzhausens, von Bergens, von Rieds und die vom Stein: ihre Amts-, Adels- und Burgmannenhäuser finden sich noch im alten Ortskern. Sie zeichnen sich durch repräsentative Architekturdetails wie Schopfwalm-Mansarddach, doppelläufige Treppen und verzierte Haustüren und aufwändige Fachwerkkonstruktionen aus.

Besonders repräsentativ und geschichtsträchtig ist das freistehende Amtshaus der von Reifenbergs. 1481 errichtet, kam der Hof schon im 16. Jahrhundert in den Besitz der Familie vom Stein, die ihn bis 1895 als Witwensitz nutzte. Im 19. Jahrhundert überwachte der preußische Reformer, Karl Freiherr vom und zum Stein, selbst die Verwaltung des umfangreichen Gutes. Die auf Veranlassung seiner Mutter 1746 abgebrochenen Erkertürmchen wurden später wieder rekonstruiert.

Auch das alte Rathaus aus dem späten 18. Jahrhundert steht auf dem Platz eines mittelalterlichen Burgmannenhauses. ●

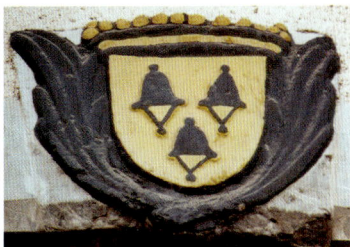

Wappen der Schütz von Holzhausen am Freiadelshof (Burgenstraße 15)

117

Hungen

H

Hungen
Renaissance-Schloss

❌ Schlossgasse

🔵 Freundeskreis Hungener Schloss

🕐 teilweise zugänglich im Rahmen öffentlicher Veranstaltungen

ℹ️ Stadt Hungen, Tel. 06402-8520

In seiner ländlichen Abgeschiedenheit zwischen Wetterau und Vogelsberg wurde das Hungener Schloss nie zum Schauplatz wichtiger historischer Ereignisse. Vielleicht ermöglichte aber gerade das die kontinuierliche Entwicklung des Anwesens von einem „vesten Hus" im siebten Jahrhundert zu einer beachtlichen Residenz der Grafschaft Hungen im 18. Jahrhundert.

Erst 500 Jahre nach der ersten urkundlichen Erwähnung Hungens wird 1283 die Existenz einer Burg auf dem flachen Hügel oberhalb der Horloff bezeugt. Durch Erbschaft fiel diese an die Herren von Solms-Braunfels, die 1455 mit dem Bau einer neuen Anlage begannen. Bis zum späten 18. Jahrhundert kam es immer wieder zum Abbruch und Neubau einzelner Gebäudeteile: Der Torbau mit seinem eindrucksvollem Torturm und der nördliche Schlossflügel, der

sogenannte Saalbau, entstanden um 1600. 100 Jahre später ließ Wilhelm Moritz den Mittelbau im üppigen barocken Stil umbauen und den südlich gelegenen Frauenzimmerbau erweitern.

Seit dem späten 19. Jahrhundert blieb das Schloss weitgehend ungenutzt und verfiel teilweise. Als 1970 der letzte adelige Besitzer Graf Hans Georg Oppersdorf das Schloss der Stadt Hungen als Geschenk anbot, lehnte diese ab. Schließlich übereignete er 1975 das Anwesen einem eigens dafür gegründeten „Freundeskreis Hungener Schloss", der die Anlage unter strengen Denkmalschutzvorgaben restaurierte und zu einem viel beachteten Kulturdenkmal machte.

Heute beherbergt das historische Gebäude insgesamt 22 Wohneinheiten mit einer Gesamtwohnfläche von über 3000 Quadratmetern. Außerdem wurden verschiedene Bereiche für eine öffentliche Nutzung vorgesehen: Der Pferdestall der gräflichen Familie wurde zum rustikalen Gemeinschafts- und Ausstellungsraum umgestaltet; Lesungen, Kammerkonzerte, Liederabende, Kabarett usw. finden im „Blauen Saal" einen eleganten Rahmen und der schöne Innenhof dient im Sommer als Veranstaltungsort für Freilichtkino, Theater und Musikveranstaltungen. ●

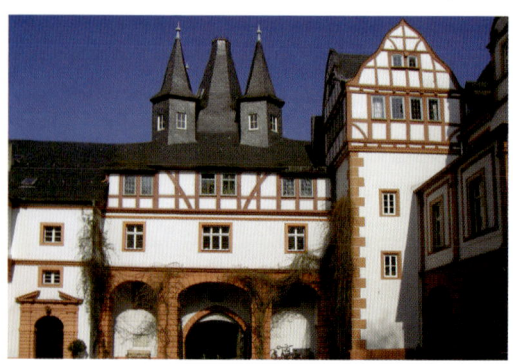

Innenhof von Westen mit dem Torturm im Ostflügel

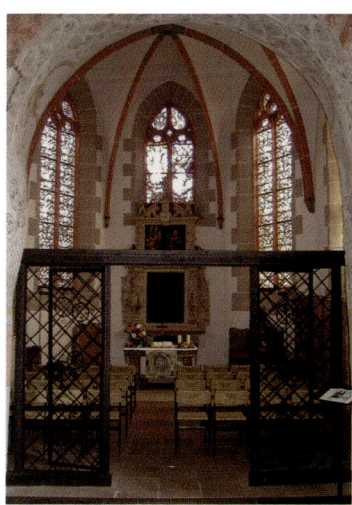

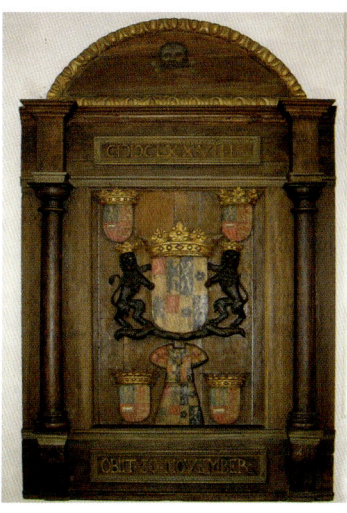

Hungen
Stadtkirche

Spätgotischer Chor mit Wandmalereien (links), Wappen am reich verzierten Grafenstuhl aus dem Jahr 1735 (rechts)

❌ Liebfrauenberg, Zugang vom Marktplatz

🕐 vor und nach den Gottesdiensten und nach Vereinbarung

ℹ️ ev. Kirchengemeinde, Tel. 06402-9851

Die 1286 erstmals erwähnte evangelische Stadtkirche gilt als ältestes Gebäude Hungens. Vom Ursprungsbau ist noch das romanische Sockelgeschoss des Kirchturms mit einem romanischen Portal erhalten. Er war ursprünglich als Chorturm konzipiert, wurde im 13. Jahrhundert mit frühgotischen Stilelementen weitergeführt und um 1670 nochmals aufgestockt. Der spätgotische Chor mit seinen Strebpfeilern und Maßwerkfenstern entstand zwischen 1514 und 1518. Um 1600 wurde der Saalbau vergrößert und zur protestantischen Predigerkirche umgestaltet. Er wurde mit einer geometrischen Stuckdecke und Emporen ausgestattet und wurde so im 17. und 18. Jahrhundert zum Vorbild für zahlreiche protestantische Kirchenbauten der näheren Umgebung. Als Außenaufgang zu den Emporen und zum Kirchenboden entstand vor der Südfassade ein Treppenturm mit einem oktogonalem Aufsatz und einem markanten zweistufigem Helm.

Im Inneren der Kirche sind vor allem die um 1400 entstanden Wandmalereien sehenswert, die den ursprünglichen Chorraum unter dem Turm ausschmücken. Im Zuge der Reformation wurden sie übertüncht und erst 1905 wieder entdeckt und freigelegt. Der östlich anschließende spätgotische Chor wurde 1518 geweiht und ist seit der Reformation durch ein schmiedeeisernes Gitter vom Kirchenraum abgetrennt. Die Grafen Solms-Hungen, die fast 100 Jahre lang ihren Sitz in Hungen hatten, nutzten den Raum als Grabkapelle. Die aufwändigen, mit Wappen und Schrifttafeln versehenen Epitaphe und Grabplatten zeugen von dieser Nutzungsphase. ●

K

Kirchhain-Himmelsberg

Tanzlinde

❌ im Ortskern von Himmelsberg

ℹ️ jederzeit frei zugänglich

Direkt neben der katholische Kirche Sankt Nikolaus steht eine mächtige Linde, deren Stamm einen Umfang von rund neun Meter hat. Über dem gedrungenen Stamm entfalten ausladende Äste eine Baumkrone, die in Höhe und Umfang jeweils rund 25 Meter misst.

Das Alter dieser Sommerlinde wird auf 750 bis 900 Jahre geschätzt. Damit ist sie mindestens so alt wie die früheste urkundliche Frwähnung des Dorfes: Die Rodungsgründung im östlichen Burgwald wird erstmals im Jahre 1243 als Schenkung des Grafen Berthold von Ziegenhain an das Zisterzienserkloster Haina genannt. Heute zählt die Himmelsberger Linde zu den eindruckvollsten Baumvete-

ranen Deutschlands und im Jahre 2001 adelte sie die Deutsche Post AG mit einer Sondermarke im Markensatz „Naturdenkmäler".

Schon seit zahlreichen Generationen ist die Tanzlinde das Wahrzeichen des Ortes und war stets Mittelpunkt des dörflichen Lebens. Ob sie – wie andere dieser so bezeichneten Bäume – je eine Tanzplattform besessen hat, ist nicht übermittelt. Sicher fanden aber unter ihren dicken Ästen, von denen heute einige abgestützt werden müssen, Tanzvergnügungen, Feiern, Versammlungen und Veranstaltungen aller Art statt.

Seit 1971 ist die Himmelsberger Tanzlinde als Naturdenkmal verzeichnet und somit unter die Obhut des überwachenden Naturschutzes gestellt. Dadurch ist gewährleistet, dass dieser prachtvolle Baum für die Zukunft geschützt und fachmännisch gepflegt wird und hoffentlich noch lange Zeit das Dorfbild prägen kann. ●

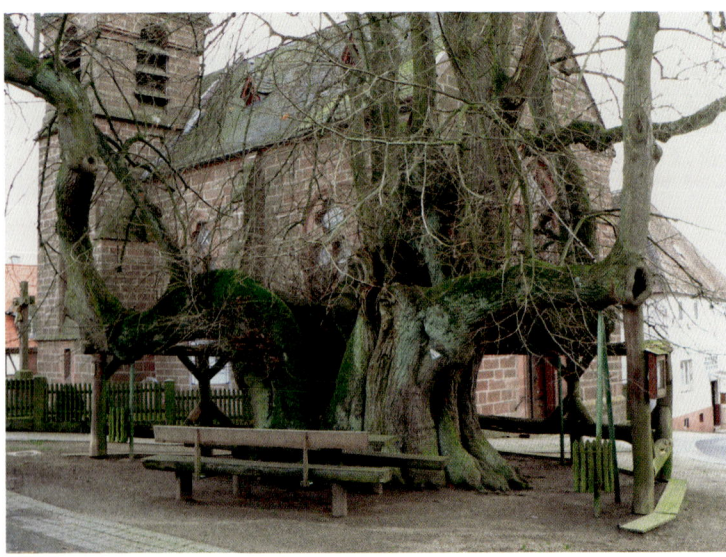

Ein Naturdenkmal mit beeindruckenden Dimensionen

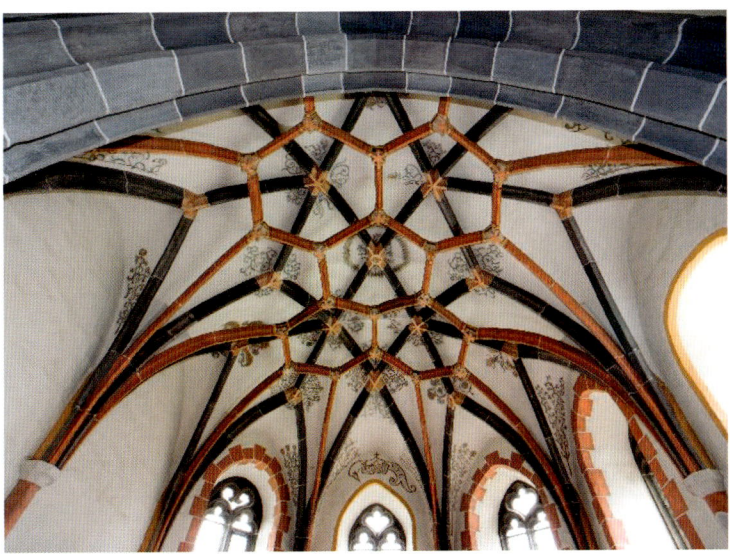

Kirchhain-Langenstein

Jakobskirche

Höchste gotische Steinmetzkunst – das Netzgewölbe in der Jakobskirche

- ❌ ev. Kirche, Am langen Stein
- 🕐 vor und nach den Gottesdiensten oder nach Vereinbarung
- ℹ ev. Pfarramt Langenstein, Am langen Stein 9, Tel. 06422-5881

Das rechteckige Langhaus der Langensteiner Kirche wurde im Wesentlichen im 13. Jahrhundert erbaut. Einige Bauteile stammen allerdings von einem romanischen Vorgängerbau, der rund 200 Jahre früher an gleicher Stelle stand. Das architektonische Kleinod der Jakobskirche befindet sich im Anfang des 16. Jahrhundert errichteten Chor: Sein feingliedriges, hochgotische Netzgewölbe besteht nämlich aus einem doppelten Rippensystem. Unter den tragenden Rippen des Chorgewölbes, dessen Flächen mit Rankenornamenten bemalt sind, hängt frei schwebend ein zweites, wabenförmig ausgebildetes Rippennetz.

Ein solches Gewölbe ist für Nord- und Mittelhessen einzigartig. Möglich, dass der in Marburg ansässige Deutschorden, der in Langenstein Gerichts- und Patronatsrechte besaß, die Mittel für ein so anspruchsvolles Bauprojekt bereitstellte. Schließlich lag Langenstein am Pilgerweg nach Santiago de Compostella und die Kirche selbst war dem heiligen Jakob gewidmet.

Die heutige farbliche Fassung des Rippengewölbes geht auf eine Restaurierung im Jahre 1954 zurück, in deren Verlauf auch die Rankenmalereien freigelegt wurden. Ein weiteres beachtenswertes Detail im Innenraum ist die barocke Kanzel mit einem als Engel gestalteten Fuß und einem mit kunstvoll geschnitzten, figürlichen Darstellungen verzierten Kanzelbecher. Auch das Taufbecken und Teile der Emporenbrüstung stammen aus dem 17. Jahrhundert. ●

K

Kirchhain-Langenstein
Menhir

❌ an der Ostseite des Kirchhofes

ℹ jederzeit frei zugänglich

Wer einen Hinkelstein einmal aus der Nähe betrachten will, braucht nicht unbedingt in die Bretagne zu reisen – in Langenstein bei Kirchhain steht einer der größten Menhire Deutschlands: Der aus Buntsandstein bestehende, kaum bearbeitete Monolith ist fünf Meter hoch, an seiner breitesten Stelle misst er zwei Meter und sein Gewicht wird auf rund 10 Tonnen geschätzt. Es gibt Berichte, wonach der Stein ursprünglich sogar 6,30 Meter hoch gewesen sein soll. Im 16. Jahrhundert habe er demnach durch einen Blitz seine Spitze eingebüßt.

„Maen hir" ist keltisch-bretonisch und heißt „langer Stein". Der Ortsname Langensteins ist also eindeutig auf dieses Monument zurückzuführen. Solche von Menschenhand errichtete Steinmale sind in weiten Teilen Mitteleuropas ver-

breitet. Im Gegensatz zu den bekannten Steinreihen in England oder der Bretagne treten sie aber in Deutschland meist einzeln auf.

Der Langensteiner Menhir wurde vermutlich in der späten Jungsteinzeit, um 2000 vor Christus, von Menschen der so genannten Wartbergkultur an dieser Stelle aufgerichtet. Heute lehnt sich die Kirchhofmauer direkt an den Menhir an, belässt ihn aber außerhalb des Kirchenbezirkes. Solch eine Integration von Menhiren in christliche Bauwerke ist nicht ungewöhnlich. Diese Nähe sollte christianisierten Heiden wohl die Stärke des Christentums demonstrieren, konnten doch die neuen Bauten schadlos an den alten Kultplätzen überdauern. So dürfte auch Bonifatius im Jahre 721 die Stelle für den Bau der ersten Langensteiner Kapelle bewusst auf den Menhir bezogen haben. Die heutige Kirche aus dem 13. Jahrhundert steht nachweislich auf Resten eines Vorgängerbaus aus dem 11. Jahrhundert. Reste der Bonifatius-Kapelle sind aber bislang noch nicht ergraben worden. ●

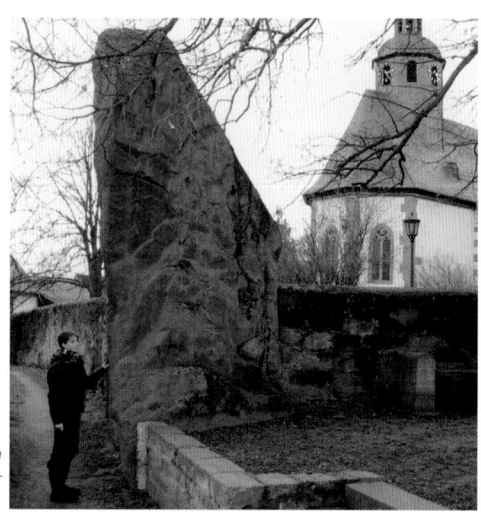

Der Langensteiner Menhir am Kirchhof der Jokobskirche war ursprünglich noch größer

Lahnau

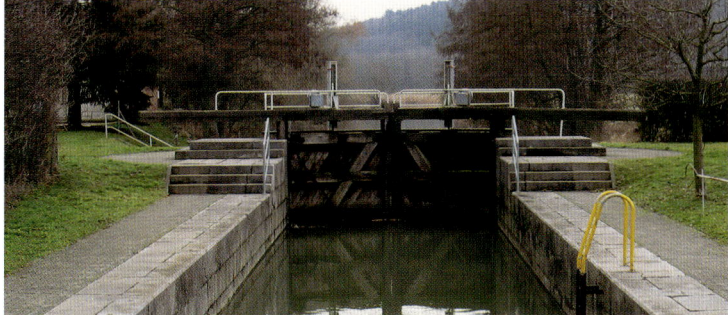

Lahnau-Dorlar   *Die Dorlarer Schleuse – bis heute mit hölzernen Stemmtoren*

Lahnschleuse

- ❌ südlich des Ortes bei der Neumühle
- ⛰ Wasser- und Schifffahrtsverwaltung des Bundes
- 💶 frei zugänglich

Schon im 13. Jahrhundert transportierte man Steine für die Diezer Stadtmauer über die Lahn und 1511 erließen die Grafen von Diez die erste Verordnung zu ihrer Schiffbarmachung. Von nennenswerter wirtschaftlicher Bedeutung war aber erst der Ausbau im 19. Jahrhundert: Ein Staatsvertrag verpflichtete 1844 die Anrainerstaaten, den Fluss für Schiffe bis zu einer Länge von 100 Preußischen Fuß (rund 31 Meter), einer Breite von 16 und einem Tiefgang bis zwei Fuß befahrbar zu machen. Dafür waren umfangreiche technische Bauten notwendig und so entstanden, neben dem berühmten Lahntunnel in Weilburg, in den 1840er Jahren zahlreiche Schleusen. Bis heute erhalten sind sie in Dorlar, Ober- und Niederbiel sowie in Altenburg.

Die Dorlarer Schleuse sollte mit einer Gesamtlänge von etwa 50 Metern und einer Breite von rund 10 Metern die beiden Mühlen und deren Wehre umgehen. Die Hintermauerung besteht aus Grauwacke-Bruchsteinen der näheren Umgebung, für Kammerwände und Boden wurde Lahnmarmor vom Dahlheimer Kapellenberg nahe Wetzlar verwendet. Er galt als preiswert, war frostsicher und witterungsbeständig. Zu jeder Schleuse gehörte ein Wohnhaus für den Schleusenwärter, der die hölzernen Stemmtore mit Hilfe des Schleusenbaumes öffnete und schloss. Damit die Neumühle erreichbar blieb, wurde über das Unterhaupt eine befahrbare Brücke geschlagen.

Um die Bauarbeiten zügig voran zu treiben, wurden je Baustelle bis zu 300 Arbeiter beschäftigt. Dies führte teilweise zu Versorgungsengpässen, so dass 1847 an der Baustelle Dorlar eine Suppenküche eingerichtet wurde, die täglich mehr als 100 Essen ausgeben konnte.

Der Lahnausbau trug zunächst erheblich zur wirtschaftlichen Entwicklung der Region bei, doch nach dem Bau der Eisenbahnlinie durch das Lahntal wurde die Lahn als Wasserstraße schon 1890 bedeutungslos. 1981 schließlich wurde die Güterschifffahrt endgültig eingestellt.

Seitdem passieren vor allem Freizeit- und Sportschiffe die Schleusen und jeder Nutzer bedient die Schleuse nach Bedarf selbst. Während bei den anderen Schleusen mittlerweile modernere Tore eingesetzt wurden, haben sich die hölzernen Stemmtore in Dorlar erhalten. ●

L

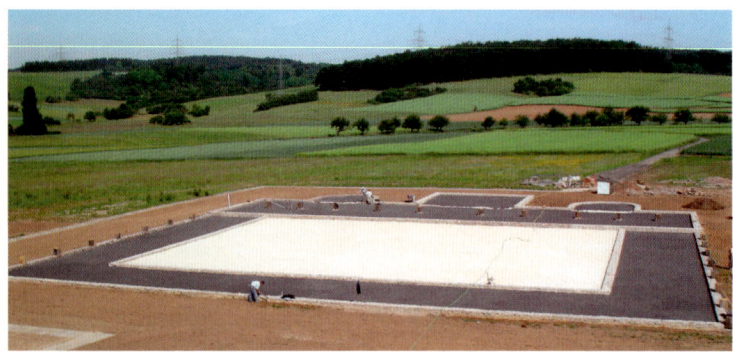

Lahnau-Waldgirmes
Römisches Militärlager

❌ am westlichen Ortsrand von Waldgirmes, an der L 3285

🕐 Mi und 1. So im Monat 14-16 Uhr; Führungen: Mai bis Oktober nach Vereinbarung

ℹ️ Förderverein für archäologische Forschungen am Römerlager Waldgirmes, Tel. 06441-64260; www.waldgirmes.de

Rekonstruktion des Römischen Militärlagers

Die ersten Grabungsfunde aus der Römerzeit fand man in Waldgirmes schon Anfang des 20. Jahrhunderts. Doch was die Römisch-Germanische Kommission seit 1993 bei ihren Grabungen in der Flur „Am Goldenen Acker" zu Tage förderte – und noch fördert, ist nichts weniger als eine Sensation: auf einer Fläche von knapp acht Hektar finden sich die Überreste einer zivilen römischen Stadtgründung, der einzigen östlich des Rheins und nördlich des Limes. Letzte Zweifel an der Datierung konnten durch aufgefundene Holzreste ausgeräumt werden – die Siedlung stammt aus der Zeit um Christi Geburt und existierte vermutlich zehn Jahre.

1998 wurde ein großflächiges Steinfundament freigelegt. Der Grundriss mit dem großen Innenhof, einer gewaltigen Querhalle und drei Apsiden entsprach dem eines römischen Forums. Dieses war das Zentrum für Politik, Verwaltung und Wirtschaft einer römischen Stadt. Der Nachbau des Forums einschließlich der Postamente mit erklärenden Erläuterungen wird im Laufe des Jahres 2007 fertiggestellt sein.

Da bislang überwiegend Grundrisse von Wohnhäusern und zivilen Einrichtungen gefunden wurden, wird angenommen, dass Rom zur Regierungszeit des Kaisers Augustus gezielt in der neu eroberten Provinz Germanien ein ziviles Zentrum aufbauen wollte. Geborgen wurden außerdem römische und germanische Keramiken in größerer Zahl, die weiter belegen, dass beide Völker friedlichen Handel miteinander pflegten.

Auf dem Gelände selbst ist bislang nicht viel zu sehen. Die vielfältigen höchst interessanten einzelnen Fundstücke werden derzeit sorgfältig dokumentiert. Im nahe gelegenen Heimatmuseum werden Repliken ausgestellt. Das Prunkstück ist die Reiterstatue von Kaiser Augustus, die einzige nördlich des Limes. Der heimische Künstler Heinrich Janke, vormals Chef-Designer der Leitz-Werke, hat sie nach den aufgefundenen Bruchstücken und einem sorgfältigen Studium zeitgenössischer Statuen hervorragend rekonstruiert. ●

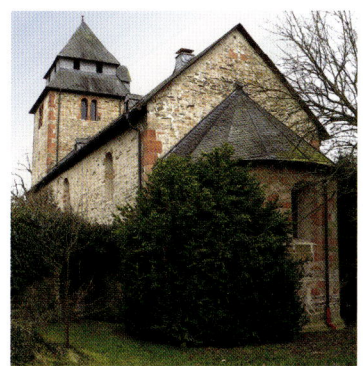

Lahntal-Caldern
Ehemalige Klosterkirche und Paradies

- ⊗ östlich des Dorfkerns, Klosterbergstraße
- ⊕ vor und nach den Gottesdiensten oder nach Vereinbarung
- ⓘ ev.-luth. Kirchengemeinde Caldern, Küsterin, Tel. 06420-6071

Das Dorf Caldern schmiegt sich an eine Anhöhe am Südrand des Lahntales. An der höchsten Stelle überragt die weithin sichtbare Calderner Kirche die Fachwerkhäuser des alten Ortskerns. Doch nicht die Bedeutung als alte Dorfkirche macht den Stellenwert des Bauwerks aus. Sie ist vielmehr Teil einer ehemaligen Klosteranlage und es lohnt sich, nach den davon noch erhaltenen Resten im Dorf zu suchen.

Die Anfänge der Klostergründung gehen in das 13. Jahrhundert zurück: Im Jahre 1250 schenkt die Landgräfin Sophie von Brabant – die Tochter der heiligen Elisabeth – die so genannte Nikolaikapelle in Caldern dem Zisterzienserorden, der hier ein Nonnenkloster gründete.

Die Kirche selbst wurde 1235 erstmals urkundlich erwähnt. Es handelt sich um eine spätromanische, zweischiffige

Die romanische Klosterkirche in Caldern

Anlage mit einem hohen Wehrturm. Die Zweischiffigkeit – ein Haupt- und ein niedrigeres nördliches Seitenschiff – brachte schon manchen Kunsthistoriker ins Grübeln. Vermutlich war aber eine normale basilikale Anlage geplant, bei der aus nicht bekannten Gründen eben nur ein Seitenschiff ausgeführt wurde.

Über den Wandpfeilern mit ihren schönen, floral ausgestalteten Stängelkapitellen überspannen kräftige Gurtbögen die Kreuzgratgewölbe. An den Wänden sind noch Reste der ursprünglichen Ausmalung zu finden, Altar und Kruzifix stammen aus mittelalterlicher Zeit. Beachtenswert ist auch die Orgel von 1702 mit ihrem schmucken Orgelgehäuse und den ziselierten Pfeifen.

Die Pforte zum Paradies liegt hinter der Kirche – ein wunderschön gelegener Kirchgarten mit herrlichem Blick über das Lahn- und das Wetschaftstal. Doch nicht diesem romantischen Aspekt verdankt der Garten seinen Namen. Hier lag vielmehr ursprünglich der vom klösterlichen Kreuzgang umrahmte Gartenbereich. Nach Westen grenzt eine mit Efeu bewachsene Mauer das ehemalige Konventsgebäudes ab, das sich heute in Privatbesitz befindet. Reste der ehemaligen Klostermauern sind noch jenseits des östlich der Kirche gelegenen Gutshofs zu finden. Unlängst restauriert, geben sie eine Ahnung vom ursprünglichen Ausmaß der zisterziensischen Klosteranlage. ●

Lahntal-Goßfelden
Otto-Ubbelohde-Haus

- ⊗ Otto-Ubbelohde-Weg 30; zwischen Bahnlinie und Lahn
- ⛰ Otto-Ubbelohde-Stiftung
- ⊕ Sa und So 11-17 Uhr
- ⓘ Otto-Ubbelohde-Haus, Tel. 0641-63326

L

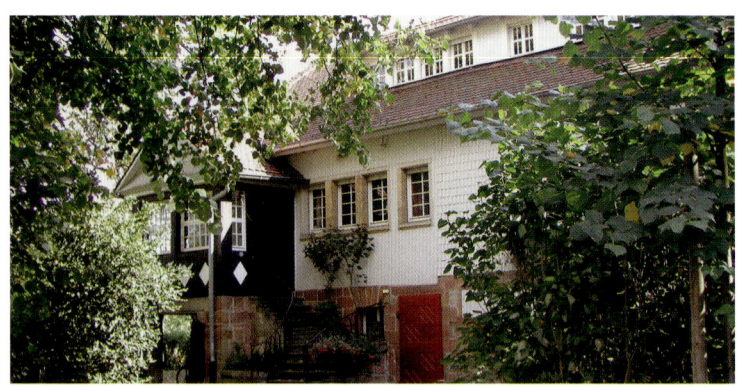

Romantisch gelegen – das Haus des Jugendstilkünsters Otto Ubbelohde

Als einfühlsamer Illustrator der Grimm-schen Märchen ist Otto Ubbelohde (1867-1922) bekannt geworden. Die dreibändige Jubiläumsausgabe erschien 1907 bis 1909 und wird bis heute immer wieder neu aufgelegt. Weniger bekannt ist der gebürtige Marburger als bedeu-tender Landschaftsmaler. Besonders die Landschaft des Marburger Umlands haben in ihm ihren unübertroffenen Schilderer gefunden. Das frühere Atelier- und Wohnhaus Ubbelohdes ist heute öffentlich zugänglich und bietet lebendi-ge Einblicke in das Werk und die Ideen-welt des Künstlers.

Nach seiner Ausbildung zum Por-traitmaler in München suchte Ubbelohde fast ein Jahrzehnt lang Malerorte in ganz Deutschland auf – vom Bodensee bis Worpswede. Erst um 1898 zog er mit sei-ner Frau Hanna wieder in seine hessi-sche Heimat. Bei Goßfelden, in der offe-nen Wiesenlandschaft an der Lahn, ließ sich der Künstler im Jahre 1900 von ört-lichen Handwerkern ein Haus nach sei-nen Vorstellungen bauen. Zunächst war es fast ausschließlich der Arbeitssituation des Landschaftsmalers verpflichtet: ein großzügig bemessener Atelierraum ohne jeden Wohnkomfort. Erst 1905 wurden Essraum und Küche angebaut und 1914 ließ Ubbelohde das Haus um einen bequemeren Wohn- und Schlaftrakt erweitern.

Ubbelohde finanzierte den Kauf und den Ausbau seines Anwesens vor allem aus seiner Tätigkeit als Illustrator. In Mas-sen produzierte er Federzeichnungen für Stadt- und Landschaftsführer, Kalender, Gedenkblätter, Postkarten, Exlibris usw.. Am bekanntesten wurden seinen Illustra-tionen für die Grimmschen Märchen. Ubbelohde nutzte die vertrauten Einzel-heiten seiner Umgebung um die Inhalte der Volksmärchen möglichst authentisch zu transportieren. Zahlreiche Gebäude und Architekturdetails, Landschaftsaus-schnitte und Trachten dieser Bilder las-sen sich realen Orten in der Region zuordnen.

Nach seinem frühen Tod im Jahre 1922, geriet Ubbelohde beinahe in Ver-gessenheit. Sein Nachlass blieb im Ubbelohde-Haus fast unverändert erhal-ten. In den 1990er Jahren gingen das Anwesen und die mehr als 3.500 Zeich-nungen, Skizzen, Gemälde, Graphiken auf eine Stiftung über. Diese sorgt seit-dem für seine Pflege und betreibt seit 1999 das Otto-Ubbelohde-Haus als Museum. ●

Langgöns

Langgöns
Wehrholz

❌ an der L 3133 Langgöns – Niederkleen, Waldgebiet auf dem Höhenrücken

ℹ️ jederzeit frei zugänglich

Der Hüttenberg zwischen Langgöns und Niederkleen ist ein Höhenzug, der für einen ganzen Landstrich namensgebend war. Das Amt Hüttenberg gehörte dem Grafen von Gleiberg und war zuständig für 14 Dörfer im Gebiet zwischen Gießen, Wetzlar und Butzbach. 1703 wurde der Hüttenberg zwischen Nassau und Hessen geteilt, heute läuft heute die Kreisgrenze durch das ehemalige Hüttenberger Land, in dem sich eine spezifische Mundart, Tracht und Hofform herausgebildet hatte.

Die zentrale Anhöhe des Hüttenberges heißt Wehrholz und war in früherer Zeit ein natürlicher Befestigungswall der Chatten. Auf der Anhöhe standen vermutlich Hut- und Wachhütten. Auf dem heute bewaldeten Wehrholz finden sich noch die Reste einiger Hügelgräber und es wurden Spuren einer Thingstätte nachgewiesen.

Der Süd- und Südwesthang des Wehrholzes wurden bereits 1976 unter Naturschutz gestellt. Durch den kalkhaltigen Boden und die Hangrichtung siedeln hier Pflanzen, die trockenwarme Standorte lieben. Frühlingsblüher sind reichlich vertreten, deshalb ist ein Spaziergang durchs Wehrholz und den angrenzenden Mühlberg-Wald zu dieser Jahreszeit besonders empfehlenswert. Man findet vereinzelt Orchideen, wie das Weiße und das Rote Waldvögelein. In den nördlich gelegenen Waldbereichen kann der Türkenbund bestaunt werden, eine stattliche und hübsche Lilienart. Den Gebüschmantel am Waldrand bilden der regional seltene Kreuzdorn, Pfaffenhütchen, Liguster und Roter Hartriegel.

Kulturhistorisch interessant ist auch ein ehemaliger Niederwald. Die Hainbuchen wurden früher schon früh als relativ dünnes Brennholz geschlagen. Die Bäume schlugen mit vielen Sprossen wieder aus und es konnte nach einigen Jahren erneut Holz geerntet werden. So entstand die typische mehrschäftige Wuchsform der Bäume, die noch heute erkennbar ist. ●

Das Wehrholz bei Langgöns

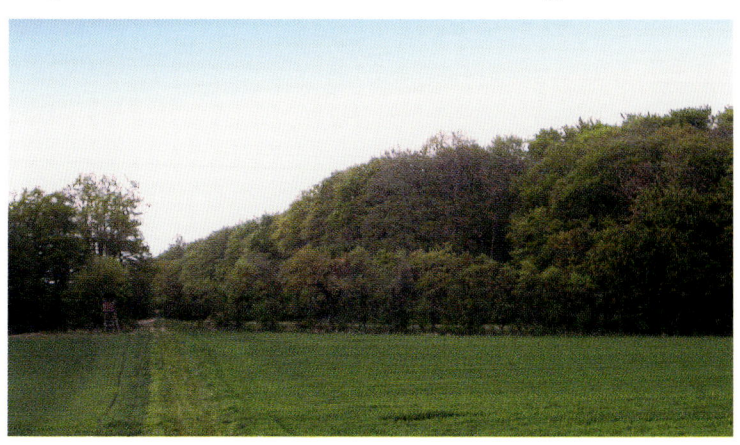

L

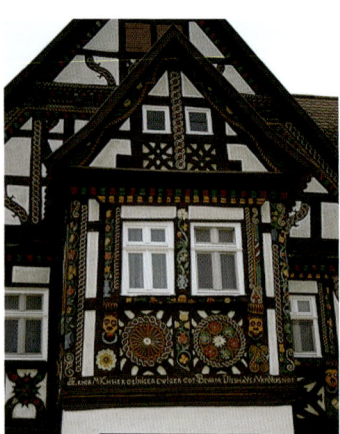

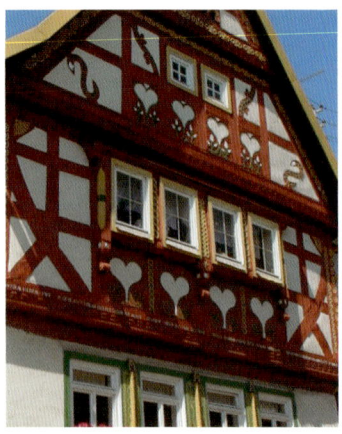

Langgöns-Nieder- und Oberkleen

Fachwerkhäuser und -höfe

Reich geschmücktes Fachwerk: das Ohly'sche Haus (links), das Herzenhaus (rechts)

❌ Ohly'sches Haus: Kreuzstraße 20 (Niederkleen), Herzenhaus: Marienbergstraße (Oberkleen)

☁ privat

❶ von außen frei zugänglich

Die Ortsteile Nieder- und Oberkleen sind für ihre zahlreichen oft reich verzierten Fachwerkhäuser bekannt. Waren die Gebäude noch vor einigen Jahrzehnten vom Verfall bedroht, so sind heute viele von ihren Eigentümern wieder prächtig herausgeputzt. Einige der schönsten Gebäude, die teilweise noch aus dem 16. und 17. Jahrhundert stammen, stehen heute unter Denkmalschutz.

Ein besonders schönes Beispiel ist das Ohly'sche Haus in Niederkleen. Das Fachwerkgebäude wurde 1620 erbaut und ist mit prachtvollen, farbig gefassten Schnitzereien geschmückt. Die Ranken, Rosetten und Blumenfriese überziehen vor allem das Gebälk des Erkers, doch auch das restliche Haus und die anschließende Scheune sind einbezogen. Das originale Scheunentor aus massiver Eiche wurde in den achtziger Jahren in

den Hessenpark nach Neu-Anspach gebracht. 1990 brannte das Gebäude vollständig aus. Die schöne Fassade konnte weitgehend gerettet werden und erstrahlt nach einer aufwändigen Restaurierung wieder in neuem, alten Glanz.

Ein weiteres sehenswertes Fachwerkgebäude findet sich in der Marienbergstraße in Oberkleen. Das 1691 erbaute Herzenhaus bekam seinen Namen auf Grund der auffälligen herzförmigen Verzierungen in den Gefachen. Im Gegensatz zum Ohly'schen Haus liegt hier der Schwerpunkt der Verzierungen in der Ausgestaltung der Gefache. Diese sind teils in Kratzputz-Technik mit floralen Elementen verziert, teils sind Flächen im Farbton des Fachwerks angelegt.

In vielen der alten Hofreiten der beiden Dörfer hat sich das charakteristische Hüttenberger Hoftor erhalten, das die traditionellen Dreiseithöfe zur Straße hin abschließt. Diese durch ein kleines Dach geschützten, frei stehenden, Toranlagen aus Holz besitzen zwei rundbogige Öffnungen – ein kleines „Manntor" und ein großes Tor für das Fuhrwerk. ●

Laubach

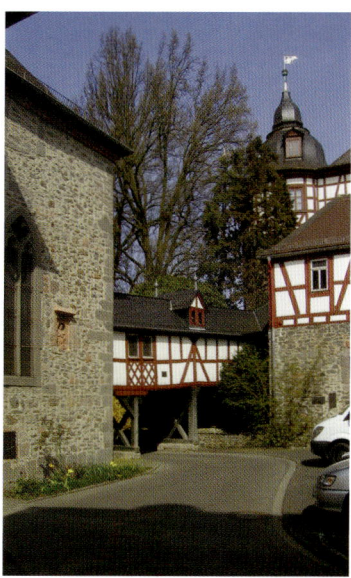

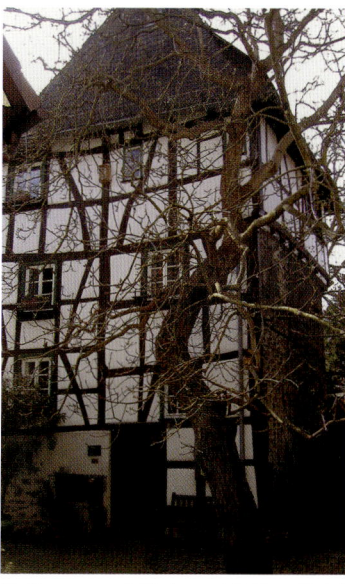

Laubach
Altstadt und Jüdischer Friedhof

❌ Stadtzentrum; Friedhof: erreichbar
über Hungener Straße
(Abzweig von der L 3137)

ⓘ frei zugänglich, Stadtführungen März
bis Oktober Di 19 Uhr,
Sonderführungen nach Vereinbarung

ⓘ Kultur- und Tourismusinformation,
Tel. 06405-921321

Straßenszene mit Kirche und Schloss (links), der Klippsteinturm war einst Teil der Stadtbefestigung (rechts)

Westlich, unterhalb der Stadtkirche liegt der Grimansbrunnen, der einst die Wasserversorgung der Stadt sicherte. Sein Sandsteinrelief mit dem Allianzwappen wurde im 16. Jahrhundert anlässlich der Hochzeit eines Laubacher Grafen geschaffen. Folgt man weiter der Grünemannsgasse und quert die Untere Langgasse, gelangt man in ein schmales Gässchen „Auf der Planke", wo sich der letzte größere Teil der alten Wehrmauer erhalten hat.

Zur Stadtbefestigung gehörte auch der sogenannte Klipstein-Turm, benannt nach dem Künstlerpaar Felix und Editha Klipstein, deren Enkelin noch immer den Turm bewohnt. Felix Klipstein war Maler, Zeichner und Graphiker, wurde aber – im Gegensatz zu seiner Frau – kaum über die hessischen Grenzen hinaus bekannt. Editha Klipstein war mit ihren zwischen 1935 und 1951 erschienenen Romanen eine namhafte Autorin und gehört zu den bedeutenden deutschen Schriftstellerinnen des 20. Jahrhunderts.

Am südlichen Rand der Stadt liegt am Ende der Hungener Straße der kleine jüdische Friedhof von Laubach. Auf dem von hohen Bäumen umgebenen Areal sind noch 43 Grabsteine vorhanden, vermutet werden jedoch rund 80 Beerdigungen. ●

L

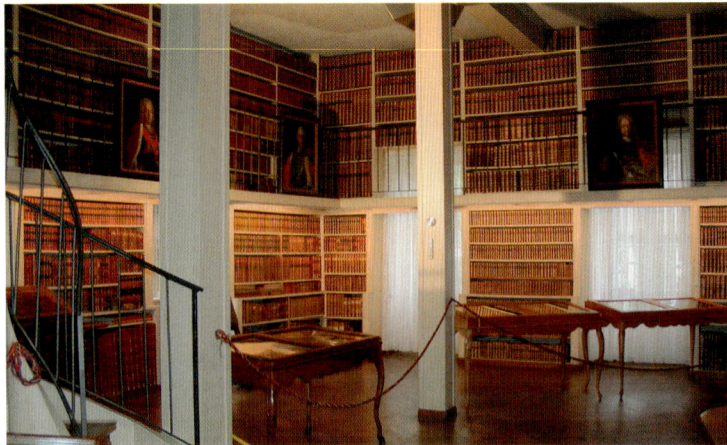

Laubach

Eine der größten Privatbibliotheken Europas

Bibliothek
der Grafen zu Solms-Laubach

❌ nördlich der Altstadt; nördlicher Flügel der Vorburg

◐ privat

❶ Führungen: Mitte April bis Ende Oktober, Mi 17 Uhr; Sonderführungen Mitte April bis Ende September nach Voranmeldung, außer So

❶ Gräfliche Rentkammer, Schloss Laubach, Tel. 06405-91040;
www.schloss-laubach.de

Auf älteren Mauerresten entstand im 19. Jahrhundert der „Neue Bau" auf dem Schlosshof. Der dreigeschossige Kubus mit seinem pyramidenförmigen Mansarddach beherbergt eine ganz besondere Kostbarkeit der gräflichen Besitzungen – die Bibliothek. Sie zählt zu den größten Privatsammlungen Europas, denn die gräfliche Familie hat in den vergangenen fünf Jahrhunderten über 120.000 Bücher zusammengetragen.

Die Ursprünge der außergewöhnlichen Sammlung liegen in einer Schulbibliothek, die im 16. Jahrhundert eingerichtet wurde. Später stand sie als Landes- und Verwaltungsbibliothek allen Bürgern offen. Erst 1806, im Zuge der Mediatisierung zur Zeit des Rheinbundes, wurde die Einrichtung zur Privatbibliothek. Zu jener Zeit bereicherten allerdings auch rund 1000 besonders kostbare Bände aus dem säkularisierten Zisterzienserkloster Arnsburg die Bestände.

Die Besonderheit der Büchersammlung liegt in der gleichmäßigen und kontinuierlichen Berücksichtigung aller Epochen. Indem die Bücher nicht nach Themen oder Autoren, sondern streng chronologisch sortiert sind, wird der Wissensstand einer bestimmten Epoche besonders gut erfassbar.

Die ursprüngliche Freizügigkeit, die Besucher der Bibliothek genossen, haben die Besitzer etwas eingeschränkt. Bewaffnet mit einem Skalpell hatten Besucher unersetzliche Arabesken aus alten Büchern geschnitten. Gleichwohl ist die wertvolle Sammlung zu Forschungszwecken auch heute noch zugänglich. ●

Laubach
Evangelische Stadtkirche

❌ neben dem Marktplatz, unterhalb des Schlosses

🕐 Sonntags 10-12 Uhr; Besichtigungen nach Absprache; Führungen auf Anfrage

ℹ️ Evangelisches Gemeindeamt, Tel. 06405-950804 oder Touristik GmbH Laubach, Tel. 06405-921 321; www.laubach-online.de

Die heutige evangelische Pfarrkirche wird als Marienkirche erstmals 1057 urkundlich erwähnt. An dem heutigen Bau stechen zwei Bauepochen besonders heraus: Chor, Querschiff und Turm folgen der romanisch-frühgotischen Formensprache, das Langhaus entstammt dem Barock.

Die Wandmalereien in Chor und Querschiff entstanden im 14. Jahrhundert. Sie zeigen unter anderem den heiligen Georg, eine Schutzmantelmadonna und Passionsbilder mit den Aposteln. Die Malereien im Langhaus werden ins 15. Jahrhundert datiert. Fensterleibungen und die reich verzierten Decken zeigen bereits den Einfluss der Renaissance.

Sehenswert ist das um 1563 entstandene Grabmahl Friedrich Magnus I., das mit feinen Ornamentmalereien das Gewölbe des Querschiffes schmückt. Im gegenüberliegenden Querhausarm findet sich heute der kunstvoll verzierte Grafenstuhl aus dem Jahr 1735.

Eine besondere Sehenswürdigkeit ist die Barock-Orgel der Thüringer Orgelbauer Johann Caspar Beck und Johann Michael Wagner aus den Jahren 1747-1749. Sie gilt als eine der prachtvollsten Orgeln in protestantischen Kirchen Hessens, bedarf aber dringend einer Restaurierung, für die die Kirchengemeinde seit Jahren sammelt.

Der Bilderschmuck der Kirche enthält neben zahlreichen Pfarrerbildnissen

aus dem 17. bis 19. Jahrhundert das Gemälde „Die Auferstehung" aus dem Jahre 1612, das Clemens Beutler zugeschrieben wird. Auf ihm ist, neben der gräflichen Familie, eine der ältesten Ansichten Laubachs zu erkennen. Die enge Verbundenheit mit der Fürstenfamilie dokumentiert auch ein Verbindungsgang zum Schloss, durch den die Herrschaften trockenen Fußes zum Gottesdienst gelangen konnten. ●

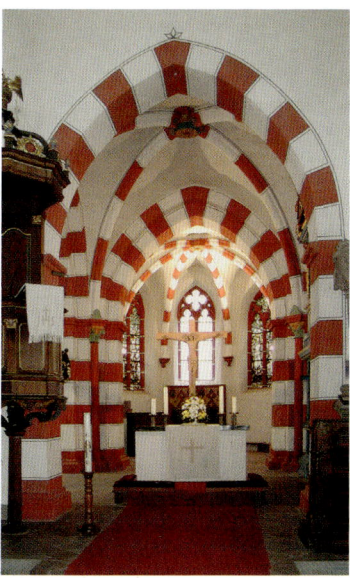

Innenansicht der Stadtkirche

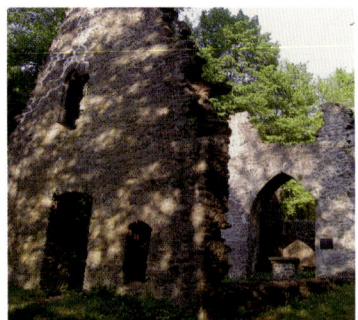

Laubach

Laubacher Wald und Wüstung Ruthardshausen

❌ an der B 276, auf halber Strecke zwischen Laubach und Schotten; Wanderparkplatz beim Jägerhaus

ℹ frei zugänglich

ℹ Kultur- und Tourismusinformation Tel. 06405-921321; Infotafel in der Kirchenruine Ruthardshausen

Mitteleuropa wäre natürlicherweise überwiegend von Buchenwald bewachsen – mit Ausnahme sehr nasser Auenbereiche und extrem trockener Bergkuppen wüchse der Baum praktisch überall. Doch der Mensch hat seit Jahrtausenden seinen Einfluss auf die Vegetation genommen. So wurden die Buchenwälder durch Rodung für Landwirtschaft, Siedlungsräume und durch die Umwandlung in Nadel- und Nadelmischwälder stark dezimiert.

Im Vogelsberg sind dagegen noch großräumige und zusammenhängende Buchenwälder erhalten geblieben. Aus diesem Grund wurde der Laubacher Wald in das europäische Naturschutzsystem NATURA 2000 aufgenommen. Da der Laubacher Wald in der Vergangenheit nicht intensiv bewirtschaftet wurde, finden sich hier zahlreiche Dürr- und Altbäume, in deren Höhlen seltene Fledermausarten wohnen oder Schwarzspechte

Die Kirchenruine der Wüstung Ruthardshausen (links), Ein ursprüngliches Stück Natur mit Wasser und Buchenwald (unten)

nisten. Selbst am Stammfuß der Buchen findet sich bisweilen eine geschützte Moosart – das grüne Besenmoos.

In den Talauen stößt man auf Bäche, deren Wasser lautstark über Basaltblöcke plätschert. Auf den Basaltblöcken wächst das Brunnenmoos. Der lateinische Name „Fontinalis antipyretica" verweist auf einen alten Aberglauben: Ein Büschel Brunnenmoos im Dachgiebel sollte das Haus vor Feuer schützen. In den breiteren Talräumen des Laubacher Waldes herrscht Grünland vor. Die zurückhaltende landwirtschaftliche Nutzung mit nur einer Mahd im Sommer schuf über Jahrhunderte artenreiche Magerwiesen. Trollblumenwiesen, die für die feuchten Auen des Vogelsbergs früher einmal typisch waren, sind allerdings selten geworden.

Wer den Parkplatz am Jägerhaus als Startpunkt für seinen Waldspaziergang wählt, der findet jenseits des Bachlaufes, oberhalb des alten Jägerhauses die Reste der Wüstung Ruthardshausen: Erkennbar ist vor allem die Ruine einer um 1260 erbauten Kirche. Das Dorf wird 1340 erstmals erwähnt und zeugt von der dichten Besiedlung des Horlofftals während des Mittelalters. Möglicherweise in Folge der Pest haben es seine Bewohner im 16. Jahrhundert verlassen, und es wurde zur Wüstung. ●

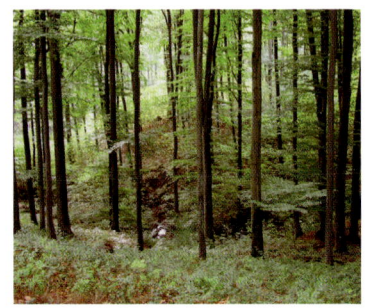

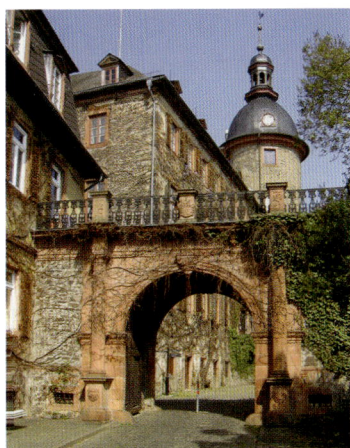

Laubach

Schloss und Schlosspark

- ❌ nördlich der Altstadt
- ☁ privat
- ⓘ Führungen: Mitte April bis Ende Oktober, Mi bis Fr 15 Uhr, Sa, So u. FT 14.30 Uhr und 16 Uhr; Sonderführungen nach Vereinbarung
- ⓘ Laubach'sche Rentkammer, Schloss Laubach, Tel. 06405-91040; www.schloss-laubach.de

Bis heute werden Teile des Laubacher Schlosses von der Gräflichen Familie bewohnt. Das Hauptschloss mit seinen drei markanten barocken Turmhauben entstand vom 15. bis 18. Jahrhundert und steht auf den Grundmauern einer ehemaligen Wasserburg. Eine Mauer trennte seit jeher das Anwesen von der Stadt und die Schlossanlage bildete den nordöstlichen Teil der Stadtbefestigung. Die Stadt entwickelte sich südwestlich des Schlossberges.

Von der ehemaligen Wasserburg zeugen heute nur noch zwei Seen im Schlosspark: der Schwanenteich und der Inselteich. 1278 begannen die Hanauer

Barocke Tordurchfahrt zum großen Schlosshof mit Westflügel und ehemaligem Bergfried

Herren im Tal der Wetter mit dem Bau einer Burg, doch der Landgraf Heinrich I. von Hessen bewirkte beim Kaiser einen Baustopp. Erst 200 Jahre später war es dem Grafen Kuno zu Solms-Lich gestattet, den Bau fortzusetzen und Burg und Stadt zu befestigen. Aus dieser Zeit stammen die nordöstlich gelegenen Teile der Burg – Kemenatenbau, Silberturm und Nassauer Bau. Ihr heutiges Aussehen erhielten sie aber erst im 18. Jahrhundert.

Friedrich Magnus, der 1559 als erster Solmser seinen ständigen Wohnsitz in Laubach genommen hatte, baute Laubach zur gräflichen Residenz aus. Nach und nach wurde die Burg zu einer dreiflügligen Schlossanlage mit ihren drei Türmen erweitert und es entstand die östlich gelegene Vorburg mit ihrem schönen Röhrenbrunnen aus dem 18. Jahrhundert.

Nördlich des Schlosses schließt sich der weitläufige Schlosspark an, von dem die Grafenfamilie nur noch einen kleinen Teil privat nutzt. Rund 10 Hektar sind heute als öffentliche Parkanlage zugänglich. In den Sommermonaten finden hier zahlreiche Feste und Veranstaltungen statt.

Im sogenannten Obergarten an der Böschung zum Schloss erwartet den Besucher noch eine besondere Attraktion: der alte gräfliche Eiskeller, der bereits in einem Laubacher Stadtplan von 1756 verzeichnet ist. Von der Eingangstür führt ein zirka 15 Meter langer Gang zu einem im Berg liegenden Gewölbe. Im Winter wurde aus den Teichen Eis gewonnen und durch eine obenliegende Öffnung in das Gewölbe eingebracht. So konnten die Lebensmittel für die Schlossküche – lange vor der Erfindung des Kühlschrankes – das ganze Jahr über frisch und kühl gehalten werden. ●

Leun

L

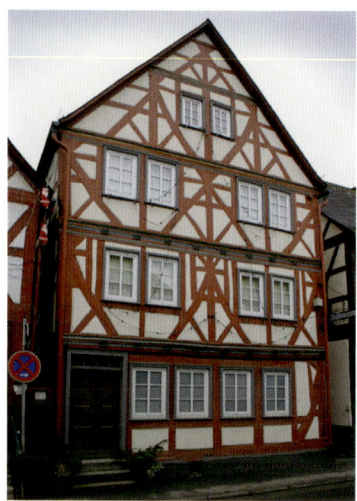

Leuner Stadtmuseum

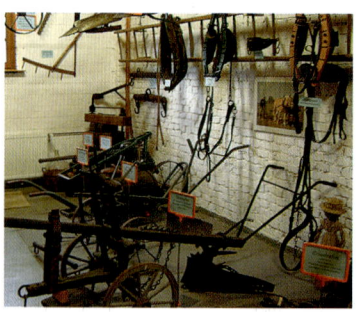

Auch Spielzeugraritäten und landwirtschaftliche Geräte haben den Weg ins Museum gefunden

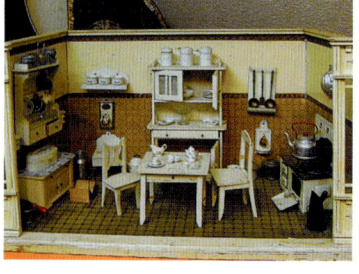

Leun
Stadtmuseum

- ❌ Stadtmitte, Limburger Straße 3
- ⬢ Verein für Heimatgeschichte Leun e. V.
- 🕐 1. So im Monat, 14-17 Uhr
- ℹ Tel. 06473-8994

Das 1984 eingerichtete Stadtmuseum präsentiert seine umfangreiche Sammlung zur Ortsgeschichte und Heimatkunde in einem schön restaurierten Fachwerkgebäude. Das Ensemble in der Innenstadt besteht aus einem Hauptgebäude und einer anschließenden Scheune. Unterstützt von vielen Leuner Bürgern entstand durch jahrzehntelange Sammeltätigkeit eine abwechslungsreiche Ausstellung.

Im Haupthaus wird zunächst die Stadtgeschichte durch die Urkunde zur Verleihung der Stadtrechte von 1664, verschiedene Bodenfunde aus der Region und eine umfangreiche Fotosammlung zur Ortsentwicklung dokumentiert. Die Wohnkultur der vergangenen 200 Jahre ist das Thema in mehreren eingerichteten Stuben. Hier finden sich verschiedene Trachten, alltagsnahe Exponate wie ein mit Bettwäsche gefüllter Kleiderschrank, eine voll eingerichtete Küche, eine Wohn- und eine Schlafstube.

Zahlreiche Exponate, Werkzeuge und Geräte aus Land- und Forstwirtschaft sowie Bergbau und Handwerk geben Einblicke in den historischen Alltag der städtischen und ländlichen Bevölkerung von Leun und Umgebung. Eine wunderschöne Spielzeugsammlung mit Blechspielzeug, Puppenstuben, einer fahrtüchtigen Modelleisenbahn und vielem mehr lassen nicht nur die Herzen von Kindern höher schlagen.

In der Scheune werden unter anderem eine ländliche Hufschmiede sowie diverse landwirtschaftlichen Geräte und

L

Maschinen präsentiert. In der „Spinn-stubb" des Museums können sich die Besucher Kaffee und selbst gebackenes Kuchen schmecken lassen. Ein besonderes Schmuckstück hat erst jüngst seinen Weg ins Museum gefunden: 2004 wurde beim Ausbaggern eines Regenrückhalte-beckens an der Lahn ein 3.200 Jahre alter, sechs Meter langer Baumstamm von gut einem Meter Durchmesser gefunden. Ein Teilstück des Baumes ist nun im Museum zu bewundern. Es liegt im Wasser, um den Verfall des Holzes zu verhindern. ●

Leun-Biskirchen
Gertrudisbrunnen

❌ Brunnenhaus,
Karl-Ferdinand-Broll-Straße

ℹ frei zugänglich

ℹ Stadtverwaltung Leun, Tel. 06473-91440;
www.leun.de

Biskirchen liegt im Lahntal an den süd-lichen Ausläufern des Westerwalds. In der Nachbarschaft des berühmten Mineral-wasser-Standortes Selters verfügt auch Biskirchen über mehrere Heil- und Mine-ralquellen. Der älteste ist der Gertrudis-brunnen, der als „gemeiner wilder Brun-nen" urkundlich erstmals im Jahre 1601 erwähnt wurde. 1874 pachtet der Fürst zu Solms-Braunfels den Sauerborn und beginnt mit der wirtschaftlichen Nutzung des Mineralwassers. In diesem Zusam-menhang ist auch die Namensgebung „Gertrudisbrunnen" zu sehen, die 1883 eingeführt wurde. Bis 1966 wurde das Mineralwasser zur Herstellung von Erfrischungsgetränken mit dem Namen „Biski" genutzt. Rechtzeitig zu seinem 100-jährigen „Namenstag" bekam das Brunnenwasser die begehrte staatliche Anerkennung als Heilwasser.

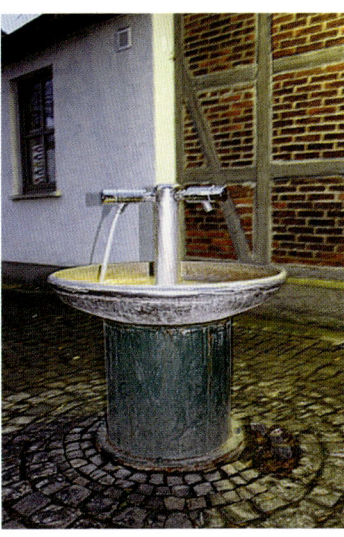

Für Bürger und Besucher ist das Gertrudis-Wasser seit jeher gratis

Ein Schmuckstück ist das kleine Brunnenhaus mit seiner sechseckigen Kuppel und dem mit Klinker ausge-mauerten Sichtfachwerk. Nach einem Besitzerwechsel entstand auf dem Brun-nengelände 1990 das Kurzentrum Gertrudisbrunnen. Fünf Jahre später wechselte das Ärzteteam und die medizi-nischen Abteilungen des Kurzentrums in den neuen „Quellenhof", einem Zentrum für Sport und Gesundheit, während das Kurzentrum zur Spezialklinik für Parkin-sonkranke eingerichtet wurde.

Die Mineralwasserindustrie hat für Biskirchen weiterhin hohe wirtschaftliche Bedeutung. Daneben wird die Kraft des Heilwassers aber auch zu therapeuti-schen Zwecken eingesetzt. Die Bevölke-rung und die Gäste Biskirchens haben bis heute freien Zugang zur Quelle des Gertrudisbrunnens und können das Heil-wasser kostenlos und naturbelassen zum Trinken entnehmen. ●

Lich

L

Lich
Marienstiftskirche und Glockenturm

✕ Kirchenplatz, Stadtmitte

⊘ Kirche: April bis Oktober So 14-16 Uhr,
nach Absprache (Küsterin) und bei
Führungen; Turm nicht zugänglich

ⓘ Küsterin Tel. 06404-2590; Führungen:
Fremdenverkehrsbüro, Tel. 06404-806245

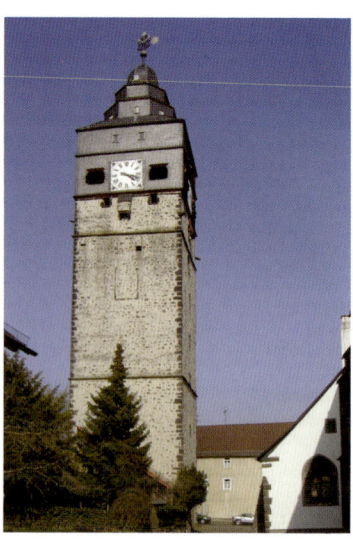

Die Licher Stadtmauer ist an vielen Stellen noch gut erkennbar. Teil der ehemaligen Stadtbefestigung ist auch der Glockenturm der Marienstiftskirche. Als Schalenturm war er ursprünglich zur Stadt hin offen, doch schon bald nach seiner Erbauung im 15. Jahrhundert musste er aus statischen Gründen geschlossen werden. In seinem Erdgeschoss lag das Gefängnis der Stadt und im ersten Obergeschoss ist noch der alte Zugang zur Wehrmauer erkennbar. Bis ins 20. Jahrhundert hinein blieb er Wachturm und später Wächterturm.

Glockenturm (oben) und hochbarocke Kanzel (unten) der Licher Marienstiftskirche

Seit dem 16. Jahrhundert bekam der Turm eine zweite Aufgabe: er wurde Glockenturm der Marienstiftskirche. Diese verdankte ihre Entstehung einem Kollegiatstift, das Philipp III. von Falkenstein 1316/17 gegründet hatte. Die Hallenkirche wurde 1320 zu Ehren der Gottesmutter, des heiligen Martin und der heiligen Elisabeth geweiht. Ab 1510 erhielt die Kirche nach Vorbild der Heidelberger Heiliggeistkirche ein spätgotisches Kreuzrippengewölbe, das aber nur in Teilen fertiggestellt wurde.

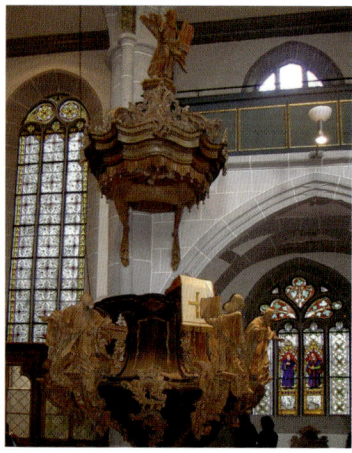

Herausragendstes Kunstwerk der Innenausstattung ist eine hochbarocke Kanzel, die ursprünglich die Klosterkirche Arnsburg schmückte. Sie zeigt die Ordensgründer Bernhard von Clairvaux, Thomas von Aquin, Leo den Großen und Bonaventura von Bagnoregio. Durch die Auflösung des Klosters gelangte sie in die Licher Kirche. Daneben sind ein Sakramentsschrank von 1536 und die im Chorumgang stehenden Bildnisgrabsteine der Licher Herrscher beachtenswert. Die beiden ältesten – für Kuno von Falkenstein und Anna von Nassau – entstanden 1333. ●

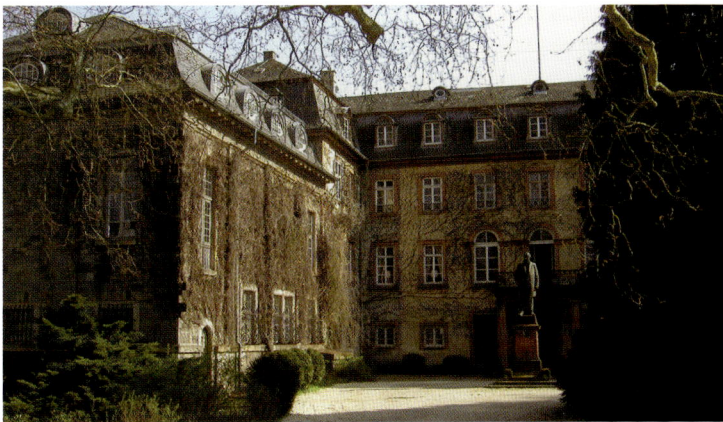

Lich

Schloss

Blick in den Schlosshof mit dem Denkmal des Fürsten Ludwig und dem Gobelinsaal (links)

❌ Lich Stadtmitte

🔵 privat

❶ nur von außen zugänglich

❶ Fremdenverkehrsbüro der Stadt Lich; Tel. 06404-806245

Im 13. Jahrhundert erbaute Graf Werner I. von Falkenstein eine Wasserburg zur Sicherung der Furt durch die Wetter. Vermutlich war die nördlich von Lich gelegene Warnsburg aus dem 12. Jahrhundert zu klein geworden. Schnell entstand um die Burg eine Siedlung, der 1300 die Stadtrechte verliehen wurden. Nach dem Aussterben der Falkensteiner Linie fiel Lich 1418 an die Grafen von Solms.

Zunächst erfolgte im 16. Jahrhundert ein festungsartiger Ausbau mit zwei Bastionen und ein 25 Meter breiter Wassergraben. 1673 veranlasste Hermann Adolph Moritz den Umbau des Anwesens zu einem Renaissanceschloss. Nachdem schon 1606 der nordwestliche Eckturm eingestürzt war, ließ er den mittelalterlichen Nordflügel vollständig abbrechen

wodurch das Schloss eine offene Hufeisenform erhielt. Im 18. Jahhundert wurden schließlich sämtliche Gebäude im Barockstil umgestaltet. Die Flügel bekamen Mansarddächer und die Südtürme wurden mit Welschen Hauben ausgestattet.

1911 hatte sich der Zeitgeschmack erneut geändert und die Grafen von Solms rekonstruierten wieder den mittelalterlichen Grundriss: Auf den alten Fundamenten entstand ein neuer Nordflügel mit „Gobelinsaal" und auch der mächtige nördliche Eckturm wurde wieder aufgebaut. So präsentiert sich das Schloss heute als geschlossenes Karree mit den markanten Rundtürmen an der Südfassade und dem imposanten Wohnturm im Norden. Es wird bis heute von der fürstlichen Familie Solms bewohnt und kann nicht besichtigt werden. Der Park an der Wetter, im Stil eines englischen Landschaftsgartens ist dagegen der Öffentlichkeit zugänglich. Die westlich gelegenen mittelalterlichen Wirtschaftsgebäude wurden teilweise saniert und dienen als Arztpraxen, Büros und Wohnungen. ●

L

Lich-Arnsburg
Zisterzienserkloster

⊗ ca. 5 km südwestlich von Lich, B 488
Lich – Butzbach, Abzweig Trais-
Münzenberg, Zufahrt nach 100 Metern

⬡ Graf Solms zu Laubach

🕐 täglich 8-18 Uhr;
Führungen nach Anmeldung

ℹ Freundeskreis Kloster Arnsburg
Tel. 06404-62198;
www.kloster-arnsburg.de

Das ehemalige Zisterzienserkloster Arnsburg liegt am Nordrand der Wetterau.
1174 von zwölf Mönchen aus Eberbach
im Rheingau gegründet, entwickelte sich
Kloster Arnsburg bis zu seiner Säkulari-
sierung 1803 zu einer reichen und mächtigen Institution. Vom weitreichenden Einfluss der Mönche zeugen unter anderem
der Arnsburger Hof in Frankfurt und die
Arnsburger Gasse in Wetzlar.

Doch lange bevor die Möche das
Kloster aufbauten, gab es hier schon
menschliche Ansiedlungen: ein großes
Vorratsgefäß aus der Bronzezeit ist die
bislang älteste Spur. Im 1. Jahrhundert
errichteten die Römer ein Kastell und um
das Jahr 800 entstand die erste mittelalterliche Burg, deren Befestigungsanlagen noch in Resten an der Nord-
westecke der Klostermauer zu sehen
sind. Um das Jahr 1000 entstand oberhalb der heutigen Klosteranlage die Burg
auf dem Hainfeld. Als die Herren von
Arnsburg auf Burg Münzenberg zogen,
wurde die Arnsburger Festung aufgegeben und die Ländereien den Mönchen
aus Erbach überlassen.

Mit dem Bau der Klosterkirche
begannen diese vermutlich um 1197.
Die dreischiffige Basilika – heute eine
beeindruckende Ruine – dokumentiert
den vorsichtigen Übergang von der
Spätromanik zur Frühgotik. Geweiht
wurde die Kirche um 1246. In der restlichen, weitläufigen Klosteranlage sind

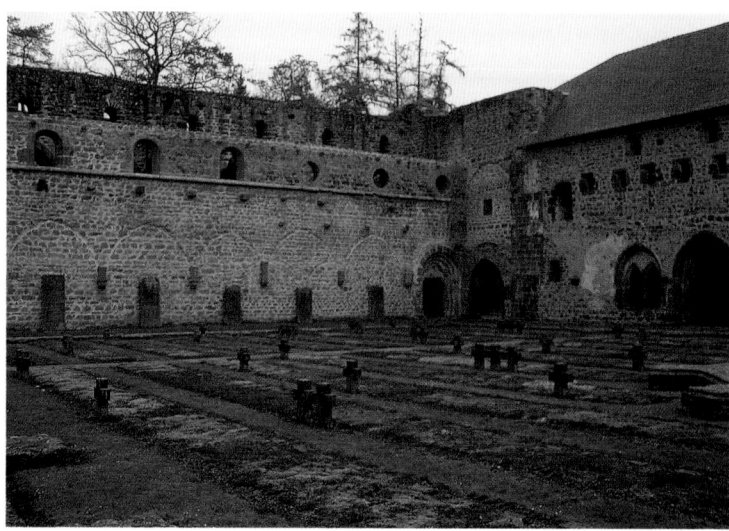

Auf dem Areal des ehemaligen Kreuzgangs liegt heute ein Kriegsopferfriedhof

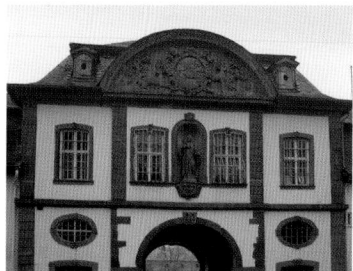

Der barocke Pfortenbau mit der Statue Bernhard von Clairveauxs

architektonische Stile von der Romanik bis zum Rokoko vertreten, wobei die Blütezeit des Klosters im 18. Jahrhundert die deutlichsten Spuren hinterlassen hat: An dem imposanten Pfortenbau von 1774 grüßt eine Statue Bernhard von Clairveauxs, des großen Förderers der Zisterzienser. Geradeaus liegt der Bursenbau, der heute als Hotel genutzt wird. Die westlich gelegene Klostermühle von 1675 beherbergt ein Restaurant mit idyllischem Biergarten. Durch den Torbogen im Bursenbau gelangt man in den ehemaligen Kreuzgang. Hier wurde 1960 ein Kriegsopferfriedhof mit 447 Gräbern aus den angrenzenden Landkreisen eingerichtet, darunter nicht nur deutsche Soldaten, sondern auch Kriegsgefangene und Fremdarbeiter unterschiedlicher Nationalität. Im Norden begrenzt die Kirchenruine den quadratischen Platz, im Osten schließen sich Kapitelsaal und Dormitorium an. Der südliche Gebäudetrakt setzt sich aus Abteigebäude, Prälatenbau und Küchenbau zusammen. Diese Gebäude werden, ebenso wie der Schmiedeturm und das Gartenhaus am Südausgang, privat genutzt und stehen nicht zur Besichtigung. ●

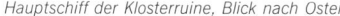

Hauptschiff der Klosterruine, Blick nach Osten

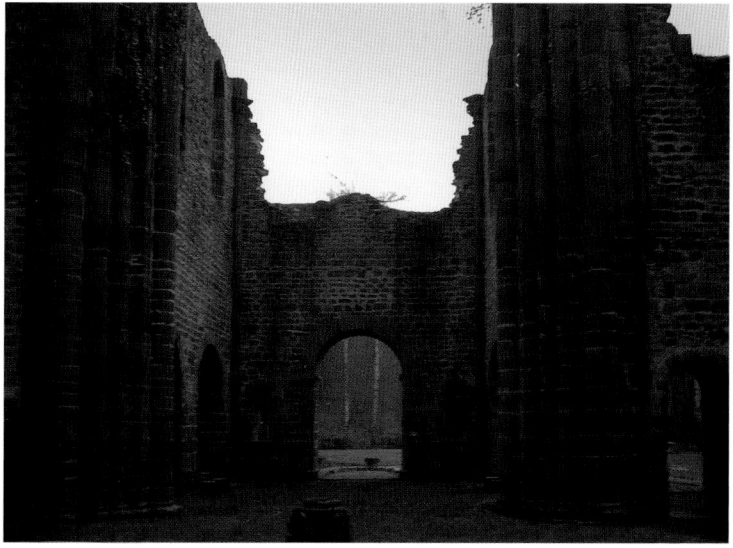

L

Lich-Muschenheim

Römisches Kastell und Benediktinerkloster

✖ nordwestlich von Muschenheim, an der Landstraße Richtung B 488, auf halber Strecke Parkplatz mit großem Baum, zu Fuß ca. 100 Meter Richtung Muschenheim (Wanderweg), dann rechts zur Anhöhe

ℹ frei zugänglich

ℹ Informationen zum „Kulturhistorischen Wanderweg Muschenheim": Tourismusbüro Lich, Tel. 06404-806245

Die sogenannte „Alteburg" ist das nördlichste Kohortenkastell des Limes. Der Platz für die fast drei Hektar große Anlage war gut gewählt: Der Grenzwall verlief etwa eineinhalb Kilometer nordöstlich und konnte nach beiden Seiten weithin eingesehen werden. Das Kastell entstand gegen Ende des ersten Jahrhunderts nach Christus. Vor seinem Nordtor finden sich aber Spuren einer Anlage aus der Zeit um Christi Geburt.

Anfangs war das Kastell lediglich mit Erdwall und Palisaden gesichert, ab der ersten Hälfte des zweiten Jahrhunderts umschloss es denn eine steinerne Umfassungsmauer. Das östlich in Richtung Limes gelegene Haupttor war als Doppeltoranlage ausgeführt. Innen entstanden im Laufe der Zeit einige Steinbauten, denn das Kastell blieb bis zu seinem Fall um 260 nach Christus besetzt und beherbergte eine 500 Mann starke, teilweise berittene Kohorte.

Vom südlichen Kastelltor führte die heute noch erkennbare römische Straße nach Friedberg und Echzell. Sie wurde flankiert vom Lagerdorf und dem Friedhof, zu dem auch Tempel und Heiligtümer gehörten. Schließlich finden sich auf dem Areal Reste einer Therme und es gibt sogar Spuren eines römischen Amphitheaters.

Mitten im Kastellgelände begannen 1151 Siegburger Mönche mit dem Bau eines Benediktinerklosters. Vollendet wurden aber nur das Querhaus mit Chorraum und Apsis. Um 1170 gaben die Benediktiner das Vorhaben auf. Nur vier Jahre später gründeten Eberbacher Konventsangehörige in der Nähe das Zisterzienserkloster Arnsberg. Der „Kulturhistorische Wanderweg Muschenheim" verbindet diese historischen Stätten und informiert die Besucher mit fachkundigen Tafeln. ●

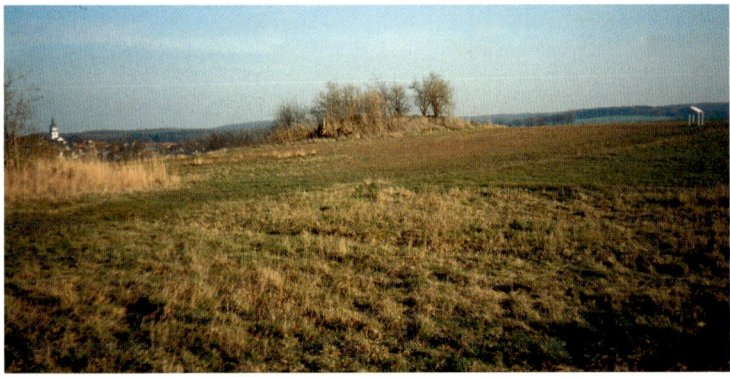

Spuren der Römerstraße

Limburg

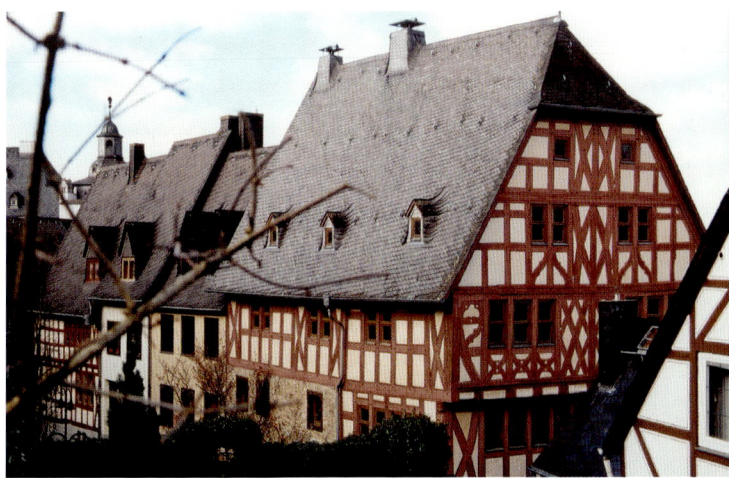

Limburg
Altstadthäuser

Eines der ältesten Fachwerkhäuser Deutschlands, Römer 2-4-6

❌ Altstadt zwischen Dom und Grabenstraße

↕ von außen zugänglich

ℹ Verkehrsverein Limburg, Hospitalstraße 2, Tel. 06431-6166; www.limburg.de

Das geschlossene und weitgehend unzerstörte Altstadtensemble von Limburg schmiegt sich westlich an einen mächtigen Kalkfelsen, auf dem Dom und Schloss erbaut sind. Über 600 Jahre lang schützte ein Wassergraben und eine stattliche Ringmauer mit überdachtem Wehrgang die Stadt. 1818 wurde das neun Meter hohe und zwölf Meter breite Bauwerk mit seinen sechs Türmen und drei Toren weitgehend abgerissen – Reste davon finden sich nur noch im Osten (Am Huttig) und beim rekonstruierten Katzenturm an der alten Lahnbrücke. Im Straßenbild zeichnet sich die Grenze der mittelalterlichen Stadt aber noch immer deutlich ab: Die heutige Grabenstraße markiert den einstigen Verlauf der Befestigung. In Limburgs Altstadt

stehen einige der ältesten Fachwerkhäuser Deutschlands.

Ein kleiner Rundgang könnte am Gebäude Römer 2-4-6 beginnen. Die ursprünglichen Besitzverhältnisse dieses gotischen Hallenhauses sind noch nicht geklärt. Sicher ist, dass es nach dem großen Stadtbrand von 1289 erbaut wurde. Seit 1984 befindet es sich im Besitz der Stadt, wurde umfangreich restauriert und beherbergt heute das Institut für Bauforschung und Dokumentation (IBD) und das Deutsche Centrum für Chormusik.

Weiter westlich, in der parallel verlaufenden Rütsche liegt das „Werner-Senger-Haus" aus dem Jahre 1274. Die heutige Fassadengestaltung mit einer sogenannten Diamant-Quader-Fassung stammt aus dem 16. Jahrhundert. Der Name des Hauses erinnert an den 1369 verstorbenen Stifter des Limburger Hospitalfonds, den die Stadt noch heute verwaltet. Senger hatte das Haus von seinem Onkel geerbt. Um 1800 war in dem Haus die kaiserliche Anwerbestelle

L

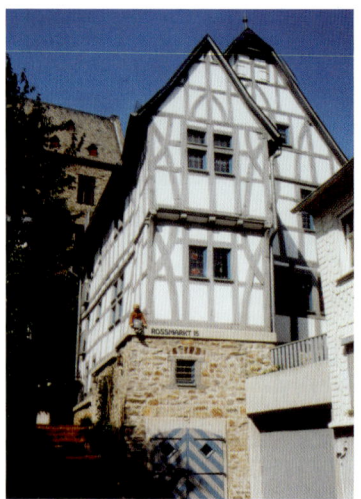

für Soldaten untergebracht. In seinem Keller saß damals kurzzeitig der berüchtigte Schinderhannes ein, nachdem ihn der Limburger Amtsverwalter im Hochtaunus verhaften konnte. Johannes Bückler, wie der Räuberhauptmann eigentlich hieß, wurde schließlich in Mainz der Prozess gemacht und er wurde 1803 hingerichtet.

Auf dem Weg Richtung Lahn gelangt man in die Brückengasse. Mit seinen sieben in die Balkenköpfe gehauenen Fratzen hat sich das Haus Nr. 9 zum Touristenmagnet entwickelt. Heute werden sie gerne als Darstellung der sieben biblischen Laster gedeutet: Hoffahrt,

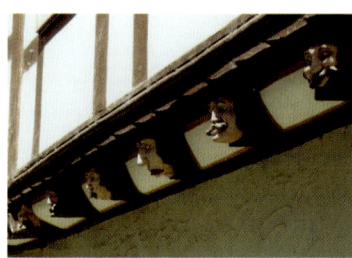

Balkenköpfe am Haus Brückengasse 9

Haus Rossmarkt 15

Geiz, Neid, Unkeuschheit, Unmäßigkeit, Zorn und Trägheit. Ob aber Handwerker oder Bauherr mit den 1567 geschaffenen Schnitzereien tatsächlich auf diese Symbolik abzielten, bleibt Spekulation.

Auf dem Rückweg zweigt von der Brückengasse die Fahrgasse ab. Hier steht der ursprüngliche 1356 als Burgmannenhof erbaute Walderdorffer Hof. Aus gotischer Zeit stammt aber nur noch der Turm, der restliche Bau wurde zwischen 1665 und 1672 im Auftrag von Wilderich von Walderdorff, dem Fürstbischof von Wien, erbaut. Der Limburger Adelssitz war allerdings nie Lebensmittelpunkt der Herren von Walderdorff, die eher in Mainz oder Molsberg/Westerwald residierten.

Am gegenüberliegenden Ende der Altstadt, unterhalb des Schlosses, liegt das aufwändig restaurierte Wohnhaus „Rossmarkt 15". Dendrochronologische Untersuchungen datieren die Bauzeit in das Jahr 1480. Das sehr großzügige Anwesen wird 1536 als Besitz des Wilhelm von Waldmannshausen beurkundet. Gegen Ende des 18. Jahrhunderts bewohnte der letzte Limburger Stiftsdekan mit seiner Mutter und seinem Bruder das Haus. ●

Limburg
Diözesanmuseum

❌ Domplatz 12

🔼 Bistum Limburg

🕐 15. März bis 15. November Di-Sa
10-13 Uhr; 14-17 Uhr, So 11-17 Uhr

ℹ️ www.staurothek.de
dioezanmuseum@bistum-limburg.de

Das Gebäude am Domplatz gelangte erst 1869 in den Besitz des Bistums Limburg. 1985 wurde es grundlegend saniert und

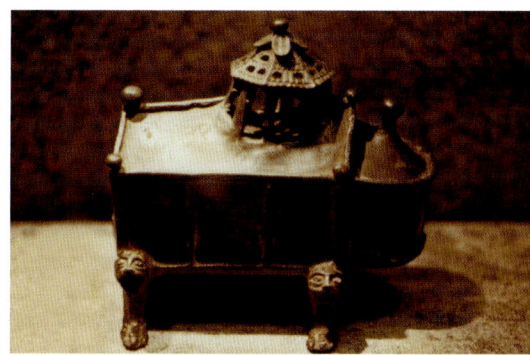

Bleiernes Reliquiar aus dem 11. Jahrhundert (links)

Das Kleinod des Dom- schatzes: die byzantinische Staurothek (unten)

beherbergt heute das Diözesanmuseum. Urkundlich wird der Bau erstmals 1370 als Burglehen erwähnt. Von den vielen Besitzern, die im Laufe der Jahrhunderte das Haus bewohnten, sei nur Balthasar Eschenfelder erwähnt, der das Gebäude 1544 ausbaute und sein Wappen anbrachte.

Den Mittelpunkt des Diözesan- museums bildet der Domschatz mit einem Kreuzreliquiar, das Mitte des 10. Jahrhunderts von den byzantinischen Kaisern Konstantin VII. und Romanos II. gestiftet wurde. Die mit Gold, Perlen und Edelsteinen verzierte Lade birgt eine Reliquie aus Partikeln des Kreuzes Christi. Die Schauseite zeigt Christus als Welten- herrscher, umgeben von der fürbittenden Gottesmutter, Johannes dem Täufer sowie Erzengeln, Aposteln und Evan- gelisten.

Diese sogenannte Staurothek gilt weltweit als eine der bedeutendsten Goldschmiedearbeiten byzantinischer Herkunft. Ihr Weg nach Limburg war lang und abenteuerlich: Ein Kreuzritter brach- te sie mit anderen Schätzen aus dem geplünderten Bukoleon-Palast von Konstantinopel ins Reich. Nach Limburg kam sie aus Sorge vor dem Zugriff der französischen Revolutionsarmee und Bischof Wilhelm Kempf machte sie schließlich 1959 zum Mittelpunkt des Limburger Kreuzfestes.

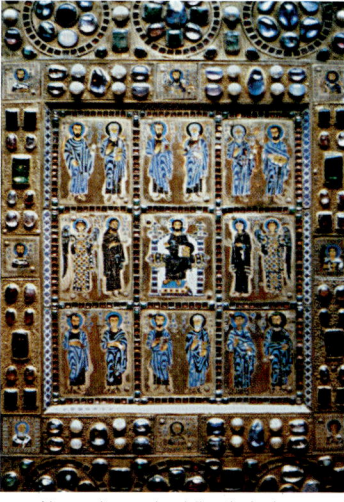

Als weitere, in künstlerischer und sakraler Hinsicht besonders wertvolle Objekte des Diözesanmuseums sind zu nennen: der sogenannten „Petrusstab" aus dem 4. bis 5. Jahrhundert mit einem um 980 geschaffenen Schmucketui, ein Weihereliquiar aus Blei, entstanden Mitte des 11. Jahrhunderts, ein Evangeliar und ein Epistolar aus der Zeit um 1300 , eine mehrteilige barocke Pontifikalgarnitur der Trierer Erzbischöfe sowie die soge- nannte Dernbacher Beweinung aus gebranntem Ton (um 1420). ●

L

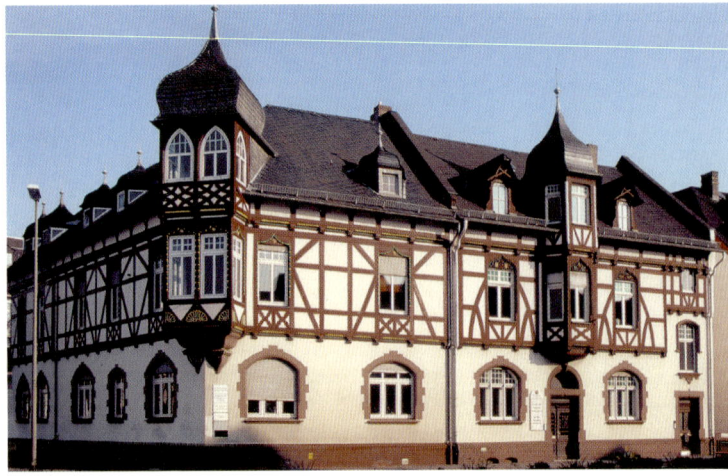

Limburg

Gebäude des Historismus und des Jugendstils

❌ westlich und südwestlich der Altstadt

◑ privat

❶ von außen zugänglich

Limburg hatte keine stilistische Vorreiterrolle inne. Einige Großbauten haben jedoch eine überregionale Bedeutung, andere kleinere Objekte sind zumindest sehenswert.

Das Rathaus in der Werner-Senger-Straße 10 ist ein repräsentativer Solitärbau, mit dem die Stadtverwaltung 1899 der Enge des alten Rathauses am Fischmarkt entfloh. Er entstand an der damals neu geplanten Werner-Senger-Straße. Der Wiesbadener Stadtbaumeister Friedrich Genzmer entwarf eine Fassade, die auf Fernwirkung abzielte. Heute ist die ästhetische und städtebauliche Ausstrahlung des Gebäudes durch überdimensionierte Betonzweckbauten beeinträchtigt.

Nachdem 1875 die Graben- und Wallanlagen der Schiede zu einer Prome-

Jugendstilhaus in der Konrad-Kurzbold-Straße

nade mit schattenspendenden Bäumen umgestaltet worden waren, entstand 1879 bis 1882 das Landgerichtsgebäude (Schiede 16). Der massive Gründerzeitbau mit breiter Straßenfront und rückwärtig gelegenem Schwurgerichtssaal besitzt einen T-förmigen Grundriss. Spiegelbildlich dazu entstand auf dem hinten angrenzenden Grundstück das etwas kleiner dimensionierte Gefängnis (Walderdorffstraße 16).

Schräg gegenüber des Landgerichts liegt eine repräsentative Stadtvilla des renommierten Wiesbadener Architekten Hermann Reichwein (Dr.-Wolff-Straße 4). Das 1905 erbaute Haus mit abgeschrägter Ecke und Ziertürmchen zur Straßenkreuzung zeigt eine Formensprache, die auf Motive des deutschen Frühklassizismus zurückgreift.

Eine Querstraße weiter in Richtung Lahn liegt ein sehenswertes Jugendstil-Wohnhaus (Konrad-Kurzbold-Straße 9). Das Eckhaus an der Schiede besitzt ein massives Erdgeschoss mit Werksteingewänden und Ober- und Drempelgeschosse in verspieltem Jugenstil-Fach-

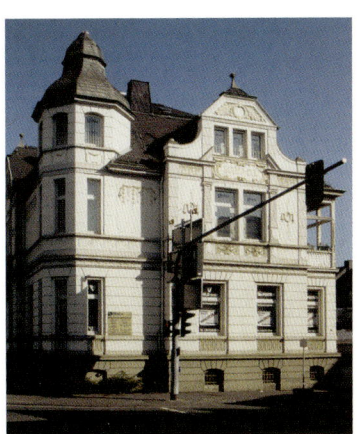
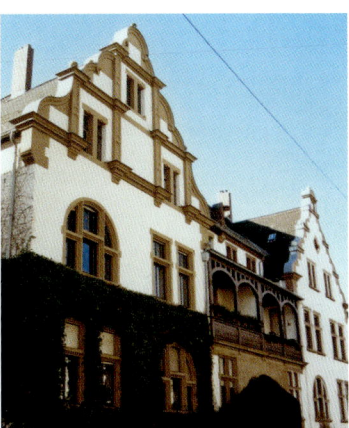

Klassizistische Stadtvilla in der Dr.-Wolff-Straße (links) und Neorenaissance-Fassade in der Parkstraße (rechts)

werk. Die Gebäudeecke betont ein kräftiges Fachwerkerkertürmchen mit geschwungener Haube, Spitzbogenfenstern und reichem Brüstungsschmuck. Das Treppenhaus an der Rückseite des Gebäudes wird durch ein großflächiges Jugendstil-Buntglasfenster belichtet.

Zurück Richtung Süden, an der Ampelkreuzung beim Landratsamt, zweigt nach rechts die Parkstraße ab. Bis auf wenige Ausnahmen wurden die komfortablen Häuser des gesamten Straßenzuges von zwei Limburger Bauunternehmern zwischen 1899 und 1913 gebaut. Die zweieinhalbgeschossigen Einzel- und Doppelwohnhäuser bilden heute das geschlossenste historistische Bauensemble Limburgs. Durch den Erhalt der Vor- und Hausgärten haben sie ihren ursprünglichen Charme und Charakter weitgehend bewahrt. Während die Doppelhäuser etwas schlichter gestaltet sind, haben die Einzelhäuser die Ausstrahlung repräsentativer Villen, obwohl auch sie nur Etagenwohnungen boten. Den Eingangsbereich zur Parkstraße besetzt ein stattliches Gebäude

von 1898 mit einem asymmetrischen Grundriss. Seine Fassade ist durch Stilelemente der französischen Renaissance geprägt. Die sechs Häuser im nordwestlichen Teil wurden 1907-13 unter Verwendung biedermeierlicher Formen gestaltet. Die restlichen Bauten der Parkstraße haben detailreiche, historistische Putz- oder Klinkerfassaden teilweise mit Schmuckfachwerk an Giebeln, Türmchen und Erkern. ●

Limburg
Kunstsammlungen

- ⊗ Altstadt, Fischmarkt 21
- ◉ Stadt Limburg
- 🕐 Mo-Fr 8.30-12 Uhr; Mi bis 14 Uhr; Do auch 14-18; Fr auch 14-16 Uhr; Sa, So und FT 11-17 Uhr; Ostern, Fronleichnam geschlossen
- ℹ Tel. 06431-212912; www.limburg.de

1399 kauften Bürgermeister, Rat und Bürgerschaft der Stadt das Haus des Contze Noide am Fischmarkt, um darin das Rathaus einzurichten. An diesem Standort blieb es, bis 1899 das neue Rathaus in der Werner-Senger-Straße

L

fertiggestellt war. 1975 wurde das Haus mit seiner repräsentativen gotischen Halle und der schönen Wendeltreppe im Erdgeschoss verkauft und diente kurzzeitig als Gaststätte „Zum Ratskeller". Doch schon drei Jahre später erwarb es der Magistrat zurück, restaurierte es grundlegend und nutzt es seitdem zusammen mit dem angrenzenden Haus als Standesamt und städtische Galerie.

Die Kunstsammlungen der Stadt Limburg beherbergen eine bedeutende Sammlung von Josef Eberz (1880-1942), einem in Limburg geborenen Maler, Graphiker und Illustrator, der dem Expressionismus zugeordnet wird. Die Scherenschnitte und Grafiken von Ernst Moritz Engert (1892-1986) bilden einen zweiten Schwerpunkt der Sammlung. 1978 übergab der Hadamarer Künstler der Stadt Limburg 600 von ihm geschaffene Scherenschnitte und Grafiken als „Stiftung Moritz Engert". Seitdem werden seine Werke regelmäßig in wechselnden Ausstellungen der Öffentlichkeit präsen-

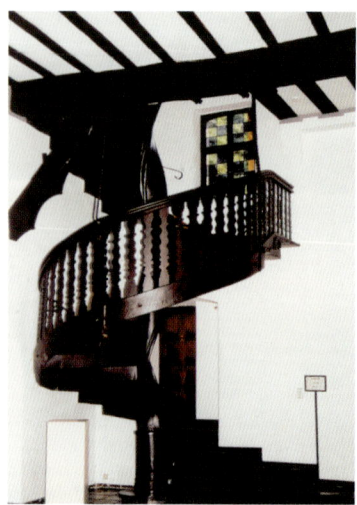

Wendeltreppe in der repräsentativen gotischen Halle

tiert. Einem breiten Publikum sind sie durch die regelmäßige Veröffentlichung auf der ersten Lokalseite der Nassauischen Neuen Presse bekannt. ●

Limburg
Lahnbrücke und äußerer Brückenturm

❌ Konrad-Kurzbold-Straße
bzw. Westerwaldstraße

❓ von außen zugänglich

Eine Furt in der Lahn im Zuge der alten Handelsstraße Köln-Frankfurt war für die Entwicklung der Stadt Limburg eine entscheidende Voraussetzung. Sicher gab es hier schon frühzeitig einen Etappenplatz und Stützpunkt zur Straßensicherung – 1279 wird in diesem Zusammenhang erstmals ein Haus Castell erwähnt. Eine vermutlich durch Gottfried von Beselich im 12. Jahrhundert erbaute Holzbrücke war das erste Bauwerk, das bei Limburg die beiden Lahnufer verband. Eine Querung war seitdem unabhängig vom Wasserstand des Flusses möglich, doch immer wieder wurde die Holzkonstruktion durch Hochwasser oder Eisgang beschädigt oder weggerissen. Deshalb entschloss man sich 1315 zum Bau einer stabilen sechsbogigen Steinbrücke.

Bereits 1341 erhoben die Limburger eigenmächtig Brückenzoll, was ihnen eine Rüge Ludwigs des Bayern eintrug. Kaiser Karl IV. sicherte schließlich 1357 den Limburgern das Zollrecht. Beim äußeren Brückenturm wurde ein Zollhaus errichtet und bis zum Ersten Weltkrieg erhob die Stadt Brückenmaut.

Ursprünglich hatte die alte Lahnbrücke zwei Türme, doch der innere Brückenturm wurde, ebenso wie die Brückenkapelle von 1490, am Anfang des 19. Jahrhunderts abgebrochen. Der

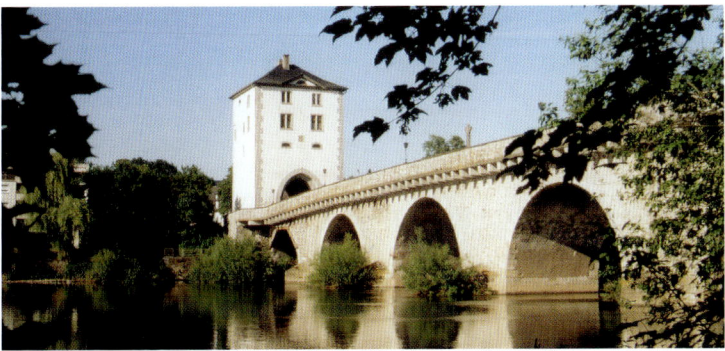

Alte Lahnbrücke mit Brückenturm

äußere Turm blieb nur erhalten, weil man um die Stabilität der Brücke fürchtete.

Der entgegen den Gepflogenheiten flussaufwärts stehende Johann Nepomuk ist nicht mehr die barocke, farbig gefasste Sandsteinfigur aus dem frühen 18. Jahrhundert. Das Original war während des Krieges gesichert, aber so stark verwittert, dass es nicht mehr restauriert werden konnte. 1966 gewann der Limburger Bildhauer Karl Winter den ausgeschriebenen Wettbewerb und fertigte die neue Figur. Die Plastik aus grauem Wirbelauer Marmor ist zwar der barocken Vorgabe nachempfunden, aber keine exakte Kopie davon.

1795 versuchten die Franzosen bei ihrer Flucht vor den kaiserlichen Truppen die Brücke zu sprengen, doch die Bombe beschädigte lediglich das Pflaster. Folgenschwerer waren die Kriegsereignisse 150 Jahre später: Um den amerikanischen Vormarsch aufzuhalten, wurden am 27. März 1945 die historische Lahnbrücke sowie die erst 1939 erbaute Autobahnbrücke gesprengt.

Bis 1948 wurde die Steinbrücke wieder aufgebaut und verbreitert. So kann der Besucher Limburgs auch heute noch den wohl schönsten Blick zum Dom genießen. Wer allerdings dessen sieben Türme gleichzeitig sehen will, muss Lahn und Schleuse überqueren und in Richtung Schwimmbad gehen. ●

Limburg

Moderne und Postmoderne Bauten

❌ (1) südlich der Altstadt an der B8, Wiesbadener Straße 1; (2) nördlich der alten Lahnbrücke, Weilburger Straße 16; (3) Industriegebiet östlich der AS Limburg-Nord, Mundipharma Straße 2

🔼 (1) Gesellschaft vom kath. Apostolat; (2) Bistum Limburg; (3) Mundipharma GmbH

ℹ️ alle Objekte außen frei zugänglich (1) Besichtigung außerhalb der Gottesdienste

Die Pfarrkirche Sankt Marien (1) sollte als Sinnbild für die Lebensnähe ihrer Bauherrn verstanden werden, den sogenannten Pallottinern. Deren „Gesellschaft vom katholischen Apostolat" war seit 1892 in Limburg ansässig, um hier Missionare für die deutschen Kolonialgebiete auszubilden. Der Verlust der Kolonien und der Priestermangel in der Weimarer Zeit hatten dazu geführt, dass die Pallottiner eine Pfarrstelle übernahmen.

Nach Entwürfen des Architekten Dominikus Böhm realisierte Jan Hubert Pinand daraufhin 1926 eine Pfarr- und

L

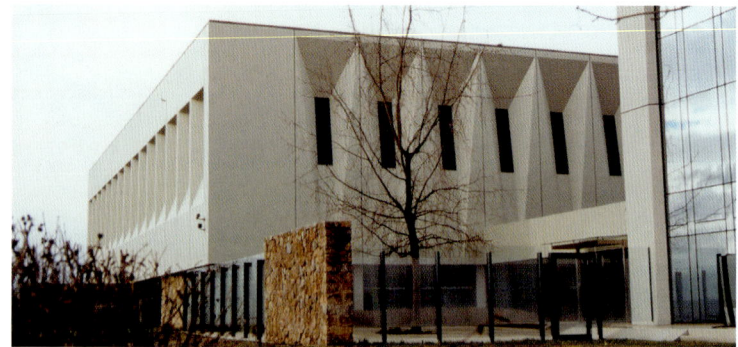

Marcel Breuers Mudipharma-Gebäude von 1974/75

Klosterkirche mit monumentalen Parabelbögen. Sie gilt heute als eindrucksvolles Beispiel für die Architektur des Expressionismus zwischen den beiden Weltkriegen.

Auch der von Bischof Kilian initiierte Neubau des Priesterseminars (2) entstand 1928 nach Böhms Plänen. Der langgestreckte Baukörper besteht aus mehreren, in Höhe und Länge differierenden Abschnitten, die in Winkeln angeordnet sind. Das Gebäude besitzt jene sachliche Nüchternheit, die für die Erneuerung der Architektur um 1930 charakteristisch ist. Der Klerus lehnte den sehr großzügig geplanten Bau als zu luxuriös ab.

Das Hauptgebäude der Mundipharma GmbH (3) wurde 1973 von Marcel Breuer entworfen. Das Gebäude ist ein weit über die Region hinaus bekanntes Werk dieses renommierten Bauhaus-Architekten. Über einer dunklen, niedrigen Sockelzone erhebt sich ein heller Kubus aus großformatigen Betonfertigteilen, die die schlichten Fensteröffnungen facettenartig umschließen.   ●

Die Parabel bestimmt die Gestaltung von Sankt Marien

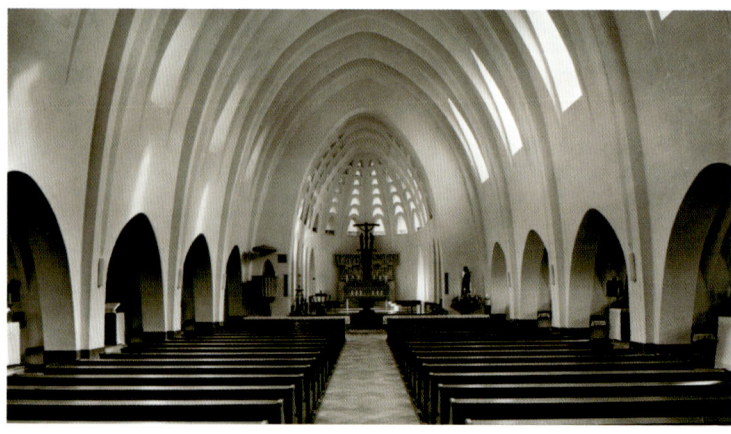

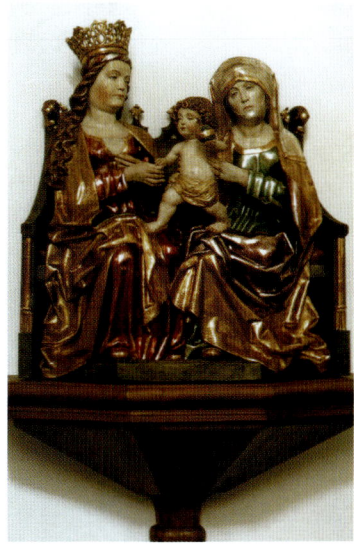

Limburg
Sankt Anna Kirche

- ❌ Ecke Diezerstraße/Hospitalstraße
- ◐ Stadt Limburg
- ⓘ außen frei zugänglich, innen: Mo bis Fr 8-16.30, Sa 8-12 Uhr; So während der Gottesdienste keine Besichtigung

Die Geschichte der Annakirche beginnt im Jahre 1317, als Erzbischof Balduin von Trier den Wilhelmiten gestattete, ihr Kloster von der hochwassergefährdeten Lahninsel vor das innere Diezer Tor zu verlegen. Der Neubau einer Klosterkirche wurde im Jahr 1329 begonnen.

Das Wilhemitenkloster existierte gut 200 Jahre und ging in der Zeit der Reformation zu Grunde. 1568 fiel die Anlage an den Erzbischof von Trier, der sie kurz darauf im Rahmen eines Tauschgeschäfts der Stadt Limburg übereignete. Diese war durch die großzügige Werner-Senger-Stiftung in der Lage, in den Klostergebäuden das Hospital einzurichten.

Gnadenbild der Anna selbdritt

Die ehemalige Wilhelmitenkirche wurde so zur Hospitalkirche und der heiligen Anna geweiht. Damit folgte man dem im 15. Jahrhundert stark verbreiteten Annenkult und initiierte eine Annenwallfahrt zum Gnadenbild einer „Anna selbdritt", die bis ins späte 16. Jahrhundert hinein bestand.

Durch Umbauarbeiten im Jahre 1651 erhielt die Kirche im Wesentlichen ihr heutiges Aussehen. Die von den Meistern der „Hadamarer Schule" gefertigte barocke Innenausstattung ist heute nur noch in Teilen vorhanden: Vom Hochaltar von 1736 wurde nur das Wandbild – die Aufnahme Mariens in den Himmel – gerettet. Auch die beiden Engel am Altar könnten noch von der ehemaligen Gemeinschaftsarbeit von Johann Düringer und Martin Volck stammen. Die Schnitzereien am Chorgestühl und die Kanzel mit den vier Evangelisten und Jesus als gutem Hirten wurden 1753/54 von Martin Volck geschnitzt.

Nach der Säkularisation konnte 1823 der Verkauf der wertvollen Chorfenster in letzter Minute verhindert werden. Leider wurde im Zweiten Weltkrieg nur das kostbare Mittelfenster rechtzeitig in Sicherheit gebracht – die anderen sind durch einen Bombentreffer in den letzten Kriegstagen vernichtet worden. ●

Limburg
Sankt Georgsdom

- ❌ Domberg
- ◐ Bistum Limburg und Land Hessen
- ⓘ April bis September 8-19 Uhr; Oktober-März 9-17 Uhr außerhalb der Gottesdienste; Führungen unter spirituellen Aspekten: 11 und 15 Uhr
- ⓘ Gruppen anmelden: Tel. 06431-929983

L

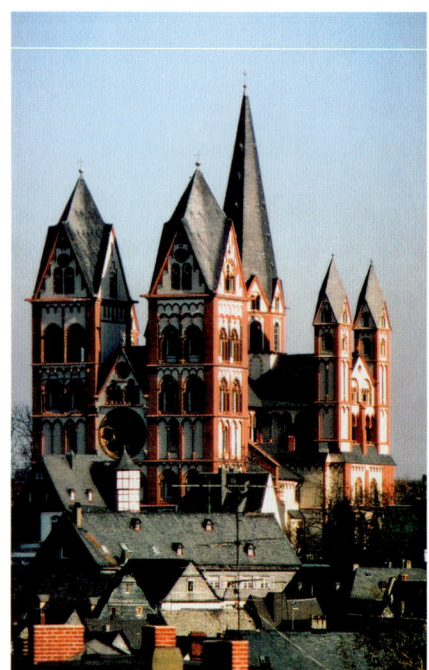
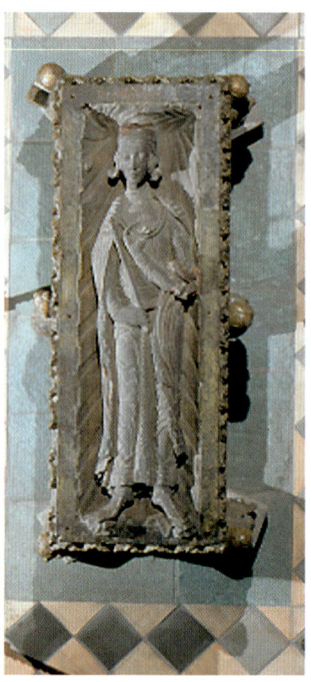

Der Georgsdom über den Dächern der Stadt (links), Stiftergrab Konrad Kurzbolds, um 1230 (rechts)

Sein Standort auf einem Felsen hoch über der Lahn und seine sieben Türme machen den Limburger Dom zu einem der eindrucksvollsten Kirchenbauten Deutschlands. Und weil sein markantes Abbild zwischen 1964 und 1992 die Rückseite des 1000-Mark-Scheines zierte, ist er zweifellos auch einer der bekanntesten.

Die erste nachweisbare Kirche auf dem Lahnfelsen wurde von Konrad Kurzbold erbaut. Die Urkunde, die dem Gaugrafen des Niederlahngaus die Unterstützung von König Ludwig dem Kind beim Bau einer Steinkirche auf dem Berg „Lintburc" zusagt, datiert aus dem Jahre 910. Das Hochgrab des Stifters lag in der Mitte des Chores der dem heiligen Georg geweihten Kirche.

Der Grundstein für den heutigen Dom wurde vermutlich im letzten Viertel des 12. Jahrhunderts gelegt. Von Westen her wurde begonnen, die neue Basilika um den Vorgängerbau herum zu bauen. Die oberen Geschosse der Westtürme wurden dabei als letzte vollendet. Romanisch oder gotisch, so lautet eine oft gestellte Frage der Kunsthistoriker bei der Einordnung des Georgsdomes.

Der Außenbau macht eher einen romanischen Eindruck, vor allem die Struktur des Erdgeschosses ist noch deutlich der trierisch-rheinischen Romanik verhaftet. Anders der Innenraum, in dem Triforium und Obergaden bereits deutliche Elemente der Frühgotik tragen. Einzigartig ist dabei der vollständige Umgang auf der Empore. Auch ein

Maßwerkfenster im Nordturm von 1226 ist ein untrügliches Zeichen vom Einfluss des gotischen Baustils.

Mit der Kirchenweihe 1235 erhielt die Stiftskirche ein Doppelpatronat: Neben dem heiligen Georg war fortan auch Nikolaus von Myra, der Schutzheilige der Handelsleute, Patron der Kirche. Dies – ebenso wie die Nutzung als Pfarrkirche – war ein Zugeständnis an die Limburger Kaufleute, die sich finanziell am Bau beteiligt hatten. Darstellungen der Patrone finden sich im Eingangsportal, an den westlichen Vierungspfeilern und im Vierungsbild.

Die beiden Deckenfresken im Mittelschiff zeigen die Personifikationen von Erde und Wasser, die vier Paradiesflüsse Euphrat, Tigris, Geon und Phison sowie die Erzengel Michael und Gabriel. Im 21 Meter hohen Querhaus weist das südliche Deckenfresko diesen Gebäudeteil als Taufkapelle aus. Hier stand ursprünglich auch der Taufstein aus der ersten Hälfte des 13. Jahrhunderts. Er ist sichtbares Zeichen der in die Stiftskirche integrierten Pfarrkirche – eine reine Stiftskirche brauchte kein Taufrecht.

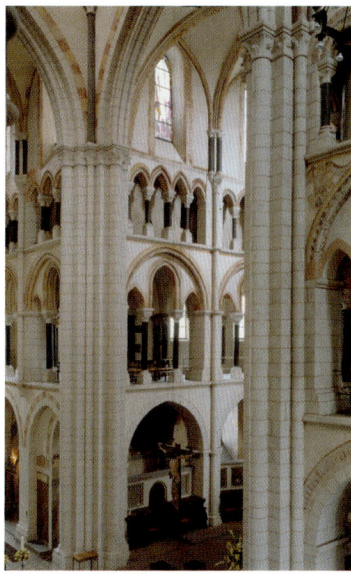

Blick vom Südquerhaus in die Vierung

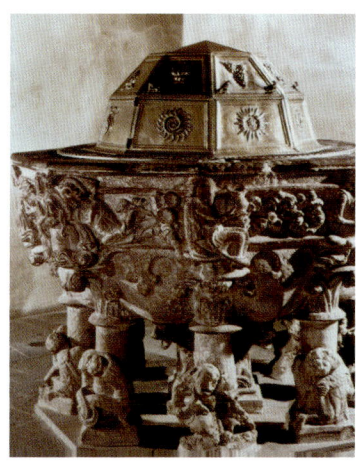

Taufstein aus dem 13. Jahrhundert

Das Taufbecken steht heute in der Erasmuskapelle und gehört zu den am reichsten verzierten Beispielen staufischer Kunst auf deutschem Boden. Das Sandsteinbecken ruht auf einer breiten Mittelstütze und acht Kalksteinsäulen mit plastischem Figurenschmuck – lediglich die Taufe Jesu durch Johannes ist zu erkennen.

1827 wurde die Stiftskirche für das neu gegründete Bistum Limburg zum Dom erhoben. Um den Bedeutungszuwachs zu dokumentieren, ergänzte man 1863 die beiden fehlenden Türmchen des südlichen Querschiffes nach dem Vorbild der nördlichen Türme. Im Zuge einer umfassenden Restaurierung zwischen 1967 und 1991 erhielt der Dom wieder seine mittelalterlichen Farbfassung: Weiß und Rot, mit schwarzen, grünen und gelben Akzenten. ●

L

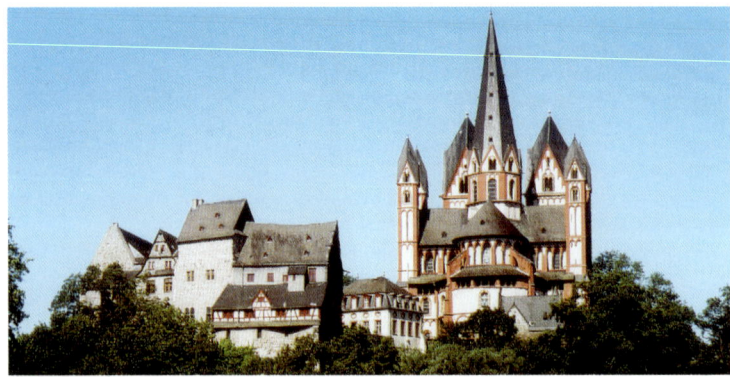

Limburg

Limburger Schloss mit Dom

Schloss

❌ hinter dem Dom

🔼 Stadt Limburg

ℹ️ von außen frei zugänglich

❶ Verkehrsverein Limburg,
Hospitalstraße 2, Tel. 06431-61 66;
E-Mail: limburg@t-online.de

Die Keimzelle von Limburg wird eine für die Merowingerzeit typische Pfalz aus dem 7. bis 8. Jahrhundert gewesen sein, die auf dem schroffen Felsen hoch über der Lahn lag. Diese „curtis" war im Norden und Osten durch die zur Lahn abfallende Felswand und im Süden durch eine bauliche Befestigung gesichert. Im Westen lag die Toranlage, deren Verlauf der heutigen Nonnenmauer entsprochen haben wird.

Betritt man das Schloss, so liegt zur Linken der jüngste Bauteil des Ensembles, ein Barockbau von 1720 mit einem kleinen eingefriedeten Garten. Geradeaus liegt der romanische Wohnturm aus dem 13. Jahrhundert, den Gerlach von Isenburg-Limburg erbauen ließ, als er 1248 Limburg zu seiner Residenz machte. Er wird eingerahmt von einem im Kern spätgotischen Bau in der Nordostecke,

dessen Renaissance-Fachwerkaufbau in der Zeit von Kurfürst Johann von der Leyen (1556-1567) entstand. Rechts schließt der kurfürstliche Bau von 1534 mit dem Eingang zur einstigen Burgkapelle aus dem späten 13. Jahrhundert an. Deren frühgotische Christopheros-Darstellung von der nördlichen Chorwand wurde abgenommen und ist heute im Diözesanmuseum zu bewundern. Der zweigeschossige Saalbau im Süden war mit Ställen und Speichern ausgestattet. Er stammt aus der Mitte des 14. Jahrhunderts, brannte aber im Jahre 1929 ab und wurde in den Jahren 1934/35 wieder originalgetreu aufgebaut. Seit dem Jahr 2000 ist das gesamte Schloss im Besitz der Stadt und beherbergt u.a. das Stadtarchiv. ●

Limburg
Stadtkirche

❌ Altstadt, Bischofsplatz

🔼 kath. Kirche Dom

ℹ️ außen frei zugänglich; innen 9-17 Uhr außerhalb der Gottesdienste

Die Barfüßergasse, die zur heutigen Stadtkirche führt, hält die Erinnerung an den Bettelorden der Franziskaner wach, deren typisches Erkennungsmerkmal die nackten Füße waren. Dieser Orden kümmerte sich vor allem um die Seelsorge für die Bevölkerung der aufblühenden mittelalterlichen Städte. Um dennoch Distanz und Ruhe zur Kontemplation zu haben, bauten sie ihre Klöster mit Vorliebe in die Nähe der Stadtmauer. Auch in Limburg siedelten sich die Franziskaner 1232 im Randbereich der Altstadt an. Das Kloster zählt damit zu den ältesten seiner Art in Deutschland.

Die Kirche ist, nach franziskanischem Ideal, betont schlicht gehalten und besitzt keinen Turm. Die dreischiffige Basilika mit ihrem schönen Maßwerkfenster an der Westfassade besitzt lediglich einen Dachreiter zwischen Langhaus und Chor. Der heutige Bau entstand Anfang des 14. Jahrhunderts, nachdem das Grafengeschlecht von Isenburg-Limburg dem Kloster bedeutende Beträge

vererbt hatte. Ein anderer großer Förderer war Johannes von Limburg, dessen Grabmal von 1312 sich bis heute im Chor der Kirche befindet.

Der Innenraum wurde um 1742 barockisiert: eine Spiegeldecke aus Stuck ersetzte die alte Flachdecke und die Kirche erhielt Kanzel, Kirchengestühl und einen neuen Anstrich. Im Zuge der Säkularisation löste sich das Kloster auf und die Sebstianskirche wurde 1820 zur städtischen Kirche. Ein Teil des ehemaligen Klosters wurde 1827 zur bischöflichen Residenz des neu geschaffenen Bistums. Der Plan, aus der Sebastianskirche eine Bischofskapelle zu machen, wurde dank des Widerstandes der Stifterfamilien nicht realisiert. Allerdings wurde Inventar aus der Kirche entfernt, um sie nach dem aktuellen Zeitgeist neu zu gestalten. Die originalen Glasfenster des Chores befinden sich heute zum Teil im Diözesanmuseum. ●

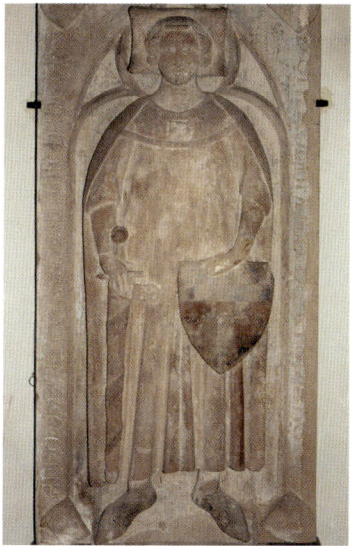 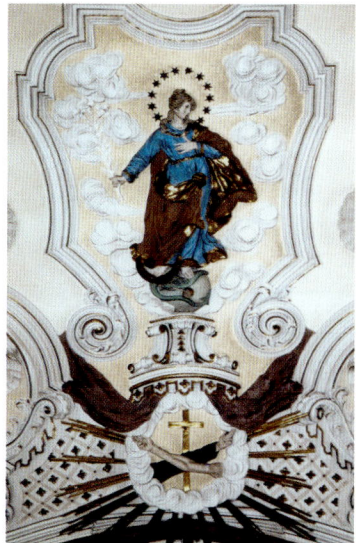

Grabmal Johannes des Blinden (links), Mariendarstellung, darunter der bekleidete und der nackte Arm als Symbol des Franziskanerordens (rechts)

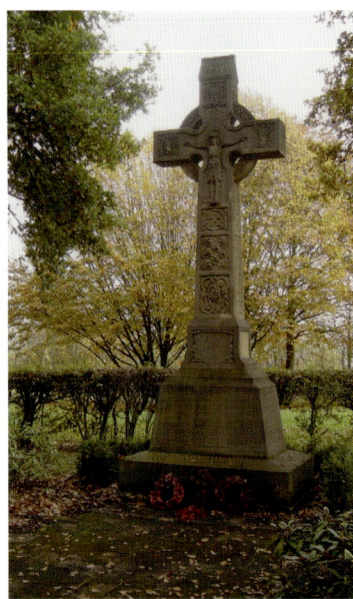

Limburg-Dietkirchen
Kriegsgräberstätte

❌ von Limburg aus am Ortseingang rechts (ausgeschildert)

➊ frei zugänglich

ℹ Ortsvorsteher, Tel. 06431-973469

Am 23. Dezember 1914 wurde mit militärischen Ehren der Ire Frederick Reuilly – der erste Tote des Limburger Kriegsgefangenenlagers – bestattet. Veteranen des Dietkirchener Kriegervereins erwiesen dem Toten in Frack und Zylinder die letzte Ehre, und eine Blaskapelle spielte das Lied „Ich hatt' einen Kameraden". Drei Jahre später wurde ein drei Meter hohes Hochkreuz auf dem Terrain errichtet. Irische Gefangene hatten das aus einem Stück gefertigte Sandsteinkreuz zur Erinnerung an ihre 34 verstorbenen irischen Mitgefangenen geschaffen. Dieses außergewöhnliche

Das irische Kreuz der Kriegsgräberstätte

Kunstwerk ist wohl das einzige irische Hochkreuz außerhalb des ehemals keltischen Kulturraumes und einmalig auf dem europäischen Kontinent.

Das im September 1914 auf beiden Seiten der Straße nach Limburg errichtete Kriegsgefangenenlager war zunächst für 10.000 Internierte konzipiert. In den Folgejahren stieg ihre Zahl jedoch stark an und für die verstorbenen Häftlinge musste ein eigener Friedhof angelegt werden. Im Laufe des Ersten Weltkrieges wurden hier vermutlich 334 Russen, 123 Franzosen, 59 Italiener, 47 Briten – davon 45 Iren, sieben Serben und je ein Belgier und Rumäne bestattet.

Während des Zweiten Weltkrieges wurde der Soldatenfriedhof noch einmal intensiv genutzt: Etwa 947 Russen aus dem STALAG XII A fanden hier ihre letzte Ruhestätte. Nach dem Krieg wurden – mit Ausnahme der Russen – viele Tote exhumiert. Der stark vernachlässigte Friedhof wurde 1959 neu gestaltet und wird bis heute weiter gepflegt. ●

Limburg-Dietkirchen
Sankt Lubentius Basilika

❌ Ortsmitte, Herrenberg

⛪ kath. Pfarrgemeinde Dietkirchen

➊ frei zugänglich, Besichtigung außerhalb der Gottesdienste

ℹ kath. Pfarramt St. Lubentius, Tel. 06431-71498

Seinen Ruf als Apostel der Lahngegend hat der heilige Lubentius nie eingebüßt. Gesichert ist seine Tätigkeit zwischen 300 und 369 im linksrheinischen Germanien – eine Missionstätigkeit im rechtsrheinischen Germanien gilt aber nach heutigen Erkenntnissen als ausgeschlossen. Sie ist Legende – ebenso, wie die vom „Lubentiuswind", der den Kahn

L

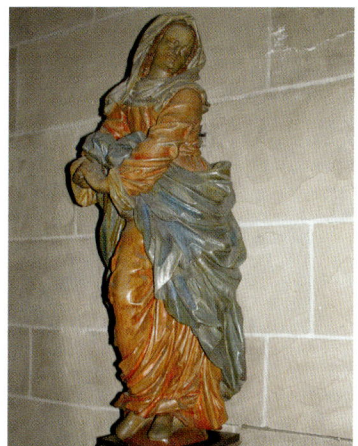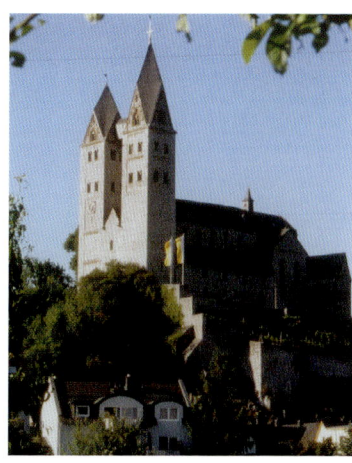

Die Marienstatue in expressiver Formensprache der „Hadamarer Schule" (links), Sankt Lubentius in eindrucksvoller Lage auf dem Lahnfelsen (rechts)

mit dem Sarg, des frommen Priesters von der Mosel – über den Rhein und die Lahn stromaufwärts – bis an die Kalkfelsen von Dietkirchen getrieben haben soll.

Anfang des 9. Jahrhunderts wurden die Gebeine von Lubentius nach Dietkirchen transferiert. In einer Seitenkapelle, aufbewahrt in einem mit Schmucksteinen verzierten Büstenreliquiar und einem Steinsarkophag unter der Altarmensa, werden die Reliquien noch heute verehrt. Die 841 zum Stift erhobene Kirche wurde im Lauf der Zeit zur Mittelpunktskirche für das Lahngebiet und den Westerwald.

Die Baugeschichte des romanischen Gotteshauses geht auf einen rechteckigen Saalbau aus frühkarolingischer Zeit zurück, der im 10. Jahrhundert zur dreischiffigen Basilika erweitert wurde. Weitere Baumaßnahmen bis ins 13. Jahrhundert prägten das heutige Aussehen des Kirchenraumes. Die exponierte Lage der Kirche auf dem Lahnfelsen lässt die Emporenbasilika mit Querschiff größer erscheinen, als sie ist. Die beiden schlan-ken, quadratischen Türme gründen durch den steilen Felsabfall auf unterschiedlichem Niveau und ihre unterschiedlich hohen Rautendächer geben Sankt Lubentius seine charakteristische Silhouette.

Unter der Innenausstattung der Kirche treten zwei Werke der „Hadamarer Schule" hervor: Die Figur des Johannes ist vollplastisch gearbeitet während die Rückseite der ausgehöhlten Marienstatue mit einem Brett verschlossen wurde. Ursprünglich zierten beide Figuren das schmiedeeiserne Chorgitter, wobei Johannes auch von der Rückseite her gesehen wurde. Ihre raumgreifende Bewegung und die faltenreiche Drapierung ihrer Gewänder lassen deutlich die Handschrift des Bildhauers Johann Valentin Neudecker d. Älteren (1663-1718) erkennen. Beachtenswert ist außerdem das halbkugelförmige mit Kerbschnittfries verzierte Taufbecken aus Basalt aus dem 13. Jahrhundert. Es steht auf einem kleinen Mittelpfeiler und wird von sechs Säulen mit Knospenkapitellen gestützt.

L

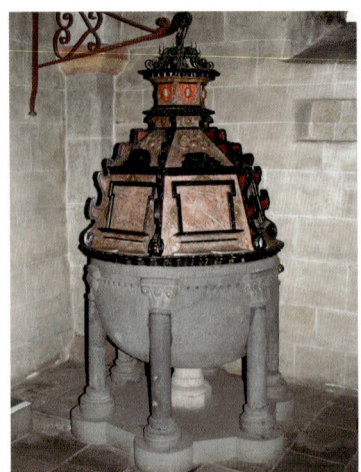

In der Basilika in Dietkirchen besitzt die Kirchenmusik – insbesondere die Orgelmusik – eine lange Tradition. Orgelklänge waren hier seit vielen Jahrhunderten zu hören, denn die Entwicklung der Orgelkultur reicht bis ins 13. Jahrhundert zurück.

Der Orgelprospekt, der heute zu sehen ist, stammt aus dem frühen 18. Jahrhundert. Es war der Mainzer Orgelmacher Johann Jakob Dahm, der 1712 in Dietkirchen seine künstlerischen Spuren hinterließ und eine einmanualige Orgel von hoher Qualität baute. Trotz mehrerer tiefgreifender Orgelumbauten im 19. und 20. Jahrhundert blieb der Orgelprospekt in seinem festlichen barocken Gewand unverändert. Beim Neubau der Orgel im Jahre 2002 wurde der barocke Prospekt sorgfältig restauriert und erstrahlt als barocker Gegenpol in der sonst eher strengen romanischen Architektur.

Ziel der jüngsten Überarbeitung war es, die Orgelmusik aller Epochen angemessen darstellen zu können. Mit Gerald Woehl wurde ein international renommierter Orgelbauer verpflichtet. Meisterlich verstand er es, aus der alten

Taufbecken aus dem 13. Jahrhundert

Barockorgel wertvolle Pfeifen – insgesamt acht Register – in die neue Orgel zu integrieren. Aus der romantischen Epoche des Orgelbaues sind einige schöne Stimmen aus dem Jahr 1893 erhalten. Auf organische Weise schaffen diese Register eine Verbindung zu den barocken Ensembles.

Ergebnis dieser feinsinnigen Orgelbaukunst ist ein dreimanualiges Werk, das in seiner Konzeption einzigartig ist. Es erlaubt eine musikalisch authentische Interpretation aller Stilepochen, ausgehend von der Orgelliteratur des 15. Jahrhunderts über die Renaissance und den Barock bis hin zur Romantik. Prächtig klingt das Orgelwerk auch bei französischer und zeitgenössischer Literatur und versetzt die Orgelfachwelt in Erstaunen. Mit der Einführung der Lubentius-Musik in Dietkirchen ist die Orgel außerhalb der Gottesdienste auch im konzertanten Rahmen zu hören. ●

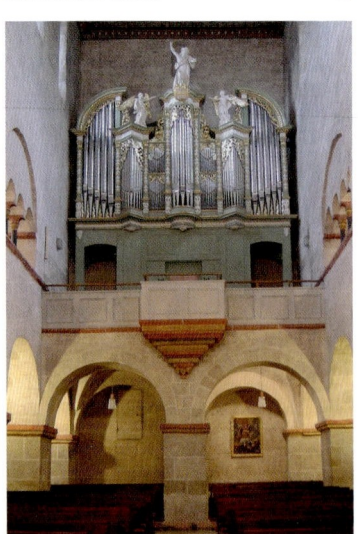

Der frühbarocke Orgelprospekt in romanischem Ambiente (unten)

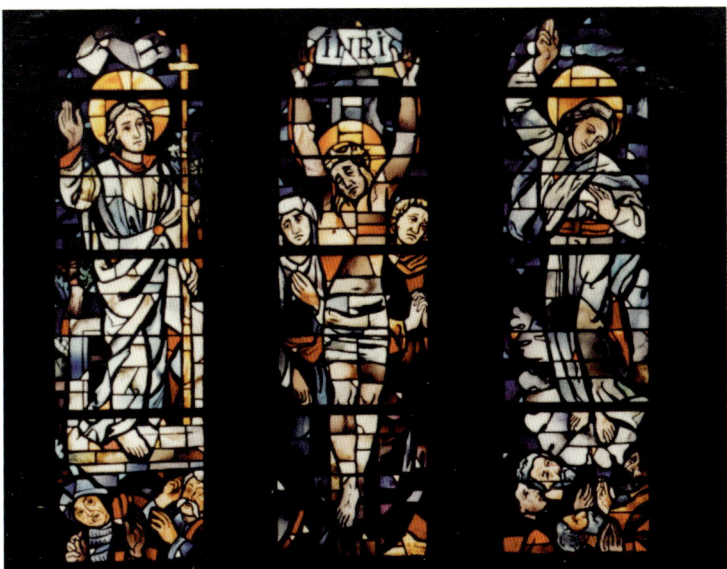

Limburg-Staffel
Evangelische Kirche

Auferstehung, Kreuzigung und Himmelfahrt Jesu

⊗ Schulplatz

☁ ev. Kirchengemeinde Staffel

🛈 außen frei zugänglich;
Schlüssel im Pfarrbüro

🛈 Pfarrbüro, Schulplatz 9, Tel. 0641-6395

Limburgs westlichster Stadtteil Staffel ist ein typisches Straßendorf. In dem auf der Höhe gelegenem Ortskern wurde 1683 eine evangelische Kirche erbaut, um den protestantischen Christen Staffels den weiten sonntäglichen Kirchgang nach Diez zu verkürzen. Der Bau der eher schlichten, kleinen Kirche wurde von Fürstin Albertine Agnes von Diez, aus dem Hause Nassau-Oranien unterstützt. Das Kirchlein besitzt ein Satteldach mit zwei Gaupen nach Westen und über dem eingezogenen Chor erhebt sich ein schlanker Turm mit oktogonalem Spitzhelm.

Durch Zuzug wuchs die evangelische Gemeinde in der Nachkriegszeit stark an. In den 1950er Jahren wurde das Kirchenschiff daher erheblich vergrößert und die Innenausstattung neu gestaltet. Außerdem bekam das Gotteshaus für seinen Altarraum drei neue Fenster.

Schöpfer dieser beachtenswerten Fenster war der Maler Rudolf Fuchs (1892-1985). Der Künstler aus Diez entwarf im Laufe seines Lebens mehr als 40 Kirchenfenster. Die drei bleiverglasten Fenster zeigen die Auferstehung, die Kreuzigung und die Himmelfahrt Jesu. Die ausgearbeiteten Entwürfe realisierte der namhafte ehemalige Hofglasmaler Gustav van Treeck aus München.

Die beste Jahreszeit, um die eindrucksvollen Fenster zu betrachten, sind die ersten Frühlingstage: Durch die noch unbelaubten Bäume lässt die Sonne die Fenster in jenen klaren Farben leuchten, die der Künstler vorgegeben hatte. ●

Lohra

L

Lohra-Altenvers
Alte Kirche

- ⊗ Martin-Luther-Straße
- ⌂ Verein für Geschichte und Volkskunde Lohra e. V.
- ⓘ So 9-18 Uhr
- ⓘ Verein für Geschichte und Volkskunde Lohra e. V., Tel. 06462-91122

Inmitten des Dorfes Altenvers, auf einem nach Süden vorspringenden Spornplateau liegt die „Alte Kirche". Bauhistorisch, vor allem aber in kirchentypologischer Hinsicht, weckte das kleine Kirchlein in der Fachwelt großes Interesse, handelt es sich doch um die letzte erhaltene Hufeisenkirche Deutschlands.

Die im Kern romanische Kirche besteht aus einem einfachen Saalbau von knapp zehn Metern Länge und acht Metern Breite. Die Wände aus Bruchsteinmauerwerk sind von gut gearbeiteten Eckquadern eingefasst. Bemerkenswert ist aber die anschließende Apsis mit ihrem hufeisenförmigen Grundriss. Das unregelmäßige Halbrund misst außen eine Breite von etwa sechs Metern. Dieser Hufeisenchor weist auf eine sehr frühe Entstehungszeit zwischen dem 7. und 9. Jahrhundert hin.

Auch die Bauzeit des Schiffes lässt sich bislang noch nicht eindeutig datieren. Nach dendrochronologischen Untersuchungen am Dachstuhl kann dieser auf 1456 datiert werden. Ein Quader an der Süd-Ostecke trägt eine Zahl, die als 1529 oder 1729 gelesen werden kann. In den seit 1558 vorhandenen Bauaufzeichnungen der Kirche gibt es aber keinen Hinweis auf einen Neubau in diesem Zeitraum. Allerdings wurde 1729 die Innenausstattung der Kirche durch eine hölzerne Kanzel und Emporenkonstruktion barock umgestaltet.

1968 wurde für das Kirchenschiff eine Abbruchgenehmigung erteilt. Die Auflage des Landesamtes für Denkmalpflege bezog sich lediglich auf den Erhalt der Apsis. Eine Marburger Bürgerinitiative konnte damals den Abbruch erfolgreich verhindern. Ein gutes Jahrzehnt später ging die Kirche auf einen lokalen Geschichtsverein über, der sich seitdem um den Erhalt der Kirche kümmert. Das Gebäude wurde renoviert und steht seit 1981 der Bevölkerung für Ausstellungen, Vorträge, Jubiläen und Hochzeiten zur Verfügung. ●

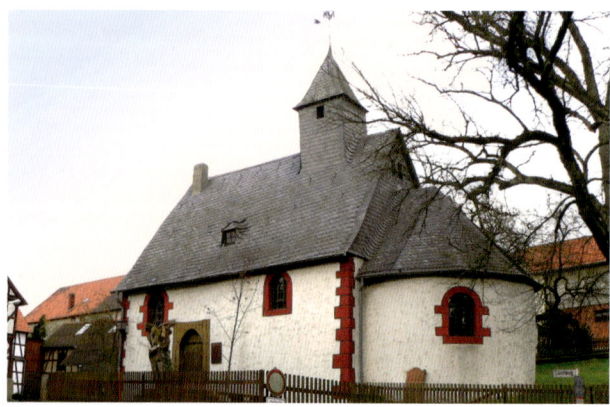

Der Hufeisenchor – eine typologische Rarität

Lollar

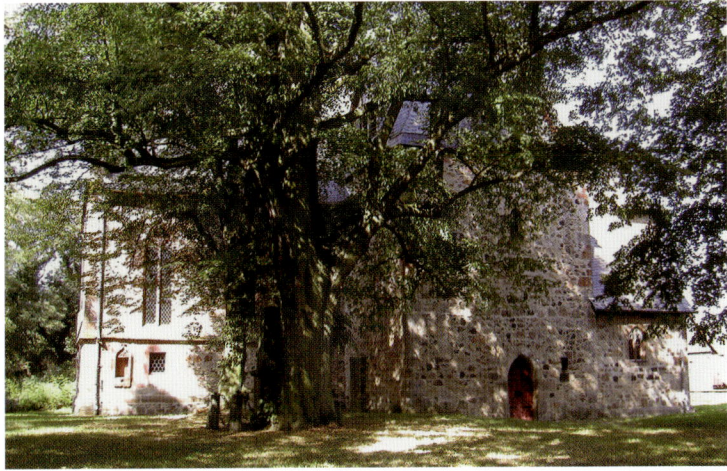

Lollar-Ruttershausen

Kirchberg

Die gotische Pfarrkirche auf dem Kirchberg

❌ ca. 1,5 km nördlich von Lollar, östlich der Lahn, Ecke Marburger-Straße/Kirchberg

ℹ️ ev. Kirchengemeinde, Tel. 06406-5399; www.kirchberg-evangelisch.de

Zwischen der Bundesstraße 3 und dem Bahndamm gelegen ist die einstige strategische Bedeutung des Kirchberges heute nicht mehr ohne weiteres zu erkennen. Doch der Basaltkegel gestattet einen weiten Rundblick und eignete sich hervorragend zur Sicherung der Lahnfurt. Eine Kirche auf dem Kirchberg wird erstmals im Jahre 1227 urkundlich erwähnt. Sie war im Mittelalter Sitz eines Großpfarrers und Mutterkirche für mindestens fünf bis elf Ortschaften. Außerdem war der Kirchberg Gerichtstätte der Herren von Gleiberg-Merenberg-Nassau.

Die heutige Kirche entstand in den Jahren 1495 bis 1508 als zweischiffige Hallenkirche. Eigenartig ist die seitliche Turmstellung, welche auch bei der romanischen Vorgängerkirche vermutet wird. Deren Turm blieb offensichtlich erhalten,

was ein rundbogiges Fenster zur Sakristei hin belegt. Auch die drei Glocken aus den Jahren 1310, 1380 und 1432 wurden vor Errichtung des hochgotischen Kirchenbaus gegossen.

Die zweischiffige Halle des Langhauses ist geprägt durch drei schlichte Säulen, die die Kreuzgratgewölbe der beiden asymmetrischen Schiffe abfangen. Später ist eine L-förmige Empore eingezogen worden, an deren östlicher Wand heute die schöne Rokkoko-Orgel aus dem Jahre 1746 steht.

Den großen, polygonalen Chorraum überspannt ein Netzrippengewölbe. Besonders prachtvoll ausgestaltet sind die farbig gefassten Doppelgrabsteine an seiner Nordwand: Die Epitaphe des hessischen Hofmarschalls Friedrich von Rolshausen mit Gemahlin Anna von Ehringshausen sowie des Philipp von Rolshausen und Elisabeth von Schwalbach stammen aus der Zeit um 1600. Zu den wertvollsten Stücken der Kirche gehören zweifellos das große Kruzifix auf dem Altar, das aus der Bauzeit der Kirche stammt. ●

159

Marburg

M

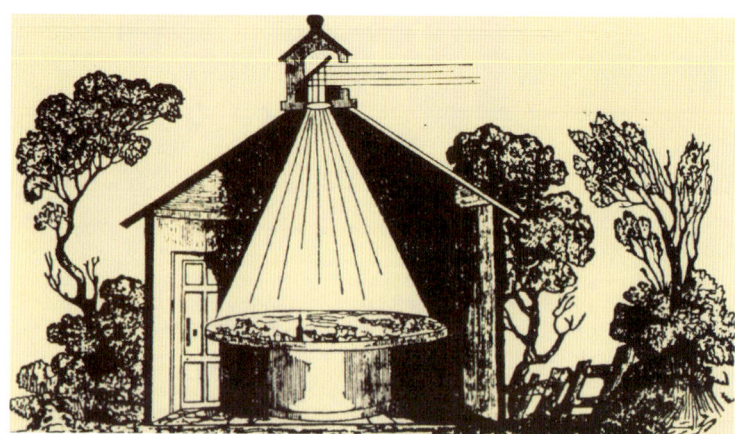

Marburg

Camera Obscura

Historische Darstellung einer Camera Obscura

⊗ Aussichtsterrasse südlich des Landgrafenschlosses

⬧ Universität Marburg, Fachbereich Physik

🕐 April bis Oktober jeweils Sa, So,
Mi 14-16 Uhr und nach Vereinbarung

ℹ Tel. 06421-42794;
www.physik.uni-marburg.de/de/
forschung/didaktik/camera-obscura.html

Seit dem Jahr 2002 steht auf der Aussichtsterrasse des Landgrafenschlosses
ein merkwürdiges, sechseckiges Hütt-
chen mit einer Art Kamin auf der Spitze
des pyramidenförmigen Daches. Diese
„Camera Obscura", zu Deutsch „dunkle
Kammer", errichtete der Fachbereich
Physik anlässlich des 475. Universitäts-
Jubiläums und man orientierte sich beim
Bau an einer Technik, die seit der Mitte
des 17. Jahrhunderts gebräuchlich war.

Dunkelheit muss in dem Holzhäus-
chen herrschen, denn andernfalls würde
das Bild auf der runden, höhenverstell-
baren Projektionsfläche in seinem Inneren durch Streulicht überstrahlt. Das Bild
wird von oben über einen Spiegel im

„Kamin" auf den Projektionstisch gelenkt.
Eine optische Linse erzeugt ein relativ
lichtstarkes Bild – anders als die ältere
Variante der Camera Obscura, die mit
einer Lochblende arbeitete.

Der höhenverstellbare Tisch ermög-
licht es, das Bild scharf zu stellen und
durch die Kombination von Spiegel und
Linse ist die Projektion seitenrichtig und
aufrecht. Durch Drehen und Kippen des
Spiegels kann mit der „versteckten
Kamera" die Umgebung im 360 Grad-
Radius beobachtet werden.

Was hier zu sehen, ist, ist das lebendige Abbild der Umgebung: Vögel fliegen
durchs Bild und Zweige bewegen sich, es
erscheint das nahegelegene Schloss und
die Stadt im Lahntal. Und wie die Astronomen, Naturforscher, Fürsten und
Künstler vergangener Jahrhunderte, so
fasziniert diese archaische optische
Apparatur noch heute seine großen und
kleinen Besucher. Und man ahnt, wie
erschreckend und überwältigend das
Phänomen auf die Höhlenmenschen
gewirkt haben muss, wenn zufällig auf
der Felswand ihrer Höhle durch ein kleines Loch ein bewegtes Abbild der
Umwelt erschien. ●

Marburg
Elisabethkirche

- ❌ nördlich der Altstadt, am Fuße des Schlossberges

- ◐ ev. Elisabethkirchengemeinde Marburg/Lahn

- 🕐 April bis Oktober: Mo bis Fr 9-18 Uhr, Sa 9-17 Uhr, So und FT 11.15-17 Uhr; sonst Mo bis Fr 10-16 Uhr, Sa 10-17 Uhr, So und FT 11.15-17 Uhr; Führungen täglich 15 Uhr außer Sa Tel. 06421-65573

- ℹ Marburg Tourismus und Marketing GmbH, Pilgrimstein 26, Tel. 06421-99120; www.marburg.de; www.elisabethkirche.de

Die erste Kirche Deutschlands, die in rein gotischem Stil erbaut wurde, ist die Marburger Elisabethkirche. 1235 am Chor begonnen und zur Weihe im Jahre 1283 schon weitgehend vollendet, trug sie dazu bei, dass sich der neue Baustil nun auch östlich des Rheines verbreitete. Vorbilder waren sicher die Kathedralen von Reims und Amiens, doch lassen sich auch Parallelen zu anderen gotischen Kirchen Frankreichs feststellen. Die Kirche wurde auf Betreiben des Deutschen Ordens für die im Jahr des Baubeginns heilig gesprochene Elisabeth von Thüringen (1207-1231) gebaut.

Der kleeblattähnlich angelegte Dreikonchen-Chor unterstreicht ihre Funktion als Grabkirche: Der Hauptchor steht für das Grab Christi. Sein prachtvoller 1290 geweihter steinerner Hochaltar zeigt die hochgotische Portalfront des Straßburger Münsters. Der Nordchor enthält das Grabmal der heiligen Elisabeth, deren Gebeine bis zur Reformation im „goldenen Schrein" der Sakristei zwischen Nord- und Ostchor aufbewahrt wurden. Südlich schließt der Landgrafenchor an, mit den imposanten Sarkophagen der hessischen Landgrafen. Hier findet sich

unter anderem das Grabmal des Landgrafen Konrad von Thüringen, dem Schwager Elisabeths und Initiator des Kirchenbaus.

Künstlerisch herausragend ist die Glasmalerei auf den Fenstern des Hauptchores, u. a. mit Szenen aus dem Wirken der heiligen Elisabeth. Vier stammen aus der Mitte des 13., zwei weitere aus dem 14. Jahrhundert. Der 1343 errichtete Lettner trennt den Chor, der ursprünglich den Ordensmitgliedern vorbehalten war, vom Langhaus der Laien. Sein ursprünglich reicher Figurenschmuck fiel 1619 dem Bildersturm der Reformierten zum Opfer. Das Langhaus ist als dreischiffige Hallenkirche mit sechs Jochen gestaltet. Hinzu kommt ein weiteres Joch für die Turmhalle, über denen sich das Westwerk mit seinen beiden mächtigen Türmen erhebt. Deren Fertigstellung zog sich bis ins frühe 14. Jahrhundert hin. ●

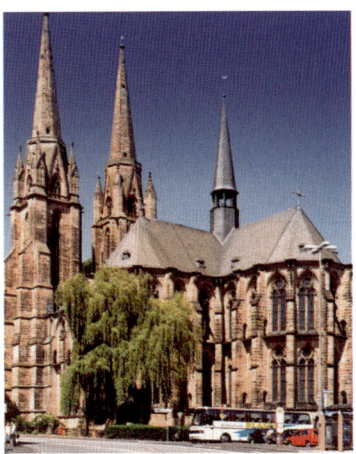

Die Elisabethkirche von Südosten

M

Marburg
Gotteshäuser und Klöster

❌ (1) Am Schuhmarkt, (2) unterhalb Nicolaistraße, (3) oberhalb der Elisabethstraße, (4) Pilgrimstein gegenüber Einmündung Steinweg, (5) Reitgasse/Kornmarkt, (6) Barfüßerstraße/Am Plan, (7) Kugelgasse, (8) Ecke Mainzer Gasse/Schloßsteig

🕐 (1) (3) (4) (8) jederzeit von außen zugänglich; innen zugänglich: (2) täglich 9-17 Uhr, (5) Universitätskirche täglich außer Montag 8-18 Uhr; Alte Universität, Anmeldung über Touristinformation

ℹ️ Marburg Tourismus und Marketing GmbH, Pilgrimstein 26, Tel. 06421-99120; www.marburg.de; (2) ev. Pfarramt Tel. 06421-161446

Kirchlich unterstand die heutige Stadt Marburg in ihrer Frühzeit dem acht Kilometer entfernten Oberweimar. So entstand die erste Marburger Kirche, die

Kilianskapelle (1) auf dem Schuhmarkt, um 1180 noch als Filialkirche des dortigen Pfarrbezirks. Nach dem Bau der Stadtpfarrkirche, der die kirchliche Selbständigkeit im 13. Jahrhundert dokumentiert, ging die Bedeutung des „Kilian" zurück und im 16. Jahrhundert wurde er profanisiert. 1555 riss man Gewölbe und Turm ein, und verwendete die Steine für den Neubau der Weidenhäuser Lahnbrücke. Das ehemalige Kirchenschiff bekam ein Fachwerkobergeschoss und das Gebäude diente fortan als Zunfthaus der Schuhmacher, Speicher und heute als Wohn- und Geschäftshaus.

Vermutlich schon bevor Marburg 1227 eine eigene Pfarrei erlangte, wurde im Westen der jungen Stadt mit der Errichtung der Kirche Sankt Marien begonnen. Als Stadtpfarrkirche (2) wurde das romanische Gotteshaus zwischen 1318 und 1395 wesentlich erweitert und zur dreischiffigen Hallenkirche im hochgotischen Stil umgebaut. Der charakteris-

Die dreischiffige Stadtpfarrkirche Sankt Marien

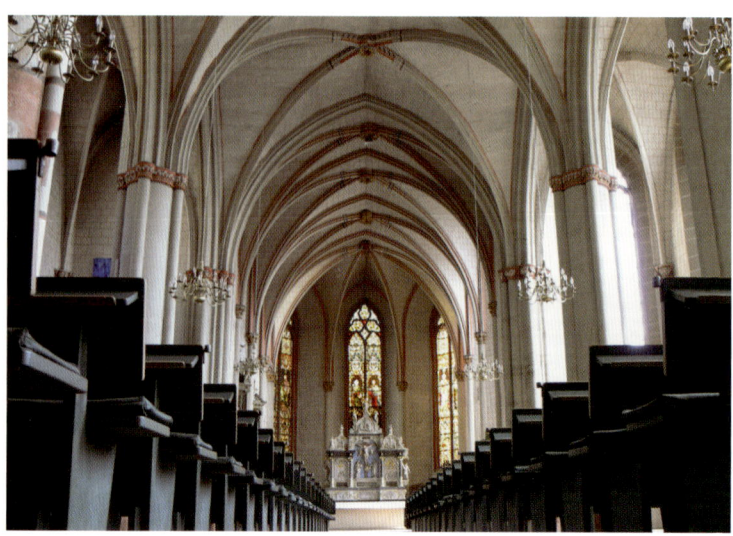

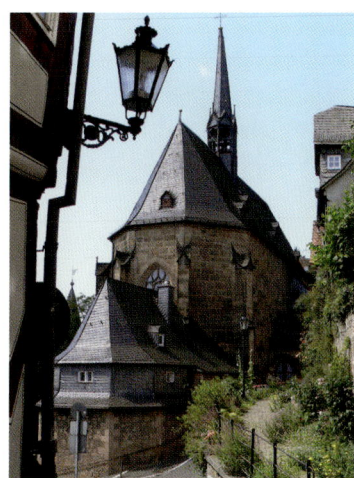

Die ehemalige Klosterkirche der Kugelherren Sankt Johannes

tische Westturm mit seiner schiefen Spitzhaube entstand zwischen 1447 und 1473 – zeitgleich mit der Verlängerung der Seitenschiffe. Die Grabmale der Landgrafen Ludwig IV. von Hessen-Marburg und Ludwig V. von Hessen-Darmstadt († 1604 bzw. 1626) und ihrer Gemahlinnen zeugen von der Zeit Marburgs als Residenzstadt und dem hohen Rang der Kirche.

In unmittelbarer Nachbarschaft der Elisabethkirche befanden sich ursprünglich zwei Kapellen. Noch vorhanden ist das 1270 dem Erzengel Michael geweihte „Michelchen" (3) am Hang gegenüber der Elisabethkirche. Dagegen blieben von der Franziskuskapelle des Elisabethhospitals am Pilgrimstein nur die Außenmauern des Chores (4) übrig. Sie war 1235 an Stelle der ersten, noch zu Lebzeiten Elisabeths errichteten Hospitalskapelle erbaut worden. Nach dem Abbruch des alten Hospitals im Jahre 1887 steht sie heute als Ruine.

Die drei Klöster, die einst die mittelalterliche Stadt beherbergten, haben bis heute unübersehbare Spuren hinterlassen: Auf einem steilen Felsen über der Lahn, nahe dem Lahntor an der Süd-

ostecke der Stadtbefestigung, ließen sich 1291 die Dominikaner (5) nieder. Im Zuge der Reformation wurde das Kloster 1527 aufgehoben und die Gebäude gingen in den Besitz der neu gegründeten Universität über. Mit Ausnahme der Klosterkirche sind alle Gebäude 1872 zugunsten eines repräsentativen Neubaus in neogotischem Stil abgebrochen worden. Die Innenwände der damals entstandenen Aula schmücken Darstellungen aus der Marburger Stadtgeschichte, die der Düsseldorfer Maler Peter Jansson 1903 erstmals der Öffentlichkeit präsentierte. Als Gotteshaus eines Bettelordens trägt die ehemalige Klosterkirche keinen Turm, sondern nur einen Dachreiter. Dass der ältere Chor das jüngere Kirchenschiff überragt, dürfte an Geldproblemen während der Bauphase gelegen haben. Nach der Reformation diente der Bau zeitweise als Speicher, später wurde er zur Kirche der reformierten Gemeinde. Die ursprüngliche Ausstattung ging weitgehend verloren – prägend sind heute barocke und moderne Stilelemente. Wie die gesamte „Alte Universität" nutzt heute der Fachbereich Evangelische Theologie der Philipps-Universität die ehemalige Klosterkirche.

Die Niederlassung des Franziskanerordens war ursprünglich das nördlich der Stadt gelegene Hospital. Als dieses mit dem Bau der Elisabethkirche dem Deutschen Orden überlassen werden musste, errichteten die sogenannten Barfüßer-Mönche 1234 westlich der damaligen Stadtgrenze ein neues Kloster. Auch das Franziskanerkloster (6) wurde im Zuge der Reformation aufgelöst und die Gebäude fielen 1527 an die Universität. Die Klosterkirche musste 1730 einer universitären Reithalle weichen, die das Institut für Leibesübungen bis heute nutzt.

M

Die „Brüder vom Gemeinsamen Leben", im 14. Jahrhundert als Kongregation von Klerikern und Laien gegründet, trugen stets eine Kapuze, welche auch teilweise die Schultern bedeckte – den „Gugel". Diese „Gugelherren" richteten 1491 am Westrand der Stadt ein Bruderhaus ein und in der nach ihnen benannten Kugelgasse war schon 1478 mit dem Bau einer einschiffigen Kirche begonnen worden. 1527 wurde auch hier die Universität Eigentümer. Während das Kugelhaus bis heute ein Institut beherbergt, wurde die Kugelkirche (7) seit dem späten 17. Jahrhundert von Hugenotten genutzt und diente seit 1827 als katholische Pfarrkirche. Aus der Bauzeit beeindrucken neben Gewölbemalereien vor allem das spätgotische Sakramentstabernakel.

Überreste einer mittelalterlichen Synagoge wurden am oberen Markt in den Jahren 1993-95 ergraben. Bezeichnenderweise trug der daneben verlaufende heutige Schloßsteig bis 1933 den Namen „Judengasse". Über der Grabungsstelle steht seit 2001 ein Glaskubus. Er stellt in vereinfachter Form das Bauvolumen der einstigen Synagoge dar. ●

Marburg
Häuser der Oberstadt

❌ Straßenzug der Fußgängerzone (Barfüßerstraße, Marktgasse, Wettergasse, Neustadt, Steinweg) und Gassen oberhalb und unterhalb des Marktplatzes

◉ privat

❶ nur von außen zugänglich

❶ Marburg Tourismus und Marketing GmbH, Pilgrimstein 26, Tel. 06421-99120; www.marburg.de

Fachwerkhäuser sind die charakteristische Bebauung der Marburger Ober-

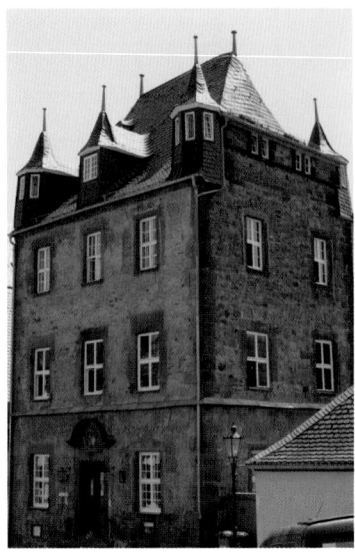

In der Oberstadt eher selten – Steinhäuser wie das Hochzeitshaus

stadt. Steinhäuser waren aus Kostengründen bis weit ins 19. Jahrhundert die Ausnahme. Allenfalls öffentliche Profanbauten wie das Rathaus oder das Schloss waren in Stein erbaut. In Marburg gibt es neben diesen Bauwerken nur wenige weitere Steingebäude und diese besitzen häufig noch Fachwerkobergeschosse: Der Arnsburger Hof (Barfüßerstraße 3) – städtischer Sitz des gleichnamigen Zisterzienserklosters bei Lich – stammt im Kern aus dem 14. Jahrhundert und zählt damit zu den ältesten Häusern Marburgs. Das „Hochzeitshaus" (Nikolaistraße 3) mit dem reich verzierten Barockportal, ließ 1527-30 ein reicher Großkaufmann errichteten; damit ist es eines der ältesten privaten Steinhäuser der Stadt. Die Bezeichnung „Hochzeitshaus" wirft noch Rätsel auf, denn eine entsprechende Funktionen hatte das Haus nie. Die ehemalige Kanzlei, gebaut in den Jahren 1573-77, verdankt ihre

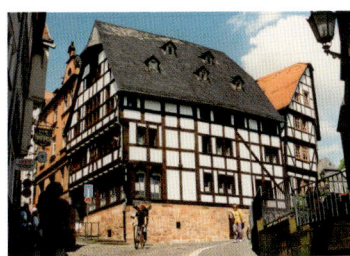

Marburgs ältestes Fachwerkhaus Hirschberg 13

Existenz dem historischen Intermezzo der Landgrafschaft Hessen-Marburg. Der stattliche Renaissancebau mit geschwungenen Volutengiebeln liegt an der Zufahrt vom Markt zum Schloss.

Von den Fachwerkhäusern der Oberstadt stammen nur wenige aus dem Mittelalter. Mit dem Baudatum von 1321 gilt das Gebäude Hirschberg 13 als ältestes Fachwerkhaus der Stadt und als eines der ältesten überhaupt. Große Teile davon stammen aber erst aus dem 15. Jahrhundert – genau genommen handelt es sich gar um eine Rekonstruktion unter Verwendung noch brauchbarer Originalhölzer aus den Jahren 1975-1978. Mittelalterliches Fachwerk ist außerdem anzutreffen am Kernbau des Hauses Augustinergasse 1, am Hauptgebäude Reitgasse 3 sowie an den Gebäuden Schlosstreppe 1 und Mainzer Gasse 32-34.

Prägend für die Marburger Oberstadt sind jedoch die Fachwerkhäuser des 16. bis 18. Jahrhunderts. Diese waren zwischenzeitlich häufig verputzt, um einen repräsentativeren Steinbau vorzutäuschen. Mit dem Historismus fand jedoch in der zweiten Hälfte des 19. Jahrhunderts eine Rückbesinnung auf die Schönheit des Fachwerkes statt. Fachwerkbauten der damaligen Zeit, die an die Stelle älterer Gebäude traten, zeugen von diesem Sinneswandel.

Beispiele finden sich in der Ritterstraße 3 (1876-77), Markt 11 (1884), Wettergasse 6 (1900), der Häuserzeile der Wettergasse vom Haus 19 bis 28 (1893-95) sowie gegenüber das Haus Nummer 18 (1896), in der Neustadt 24 (1878) und am Steinweg 8 (1900). Das Fachwerk jener Zeit zeichnet sich durch seine üppige Ornamentik aus.

Fachwerkzeile am Marktbrunnen

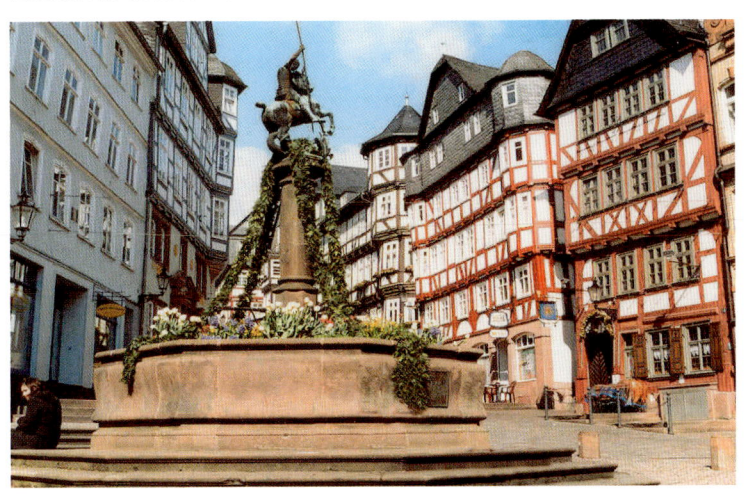

M

Schließlich ersetzten seit dem 19. Jahrhundert verstärkt Steinhäuser die vorherigen Fachwerkbauten. Ein frühes Beispiel ist das Haus Barfüßerstraße 19. Später entstanden stattliche Gebäude mit repräsentativen Fassaden im Stil des Historismus, wie der Steinweg 2 1/2 / 3 1/2 (1891) oder das Wohn- und Geschäftshaus Marktgasse 18-20 (1905).

Wenige Jahre vor dem Beginn der Stadtsanierung im Jahre 1972 entstanden einige Neubauten, darunter die – wegen ihrer Farbgebung so bezeichneten – „Papageienhäuser" am Übergang zwischen Reit- und Wettergasse. Die mangelhafte Einfügung in das historische Stadtbild wurde bald heftig beklagt. Als Konsequenz gelten seitdem für Neubauten strenge Anforderungen hinsichtlich der Größenproportionen und Anpassung in die bestehende Gebäudesubstanz. Unumstritten blieben die Ergebnisse dieser Vorgaben trotzdem nicht – ein Beispiel dafür aus dem Jahr 1983 findet sich in der Barfüßerstraße 7. ●

Die Grabstätte des Ehepaares von Hindenburg unter den Wappentafeln der Kreuzritter

Marburg
Hindenburg-Grabmal

❌ im Nordturm der Elisabeth-Kirche

🕐 April bis Oktober: Mo bis Fr 9-18 Uhr,
Sa 9-17 Uhr, So und FT 11.15-17 Uhr;
sonst Mo bis Fr 10-16 Uhr,
Sa 10-17 Uhr, So und FT 11.15-17 Uhr;
Führungen täglich 15 Uhr außer Sa
Tel. 06421-65573

ℹ️ Marburg Tourismus und Marketing GmbH,
Pilgrimstein 26, Tel. 06421-99120;
www.marburg.de; www.elisabethkirche.de

Bis heute wird die 1946 eingerichtete Begräbnisstätte Paul von Hindenburgs (1847-1934) im nördlichen Turm politisch kontrovers beurteilt. Die Umstände, die zu dieser letzten Ruhestätte führten, haben teils tragische, teils kuriose Züge.

Eigentlich war es der Wunsch des ehemaligen Generalfeldmarschalls und Reichspräsidenten gewesen, mit seiner Gattin bescheiden im Park seines Gutes Neudeck begraben zu werden. Die nationalsozialistische Führung hatte jedoch andere Pläne: Goebbels inszenierte das

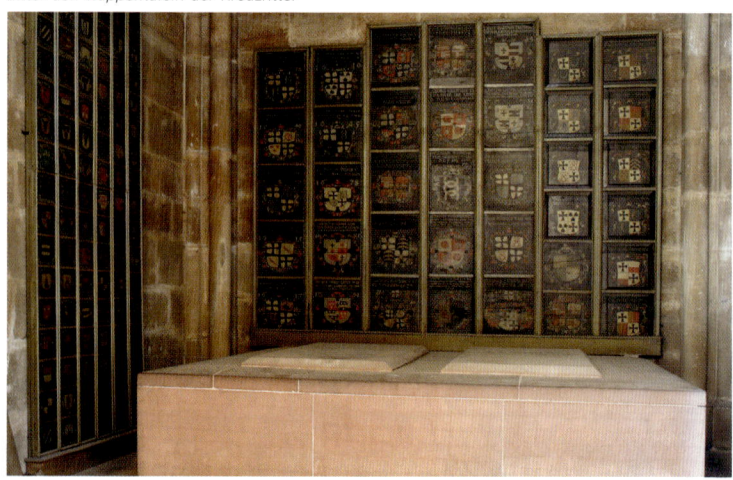

M

Begräbnis zur propagandistisch-pompö-
sen Massenveranstaltung und ließ beide
Särge im Tannenberg-Denkmal beiset-
zen. Das Nationaldenkmal in Ostpreußen
erinnerte an den großen Sieg des Feld-
herrn Hindenburg gegen die russischen
Invasionstruppen im Jahre 1914.

Die näherrückenden sowjetischen
Truppen sorgten dafür, dass der tote
Feldmarschall gut zwölf Jahre später
noch einmal auf Reisen gehen musste:
Im Januar 1945 brachte die Wehrmacht
die schweren Bronzesärge mit den sterblichen Überresten Hindenburgs und seiner Frau zunächst nach Königsberg. Auf
den Kreuzern „Emden" und „Pretoria"
gelangten sie über die Ostsee nach
Swinemünde und von dort aus in das
Salzbergwerk Bernterode im thüringi-
schen Eichsfeld. Dort waren die Hindenburgs in prominenter Gesellschaft – die
Preußenkönige Friedrich Wilhelm I. und
Friedrich II. suchten hier ebenfalls Schutz
vor dem Bombenhagel auf Berlin.

Als die siegreichen amerikanischen
Truppen nach Kriegsende Thüringen

räumen mussten, nahmen sie die in
Bernterode eingelagerten „Schätze"
zunächst mit nach Marburg. Während die
Preußenkönige nach einem Zwischenauf-
enthalt auf Burg Hohenzollern seit 1991
wieder nach Potsdam zurückkehrten,
ruhen Hindenburg und seine Gemahlin
seit August 1946 in der nördlichen Turmhalle der Elisabethkirche in Marburg. ●

Marburg
Kindheits- und Schulmuseum

> ✪ Barfüßertor 5
>
> ☂ privat
>
> ⓘ nach Ostern bis 30. September,
> So 11-13 Uhr,
> Gruppen nach Vereinbarung
>
> ✆ Tel. 06421-24424

Der Ort dieses Museums in der „Hüter-
schen Villa" ist mit Bedacht gewählt – ihr
Erbauer Victor Hüter hatte stets ein
großes Herz für Kinder und stiftete 1886
einen Teil seines Vermögens für die
armen und bedürftigen Kinder Marburgs.
Erwachsene sind in diesem Museum

Die „Praxis" des Puppendoktors

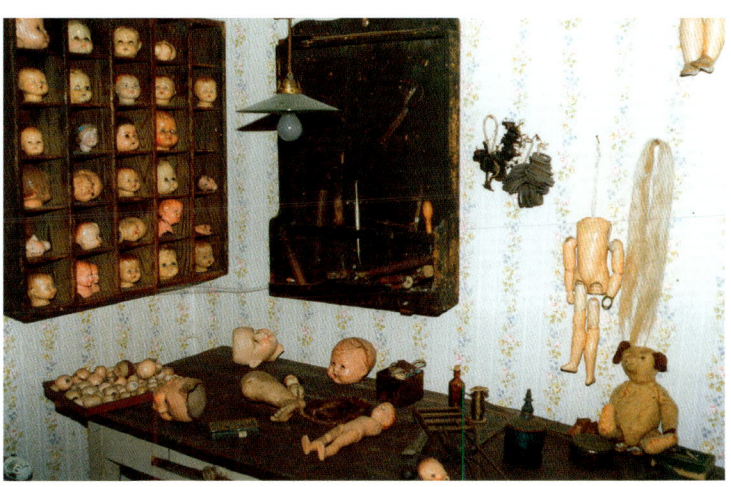

M

nur Gäste. Auf Beschriftungen und Belehrungen wird verzichtet – die Ausstellungstücke sollen für sich selbst sprechen.

Ein originalgetreu möbliertes und komplett ausgestattetes bürgerliches Kinderzimmer, ganz im Stil der 1891 erbauten Gründerzeitvilla vermittelt einen Eindruck von der kindlichen Welt im gehobenen Bürgertum. Schwerpunkte der Ausstellung sind aber Spielzeuge aller Art aus dem Zeitraum zwischen 1850 und 1950. Holz- und Blechspielzeug, Puppenstuben und -wagen, Bären – und immer wieder Puppen. Diese wurden jahrzehntelang in der einstigen „Puppenklinik" in der Marburger Oberstadt repariert. Nun ist die rekonstruierte Reparaturwerkstatt im Kindheitsmuseum zu bewundern.

Ein Spielzeugladen gibt einen Eindruck vom Spielzeugangebot des beginnenden 20. Jahrhunderts und was ein Marburger Stuckateurmeister zur gleichen Zeit für seine kleine Tochter zu Weihnachten gezaubert hat, ist heute eine der Hauptattraktionen des Museums: ein dreigeschossiges, ein Meter hohes Puppenhaus mit einer kompletten Ladenfront im Erdgeschoss.

Den Schulalltag um 1910 veranschaulicht das inszenierte Klassenzimmer einer hessischen Zwergschule: hölzerne Schulbänke mit Klappsitzen und Tintenfässern, Fibeln und Kreidetafeln lassen auch diese kindliche Vergangenheit aufleben.

Den letzten Sammelschwerpunkt bilden Bücher, die Kinder und Jugendliche in der Vergangenheit gerne lasen oder auch lesen mussten. 100 bis 250 Jahre alte Kinder- und Schulbücher in verschiedenen Sprachen wurden zusammengetragen und ermöglichen so einen internationalen Vergleich. Darunter finden sich auch jüdische Lesefibeln und Kinderbücher, die an die Kultur der ehemaligen jüdischen Mitbürger erinnern. ●

Marburg
Museum Anatomicum

> ❌ Robert-Koch-Straße 5, Dachgeschoß (kein Aufzug)
>
> ⌂ Universität Marburg
>
> 🕐 jeden 1. Sa im Monat 10-12 Uhr, Führungen nach Vereinbarung
>
> ❶ Emil-von-Behring-Bibliothek für Geschichte und Ethik der Medizin, Tel. 06421-2867011

Menschliche Präparate in formalingefüllten Glasbehältern, eine Sammlung menschlicher Skelette und Einzelknochen – was heute dem unbedarften Besucher wie ein Gruselkabinett vorkommt, war einst unentbehrliches Anschauungsmaterial für die fachgerechte Ausbildung ganzer Medizinergenerationen. Erst seit 1985 ist die Sammlung im Rahmen von Führungen öffentlich zugänglich. Gesammelt oder hergestellt wurden die rund 2.000 Präparate zwischen 1650 und 1920. Der größte Teil der Sammlung stammt aus der ersten Hälfte des 19. Jahrhunderts und wurde unter Christian Heinrich Bünger, dem damaligen Direktor des Anatomischen Instituts, zusammengestellt. Später ergänzten Wissenschaftler die Sammlung um zahlreiche Gewebeschnitte von menschlichen und tierischen Embryonen.

Der Fundus dokumentiert zwei Jahrhunderte der anatomischen Forschung und ist in fünf thematische Schwerpunkte gegliedert. So geht es zunächst um die systematische und topographische Anatomie des menschlichen und tierischen Organismus, zu der Christian Heinrich Bünger die schönsten Exponate beisteuerte. Seine Nachfolger begründeten die "Marburger Anatomenfamilie", die sich besonders auf dem Gebiet der Embryologie und Missbildungslehre einen

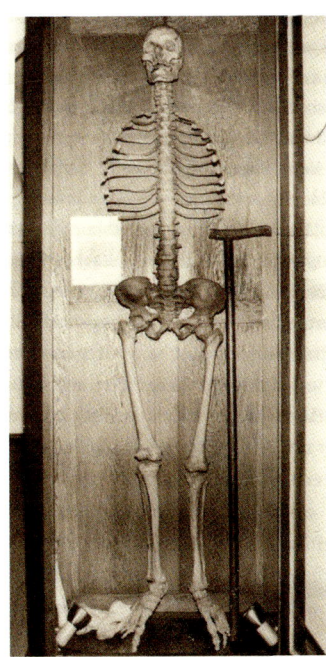

Der „Lange Anton" -
Skelett eines riesenwüchsigen Mannes

M

Marburg
Planetenlehrpfad

❌ entlang des Lahntal-Radweges;
Start: westlich von Marburg-Cappel
zwischen B3a und Lahn (Buslinie 2),
Ende: Bahnhofsbrücke

🌥 Deutsche Blindenstudienanstalt e. V

ℹ frei zugänglich

ℹ Deutsche Blindenstudienanstalt,
Am Schlag 6a, Tel. 06421-606113;
www.planetenlehrpfad-marburg.de

Namen machte und entsprechende Präparate einbrachte. Schädel und Totenmasken von Hingerichteten, Präparate zur fetalen Schädel- und Zahnentwicklung sowie die schädelkundliche Sammlung bilden einen weiteren Schwerpunkt. Schließlich ergänzen Wachs- und Gipsmodelle menschlicher Organe und Körperteile, Zeichnungen, Kupferstiche und Ölgemälde die Sammlung. Außerdem vervollständigen historische Mikroskope, anatomische Geräte und chirurgische Instrumente diesen Bereich.

Nach dem Ersten Weltkrieg gab es in der Sammlung nur noch wenige Neuzugänge. Das Interesse an der Herstellung makroskopischer Präparate verschwand, da sich die anatomische Forschung mehr und mehr der mikroskopischen Untersuchung von Geweben und Zellen zuwandte. ●

Die Dimensionen des Weltraums sind kaum vorstellbar. Die Größe der Himmelskörper und ihre Entfernungen zueinander sinnlich nachvollziehbar zu machen ist keine einfache Aufgabe. Dies gilt um so mehr für Blinde und Sehbehinderte, denen der Blick in die Weiten des Sternenhimmels – ob mit oder ohne optische Hilfsmittel – weitgehend verschlossen ist. In den Jahren 1994/95 entstand daher als Projekt ein Planetenlehrpfad der Marburger Carl Strehl Schule, einem Gymnasium für Blinde und Sehbehinderte der Deutschen Blindenanstalt. Als erste Einrichtung ihrer Art erschließt dieses didaktische Mittel auch

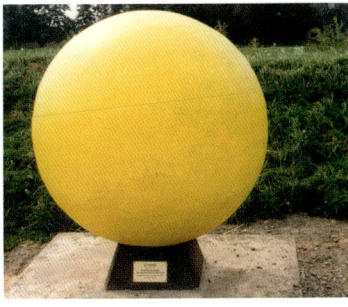

Maßstabsgetreu: die Sonne auf dem Planetenlehrpfad

M

blinden und sehbehinderten Menschen das scheinbar abstrakte Thema. Die Astronomische Gesellschaft würdigte das Projekt mit dem 1996 erstmals vergebenen „Hans-Ludwig-Neumann-Preis" zur Förderung des astronomischen Schulunterrichts.

Am Ausgangspunkt bei Cappel können sich blinde und sehende Besucher an einem koloriertern Reliefplan einen geographischen Überblick über die Lehrpfad-Strecke verschaffen. Ein neben der Sonne aufgestellter Schaukasten liefert mit einem Übersichtsplan die wichtigsten Informationen. Das maßstabgetreue Modell der Sonne ist als vollplastische Kugel ausgeführt, für die Planeten wurden Bronzetafeln gegossen, auf denen der Planet und die Informationen halbplastisch ertastbar sind.

Als einheitlicher Maßstab für Entfernungen und Größen wurde 1:1 Milliarde gewählt – ein Meter auf dem Lehrpfad entspricht demnach einer Million Kilometer in der Wirklichkeit. Das Sonnenmodell hat also einen Durchmesser von ca. 1,4 Metern und der Endpunkt des Lehrpfades – der Planet Pluto – ist rund sechs Kilometer entfernt. Dieser Endpunkt liegt bei der Elisabethbrücke am Marburger Hauptbahnhof. Und wem der Spaziergang lang vorkam, der führe sich vor Augen, dass er das Modellweltall gerade mit vierfacher Lichtgeschwindigkeit durchschritten hat. ●

Marburg
Rathaus

- ❌ im Zentrum der Oberstadt, Markt 1
- ☁ Stadt Marburg
- ❶ außen frei zugänglich, innen Mo-Mi 8-16 Uhr, Do bis 18 Uhr, Fr bis 12 Uhr
- ❶ Tel. 06421- 2010; Marburg Tourismus und Marketing GmbH, Pilgrimstein 26, Tel. 06421-99120; www.marburg.de

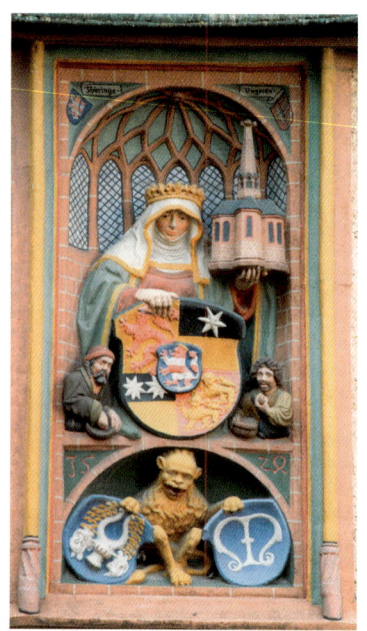

Die heilige Elisabeth als Schutzheilige des Hauses Hessen

Das Rathaus am südlichen Ende des Marktplatzes muss zu seiner Entstehungszeit eine gewagte Konstruktion gewesen sein: Zur Bewältigung des erheblichen Niveauunterschiedes zwischen Marktplatz und dem steil abfallenden Abhang zur Lahn war ein sehr hohes, gewölbtes Untergeschoss notwendig. Entstanden ist der Bau in den Jahren 1511-1526, die für Marburg eine Phase des Aufschwungs waren. Da außerdem die Interimsregierung für den noch unmündigen Landgrafen Philipp auf die Unterstützung des städtischen Patriziats angewiesen war, gelang es der Stadt neue Steuereinnahmen und Anleihemöglichkeiten auszuhandeln.

Die Bauarbeiten begannen Ende 1511, doch schon im Frühjahr 1514 kam es – unter veränderten politischen

Machtverhältnissen – zum Zwist um die Größe des Rathauses: Sechs Jahre lang konnten die Zünfte und einfachen Bürger den Fortgang der Arbeiten gegen den Willen des städtischen Patriziats blokkieren.

Seine heutige Gestalt erhielt der Steinbau Ende des 16. Jahrhunderts unter dem landgräflichen Baumeister Eberhard Baldewein: 1574/75 wurde an der Westseite ein Küchenbau errichtet, 1581 kam der Treppenhausvorbau mit dem reich verzierten Renaissance-Giebel und seiner „Kunstuhr" hinzu. Nach dem Entwurf Baldeweins schuf der Uhrmacher Christoph Dohrn ein Uhrwerk, dessen komplizierte Mechanik nicht nur die Zeiger und Mondphasenkugel antrieb, sondern auch die Glocken im Rathausturm zum Klingeln brachte und Figuren bewegte: Justitia mit der Waage, den Wächter mit der Trompete und den Tod mit dem Stundenglas. Gekrönt wird das mechanische Meisterwerk durch einen Hahn auf der Giebelspitze, der noch heute stündlich mit den Flügeln schlägt und einen Laut von sich gibt, der allerdings eher an die Trompete des Jüngsten Gerichts als an ein Krähen erinnert.

Über dem Haupteingang des Rathauses befindet sich ein hochformatiges Relief aus dem Jahre 1524: Die heilige Elisabeth, dargestellt als Schutzheilige des Hauses Hessen hält in ihrer Rechten an zentraler Stelle das Wappen der Landgrafschaft Hessen. Die Hoheitszeichen der Stadt Marburg – der von einem Löwen gehaltene Helm und das gotische „M" – nehmen dagegen nur das untere Viertel des Reliefs ein. Ein Jahr nachdem Landgraf Philipp die Stadtverfassung zu seinen Gunsten revidiert hatte, brachte dieses Bildprogramm den Machtanspruch des Landesherrn über die Stadt zum Ausdruck, der damit zugleich von den patrizischen Bauherren anerkannt wurde. ●

Marburg
Schloss

✕ zu Fuß durch die Altstadt, Landgraf-Philipp-Straße oder Ludwig-Bickell-Treppe; Bus-Linie 16 ab Marktbrunnen/Oberstadt

⬥ Universität Marburg

🕐 Museum: April bis Oktober Di bis So 10-18 Uhr, sonst 11-17 Uhr; Führungen Schloss-Kasematten: nach Vereinbarung sowie April bis Oktober Sa 15 Uhr ab Schlosshof

ℹ Museum: Tel. 06421-2822355; Führungen: Marburg Tourismus und Marketing GmbH, Pilgrimstein 26, Tel. 06421-99120; www.marburg.de

Neben der Elisabethkirche ist das Schloss Marburgs herausragendes Wahrzeichen. Im Gegensatz zu der dicht an der Talflanke gelegenen Kirche thront das Schloss hoch über der Stadt und ist aus fast allen Richtungen weithin sichtbar.

Sein Aussehen, das das Schloss bis heute prägt, erhielt es im Wesentlichen im 13. und frühen 14. Jahrhundert. Am Standort einer schlichteren Vorgängeranlage entstand zunächst der Südflügel mit der 1288 geweihten Schlosskapelle als Abschluss. Im 14. Jahrhundert folgte die Fertigstellung des großen Saalbaues auf der Nordseite und des westlichen Querbaus, das so genannte „Frauenhaus". Im Süden dieses Hochschlosses wurde durch die Anlage einer Stützmauer eine Terrasse geschaffen. Schon damals führte der Weg von der Stadt zum Schloss durch das heute noch vorhandene Südtor unterhalb der Schlossterrasse.

Im späten 15. Jahrhundert kamen weitere Neubauten hinzu: Südlich der Schlosskapelle entstand 1562 die Rentkammer und östlich des Hochschlosses der Wilhelmsbau. Der heutige Arkaden-

M

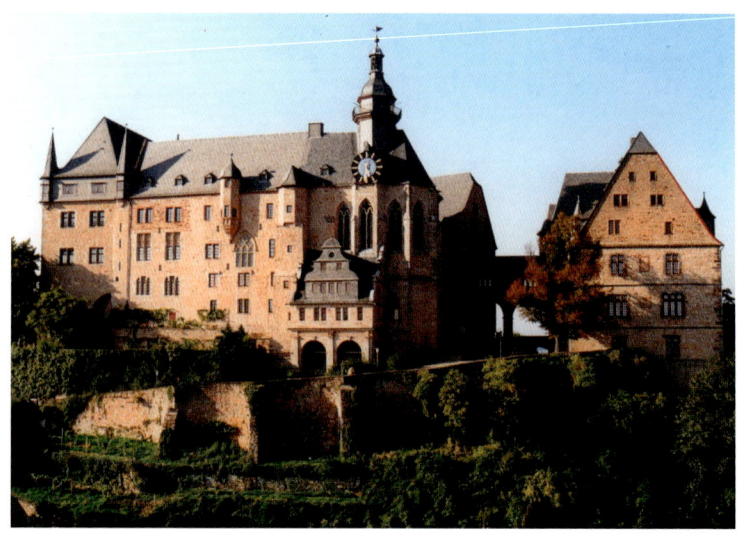

Landgrafenschloss mit Wilhelmsbau (rechts) von Süden (oben), der Hexenturm von Westen (unten)

gang als Verbindung zum Hochschloss ersetzte 1870 einen älteren Baukörper. Im gleichen Zeitraum erfolgte der Ausbau der westlich gelegenen Vorburg: Zwei Geschütztürme verstärkten nun den Zugang und 1575 wurde der Marstall erneuert und um zwei Etagen erhöht. Sein schönes Renaissanceportal ist allerdings zwei Jahre älter. Ursprünglich zierte es einen Adelssitz in der Oberstadt und wurde erst 1898 an seinen heutigen Standort versetzt.

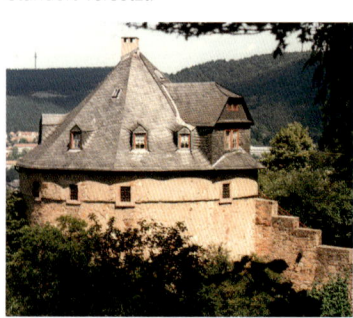

Nach vielfältigen jahrzehntelangen Zwischennutzungen dient heute der größte Teil des Schlosses als Museum. Hier befinden sich beispielsweise die vor- und frühgeschichtliche Abteilung sowie die volkskundlichen Sammlungen des Universitätsmuseums. ●

Marburg
Schlosspark und Kasematten

- ✖ westlich des Schlosses, Gisonenweg
- ☁ Stadt Marburg
- ⓘ Park: frei zugänglich; Führungen: Schloss-Kasematten: April bis Oktober Sa 15 Uhr ab Schlosshof und nach Vereinbarung
- ⓘ Führungen: Marburg Tourismus und Marketing GmbH, Pilgrimstein 26, Tel. 06421-99120; www.marburg.de

Trotz der massiven Erweiterungen der Schlossanlage im 15. Jahrhundert und

Kulturelle Entdeckungen
Mittelhessen

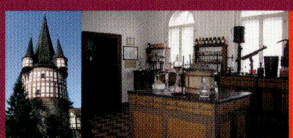

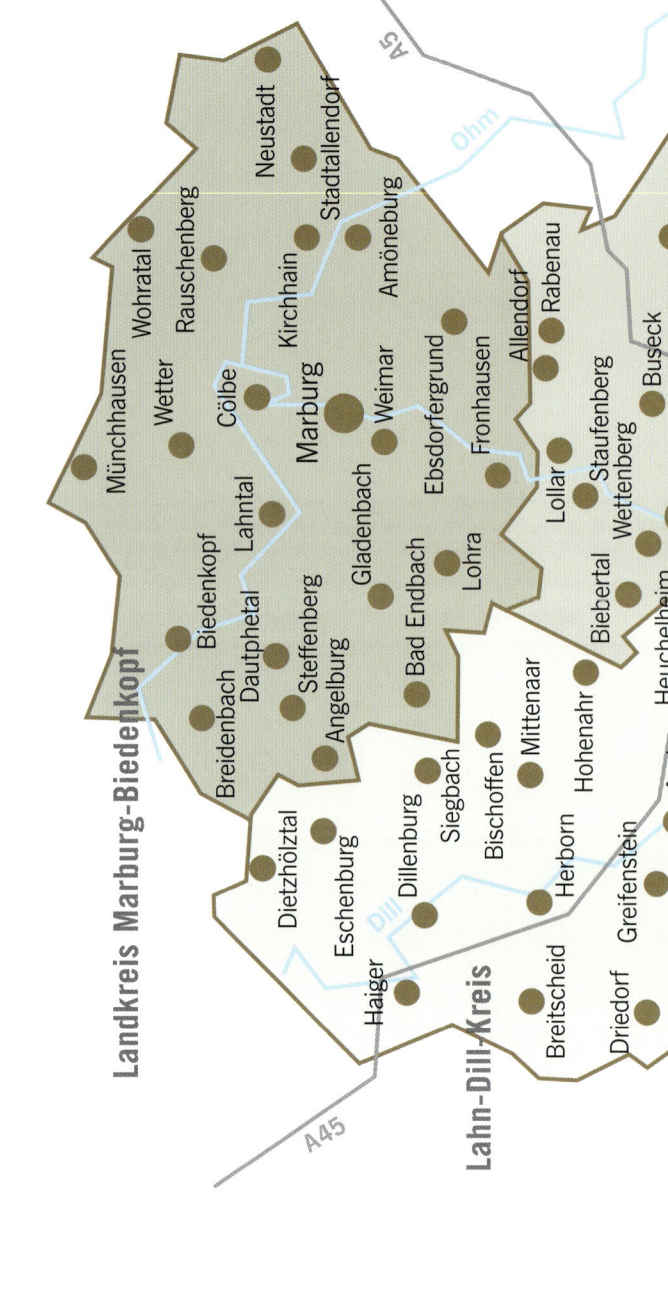

Landkreis Marburg-Biedenkopf

Neustadt

Stadtallendorf

Wohratal
Rauschenberg

Münchhausen
Wetter
Kirchhain
Amöneburg

Cölbe
Rabenau

Weimar
Ebsdorfergrund
Allendorf

Marburg
Fronhausen
Staufenberg
Buseck

Lahntal
Gladenbach
Lollar
Wettenberg
Gießen

Biedenkopf
Biebertal

Dautphetal
Bad Endbach
Lohra

Steffenberg
Heuchelheim

Breidenbach
Angelburg

Mittenaar
Asslar

Dietzhölztal
Siegbach
Hohenahr

Eschenburg
Bischoffen
Herborn

Dillenburg
Greifenstein

Haiger
Breitscheid

Driedorf

Lahn-Dill-Kreis

A45
A5
Ohm
Dill

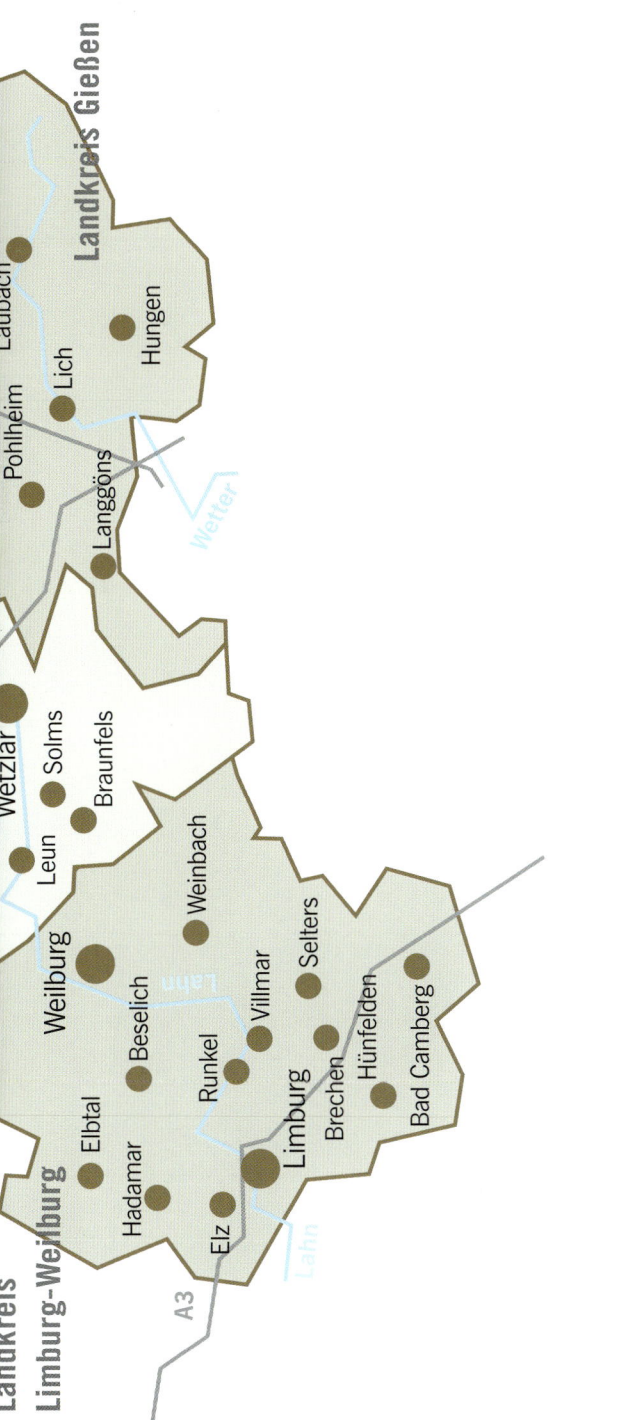

Landkreis Gießen

Laubach

Hungen

Lich

Pohlheim

Langgöns

Wetter

Wetzlar

Solms

Braunfels

Leun

Weinbach

Weilburg

Selters

Beselich

Villmar

Runkel

Hünfelden

Bad Camberg

Elbtal

Limburg

Brechen

Hadamar

Elz

Lahn

Lahn

A3

Landkreis Limburg-Weilburg

Kulturelle Entdeckungen Mittelhessen

Herausgeber:
**Sparkassen-Kulturstiftung
Hessen-Thüringen**

ISBN 978-3-7954-1854-0

Zu beziehen über

– **die Sparkassen-Kulturstiftung
  Hessen-Thüringen**

– **die Sparkassen in Mittelhessen**

– **die Touristikbüros in den
  beteiligten Kreisen**

– **den Buchhandel**

– **den Verlag Schnell & Steiner GmbH**
  Leibnizstraße 13, 93055 Regensburg
  www.schnell-und-steiner.de

**Die Sparkassen-Kulturstiftung
Hessen-Thüringen** *fördert kulturelles
Engagement in Hessen und Thüringen.*

*Ihre Unterstützung gilt solchen Initiativen,
die das wertvolle kulturelle Erbe Hessens
und Thüringens erhalten, die den Rang
beider Bundesländer als zentrale Kultur-
landschaften in Deutschland unterstreichen
und über die Landesgrenzen hinaus als
beispielhaft wahrgenommen werden.*

Lageplan der Befestigungsanlagen

dem Bau zweier Geschütztürme am Westzugang blieb das Schloss von dieser Seite her verwundbar. Im 17. und 18. Jahrhundert entstanden deshalb vor allem westlich des Schlosses größere Verteidigungsanlagen, die zum Teil auf Vorschlägen des hessischen Festungsbaumeisters Wilhelm Dilich von 1620 beruhten. Im heutigen Schlosspark sind die damals entstandenen Schanzen, Bastionen, Ravelins und Kasematten noch heute gut erkennbar. Teilweise befanden sich in den Bauwerken unterirdische Geschützstände.

Doch allein die Wasserversorgung schränkte den militärischen Wert der Festung entscheidend ein: Da es keinen leistungsfähigen Brunnen gab, musste das Wasser über eine Gefälleleitung aus der Marbach bezogen werden. Der belagernde Feind hatte so die Möglichkeit, die Burg und ihre Verteidiger „trockenzulegen". So blieb die Festung Marburg strategisch von geringer Bedeutung und zwischen 1770 und 1786 wurden die Mauern, Wälle und Gräben schon wieder weitgehend beseitigt.

Als 1806 Napoleons Truppen kampflos in Marburg einrückten, ordnete der Feldherr die Zerstörung der Festung an. Alle noch bestehenden Festungsbauten wurden gesprengt, lediglich zwei Kasematten, durch die die Wasserleitungen zum Schloss führten, blieben verschont

und sind bis heute erhalten. Die restlichen Festungsanlagen lagen 170 Jahre lang unter Schutt und Erdreich vergraben. Seit 1977 werden sie Zug um Zug freigelegt und öffentlich zugänglich gemacht.

Besonders an der nördlichen und westlichen Begrenzung des Schlossparks ist der einstige Festungscharakter des Areals noch nachvollziehbar. Das 1626 errichtete Judicierhäuschen im östlichen Teil erinnert dagegen an die Pferderennbahn, die hier in der späten Renaissancezeit eingerichtet wurde. In dem Gebäude war das „Wettkampfbüro" untergebracht und von hier aus wohnte der Landgraf den Turnieren und Wettkämpfen bei und nahm die Siegerehrungen vor. Hinter dem Häuschen erheben sich die gotisierenden Bögen der Freilichtbühne aus dem Jahr 1927. ●

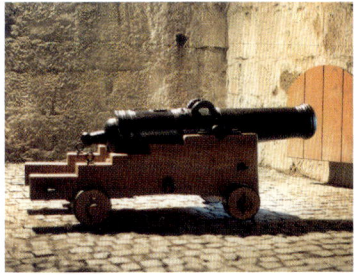

Kanone in den Schlosskasematten

Mittenaar

M

Mittenaar-Ballersbach
Evangelische Pfarrkirche

❌ Backhausweg

❓ vor und nach den Gottesdiensten sowie nach Vereinbarung

ℹ Pfarrbüro, Tel. 02772-6857

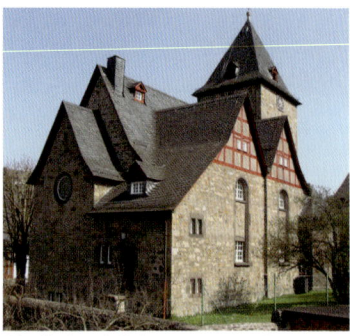

Der Ort Ballersbach wurde urkundlich 1270 zum ersten Mal genannt. Etwa aus der gleichen Zeit dürften die ältesten Bauteile der Kirche stammen, besonders ihr mächtiger Turm. Archivalisch fassbar wird das Gotteshaus aber erst 1343, als eine dem heiligen Antonius geweihte Kapelle im Ort erwähnt wurde.

Pfarrkirche mit Anbauten aus dem frühen 20. Jahrhundert, rekonstruiertes Wandgemälde im Chorraum (unten)

In der zweiten Hälfte des 14. Jahrhunderts erfuhr die Chorturmanlage eine Ausmalung, wie sie sich nur selten in sogenannten Dorfkirchen erhalten hat: Die Nordwand zeigt die Verkündigung des Engels an Maria, die Geburt Christi mit den Heiligen Drei Königen und den heiligen Christophorus. Im Osten ist die Erschaffung von Adam und Eva, der Baum der Erkenntnis mit Schlange, die Vertreibung aus dem Paradies durch den Engel mit Flammenschwert und Szenen aus ihrem weiteren Leben zu sehen. Das Bild im Chor ist die Kopie eines Freskos, das die heute nicht mehr vorhandene Südwand schmückte. Es zeigt die Passion Christi vor dem Hintergrund einer mittelalterlichen Stadt und Menschen aus dieser Zeit.

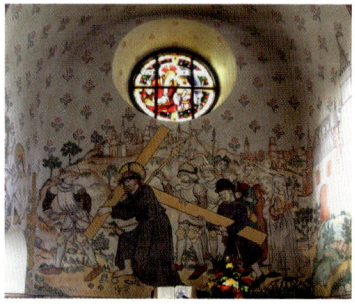

Änderungen am Gebäude und damit auch der Bildabfolge ergaben sich, nachdem die Kirche 1912 durch einen Blitz getroffen und erheblich beschädigt worden war. Daraufhin wurde der Bau, dessen Vergrößerung schon lange geplant war, nach Plänen des Herborner Kirchenbaumeisters Ludwig Hofmann grundlegend verändert: Die gesamte Ausrichtung des Innenraumes wurde um 180 Grad gedreht und Chor mit Altarraum in einen neuen Anbau nach Westen verlegt. In die Ostwand des Turmes brach man den neuen Eingang und sein Sockelgeschoss wurde zur Eingangshalle. Schließlich erhielt der ehemals schlichte Saalbau eine Orgelempore, ein Tonnengewölbe und an der Südseite ein Seitenschiff mit Empore.

Die vermutlich nach Einführung der Reformation übertünchten, schon stark in Mitleidenschaft gezogenen Ausmalungen kamen erst im Zuge dieses Umbaus wieder zum Vorschein. Die Kopie der Wandmalereien erstellte der namhafte Restaurator und Kirchenmaler Hermann Velte senior. Die Ironie des Schicksals wollte es, dass der eigene Sohn die Arbeit des Vaters 1958 übermalte und diese erst bei neuerlichen Renovierungen 1992 abermals zum Vorschein kamen. ●

Münchhausen

Münchhausen
Christenberg

- ❌ ca. 2 km östlich von Münchhausen, Zufahrt Christenbergstraße (ausgeschildert)

- ⬆ Außenanlagen frei zugänglich, Martinskirche und Küsterhaus mit Ausstellung, Schlüssel beim Waldgasthaus

- ℹ Waldgaststätte Christenberg, Tel. 06457-368; www.christenberg.info

Der Christenberg – im Spätmittelalter Kesterburg genannt – ragt als markanter Bergsporn am westlichen Rand des Burgwaldes aus der Hochfläche des mittleren Buntsandsteins hervor. Von hier reicht der Blick über das Wetschafttal bis zum Rothaargebirge. An drei Seiten steil abfallend bot das vier Hektar große Plateau schon früh ein gut geschütztes Terrain für eine Siedlung.

Auf der höchsten Stelle thront die Martinskirche, umgeben von dem alten Friedhof, der den Einwohnern Münchhausens noch immer als letzte Ruhestätte dient. Kirchturm und Teile des Schiffes sind in frühromanischer Zeit entstanden, der hohe Chor mit Dachreiter und die spitze Turmhaube mit ihren vier Wichhäuschen stammen dagegen aus dem frühen 16. Jahrhundert. Auch die Außenkanzel ist eine spätere Zutat aus dem 13. Jahrhundert. Die Anfänge von Kirche und Bestattungsplatz dürften jedoch in die karolingische Zeit zurückreichen, denn zu Beginn der 1950er Jahre wurden unter Schiff und Chor Fundamente älterer Vorgängerbauten gefunden.

Doch schon in vorgeschichtlicher Zeit war der Christenberg von Menschen dauerhaft besiedelt worden. Archäologische Grabungen wiesen einen Ringwall aus Palisaden, Erde und Steinen aus der Zeit um 420 vor Christus nach. Der flache Osthang war mit zwei zusätzlichen Erdwällen, Gräben und Mauern befestigt. So geschützt lag hier rund 200 Jahre eine keltische Siedlung, dicht bebaut mit hölzernen Häusern und Hütten. Um etwa 200 vor unserer Zeitrechnung vernichtete ein großes Feuer die Siedlung und erst

Kirche auf dem Christenberg

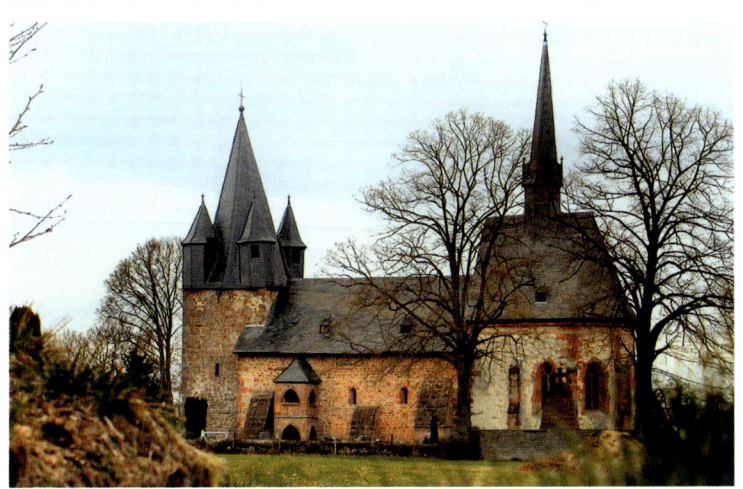

M

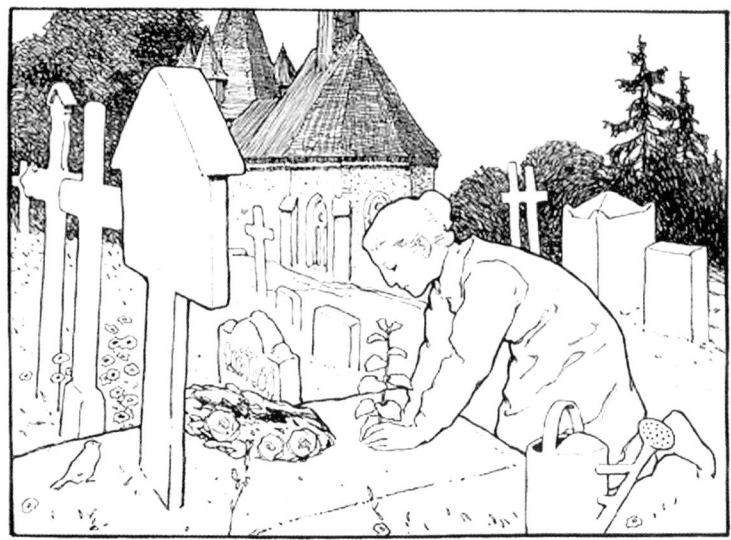

900 Jahre später finden sich die nächsten Siedlungsspuren.

Der Christenberg als Vorlage für Otto Ubbelohdes Illustration zu Aschenputtel

Gegen Ende des 7. Jahrhunderts machten die Franken den Christenberg zu einem zentralen Ort ihrer Herrschaft im oberen Lahngau. Auf den längst zu flachen Wällen verfallenen Resten der keltischen Befestigungen errichteten sie eine steinerne Ringmauer mit zwei Toren. Von hier aus sollte die politische und kirchliche Verwaltung, die Mission und die militärische Kontrolle der Region gesichert werden. In den Sachsenkriegen der Karolinger wurde die „Kesterburg" zur strategisch wichtigen Etappen- und Basisstation. Hier sammelte sich im Jahr 778 das fränkische Heer zur entscheidenden Schlacht bei Laisa gegen die Sachsen. Eine kleine Ausstellung im Küsterhaus erläutert mit archäologischen Funden, Texten und Bildern die keltische und fränkische Geschichte der „Kesterburg".

Nach dem Sieg der Franken fiel die Burg bis um 900 in eine Art Dornröschenschlaf. Dann bauten die Konradiner die Wehranlagen zu einem repräsentativen Herrschaftssitz mit imposanten Toren und Türmen aus. Nachdem dieses Adelsgeschlecht ausstarb, übernahmen die Ottonen die Burg, doch im 11. Jahrhundert verlieren sich allmählich die Spuren der profanen Nutzung des Christenberges. Die Überreste der einst mächtigen Verteidigungsanlagen des frühen Mittelalters wurden teilweise freigelegt, im Grundriss wiederhergestellt und sind im Gelände noch eindrucksvoll zu erleben.

Die kirchliche Mittelpunktsfunktion der Martinskirche als Dekanat Kesterberg des Erzbistums Mainz blieb dagegen noch bis 1522 bestehen. Es reichte vom Wohratal bis ins Siegerland und umfasste ein Kloster am Fuße des Christenberges, das als Keimzelle des heutigen Ortes Münchhausen — ehemals Monchehusen — gilt. ●

Neustadt

Neustadt
Junker-Hansen-Turm

- ❌ hinter dem Rathaus, Ritterstraße 5-9
- ☁ Stadt Neustadt
- ⏰ März bis November, 1. So im Monat
  15-17 Uhr oder nach Anmeldung
- ℹ Stadtverwaltung, Tel. 06692-8913

Mehr als 50 Meter hoch prägt der Junker-Hansen-Turm bis heute die Silhouette von Neustadt und mit einem Durchmesser von 13 Metern ist er der größte Fachwerkrundbau Europas. Benannt ist Neustadts Wahrzeichen nach seinem Bauherren Hans von Dörnberg, dem Spross einer alten nordhessischen Adelsfamilie. Ende des 15. Jahrhunderts hatte er das einflussreiche Amt des Hofmeisters inne und war damit der zweite Mann hinter dem Landgrafen.

1477 erhielt Hans von Dörnberg Neustadt vom Erzbischof zu Mainz zum Lehen. Sein ehrgeiziges Ziel war es, die Stadt zur modernen Festung auszubauen: Zusammen mit dem landgräflichen Festungsbaumeister Hans Jakob von Ettlingen entwickelte er den Plan, das Oval der Neustädter Stadtmauer mit ihrem 40 Meter breiten Wassergraben, durch eine Spitze nach Südwesten zu ergänzen. Von den großen Plänen wurde allerdings nur der Junker-Hansen-Turm realisiert. Hans Jakob von Ettlingen, der sich bereits in Schweinsberg und Marburg einen Namen gemacht hatte, zeigte hier sein ganzes Können.

Der massive Steinsockel sollte jedem Kugelhagel trotzen und im 19. Jahrhundert dienten seine beiden düsteren Geschosse als Gefängniszellen. Die beiden hellen, geräumigen Wohnetagen im Fachwerkaufbau werden über eine Wendeltreppe erschlossen. Sehr sehenswert ist auch die Fachwerkkonstruktion des Turmhelmes mit seinen vier runden

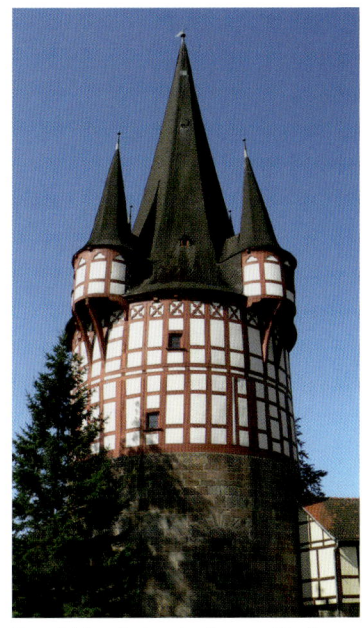

Ein mächtiger Fachwerkaufbau machte den Wehrturm zum Wohnturm

Erkertürmchen. Diese verhinderten im Rundbau den „toten Winkel" und ermöglichten den Verteidigern den Blick in jede Richtung. Davon profitieren heute die Besucher des Turmes, die von hier einen phantastischen Panoramablick über die Stadt haben.

Der Baubeginn des ursprünglich als reinem Verteidigungsbau geplanten Turms lag wohl im Jahr 1480. Die Vollendung als Wohnturm mit dem durch Andreaskreuze geschmückten Fachwerk hat Hans von Dörnberg wohl noch miterlebt. Schon bald musste er aber auf seine Veste Friedberg fliehen, nachdem er 1502 wegen Hochverrat, Giftmord, Unterschlagung, Rechtsbeugung und Falschmünzerei angeklagt und schmählich aus hessischen Diensten entlassen worden war. ●

Pohlheim

P

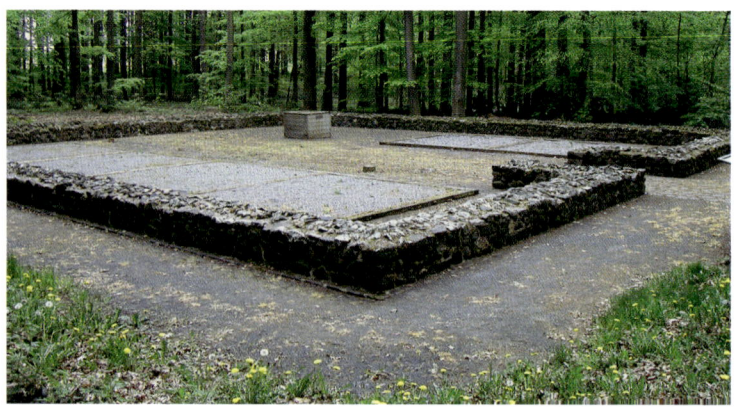

Pohlheim

Limes, Kleinkastell und Limesturm

❌ Kleinkastell Holzheimer Unterwald:
Parkmöglichkeit an der L 3133 Holzheim
– Grüningen beim Abzweig nach
Langgöns, von dort Waldweg ca. 200 m
in nordöstliche Richtung;
Limesturm: an der L 3132 Watzenborn-
Steinberg – Grüningen westlich über
einen Feldweg zum Limes

ℹ frei zugänglich

ℹ Stadt Pohlheim, Tel. 06403-6060;
www.taunus-wetterau-limes.de

Der heutige Name der Großgemeinde
Pohlheim geht zurück auf die Siedlung
„Pahlheim", die im 15. Jahrhundert aufgegeben wurde. Pahlheim war nach dem
Limes benannt, dessen Verlauf noch
heute deutlich in der Landschaft erkennbar ist: Im Mittelalter hieß der über 500
Kilometer lange Grenzwall des Römischen Reiches zwischen Rhein und
Donau „Pfahlgraben". Bei Pohlheim
erreichte der Grenzwall seine nördlichste
Spitze. An zwei sehenswerten Orten können Besucher sich in der Gemeinde
Pohlheim einen Eindruck vom Limes verschaffen.

Restaurierte Grundmauern des Kleinkastells

In Pohlheim-Holzheim befindet sich
das römische Kleinkastell „Holzheimer
Unterwald". Es wurde im 2. Jahrhundert
vor Christus erbaut und zirka 450 Jahre
genutzt. Nach sorgfältigen Grabungs-
und Restaurierungsarbeiten ist die
archäologische Stätte seit 1995 wieder
öffentlich zugänglich. Die Ausgrabungen
werden durch informative Schautafeln
ergänzt, auf denen das Leben der römischen Legionäre in solchen Außenposten
erläutert wird.

Erstmals erwähnt wird das römische
Lager 1843 in der „Urgeschichte der
Wetterau" von Johann Philipp Dieffen-
bach. Im gleichen Zeitraum begannen

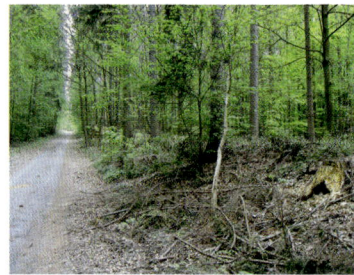

*Der Verlauf des römischen Grenzwalls ist bis
heute erkennbar*

P

die ersten Grabungen, weitere führte 1894 der zuständige Streckenkommissar der kurz zuvor gegründeten „Reichslimeskommission" durch. Dann kehrte für Jahrzehnte Ruhe ein. Mit Hilfe von Metalldetektoren machten sich jedoch in den 1970er und 80er Jahren Raubgräber an dem archäologischen Denkmal zu schaffen und verursachten massive Schäden. Deshalb wurde das Kastell seit 1988 komplett freigelegt.

Etwa vier Kilometer nördlich des Kleinkastells erreicht der Limes seinen nördlichsten Punkt. Dort, wo sein schnurgerader Verlauf nach über zwölf Kilometern plötzlich nach Osten schwenkt und in weitem Bogen um Grüningen herum führt, stand einst ein römischer Wachturm. In unmittelbarer Nähe dieses Standortes wurde 1965 ein Limesturm und ein Teil des Pfahlzaunes rekonstruiert.

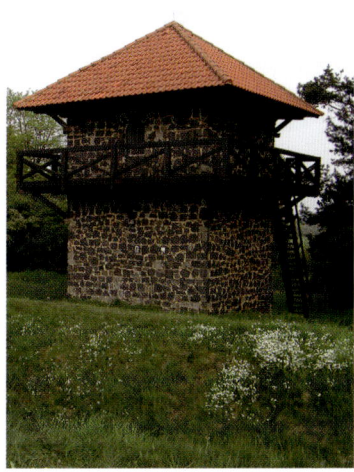

Rekonstruierter Wachturm von 1965

Mittlerweile ergaben die Forschungen, dass diese Rekonstruktion einen ziemlich falschen Eindruck vermittelt: die Türme waren ein Stockwerk höher, ihre Dächer waren mit Holzschindeln oder Schiefer gedeckt und sichtbares Bruchsteinmauerwerk war bei den Römern verpönt. Sie waren vielmehr hell verputzt und mit roten Fugenstrichen verziert. Auch die Palisade auf dem Grenzwall besaß nach neuesten Erkenntnissen eine Querstrebe.

Auf einer Strecke von 250 Metern ist hier der Wall noch sehr gut erhalten. Verantwortlich dafür ist der Gießener Professor Robert Sommer, der bereits 1895 Land erwarb, damit die Reste der Wallanlage nicht im Zuge der landwirtschaftlichen Nutzung eingeebnet würden. An seinen Einsatz erinnert ein Gedenkstein, der 1912 im Stil eines römischen Soldatengrabsteins errichtet wurde.

Leider ist die Sicht vom Limesturm durch den aufgewachsenen Wald stark eingeschränkt. Deshalb lohnt ein Abstecher zur „Grüninger Warte", einem etwa einen Kilometer südlich, in Richtung Grüningen gelegenen Wachturm. Möglicherweise sind es aber auch die Reste einer alten Windmühle. Von der frei zugänglichen Plattform aus hat man freie Sicht über die Wetterau und kann den Verlauf des Limes in der Landschaft deutlich erkennen. ●

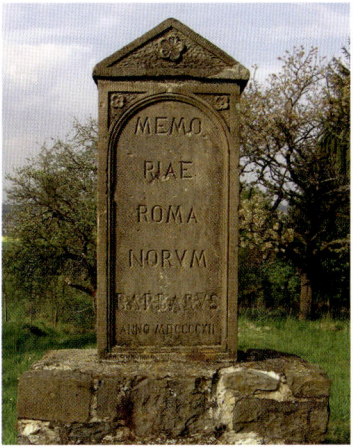

Gedenkstein für Professor Robert Sommer

179

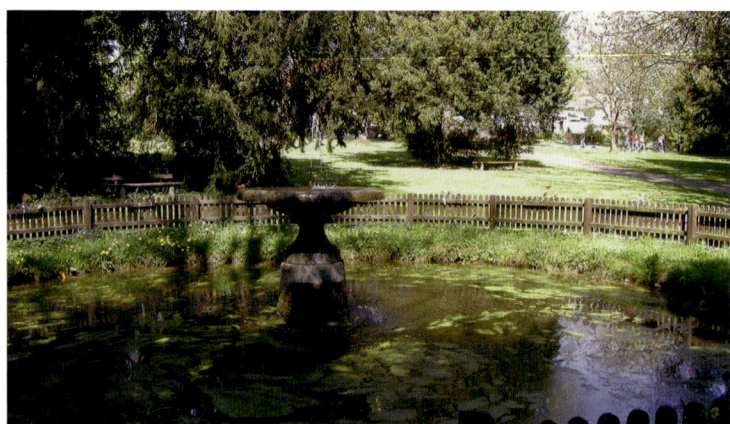

Rabenau

Ort der Ruhe und Inspiration

Auf Rilkes Spuren

❌ Burggarten: Rabenau-Londorf, Gießener Straße 22; Hofgut Appenborn: 5 km östlich von Londorf an der L 3146 Kesselbach – Weitershain, rechts unterhalb der Straße

⬥ Appenborn: privat

❶ Burggarten: Führungen nach Vereinbarung

ℹ Verkehrsverein Londorf und Umgebung, Tel. 06407-1409

Zweimal besuchte Rainer Maria Rilke für einen längeren Zeitraum die Rabenau: Im Sommer 1905 war er sechs und im Spätsommer 1906 dreieinhalb Wochen zu Gast bei Gräfin Luise von Schwerin auf deren Schloss in Friedelhausen an der Lahn. Kennengelernt hatte man sich während seines Aufenthaltes in einem Dresdner Sanatorium, wo Rilke wegen seiner Blutarmut behandelt worden war. Rilke lebte zu jener Zeit vorwiegend in Paris und war persönlicher Sekretär Auguste Rodins. So zog es ihn in diesen Wochen vor allem in die Natur: Ausfahrten mit Pferd und Wagen sowie ausge-

dehnte Wanderungen führten ihn immer wieder in die Rabenau:

In Rabenau-Londorf wurde Rilke beim Freiherrn von Nordeck zur Rabenau eingeführt. Hinter dessen Unterburg lag an der Lumda der Herrengarten. Heute wird der im englischen Stil gestaltete Landschaftsgarten Burggarten genannt und ist öffentlich zugänglich. Verschlungene Wege unter alten Bäumen vermitteln den Eindruck von Weite. Ein malerischer Gartenteich mit Springbrunnen schmückt einen freien Platz und am nördlichen Parkrand liegt der „Londorfer Pavillon".

In diesem geräumigen Gartenhaus im klassizistischen Stil übernachtete

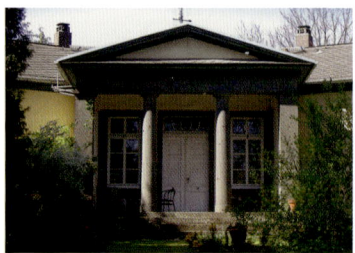

Ein Urlaubsdomizil Rilkes in der Rabenau

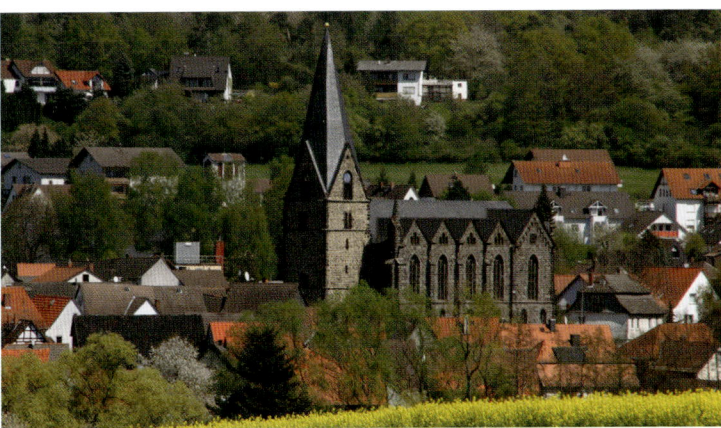

„Dom der Rabenau"

Rilke mehrfach. Und von hier aus unternahm der Dichter Wanderungen nach Appenborn, einem Hofgut, das der Stammsitz der Rabenauischen Linie war. In einem Brief an seine Frau beschreibt Rilke das Anwesen so: „Ein kleiner bäurisch-senioraler Herrenhof mit Freitreppe und alten, eichenen Säulen, der Wirtschaftshof rund herum, so dass man ihn vom Saal aus übersieht, und mit einem alten, terrassenförmig nach dem Haus hin abfallenden Garten, in dem die Pächtersfrau alle Blumen zieht. Und der Phlox steht hoch neben den alten, zusammengezimmerten Apfelbäumen und Georginen und Astern und Gladiolen und des Tabaks tags verschlossener Blütenstern ...".

Seinen Aufenthalt in der Rabenau nutzte der Dichter zum Verfassen weiterer Gedichte für die Neuauflage seines Gedichtbandes „Das Buch der Bilder", das bald nach seinem ersten Aufenthalt als erweiterte Ausgabe erschien. In der Bibliothek von Friedelhausen fand Rilke auch die graphischen Vorlagen für die Ausstattung des Bandes. In der damals gefundenen Gestaltung erscheint „Das Stunden-Buch" bis heute. ●

Rabenau-Londorf
Evangelische Pfarrkirche

> ❌ Ortszentrum, Gießener Straße
>
> ⏱ vor und nach den Gottesdiensten und nach Vereinbarung
>
> ℹ Kirchengemeinde Londorf, Gießener Str. 30, Tel. 06407-8906; www.domderrabenau.de

Majestätisch und beherrschend liegt der sogenannte „Dom der Rabenau" auf dem höchsten Punkt des alten Dorfes. Die Kirche scheint durch ihre Größe gar nicht recht zu dem Dorf zu passen, doch das Gotteshaus war einst die Mutterkirche von immerhin acht Gemeinden. Vermutlich an Stelle einer Taufkapelle aus dem achten Jahrhundert entstand Mitte des 13. Jahrhunderts eine frühgotische Wehrkirche über einem kreuzförmigen Grundriss. Im 16. Jahrhundert wurden Seitenschiffe angefügt, mit denen die Kirche schon die heutige Größe erreichte. Von diesem spätmittelalterlichen Bau ist aber nur noch der rechteckige Turm erhalten, der Rest wurde 1857 abgerissen. In den Jahren 1860 bis 1864 entstand dann das heutige neogotische Bauwerk.

R

Das Sumpf-Blutauge gedeiht am Sickler Teich

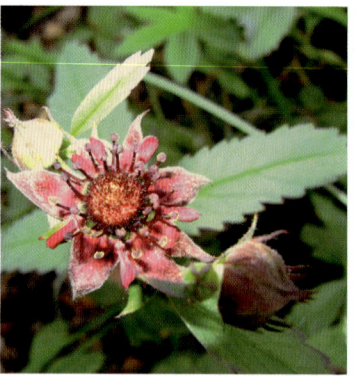

Die mächtige dreischiffige Hallenkirche mit ihrem polygonalen Chor ist wie der ältere Turm aus Lungstein erbaut. Dieses dunkle, poröse Basaltgestein stammt aus den nahegelegenen Steinbrüchen und lässt sich vergleichsweise leicht bearbeiten. Gleichwohl wurde es beim Turm als Bruchsteinmauerwerk verwendet, Schiff und Chor dagegen sind aus Steinquadern errichtet.

Die Seitenschiffe sind dem Mittelschiff in Form von vier Quergiebeln vorgebaut und das Chorrund besteht aus fünf Giebeln. Das Querschiff mit dem Altarraum schiebt sich als lediglich geringfügig größerer Giebel dazwischen. Diese starke vertikale Gliederung setzt sich auch im Innenraum fort. Von der Ausstattung ist wohl das gotische Kruzifix am Altar das kostbarste Stück. Beachtenswert ist aber auch der zwölfeckige, frühgotische Taufstein aus hellem Lungstein. ●

Rabenau-Londorf
Sickler Teich

> ❌ nordöstlich von Londorf, ca. 1 km südwestlich von Wermertshausen
>
> ☁ privat
>
> ❶ frei zugänglich
>
> ❶ Gemeindeverwaltung Rabenau, Tel. 06407-91090

Die Landschaft der Rabenau eignet sich für idyllische Wanderungen und Spaziergänge. Ein Wanderweg führt durch den „Steinertsgraben" von Londorf nach Wermertshausen im Ebsdorfer Grund. Mitten im Wald liegt ein sogenannter Himmelsteich: In einer schwachen Senke sammelt sich das oberflächlich ablaufende Niederschlagswasser des Einzugsgebietes und bildet einen kleinen Teich. Die zwei kleinen Gräben, die in den Weiher münden, durchzieht feuchtes bis nasses Grünland – Wasser führen sie jedoch nur selten. Der Wasserstand solcher Gewässer ist stark von der Niederschlagsmenge abhängig und schwankt im Jahreslauf beträchtlich.

Vom 18. Jahrhundert bis zum Ende des Zweiten Weltkrieges wurde der Sickler Teich als Fischteich und zur Schafwäsche genutzt. Mit der Aufgabe der wirtschaftlichen Nutzung begann sich das Gewässer zu einem besonders schützenswerten Lebensraum für seltene Tiere und Pflanzen zu entwickeln. Inzwischen ist der Teich und seine Umgebung als Naturschutzgebiet mit einer Fläche von mehr als sechs Hektar ausgewiesen.

Das Naturschutzgebiet im Privatbesitz des Freiherrn Röder von Diersburg hält zahlreiche tierische und pflanzliche Besonderheiten bereit: Unter anderem findet man seltene Heuschreckenarten, Schmetterlinge, Libellen sowie Frösche und Molche. Im Wasser gibt es eine artenreiche Schwimmblattvegetation und in der Uferzone mit ihren Trockenflächen und Sumpf- bzw. Flachwasserbereichen gedeihen seltene Pflanzenarten, wie der Wasserfenchel, das Sumpf-Blutauge oder die Blasenegge. Umgeben ist der Teich von großflächigen nährstoffarmen Seggenrieden, Ohrweidengebüschen, Borstgrasrasen und Pfeifengraswiesen. ●

Rauschenberg

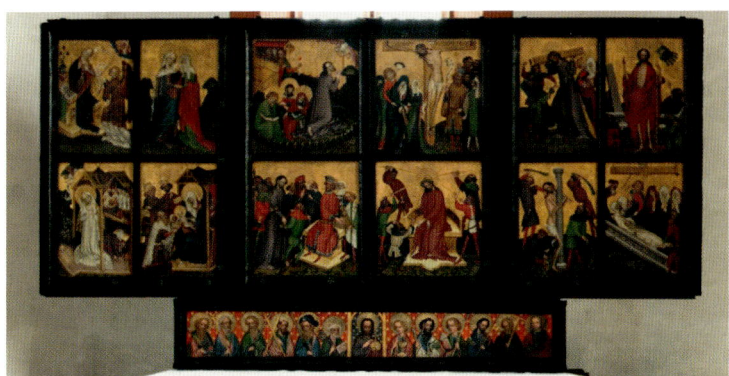

Rauschenberg

Ein Juwel spätgotischer Tafelmalerei – der Flügelaltar

Pfarrkirche und Flügelaltar

- ❌ westlich der Stadt, Pfarrstraße
- 🕐 vor und nach dem Gottesdienst (So 10.45 -11.30 Uhr) und nach Vereinbarung
- ℹ️ ev. Pfarramt, Tel. 06425-1234, Werktags Kirchenschlüssel auch im ev. Kindergarten neben der Kirche

Auf einer vorspringenden Nase am westlichen Abhang des Burgbergs liegt – als architektonisches Symbol für die geistliche Herrschaft – über den Dächern der Altstadt die Pfarrkirche. Ihre wehrhafte Ausstrahlung verdankt sie vor allem dem spätmittelalterlichen Chorturm mit seiner kuppelförmigen Haube und den vier Wichhäusern aus dem 16. Jahrhundert. An das etwas ältere Langhaus mit seinem nördlich angebauten Seitenschiff schließt sich ein Chorraum mit 3/8-Schluss und einem schmucken Netzgewölbe von 1517 an. Unter diesem Gewölbe steht das eigentliche Kleinod der Kirche: der spätgotische Rauschenberger Flügelaltar.

Der gut erhaltene Altaraufsatz ist eine der eindrucksvollsten und schönsten spätmittelalterlichen Tafelmalereien in Nord- und Mittelhessen. Er entstand vermutlich zwischen 1420 und 1430 und wird, wegen seiner detaillierten Ausgestaltung in engen Zusammenhang mit dem Wildunger Altar von 1404 gebracht, der Conrad von Soest zugeschrieben wird. Auf zwölf hochrechteckigen Tafeln sind Szenen aus dem Leben Jesu dargestellt – von der Verkündigung Mariens über Jesu Geburt bis zur Kreuzigung und Auferstehung. Weil die Altarflügel zusammen wesentlich breiter sind als das Mittelteil wird vermutet, dass in der Mitte ursprünglich ein Madonnenschrein eingefügt war.

Die nachreformatorische Zeit der Bilderstürmerei unter Landgraf Moritz überstand der Altaraufsatz dank dem Einsatz des Pfarrers Johannes Pistorius weitgehend unbeschadet. Der couragierte Calvinist hatte 1615 das Retabel rechtzeitig in sein Pfarrhaus bringen lassen und nahm es – nach seiner Versetzung in die Schwalm – 1624 mit nach Niederurff. Von dort aus fand der Altar später aber wieder den Weg zurück nach Rauschenberg.

Einige Beschädigungen hat der Flügelaltar aber im Laufe der Zeit doch hinnehmen müssen: Den Peinigern Jesu wurden irgendwann die Augen „ausgestochen". Durch schlechte klimatische

R

Bedingungen sowie durch unsachgemäße Restaurierungen im frühen 20. Jahrhundert waren zusätzliche Schäden entstanden. Seit Abschluss der sorgfältigen Restaurierung im Jahre 1996 entfaltet der Altar wieder seine volle Schönheit an seinem angestammten Ort. ●

Rauschenberg
Ruhestein

⊗ an der K 11 zwischen Rauschenberg und Himmelsberg

☁ Kultur- und Verschönerungsverein Rauschenberg e. V.

➊ jederzeit frei zugänglich

ℹ Verkehrsbüro, Am Markt 2, Tel. 06425-2750

Es gibt bauliche Zeitzeugen, die man heute oft gar nicht mehr einordnen kann. Das circa 1,20 Meter hohe torförmige Gebilde aus drei recht roh belassenen Buntsandsteinblöcken auf einer Anhöhe zwischen Rauschenberg und Himmelsberg ist solch ein Relikt vergangener Zeiten. Seine Bedeutung ist heute in Vergessenheit geraten, während sich sein Zweck noch vor zwei bis drei Generationen ganz selbstverständlich erschloss.

Der Ruhestein stammt aus einer Zeit, als der tägliche Lastentransport über holprige Wege meist gänzlich ohne Fahrzeuge bewerkstelligt wurde: Mit Traggestellen, sogenannten Kiepen oder Kötzen auf dem Rücken transportierten die Menschen ihre Waren über weite Strecken. Ruhesteine waren willkommene Hilfsmittel, die es ermöglichten, die Kiepe ohne Verrenkungen abzustellen und bequem aus den Trageriemen zu schlüpfen. Für kurze Verschnaufpausen behielt man die Kiepe auf dem Rücken, nutzte den Stein als Lehne und entlastete nur die Schultern.

In früheren Jahrhunderten gab es zahlreiche dieser Ruhesteine entlang der Handelswege. Sie teilten die langen, beschwerlichen Wege in überschaubare Etappen ein. Teilweise ergänzten auch noch steinerne Sitzbänke die Steine zum Absetzen der Lasten. Bis in die heutige Zeit haben sich nur wenige Ruhesteine erhalten und so ist der Rauschenberger Stein zum wertvollen Kulturdenkmal geworden. Es wird vermutet, dass er im 16. oder 17. Jahrhundert aufgestellt wurde.

Viele Waren wurden auf diese Weise von Ort zu Ort, von Markt zu Markt transportiert. Wertvolle, zerbrechliche Waren wie Glas und Porzellan wurden bisweilen zum Schutz in Butter transportiert. Der Begriff „Alles in Butter" leitet sich von dieser Technik ab und meint demnach so viel wie „bestens geschützt" oder „es kann nichts passieren". ●

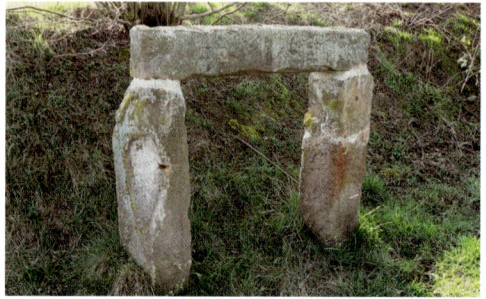

Der Ruhestein – Raststätte für Kiepenträger

Rauschenberg-Schwabendorf
Hugenottensiedlung und Museum

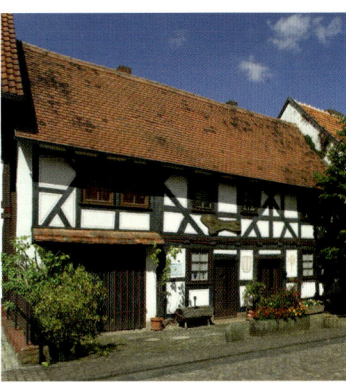

❌ Siedlungshäuser an der Sommerseite und Winterseite, östlich der Bracher-Straße, Dauerausstellung im „Daniel-Martin-Haus", Winterseite

🔼 Arbeitskreis für die Geschichte der Hugenotten und Waldenser Schwabendorfs

🕐 Straßenzüge frei zugänglich; Museum: März bis November 3. So im Monat, 14-17 Uhr und nach Vereinbarung

ℹ️ Arbeitskreis, Brachter Str. 15, Tel. 06425-1517; www.ak-schwabendorf.de

Das Daniel-Martin Haus informiert über die Geschichte der Hugenotten und Waldenser

Mit dem Edikt von Fontainebleau untersagte Ludwig XIV. 1685 den Hugenotten ihre calvinistisch geprägte Religion auszuüben. Wegen der angedrohten Todesstrafe verließen etwa 250.000 Hugenotten ihre Heimat. Zur Aufnahme der Glaubensflüchtlinge hatte sich auch Landgraf Carl von Hessen-Cassel bereiterklärt: In der hessischen Freiheitskonzession vom April 1685 sicherte er ihnen wirtschaftliche Unterstützung, Glaubensfreiheit und den Gebrauch der eigenen Sprache und Kultur zu.

Auf landgräfliche Anordnung wurden mögliche Siedlungsplätze erkundet – eine davon war die Brachter Ebene im Burgwald. Als aber im Juli 1687 30 Familien in Rauschenberg eintrafen, wählten diese allerdings eine geschütztere Lage etwas weiter südlich. Das Huteland mit der Flurbezeichnung „Auf den Schwobern" sollte ab 1694 dem neuen Dorf seinen Namen geben.

Jede Kolonistenfamilie erhielt ein „Portionsland" und für den Bau der Häuser hatte die Regierung 1000 Eichenstämme bereitgestellt. Doch die von den Einheimischen ungeliebten Franzosen

hatten weder Vieh, noch waren sie mit dem heimischen Landbau vertraut. Viele mühten sich mit bloßen Händen, das Land zu kultivieren. Erst langsam konnten sie mit dem Bau von Häusern beginnen. Planmäßig angelegt entstand ein Dorf mit zwei parallelen Straßenzügen – der Sommer- und der Winterseite.

Nach entbehrungsreichen Anfangsjahren gelang es, die Landwirtschaft zu stabilisieren und die aus der Heimat mitgebrachten Kenntnisse in der Strumpf-, Tuch- und Hutmacherei zu entwickeln. Um 1750 war das Dorf mit seinen Manufakturen Zentrum oberhessischer Strumpfmacherei. Dieser Aufschwung trug dazu bei, dass ab 1710 auch die ersten Deutschen im Dorf siedelten. Doch über 150 Jahre lang wurde in Schwabendorf noch vorwiegend Französisch gesprochen.

Die Geschichte von Schwabendorf und seiner Bewohner wird in dem 1984 eröffneten „Daniel-Martin-Haus" anschaulich dokumentiert. Besonders interessant sind die Exponate zur Flachs- und Wollverarbeitung, Strumpfwirkerei mit Strumpfwirkstuhl, Leinenweberei, Seidengewinnung sowie die Korb-, Besen- und Rechenmacherei. ●

185

Runkel

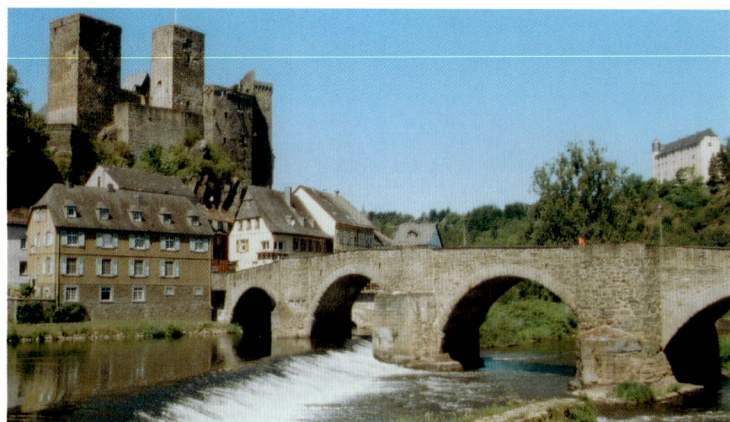

Runkel

Die wehrhafte Burg Runkel über der Lahn mit Wehr und alter Brucke

Burg Runkel

- ❌ Altstadt, ausgeschildert
- 🅿 privat
- ⏱ Karfreitag bis Ende Oktober 10-17 Uhr, Mo geschlossen; Führungen nach Anmeldung
- ℹ Burgverwaltung, Schlossplatz 2, 65594 Runkel, Tel. 06482-941472

Auf halbem Weg zwischen Gießen und Koblenz liegt die 1159 erstmals beurkundete Stadt Runkel. Die Erbauung der Burg, hoch über der Lahn geschah vermutlich durch den darin erwähnten Siegfried I. von Runkel. Um 1250 entbrannte eine Familienfehde, die in der Teilung und Trennung zwischen Runkel und Westerburg endet. Als Folge hiervon erbaut ein Vetter des damaligen Burgherrn auf der gegenüberliegenden Lahnseite die Trutzburg Schadeck. Von dieser östlichen Lahnseite aus hat man den schönsten Blick auf Burg Runkel.

Ihre Nord- und Ostseite steht über einem steilen Felshang. Drei durch eine hohe Mauer verbundene Türme vermitteln einen äußerst wehrhaften Eindruck:

Der Bergfried in der Mitte stammt aus dem frühen 13. Jahrhundert, während der fünfeckige Wohnturm an der nordöstlichen Ecke rund 100 Jahre später entstanden ist. Seine Spitze richtet sich nach Schadeck und es wird vermutet, dass er im „Vetternkrieg" erbaut wurde. Zwischen diesen beiden Türmen erhebt sich der Palas mit seinen abgeschrägten Ecken. Südlich des Bergfrieds schließt eine starke Schildmauer an, an deren Ende ein quadratischer Wehrturm steht.

An diese Oberburg schließen sich die drei Querflügel der Unterburg an und bilden einen geschlossenen und einen offenen Innenhof. Der Mittelflügel, der gotische Palas, mit einer kleinen Kapelle ist vierstöckig, der Südflügel entstand 1701 nachdem der vorherige Renaissancebau abgebrannt war.

Im Verlauf des Dreißigjährigen Krieges brannten Burg und Stadt bis auf acht Häuser nieder. Die Kernburg wurde nicht wieder aufgebaut, sie bildet den heutigen imposanten Ruinenteil. Der Wiederaufbau der Unterburg zu Wohnzwecken wurde durch einen weiteren Brand 1691 verzögert. ●

Runkel-Dehrn

Burgmannenhaus
der Freien von Dehrn

❌ Burgfrieden 15/16

🔼 privat

➕ von außen zugänglich

Um das Jahr 1500 gehörte Dehrn zur Hälfte den Grafen von Nassau-Dillenburg und zu je einem Viertel dem Grafen von Eppstein und dem Landgrafen von Hessen. Als 1557 Dehrn an den Grafen von Nassau-Dillenburg fiel, blieb nur ein kleiner Bereich von 16 Häusern in hessischer Hand. Diesem Bereich, auch „Burgfrieden" genannt, galt ein besonderes Recht. Von den 16 Häusern der sogenannten „Pfalz" sind heute nur noch das Burgmannen- und Verwaltungshaus sowie Reste des Mauerrings erhalten. Außerdem steht noch der Torbogen, der den Eingang zu diesem Bezirk markierte. Die anderen Häuser wurden im Zuge der Bautätigkeiten des Baron von Dungern in der Mitte des 19. Jahrhunderts abgerissen.

Das über einem Gewölbekeller errichtete große Wohnhaus ist in den beiden unteren Stockwerken in Bruchsteinmauerwerk ausgeführt. Diese sind stellenweise über einen Meter dick, was auf eine wichtige strategische Bedeutung des Gebäudes verweist: Es diente dem Schutz des Lahnüberganges und bildete den Eingang zur Burg vom Tale und der Lahn her. Die dendrochronologische Untersuchung ergab für die Deckenbalken im Erdgeschoss die Datierung um 1480. Das Fachwerkgeschoss als zweites Obergeschoss wurde dagegen bei den Umbauarbeiten im späten 17. Jahrhundert aufgesetzt. Mit seinen geschwungenen, genasten Zierstreben prägt es heute das Aussehen des Gebäudes.

1998 wurde das Burgmannenhauses verkauft und saniert. Wo immer es möglich war, wurde die vorhandene Bausubstanz erhalten und repariert. Für die vorbildliche Sanierung erhielten die Besitzer den Hessischen Denkmalschutzpreis 2000. ●

Torbogen und Burgmannenhaus nahe der ehemaligen Lahnfurt

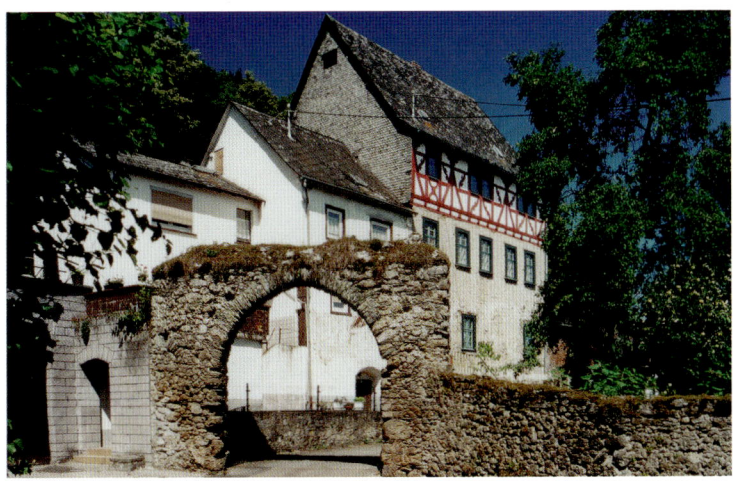

R

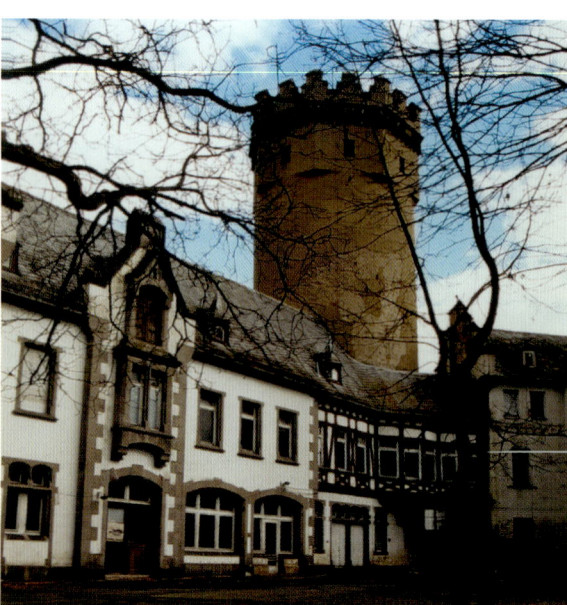

Schloss Dehrn mit zinnenbewehrtem Bergfried

Runkel-Dehrn

Schloss Dehrn

- ⊗ westlich des Ortskerns, Schloßstraße (beschildert)
- ☁ privat
- ↻ von außen zugänglich
- ⓘ Stadtverwaltung Runkel, Burgstr. Tel. 06482-916127; www.runkel-lahn.de

Zur Sicherung eines Lahnüberganges ließen die Grafen von Diez im 12. Jahrhundert bei Dehrn eine Burg erbauen. Als Burgmannen wurden die Freien von Dehrn eingesetzt, die Ende des 15. Jahrhunderts die Anlage ausbauten, in ihrem Besitz brachten und sie bis zu ihrem Aussterben 1737 hielten. Danach fiel die Burg an die Rheingauer Familie von Greifenklau. 1844 erwarb die Weilburger Familie von Dungern das Anwesen, um den Gutshof massiv auszubauen.

Im 20. Jahrhundert folgte eine sehr wechselvolle Nutzungsgeschichte: Hotel, Erziehungsheim, Kindererholungsstätte, Lazarett, Klinik, Altenheim und Auffanglager für Asylbewerber – all dies war im Schloss Dehrn zwischen 1924 und 1996 zeitweise untergebracht.

Von der ältesten Ringanlage besteht heute nur noch ein halbrunder Turmstumpf neben der Auffahrtsstraße. Wie die gesamte mittelalterliche Bausubstanz wurde auch der ehemalige Palas und der dreiflüglige Schlossbau im 19. Jahrhundert nach dem Zeitgeschmack umgestaltet. Orientiert am späthistoristischen Villen- und Landhausstil bekamen die Gebäude Putzfassaden mit Natursteinakzenten bzw. eine hofseitige Fachwerkfassade. Das zinnengekrönte Achteckgeschoss auf dem runden Bergfried entbehrt jeder historischen Vorlage – gleichwohl wurde der so gestaltete Turm zum Wahrzeichen von Dehrn. ●

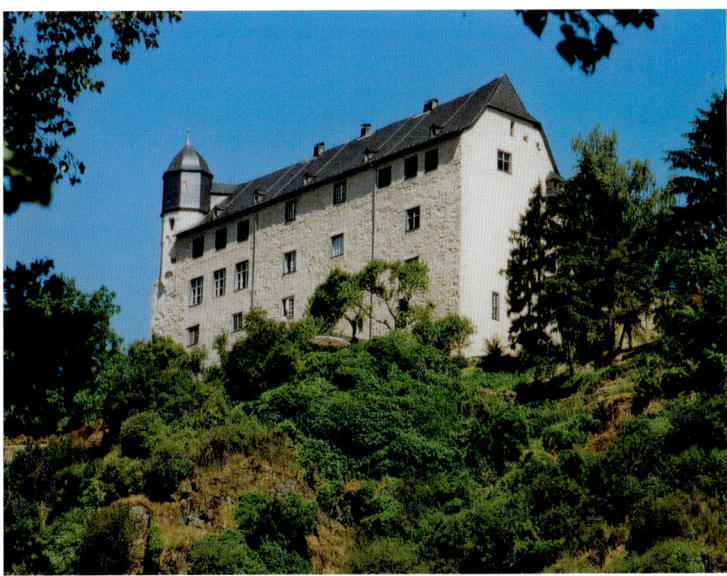

Runkel-Schadeck

Schloss Schadeck, heute Wohngebäude

Schloss Schadeck

- Schlossstraße 30-34
- privat
- von außen zugänglich
- Stadtverwaltung Runkel, Burgstraße, 65594 Runkel, Tel. 06482-916127; www.runkel-lahn.de

Um die Einkünfte Westerburgs entbrannte um 1250 im Hause Runkel ein lang anhaltender Streit. Er eskalierte zum „Vetternkrieg", als Heinrich von Westerburg ab 1270 auf der Westerwaldseite der Lahn eine Trutzburg errichtete. Das stattliche „Schadeck" stand deutlich höher als Runkel auf einem steilen Felsen. Doch mit seiner Fertigstellung 1288 besiegelte ein Sühne- und Teilungsvertrag den Familienzwist: Heinrich erhielt die Burgen Westerburg und Schadeck, Siegfried IV. behielt die Burg Runkel und

die Kontrolle über die Lahnbrücke – die Lahn bildete die Grenze zwischen den nun getrennten Herrschaften.

Um 1570 wurde die Trutzburg zum Wohnschloss erweitert und war über Jahrhunderte Witwensitz. Während der Revolutionskriege erlitt die als Winkelanlage erbaute Festung schwere Beschädigungen. 1803 musste der baufällige Nordflügel abgerissen werden und ein runder Treppenturm stürzte ein. Schon im frühen 19. Jahrhundert ging der verbliebene Westflügel des Schlosses an die Gemeinde über. Sie nutzte ihn als Bürgermeisterei, Schule und Backhaus. Heute sind in dem dreieinhalbgeschossigen Rechteckbau mit seinem schmucken Treppenturm Wohnungen untergebracht. Eine aufwändige Sanierung von Fassade und Dach wurde 2004 abgeschlossen. ●

Selters

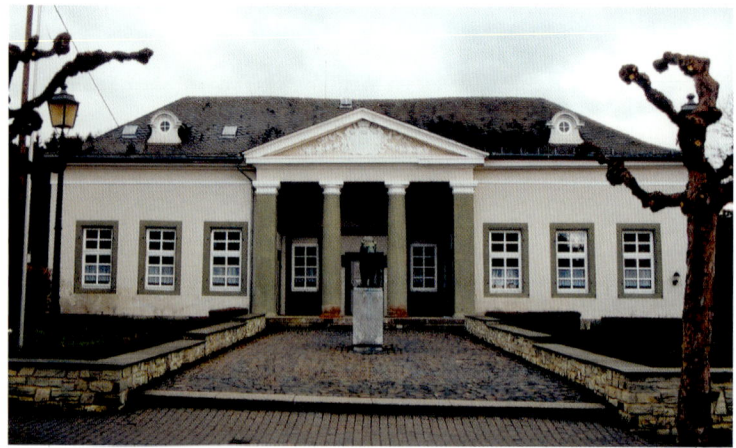

Selters-Niederselters

Ehemalige Brunnenwache und Brunnenhaus

Soldaten in der Brunnenwache sollten den Schatz der Natur beschützen

- ⊗ Brunnenstraße 46 und 60
- ⬦ Gemeinde Selters
- ❶ außen frei zugänglich; Führungen nach Anmeldung
- ❶ Gemeindeverwaltung, Tel. 06483-912212

Der Ausdruck Selters oder Selterswasser ist im allgemeinen Sprachgebrauch längst zum Synonym für kohlensäurehaltiges Mineralwasser geworden. Während aber das heutige Mineralwasser mit dem Markennamen Selters im 20 Kilometer nördlich gelegenen Selters an der Lahn produziert wird, liegen die Ursprünge dieses Wassers in Selters im Taunus. Hier im Ortsteil Niederselters liegt der ergiebige Brunnen, mit seinem – aufgrund eines hohen Anteils an Natriumhydrogen-carbonat – basischen Mineralwasser und einem hohen natürlichen Kohlensäure-gehalt.

1536 wurde die Mineralquelle erst-mals ausdrücklich erwähnt. Doch sicher hat sie schon früher gesprudelt, denn eine „Saltrissa" genannte Siedlung existierte hier schon im achten Jahrhun-dert. Bekannt wurde Selters durch das 1581 erschienene Buch „Der Neuw Wasserschatz" des Wormser Arztes Dr. Jakob Tabernaemontanus. Er wies erst-mals auf die Heilkraft des Quellwassers hin, dessen Versand die neue Kur-trierische Herrschaft seit 1576 in großem Maßstab betrieb.

Im frühen 18. Jahrhundert bestellte der Kurfürst einen Brunnenpächter und legte in einer Brunnenordnung die Wasserpreise fest. Mit der Brunnensteuer von Niederselters sprudelten auch die Einnahmen des trierischen Kurfürsten: Sie entwickelte sich zum größten Einzel-posten der Landeskasse – 1801 lag ihr Anteil bei 60 Prozent.

Weniger erfolgreich waren die Bemühungen der Hofkammer um den Ausbau des Kurbetriebs im 18. Jahrhun-dert. Das eigentliche Geschäft blieb der Wasserversand in alle Welt: In Steinzeug-krügen aus dem Westerwälder Kannen-bäckerland gelangte es bis nach Skandi-navien, Russland, Nordamerika, Afrika, ja selbst in der Kolonie Niederländisch-Ostindien erfrischte man sich mit Selterswasser.

Nur verständlich, dass der Kurstaat diese Einnahmequelle unter spezielle Bewachung stellte. Schon 1728 war ein Kommando zum Schutz des Brunnenbetriebes nach Niederselters beordert worden und um 1787 wurde die Brunnenwache erbaut. Der eingeschossige Putzbau mit flachem Walmdach wurde vermutlich von dem namhaften frühklassizistischen Architekten Peter Josef Krahe entworfen. Seine Vorhalle ist als toskanischer Säulenportikus ausgebildet und den herrschaftlichen Dreiecksgiebel schmückt das Stuckwappen von Clemens Wenzeslaus von Sachsen – dem letzten der Trierer Kurfürsten.

Das hier kasernierte Jägercorps sollte vor allem die meist reichlich gefüllte Brunnenkasse schützen. Doch im ersten Koalitionskrieg (1792-1797) konnte die Schutztruppe eine Plünderung durch kaiserliche wie französische Soldaten nicht verhindern. 1803 fielen die rechtsrheinischen Gebiete von Kurtrier zunächst an Nassau-Weilburg und im Wiener Kongress wurde das Territorium größtenteils dem Königreich Preußen zugeschlagen.

Knapp 100 Jahre später errichtete die preußische Brunnenverwaltung mit dem Brunnenhaus das zweite repräsentative Gebäude in Niederselters. Das markante Jugendstil-Gebäude wurde 1907 über der Hauptquelle errichtet und beherbergt die ehemalige Füllanlage des Brunnens. Als Teil des Betriebshofes war es für Jahrzehnte der zentrale Punkt der Mineralwasserproduktion in Niederselters. Heute plant die Gemeinde Selters das Brunnenhaus zum Zentrum einer öffentlichen Parkanlage zu machen. Neben einem Museum soll hier, an historischer Stätte, ein Trinkbrunnen den Bürgern der Gemeinde Selters das „Haustrunkrecht" sichern. ●

Historisches Brunnenhaus von 1907

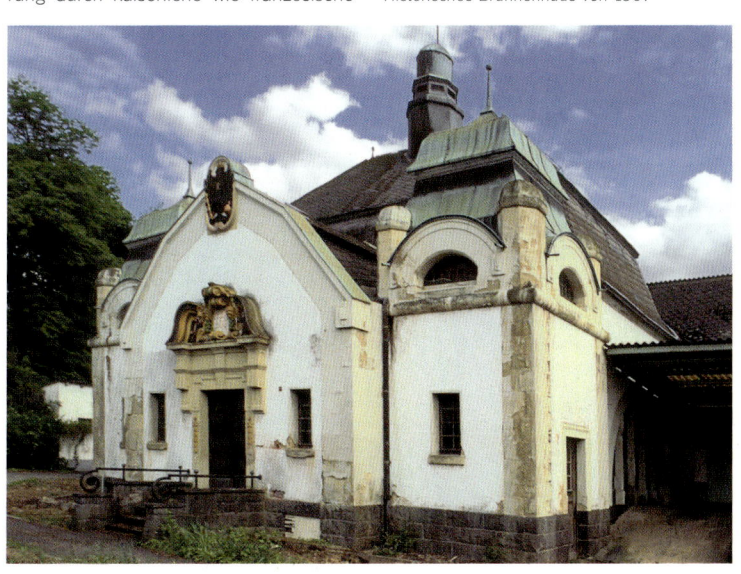

Siegbach

Siegbach-Tringenstein
Burgmodell

> ❌ oberhalb des Dorfes, Schlossstraße
> (Parkmöglichkeit am Friedhof)
>
> ⬙ Gemeinde Siegbach
>
> ❶ Burgberg frei zugänglich, Heimatstube
> nach Vereinbarung
>
> ❶ Gemeinde Siegbach, Tel. 02778-2584

„Burg Tringenstein spricht: Dreizehnhundert und fünfundzwanzig Jahre nach Christi Geburt baute einst, o Nassauer Land, meine Mauern und Dächer dein Graf Heinrich." So steht es in der Inschrift über dem Eingangstor zur Burg Tringenstein – die gibt es allerdings nur noch im Modell. Doch dieses Modell steht heute dort wo einst das Original stand: auf dem Gipfel des Burgberges. Gebaut wurde es um 1930 im Rahmen von Arbeitsbeschaffungsmaßnahmen. Die Materialien des kleinen Kunstwerkes entsprechen dem des historischen Vorbildes und so ist das Modell heute das kleinste Baudenkmal weit und breit.

Burg Tringenstein wurde vermutlich 1325 von Heinrich I. von Nassau während der über hundertjährigen „Dernbacher Fehde" gebaut. Es war ein Akt der „Nachrüstung", denn die Herren von Dernbach hatten 1308 nur knapp fünf Kilometer entfernt die Wallenfelser Feste errichtet.

Dicht an ihren Mauern entstand so im Schelderwald das Dorf Tringenstein. Um 1625, mitten im Dreißigjährigen Krieg, baute der Graf Ludwig Heinrich von Nassau die Burg weiter aus. Inmitten dieser unruhigen Zeiten war sie zum Rückzugsgebiet gegen plündernde Landsknechtshorden und die Pest geworden. Weitere 150 Jahre später war die Burg endgültig bedeutungslos geworden. So nutzten die Dorfbewohner ihre Steine und so manches Haus im Dorf dürfte daraus gebaut worden sein.

Inzwischen hat sich der örtliche Heimatverein des Burgberges angenommen und ein Teil der Grundmauern wurde freigelegt. Der Aufstieg zum Burgberg lohnt besonders bei klarem Wetter. Dann reicht der Blick weithin über die Berge des Lahn-Dill-Berglandes und des Westerwaldes bis hin zum Taunus und ins Siegerland.

An ihrem Fuße des Burgberges hat der Verein im ehemaligen Rathaus eine Heimatstube angelegt. Die ausgestellten Mineralien, Grubenlampen und -werkzeuge erinnern an die Zeit, als die meisten Männer aus dem Dorf noch ihren Broterwerb in den Gruben des Schelderwaldes fanden. ●

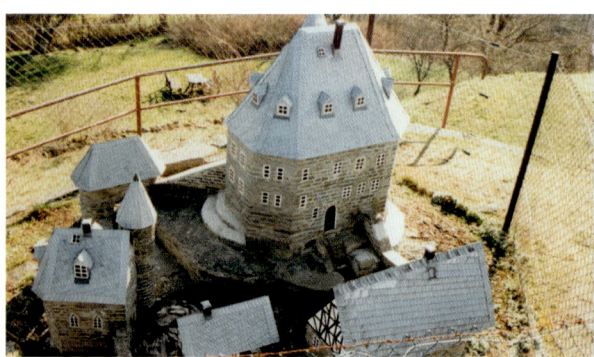

Nur noch im Modell erhalten: Burg Tringenstein

Solms

Solms-Oberbiel
Grube Fortuna

> ✖ nördlich von Oberbiel, B 49 Wetzlar –
> Weilburg, Abfahrt Oberbiel (beschildert)
>
> ☁ Förderverein Besucherbergwerk
> Fortuna e. V.
>
> ⏰ Mitte März bis Mitte November Di bis Sa
> 9-17 Uhr, So und FT 10-17 Uhr
>
> ℹ Förderverein Besucherbergwerk
> Fortuna e. V. Tel. 06443-82460

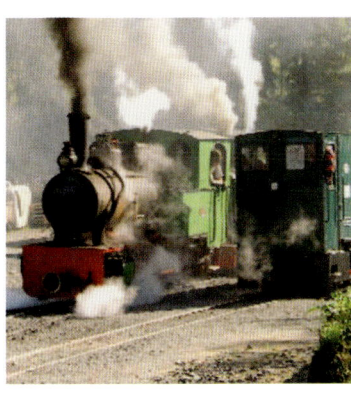

Eine Feldbahn in Aktion

Die Geschichte der Grube Fortuna beginnt im Jahre 1847, als hier erstmals förderwürdige Erzvorkommen nachgewiesen wurden. Zwei Jahre später ließ sich Fürst zu Solms-Braunfels ein rund ein Quadratkilometer großes Grubenfeld verleihen, das er nach der römischen Glücksgöttin „Fortuna" nannte. Der Graf verpachtete die Grube an die Wetzlarer Sozietät Buderus, die das Erz zunächst in der Aßlarer Hütte verarbeitete. Seit 1878 konnte es per Seilbahn zur 3,6 Kilometer entfernten Georgshütte in Burgsolms transportiert werden, die ebenfalls dem Grafen gehörte.

1906 wechselten die Eigentumsverhältnisse: Die Firma Krupp aus Essen kaufte das Bergwerk und baute es zu einem modernen Grubenbetrieb aus: je ein zweiter Schacht und Stollen wurden hergestellt, für Förderung und Wasserhaltung wurden Dampfmaschinen eingesetzt, eine weitere Seilbahn wurde gebaut und ab 1912 kamen in der Streckenförderung Benzolloks statt Pferde zum Einsatz.

1953 übernahm die Harz-Lahn-Erzbergbau AG, an der die Konzerne Krupp, Hoesch und Klöckner beteiligt waren, die Grube. Aber die große Zeit des deutschen Eisenerzbergbaus war vorbei: 1962 war die Stilllegung beschlossene Sache. Doch das Glück blieb der Grube treu, denn die billigen ausländischen

Erze führten bei der Verhüttung zu unerwarteten Schwierigkeiten. Man benötigte das Fortuna-Erz als Schlackenträger und der Betrieb wurde in voller Besetzung wieder aufgenommen.

Trotz einer intensiven Technisierung in den 1960er und frühen 1970er Jahren war die Existenz des Werkes 1975 erneut bedroht. Kurzarbeit bestimmte den Arbeitsalltag vieler Kumpel und als 1981 mit der Sophienhütte in Wetzlar das letzte Hochofenwerk Hessens stillgelegt wurde, war das Ende nicht mehr aufzuhalten. Mit der letzten Förderschicht der Grube Fortuna endete 1983 nicht nur in Oberbiel, sondern in ganz Hessen die lange Tradition des Erzbergbaus.

Um die Grube als Industriedenkmal zu erhalten, gründete sich kurz nach der Stilllegung ein Förderverein, dem sich auch der Landkreis und die umliegenden Städte und Gemeinden anschlossen. Ziel war die Einrichtung eines Besucherbergwerkes und eines Feld- und Grubenbahnmuseums auf dem ehemaligen Grubengelände. 1985 begannen die ersten Ausbauarbeiten und zwei Jahre später konnte der Besucherbetrieb offiziell eröffnet werden.

Ein besonderes Erlebnis ist das Besucherbergwerk: Ein bergbaukundiger

S

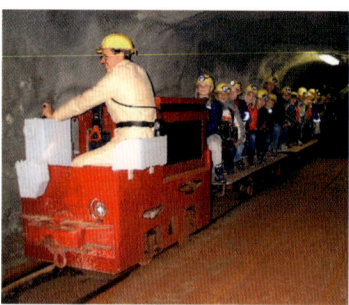

Elektrische Grubenbahn im Besucherbergwerk

Führer begleitet die Besucher bei unterschiedlich langen Exkursionen unter Tage. Über den Förderkorb des ehemaligen Maschinenschachts gelangt man auf die 150-Meter-Sohle und mit der Grubenbahn geht es weiter ins Erdinnere. Einblicke in den Abbau des Eisenerzes, die technische Entwicklung des Erzbergbaus und die Arbeitsbedingungen unter Tage werden eindrücklich vermittelt. Über Tage werden diese Eindrücke im Bergbaumuseum durch Filme, Bilder und Exponate weiter vertieft.

Das Feld- und Grubenbahnmuseum präsentiert in zwei Hallen diverse Triebfahrzeuge wie Loks, Schienenfahrräder und Fahrlader sowie die unterschiedlichsten Wagen. An besonderen Fahrtagen besteht außerdem die Möglichkeit zu einer 20-minütigen Bahnfahrt durchs Grundbachtal. ●

Solms-Burgsolms
Volks- und Bildungssternwarte

❌ westlich von Burgsolms, B49 Wetzlar-Weilburg, Abfahrt Solms Richtung Burgsolms, im Ort beschildert.

🔼 Astronomischer Arbeitskreis Wetzlar e.V.

🕐 öffentliche Abende an jedem 1. Freitag eines Monats um 20 Uhr

ℹ Tel: 06442-1039 (Mo 20-21 Uhr); www.sternwarte-burgsolms.de

Kurz vor der Sonnenfinsternis im Februar 1961 lernte Wilhelm Weigelt den Solmser Apotheker Julius Glitzner kennen, mit dem er sich auf den Weg nach Florenz machte, um die Finsternis zu beobachten. Begeistert vom Erlebnis dieses Naturschauspiels schmiedeten die beiden im Laufe der nächsten Monate erste Pläne zur Errichtung eines Sonnenobservatoriums im Lahn-Dill-Kreis. Diese Idee wurde vom inzwischen hinzugekommenen Dr. Frevert tatkräftig unterstützt, so dass nach einem Besuch auf der Feriensternwarte in Lugano 1962 sogar die Idee aufkam, auch eine solche Sternwarte zu betreiben. Im August 1962 wurde dann schließlich der Astronomische Arbeitskreis Wetzlar gegründet. Sein Zweck sollte die Errichtung und Betreibung einer Volkssternwarte sein. Außerdem sollten Erwachsenenbildung und begleitende Veranstaltungen für den Schulunterricht angeboten werden. Dieser selbstgegebene Bildungsauftrag ist noch heute Kern der Vereinssatzung des gemeinnützigen Vereins.

Bis 1965 entstanden im Eigenbau das Gebäude sowie das Hauptinstrument, ein Newton-Teleskop mit 2 Meter Brennweite und einem Spiegeldurchmesser von 40 Zentimeter. Bald darauf kam ein Coudé-Refraktor mit 2,3 Meter Brennweite und 15 Zentimeter Öffnung hinzu.

So ausgestattet nahmen die ehrenamtlichen Mitglieder des Vereins ihre Arbeit auf. 1982 wurde nördlich des Sternwartengebäudes ein Beobachtungsturm errichtet. Hier können heute Mitglieder ungestört vom Besucherstrom eigene Arbeiten durchführen. Zentrales Instrument im Turm ist ein gestiftetes und von Mitgliedern restauriertes Newton-Teleskop mit 1,44 Meter Brennweite und 25 Zentimeter Öffnung. Ein 4-Zoll-Leitrohr ermöglicht auch die

S

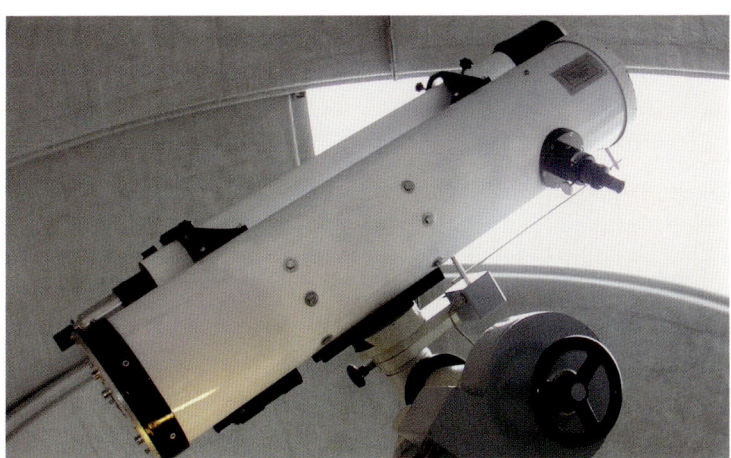

Sonnenbeobachtung in der Projektion.

Newton-Teleskop mit 1,44 Meter Brennweite (oben). Sternwarte mit Beobachtungsturm (unten)

Heute ist die Sternwarte im Lahn-Dill-Kreis und weit darüber hinaus eine einzigartige Einrichtung, die es den Besuchern ermöglicht die Faszination der Astronomie live zu erleben. Neben den regelmäßigen öffentlichen Veranstaltungen bieten die Mitglieder anlässlich aktueller Ereignisse, die sowohl Astronomie aber auch Raumfahrt betreffen, Sondervorträge,.

Das besondere Augenmerk des Vereins liegt in der Jugend- und Nachwuchsförderung. Eine eigene Jugendgruppe trifft sich regelmässig und bekommt erste Kenntnisse im Umgang mit naturwissenschaftlichen Themen, die besonders die Astronomie betreffen, wobei auch gelegtlich Exkursionen stattfinden.

Als Kommunikationsforum für alle Mitglieder dient der „Astrotreff", zu dem auch Gäste jederzeit willkommen sind. Hier hat jeder die Möglichkeit, über „sein" Thema zu berichten und dieses im Kreis des Teilnehmer zu diskutieren. Dort findet auch ein regelmäßiger Austausch an Erfahrungen bezüglich angewandter Beobachtungsinstrumente und -methoden statt. ●

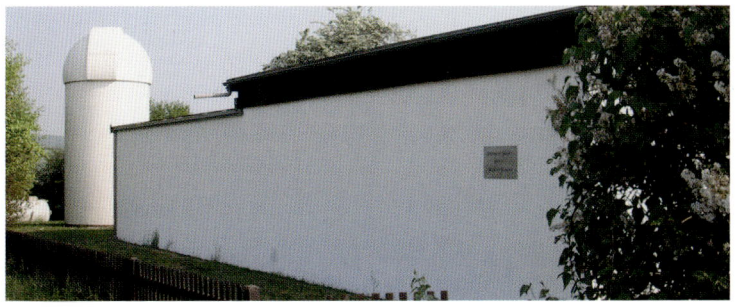

Stadtallendorf

S

Stadtallendorf
Gedenkstätte Münchmühle

- ❌ westlich des Stadtzentrums (ab B 454 beschildert); DIZ Aufbauplatz 4
- 🔺 Magistrat der Stadt Stadtallendorf
- ⏱ Gedenkstätte jederzeit,
  DIZ Di bis Do 9-12 Uhr und 14-16 Uhr,
  jeden 1. So im Monat 15-18 Uhr,
  Gruppen nach Absprache
- ℹ Dokumentations- und Informationszentrum (DIZ) Stadtallendorf, Tel. 06428-707424

Während des Zweiten Weltkrieges lag im heutigen Stadtallendorf die größte Munitionsproduktionsstätte Europas. Seit 1938 errichteten die Dynamit-Nobel AG (DAG) und die Westfälisch-Anhaltische Sprengstoff AG (WASAG) im Herrenwald westlich der Stadt zwei Sprengstoffwerke. Auf einer Gesamtfläche von ca. 1.000 Hektar wurden Sprengstoffe produziert, die teils vor Ort in Bomben und Granaten abgefüllt, teils an andere Abfüllbetriebe geliefert wurden. Im Laufe des Krieges entstanden im Umkreis der Stadt mehrere von der SS verwaltete Lager, in denen insgesamt 17.000 Kriegsgefangene, zivile Zwangsarbeiter, Dienstverpflichtete, Strafgefangene und KZ-Häftlinge als billi-ge Arbeitskräfte für die Sprengstoffwerke untergebracht waren.

Das „SS-Arbeitslager Münchmühle" war zunächst ein Zwangsarbeiterlager und ab August 1944 ein Außenkommando des Konzentrationslagers Buchenwald. Hier waren im letzten Kriegsjahr 1000 meist jüdische Frauen aus Ungarn interniert, die in Ausschwitz für die Zwangsarbeit bei der Dynamit-Nobel AG „selektiert" worden waren. Wegen des ungeschützten Kontakts mit dem Sprengstoff änderten sich bei den Arbeiterinnen die Haut- und Haarfarbe. Sie wurden deshalb „die gelben Frauen" genannt. Betriebsunfälle, Vergiftungserscheinungen und mangelhafte Ernährung führte zu zahlreichen Todesfällen und lebenslangen gesundheitlichen Schäden.

In Erinnerung an das Schicksal dieser Menschen und als Mahnmal für nachfolgende Generationen errichteten 1988 der Landkreis Marburg-Biedenkopf und die Stadt Stadtallendorf die Gedenkstätte Münchmühle. 1994 wurde in den Räumen des ehemaligen Verwaltungsgebäudes einer der beiden Rüstungsfabriken eine Dauerausstellung eröffnet und in den folgenden Jahren entstand das Dokumentations- und Informationszentrums (DIZ). ●

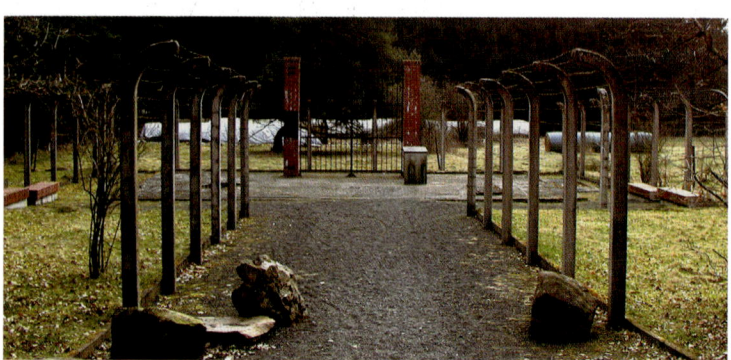

Die Gedenkstätte – ein beklemmendes Zeugnis aus nationalsozialistischer Zeit

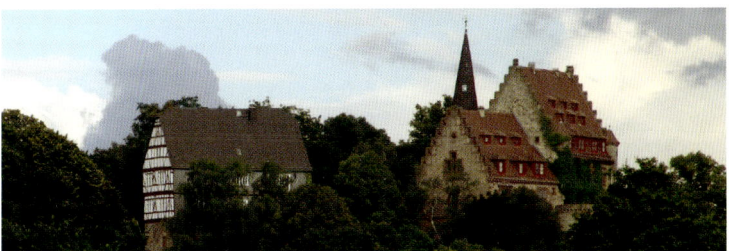

Stadtallendorf-Schweinsberg

Burg Schweinsberg

Burg Schweinsberg von Westen mit Fähnrich-bau (links) und Neuer Kemenate

- ❌ im Zentrum von Schweinsberg, Parkmöglichkeit beim Rathaus „Im Tal"
- ☁ privat
- ❶ von außen zugänglich
- ❶ www.schweinsberg-ohm.de

Als die Vorfahren der späteren Schenken zu Schweinsberg um 1230 eine Burg errichteten und später Schweinsberg gründeten, wählten sie den Platz vor allem nach strategischen Gesichtspunkten aus: Der stattliche Basaltkegel in den Talauen der Ohm war nahezu vollständig von Moor umgeben – das machte heranrückenden Feinden das Leben doppelt schwer.

Von der kleinen, frühmittelalterlichen Fluchtburg sind heute nur noch ein paar Mauerreste erhalten, da die Anlage in der zweiten Hälfte des 15. Jahrhunderts erheblich erweitert wurde: Unter der Leitung des landgräflichen Festungsbaumeisters Jakob von Ettlingen entstand eine gewaltige äußere Zwingermauer mit mächtigen, vorspringenden Türmen. Der Eingang zur Burg wurde durch eine Vorburg mit Turm gesichert und im Inneren entstanden mehrere zinnenbesetzte Steinhäuser für die Ganerben der schnell wachsenden Familie.

All dies konnte aber nicht verhindern, dass Burg Schweinsberg im Dreißigjährigen Krieg größtenteils zerstört

wurde. Zwar wurden die Kemenate und der so genannte Fähnrichsbau wieder aufgebaut – trotzdem folgten nun lange Phasen, in denen die Burg praktisch unbewohnt war. Erst in der Mitte des 19. Jahrhunderts erwachte wieder das Interesse der Familie Schenk an ihrer Stammburg: Die Gebäude wurden im historistischen Stil umgebaut und unter Einbeziehung der Ruinen der alten Fluchtburg entstand ein kunsthistorisch bedeutender Englischer Garten.

Seit dem Jahr 2000 sind die Wohnflächen der Burg in Eigentumswohnungen aufgeteilt. Fünf Familien, unter ihnen eine Familie von Schenck, haben mit großem Idealismus und finanziellem Aufwand die Gebäude restauriert. Der weitere Erhalt von Burg Schweinsberg ist damit gesichert.

Die jahrhundertelange Anwesenheit des Adelsgeschlechts ist in ganz Schweinsberg zu erkennen: Um die Burg herum gruppieren sich schöne Fachwerkbauten wie der Ober-, Mittel- und Unterhof und an der Auffahrt zur Burg liegt der eindrucksvolle „Samtbau". Während die Burg heute dauerhaft nicht mehr öffentlich zugänglich ist, hat eine Stiftung der Schenken dieses Gebäude für eine öffentliche und private Nutzung hergerichtet. Unter den mit Kerzen bestückten Kronleuchtern kann in den großen Räumen mit originalen Möbeln stilvoll gefeiert werden. ●

Staufenberg

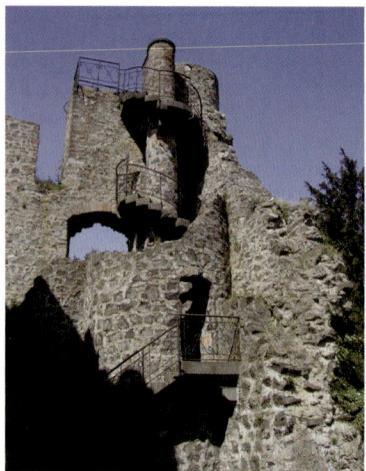
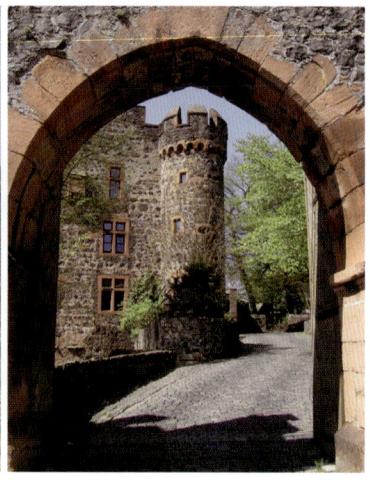

Staufenberg
Burg Staufenberg

Ruine der Oberburg (links) und die ausgebaute Unterburg (rechts) in Staufenberg

- ⊗ Burggasse 10 (beschildert)
- ◈ Oberburg: Stadt Staufenberg; Unterburg: privat
- ➊ Oberburg: frei zugänglich, Unterburg: Hotel-Restaurant
- ➊ Heimatvereinigung Staufenberg, Tel. 06406-3775

Die Burg Staufenberg ist eine der markantesten Burgen Hessens. Hoch über der Einmündung der Lumda ins Lahntal gelegen dominiert sie das Landschaftsbild zwischen Marburg und Gießen. Genau genommen handelt es sich allerdings um zwei Burgen von unterschiedlichem Alter und Erhaltungszustand: die Ober- und die Unterburg.

Die Oberburg ragt über den höchsten Punkt des Basaltkegels hinaus, auf dem sie im 12. Jahrhundert von den Grafen von Ziegenhain errichtet wurde. 1273 erstmals zerstört, fielen Burg und Grafschaft 1437 an den Landgrafen Ludwig I. von Hessen. Dieser ließ die Oberburg umbauen und verstärken, doch im Hessenkrieg 1645 bis 1648 wurde sie zerstört und verfiel ab dem 16. Jahrhundert. Bis heute sind Teile des gotischen Palas, des angrenzenden Eckturmes mit Wendeltreppe aus dem 13. Jahrhundert, einige Keller sowie Ringmauer und Tor aus dem 15. Jahrhundert erhalten. Wegen des schönen Blickes vom Burgturm über das Lahntal wurde die Ruine schon im Biedermeier gesichert und avancierte zum beliebten Ausflugsort.

Während die Oberburg verfiel, entstand unterhalb von ihr zwischen 1487 und 1517 die Unterburg als Wohnburg. Nach dem 17. Jahrhundert hatte das Anwesen wechselnde Eigentümer bis es 1858 von den Prinzen Ludwig und Heinrich von Hessen-Darmstadt erworben und schlossartig ausgebaut wurde. Durch Tausch ging die Burg 1925 in den Besitz des Hessischen Staates über. Sie wurde zum Hotel ausgebaut und zunächst verpachtet. Über die Umstände des Verkaufs der Burg im Jahre 2002 entbrannte eine heftige öffentliche Debatte. ●

Steffenberg

Steffenberg-Steinperf
Ortszentrum

- ✖ im Ortszentrum
- ❗ von außen frei zugänglich
- ❸ Info-Tafel am früheren Rathaus;
  www.pernaffa.de

Steinperf liegt im Perftal an den südlichen Ausläufern des Rothaargebirges, tief im Hinterland. Der merkwürdige Name verweist – wie bei den Nachbarortschaften Dautphe und Gönnern – auf den keltischen Ursprung der Siedlungen. In der Mitte der Ortsdurchfahrt steht das frühere Rathaus, an dem Informationskästen hängen, in denen unter anderem die Sehenswürdigkeiten des Dorfes verzeichnet sind: Das sind schöne Fachwerkhäuser, die sich im Ortskern drängeln, eine Kapelle und ein altes Backhaus. Immerhin brachte es Steinperf auf Platz 2 im Landesausscheid des Wettbewerbes „Unser Dorf soll schöner werden".

Die hübsche Fachwerkkapelle wurde um 1687 als kleiner Saalbau errichtet. Über einem fast geschosshohen, steinernen Sockel sitzt ein Fachwerkaufbau mit typischen Hessenmann-Figuren. 1932 wurde die Kapelle saniert und der Eingang mit einem kleinen Anbau an die Nord-Ost-Seite verlegt.

Sehenswert ist auch das alte Backhaus, das noch nahezu vollständig erhalten ist. Über dem eingeschossigen, steinernen Bau erhebt sich ein steiles, zweifach abgestuftes Pyramidendach, das beinahe an eine fernöstliche Pagode erinnert. Der obere Teil der Eingangstüre lässt sich öffnen und gewährt einen Blick ins Innere. Ein alter Backtrog hängt an der Wand und auch die Öfen sind zu erkennen.

Brot ist eigentlich eine recht moderne Erfindung. Erst im 16. Jahrhundert löste es bei breiten Bevölkerungsschichten den Getreidebrei ab. Zunächst wurde es in kleinen Backöfen in den Bauernhöfen selbst gebacken. Der Holzverbrauch war groß und die Brandgefahr wegen der strohgedeckten Dächer hoch. Aus Gründen des Brandschutzes erließ 1706 der Landgraf von Hessen ein Gesetz, das private Backöfen verbot. Die Menschen in den Dörfern wurden angewiesen, Gemeinschaftsöfen zu errichten. Da aber das Backhaus selbst finanziert werden musste, wurde die Verordnung nur widerwillig befolgt und der Bau immer wieder hinausgezögert. ●

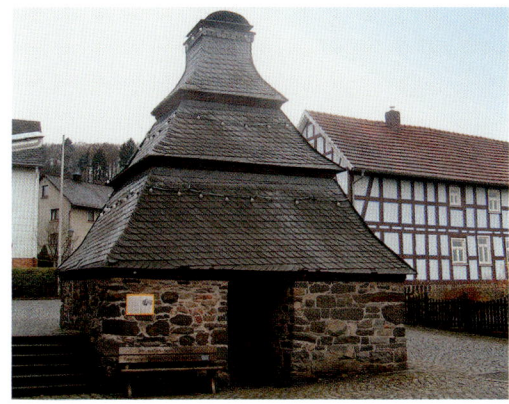

Backhaus mit „Pagodendach"

Villmar

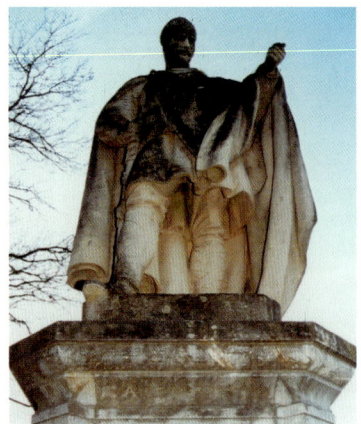

Villmar
König Konrad Denkmal

❌ L 3063 Villmar Richtung Runkel ca. 1000 m, Parkplatz rechts

ℹ️ außen frei zugänglich

Auf der Bodensteiner Lai, einem hohen Felsen, der fast senkrecht zur Lahn abfällt, steht auf einem Marmorsockel König Konrad I. in weitem Gewand. In seiner Hand hält er die ostfränkische Königskrone – bereit, sie abzugeben. Die Geste wird offensichtlich von manchen als Aufforderung verstanden: Immer wieder wird die Krone geraubt und muss ersetzt werden. Doch solche Respektlosigkeit ist im Lahngebiet eher die Ausnahme. Eigentlich fühlen sich die Bewohner des früheren Lahngaues in besonderer Weise mit den „Konradinern" verbunden.

Besonders im 19. Jahrhundert hatten die großen Helden der Vergangenheit als identitätsstiftende Symbole für das junge Deutsche Reich Konjunktur. König Konrad I. ging als einheitsstiftender Herrscher in die Geschichte ein, weil er sich auf dem Sterbebett als weitsichtiger Staatsmann erwies und seinen Bruder

König Konrad-Denkmal auf der Bodensteiner Lai

beauftragte, die Insignien der Königswürde seinem bis dahin ärgsten Widersacher Herzog Heinrich von Sachsen zu übersenden.

Ursprünglich sollte das Denkmal des Bad Kreuznacher Bildhauers Ludwig Cauer schon 1891 in Weilburg errichtet werden, dem Ort, an dem der Frankenkönig im Jahre 918 starb und sein Vermächtnis hinterließ. Doch die Weilburger konnten sich jahrelang nicht auf einen passenden Standort einigen. Als 1893 auch noch der Initiator des Projektes starb, kamen die Aktivitäten völlig zum Erliegen.

1893 übernahm der Villmarer Pfarrer Johann Ibach die Initiative. Der rührige Geistliche, Mitglied des preußischen Landtages, hatte sich schon um andere symbolhafte Bauvorhaben, wie beispielsweise die Errichtung der beiden südlichen Querhaustürme am Limburger Dom, gekümmert. Er sorgte dafür, dass das Denkmal 1894 nicht in Weilburg, sondern an seinem heutigen Standort auf der Bodensteiner Lai errichtet wurde. Die Weilburger erhielten ihr Konrad-Denkmal mit einiger Verzögerung: es wurde 2005 eingeweiht. ●

Villmar
Lahnmarmorweg

❌ (1) Peter-Paul-Straße 39-41;
   (2) Alter Friedhof bei der Pfarrkirche;
   (3) Burgstraße; (4) Am Lahnufer

🅰️ (1) Lahn-Marmor-Museum e. V

ℹ️ (1) jeden 1. So im Monat nachmittags; Gruppen anmelden; (2) (3) und (4) außen frei zugänglich

ℹ️ Verein „Lahn-Marmor-Museum e. V", Rathaus, König-Konrad-Str. 12, 65606 Villmar, Tel. 06482-607718; www.lahn-marmor-museum.de.

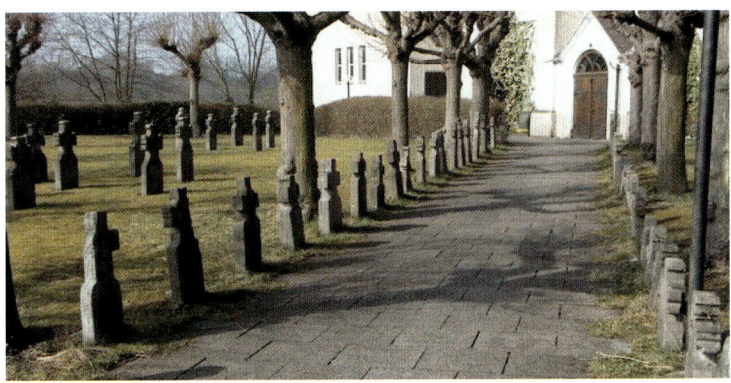

Marmorgrabkreuze auf dem Friedhof in Villmar

Den Wert des Villmarer Marmors erkannte schon die kurtrierischen Herrscher. Seit dem späten 16. Jahrhundert sorgte die kurfürstliche Rentkammer für den sortenreichen Abbau und die Vermarktung des Marmors und erschloss sich so eine wichtige Einnahmequelle. 1865, kurz vor der preußischen Annexion wurden die „Nassauischen Marmorwerke" gegründet, die bis 1976 auf dem Platz der ehemaligen Bannmühle am Lahnufer angesiedelt waren.

Heute erinnert der ausgeschilderte Lahnmarmorweg an die einstige Bedeutung dieses Rohstoffes. Er beginnt an der König-Konrad-Halle und führt zu verschiedenen Örtlichkeiten, wo die Geschichte des Lahnmarmors am greifbarsten wird. Den wichtigsten Stationen Unicabruch und König-Konrad-Denkmal sind jeweils eigene Beiträge gewidmet. Einige andere marmorne Sehenswürdigkeiten werden im Folgenden beschrieben:

Das 2005 eröffnete Lahnmarmormuseum (1) befindet sich im ersten Stockwerk des Fachwerkgebäudes am Brunnenplatz. Es zeigt unter anderem auf Schautafeln die Entstehung des Marmors und beschreibt Abbau sowie Verwendung des wertvollen Gesteins. Das Gebäude wurde um 1700 erbaut, der schöne Marmorbrunnen davor stammt von 1827. Westlich davon, in Richtung Lahn führt der Weg durch die um 1777 erbaute Valeriuspforte und die Sankt Matthiaspforte von 1768 zur Pfarrkirche.

Neben der Kirche finden sich 77 Grabdenkmäler aus Marmor (2). Die meisten sind barocke Kleinkreuze mit Flachsockel und unterschiedlich gearbeiteten Konturen. Auf einigen finden sich schöne Reliefs mit den Motiven wie der Pietà oder Golgatha-Gruppen. Der älteste Stein stammt aus dem Jahre 1669.

Das Kriegerdenkmal (3) steht als Sieges- und Mahnmal für den Deutsch-Französischen Krieg 1870/71. Das Werk im Stile des Klassizismus besteht aus einem Marmorsockel und einer sechs Meter hohen Säule aus grauem Villmarer Marmor, auf der ein gusseiserner Reichsadler thront. Der Villmarer Bild- und Steinhauermeister Christian May schuf das Denkmal aus heimischem Marmor. Der Künstler, der zugleich erster Vorsitzender des Kriegervereins war, verstarb wenige Monate nachdem seine Arbeit 1875 eingeweiht worden war.

Auch die Villmarer Lahnbrücke (4) besteht überwiegend aus buntem heimischem Marmor. Die 1894 erbaute Brücke überspannt das Flussbett in drei weiten Flachbögen, die auf Kielpfeilern ruhen. Das ursprüngliche Eisengeländer ist nicht

V

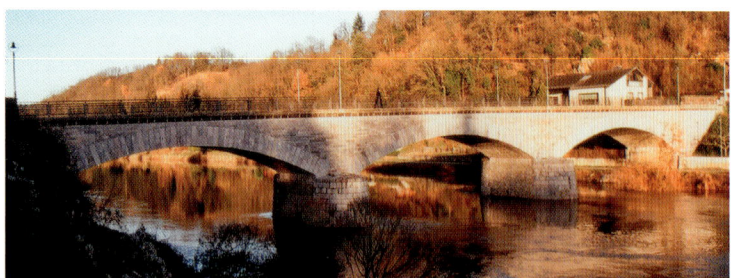

mehr erhalten. Die Brücke sollte den Bahnhof auf der gegenüberliegenden Lahnseite an den Ort anbinden und einen besseren und gefahrlosen Zugang zu den Marmorbrüchen ermöglichen. ●

Auch die Villmarer Lahnbrücke besteht über-wiegend aus heimischem Marmor

Villmar
Naturdenkmal Unicabruch

- ❌ südwestlich des Bahnhofs, Unterau (beschildert)
- ☁ Gemeinde Villmar
- ❶ außen frei zugänglich
- ❻ Verein Lahn-Marmormuseum e. V, Rathaus, König-Konrad-Str. 12, Tel. 06482-607718

In der Gegend von Villmar finden sich entlang der Lahn mehrfach Spuren des Marmorabbaus. Die Steinbrüche sind seit Jahrzehnten verwaist, weil die Förderung aus Kostengründen eingestellt wurde. Dabei galt Villmar im In- und Ausland als „Marmormetropole". Spätestens seit 1594 wurde hier polierfähiger Kalkstein in den Farben schwarz, grau, rot und bunt schillernd abgebaut und vor Ort verarbeitet. Villmarer Marmor ziert das Empire State Building in New York, die Eremitage in Sankt Petersburg, die Moskauer Metro und den Berliner Dom. Zunächst nutzte der Adel in der Region den edlen Stein: Im Hof der Burg Runkel prangt ein Wappen von 1668 aus grauem und schwarzem Marmor, im Weilburger

Schloss findet sich eine monumentale Badewanne aus schwarzem Marmor von 1711, die Kurfürsten von Trier und Mainz ließen Epitaphe und Gedenkaltare schaffen und später machten die Grafen und Fürsten von Nassau den „Nassauischen Marmor" salonfähig.

Rechts der Lahn ist der Steinbruch „Unica" frei zugänglich und von einer modernen Zeltdach-Konstruktion überspannt. Eine sechs Meter hohe und 15 Meter lange Marmorwand wurde während der Abbauphase aufgesägt. So entsteht ein Einblick in ein weltweit einmaliges, versteinertes Stromatoporen-riff aus dem mittleren Devon. Das Riffwachstum durch diese schwamm-ähnlichen Lebewesen, die Geschichte ihrer Ablagerung und Versteinerung sind in dem 380 Millionen Jahre alten Anschauungsobjekt aus rotem Gestein bis heute konserviert und erkennbar. ●

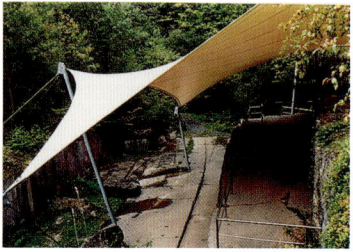

Ein Zeltdach überspannt den Unicabruch

Weilburg
Drei Tunnel Ensemble

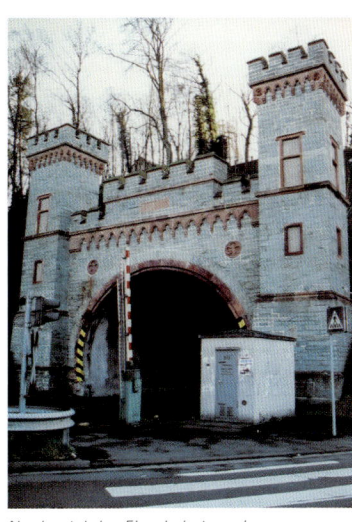

❌ Nordportale: Ahäuser Weg oder
Bahnhofstraße (nördliches Lahnufer);
Südportale: am nördlichen Ende der
Lahnstraße

🕐 außen frei zugänglich;
Einstieg für Wassersportler beim
Bootsverleih am Hallenbad

ℹ Tourist-Information Mauerstr. 6-8,
Tel. 06471-31467

Nordportal des Eisenbahntunnels

Seit der Eröffnung der neuen B 456 mit
Oberlahnbrücke und Tunnel im Jahre
2004 bietet sich an der Nord- und Südseite des Mühlbergs ein interessanter
Blick auf die Tunneleinfahrten von drei
unterschiedlichen Verkehrswegen: Wasser, Schiene und Straße. Die drei parallel
verlaufenden Tunnel stehen für jeweils
unterschiedliche Epochen der Verkehrs-
geschichte und stellen ein weltweit einmaliges Ensemble dar.

Flussschifffahrtstunnel
Der Kanaltunnel, der die große Lahn-
schleife um den Bergkegel der Altstadt
an ihrer engsten Stelle durchsticht, ist ein
in Deutschland einzigartiges Bauwerk. Er
entstand im Zuge der Schiffbarmachung
der Lahn durch die nassauisch-herzog-
liche Regierung, die im frühen 19. Jahrhundert begann. Das mit einer Palmetten-
bekrönung des Weilburger Bildhauers
Philipp Justus Christian Metzler verzierte
Nordportal des Tunnels erinnert mit einer
darunter angebrachten Tafel an den
Erbauer des Durchstiches Adolph Herzog
von Nassau.

Die Bauarbeiten für den Tunnel dau-
erten von 1844 bis 1847. Er führt auf
einer Länge von 195 Metern gradlinig
unter dem Höhenrücken hindurch, über
den die Frankfurter Straße führt. Die
teilweise ausgemauerte Tunnelröhre

wölbt sich mit einer Scheitelhöhe von
6,3 Metern über dem Wasserspiegel. Die
Wassertiefe beträgt 1,75 Meter, sodass
auch die schweren, mit Eisenerz aus dem
Dillrevier beladenen Lastkähne den Tunnel passieren konnten.

Am Südende des Tunnels ragt eine
84 Meter lange Koppelschleuse noch
teilweise in den Tunnel hinein. Diese seltene Form einer Doppelschleuse über-
windet die Höhendifferenz von gut viereinhalb Metern mit Hilfe von zwei
hintereinander geschalteten Schleusen-
kammern, die jeweils 4,65 Meter lang
und 5,35 Meter breit sind.

Durch den Bau der Lahntalbahn verlor die Lahn als Transportsweg schon
zehn Jahre später ihre Bedeutung. Heute
ist der Fluss zu einer beliebten Freizeit-
wasserstraße geworden. Ein- und Aus-
stiegstellen zum Wasserwandern gibt es
im Kreis Limburg-Weilburg in Löhnberg,
Weilburg-Ahausen, am Bootsverleih Weilburg sowie in Weinbach-Fürfurth, Villmar-
Aumenau und Runkel-Dehrn. Unbestrit-
tener Höhepunkt einer jeden Lahntour ist

W

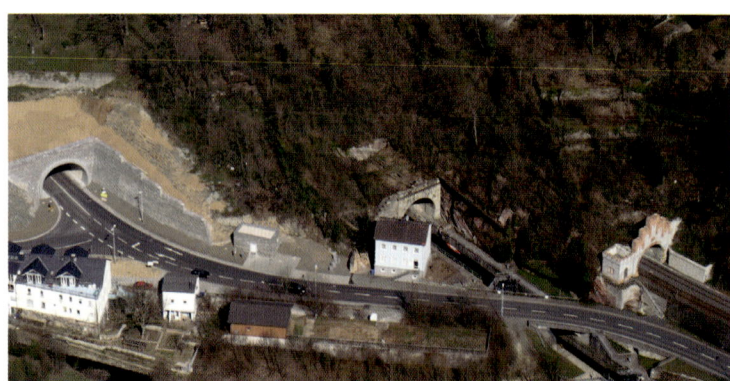

Das Drei Tunnel Ensemble in Weilburg

aber der Flussschifffahrtstunnel in Weilburg. Und so bleibt eines der bedeutendsten Verkehrsbaudenkmäler des 19. Jahrhunderts immer noch lebendig: Tausende von Paddlern passieren jährlich die dunkle Tunnelröhre und schleusen sich am Südende selbständig hinunter ins natürliche Flussbett.

Eisenbahntunnel

Die wirtschaftliche Bedeutung der Lahnschifffahrt endete zwischen 1858 und 1863 mit der abschnittsweisen Fertigstellung der Lahntalbahn von Niederlahnstein nach Wetzlar. Die ersten Pläne für das Projekt entwickelte der belgische Ingenieur Frans Splingard bereits um 1850. Da die nassauische Regierung jedoch die starke Konkurrenz zur Lahnschifffahrt fürchtete, verzögerte sie das Projekt. Erst 1857 erhielt die „Nassauische Rhein- und Lahn-Eisenbahngesellschaft" die Konzession zum Bau der Strecke.

Die Trasse des Limburger Eisenbahningenieurs Moritz Hilf war seinerzeit eine herausragende technische Leistung und sie zählt bis heute zu den landschaftlich reizvollsten Bahnstrecken Deutschlands. Der Schienenweg folgt den zahlreichen Lahnwindungen und führt über neun große Brücken und durch 18 Tunnel. In Hessen stehen die Trasse, die Tunnels, Brücken und sämtliche Hochbauten als Sachgesamtheit unter Denkmalschutz.

Besonders sehenswert sind die werksteinverkleideten Tunnelportale, wobei die Weilburger Portale zweifellos zu den schönsten zählen. Gleich hinter dem Bahnhof Weilburg überquert die Bahnlinie in südlicher Richtung die Lahn und verschwindet in einem 302 Meter langen Tunnel. Das nördliche Portal ist als Flankenturmanlage im neugotischen Stil gestaltet: Zwei zinnenbesetzte Türme stehen beiderseits der Tunnelöffnung und auch die verbindende Mauer ist mit einer einfach getreppten Zinnenreihe versehen. Außerdem ist das gesamte Gebäude mit farblich abgesetzten Gesimsen, Zierfenstern und -rosetten und einem gotischen Blendbogenfries aufwändig gestaltet.

Das Südportal ist wie das nördliche Pendant in hellem Werkstein mit farblich abgesetzten Verzierungen erbaut. Seine Architektur ist allerdings deutlich schlichter: Wie ein gotischer Treppengiebel mit aufgesetzten Blendbögen erhebt sich die im oberen Teil frei stehende Tunnelwand über dem Eingangsbogen. Auf der Talseite schließt sich ein kleines quadratisches Gebäude an, das – wie der gesamte Portalbau – mit Zinnen besetzt ist. ●

Weilburg
Ehemaliges Gymnasium Philippinum

❌ Mauerstr. 1

🔵 außen frei zugänglich;
Bibliothek Mo 10-13, Di 13-18, Mi 9-13
und 15-17, Do 14-19 Uhr

ℹ️ Kreis- und Stadtbibliothek,
Tel. 06471-30339

Graf Philipp III. von Nassau-Weilburg hatte bereits 1540 eine vom Stift unabhängige Freischule gegründet. Als diese Schule rund 200 Jahre später zum Gymnasium erhoben worden war, entschloss man sich 1780 zum Bau eines neuen Schulgebäudes. Auf dem Areal einer ehemaligen herrschaftlichen Heuscheune entstand nach den Plänen der fürstlichen Bauinspektoren Friedrich Ludwig Gunkel und seines Nachfolgers Johann Ludwig Leidner das Gymnasium Philippinum.

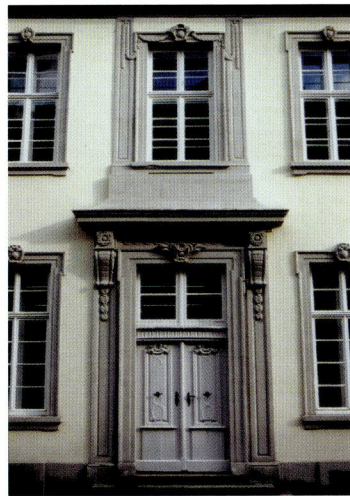

Louis-seize-Portal zu den ehemaligen Dienstwohnungen im Gymnasium-Philippinum

Der zweigeschossige Bruchsteinbau mit dem steilen Mansardenwalmdach ist in 13 Achsen gegliedert, die sich bis in die Dachgauben fortsetzen. Die Front ist geprägt durch zwei Seitenrisalite, die sich durch eine aufwändige Portal- und Fenstergestaltung im Louis-seize-Stil vom Mittelteil absetzten. Hier befanden sich ursprünglich die Wohnung von Rektor und Konrektor. Der Mitteltrakt als eigentlicher Schulbau ist schmucklos gehalten – allein über dem zentralen Haupteingang steht in goldenen Lettern: GYMNASIUM.

Das Innere des Gebäudes wurde im Laufe der Jahre immer wieder umgebaut und an die veränderten Schulbedürfnisse und die steigenden Schülerzahlen angepasst. 1965 waren alle Reserven ausgeschöpft und das Gymnasium bezog einen Neubau am Ende der Lessingstraße. In dem Ende der 1990er Jahre umfassend sanierten Gebäude befindet sich heute u.a. die Kreis- und Stadtbücherei. ●

Weilburg
Lahnbrücke und Brückenhäuser

❌ nordöstlich der Altstadt, Postplatz

🔵 außen frei zugänglich

ℹ️ Tourist-Information,
Mauerstr. Nr. 6-8, Tel. 06471-31467

Bis 2004 führte der gesamte Verkehr der Bundesstraße 456 über die alte Steinbrücke. Auf der rechten Lahnseite zwängten sich die Fahrzeuge zwischen den beiden spätbarocken Brückenhäusern hindurch auf den Postplatz und von dort hinauf zur Altstadt.

Die heutige Brücke hatte mehrere Vorgänger: Den frühen Holzkonstruktionen folgte 1359 eine erste steinerne Brücke, die 100 Jahre lang die einzige zwischen Wetzlar und Limburg blieb. Doch Hochwasser und Eisgang zerstörten 1408 das Bauwerk und auch die

W

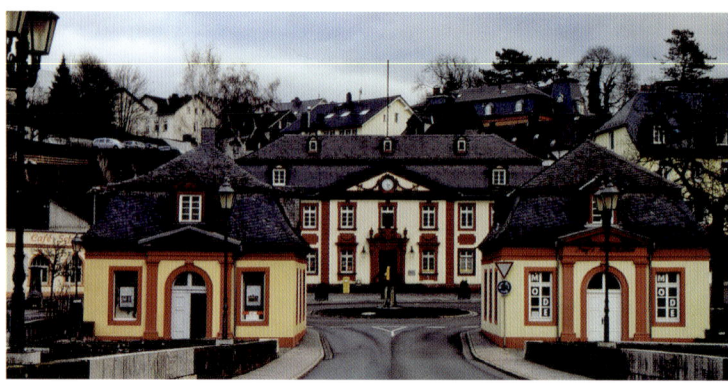

nachfolgende Konstruktion konnte den Naturgewalten nicht lange trotzen.

Nachdem auch die Brücke Philipps III. in der Neujahrsnacht 1763/64 zerstört worden war, beauftragte man den nassauischen Bauinspektor Johann Friedrich Sckell mit der Konstruktion einer dauerhaften Lösung. Unter Sckell, der aus einer der angesehensten Hofgärtner- und Malerfamilie der Barockzeit stammte, entstand in den Jahren 1765 bis 1769 eine 80 Meter lange, fünfbogige Steinbrücke, die der Zeit trotze. Selbst die versuchte Sprengung durch die Wehrmacht im Jahre 1945 verursachte nur geringe Schäden, die schnell wieder behoben waren.

Die Brücke ruht auf Pfahlrosten, für die 600 Baumstämme verarbeitet worden waren. Ihre Pfeiler sind mit spitz zulaufenden Eisbrechern bestückt und die Verkleidung besteht aus Lahnmarmor. Um die Gefahr einer Beschädigung bei Hochwasser weiter zu reduzieren, wurden wenig später die seitlichen Flügelmauern ergänzt und ein Flutgraben angelegt, der bei Hochwasser den Wasserabfluss beschleunigte.

Letzterer entstand gemeinsam mit den beiden Brückenhäusern, die 1788 den ursprünglichen Torbogen ersetzten. Die spätbarocken Wachthäuschen sind eingeschossige Putzbauten mit gauben-

Die beiden spätbarocken Brückenhäuser, dahinter der Postplatz mit der Hauptpost

besetzten Walmdächern und klassischer Portalgliederung. Zusammen mit dem kurz zuvor erbauten Postgebäude bilden sie eine ausgewogene architektonische Einheit. ●

Weilburg
Landtor und Stele Konrads I.

❌ Am Landtor

➊ außen frei zugänglich

ℹ️ Tourist-Information,
Mauerstr. 6-8, Tel. 06471-31467

Wie ein kleiner Arc de Triomphe steht das streng klassizistische Landtor am südlichen Ende der Altstadt. Das Bauwerk aus silbergrauem und roséfarbenem Lahnmarmor von dem holländischen Baumeister Pieter van Swart wurde 1768 ohne den geplanten opulenten Schmuck fertiggestellt. Seit 2005 steht neben dem Tor, vor der Mauer am Mühlberg, eine schlichte Säule aus grauem Schupbacher Marmor, auf der eine weiße Krone liegt. Die knappe Inschrift lautet: „König Konrad I. Weilburger Testament 918".

W

Damit hat Weilburg, 115 Jahre nach den ersten Initiativen, ein König-Konrad Denkmal. Eigentlich sollte schon 1891 jenes Konrad-Denkmal, das heute auf der Bodensteiner Lai steht, in Weilburg errichtet werden – und zwar hoch oben auf dem Landtor. Schließlich war Weilburg das Zentrum der Konradiner: Hier starb der Frankenkönig im Jahre 918 und sein Vermächtnis – der Verzicht der Franken auf die Königswürde – ging als „Weilburger Testament" in die Geschichte ein.

Auf Initiative des Landrats Ludwig Bindewald hatte sich um 1890 ein „König-Konrad-Denkmal-Verein" gegründet, der das nötige Geld einsammelte. Für die Realisierung hatte man bereits den Bad Kreuznacher Bildhauer Ludwig Cauer gewonnen, dessen Modellentwurf in Weilburg und auf der Gewerbe- und Kunstausstellung in Koblenz präsentiert wurde. Doch unter den Weilburgern entwickelte sich die Denkmalfrage zum Politikum, um das mehrere Jahre ergebnislos gestritten wurde. Nach dem plötzlichen Tod des Landrates übernahm 1893 der Villmarer Pfarrer Johann Ibach die Initia-tive und ließ das Denkmal kurzerhand auf einem Lahnfelsen in der Nähe von Villmar errichten. ●

Weilburg
Schloss

- ❌ Schlossplatz
- ☁ Land Hessen
- ❶ März bis Oktober 10-16 Uhr, November bis Februar 10-15 Uhr; außen frei zugänglich
- ❶ Schlossführungen Tel. 06471-91270; Tourist-Information Mauerstr. 6-8, Tel. 06471-31467

Nach dem Wunsch seines verstorbenen Bruders Konrad I. verzichtete Eberhard 918 auf die Königskrone und der Sachse Heinrich wurde König des ostfränkischen Reiches. Stift, Burg, Stadt, Grundherrschaft und den königlichen Hof von Weilburg schenkten die Sachsenkönige zwischen 993 und 1062 nach und nach dem Bistum Worms. Seit 1159 herrschten

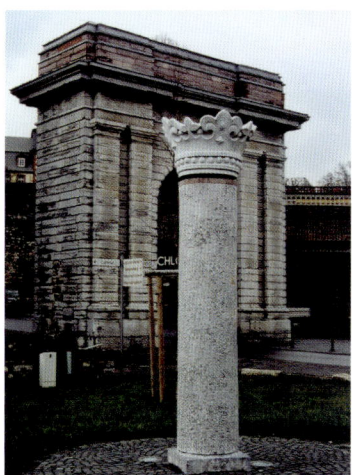
Die neu errichtete Konradstele vor dem Landtor

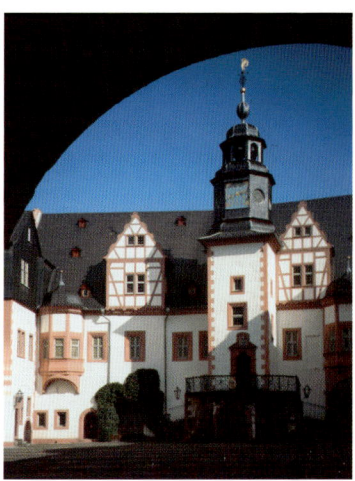
Innenhof mit Ostflügel und Uhrturm

W

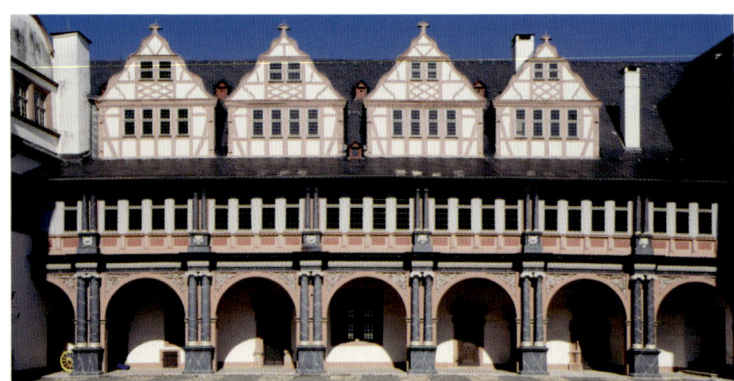

*Renaissance in Reinform: Nordflügel mit Arka-
dengang (oben), die Obere Orangerie 1703-05
von Osten (unten)*

die Nassauer Grafen als Vögte über
den Besitz. 1294 kauften sie Weilburg
und erlangten für ihr neues Eigentum
ein Jahr später die Stadtrechte. Durch
Teilung entstand 1355 die Grafschaft
Nassau-Weilburg (ältere Linie) und Graf
Johann I. erneuerte die Burg und befes-
tigte die Stadt. Die umfassendste
Bautätigkeit, die bis heute das Bild der
Kernstadt prägt, entfaltete jedoch Graf
Johann Ernst zwischen 1703 und 1719.

Er machte Weilburg zur festen Residenz
und sie blieb es vier Generationen lang.
Erst im Jahre 1817 verlegte Herzog
Wilhelm die Residenz nach Biebrich.

Auf einer Länge von fast 400 Metern
ziehen sich Schloss und Schlossgarten
über die östliche Hälfte des in der Lahn-
schleife gelegenen Bergrückens. Das
Ensemble zählt zu den am vollständig-
sten erhaltenen Beispielen einer deutschen Kleinresidenz im Zeitalter des
Absolutismus.

Das heutige Schloss gründet auf den
Fundamenten der mittelalterlichen Burg.
Die Bauten des Hochschlosses gehen

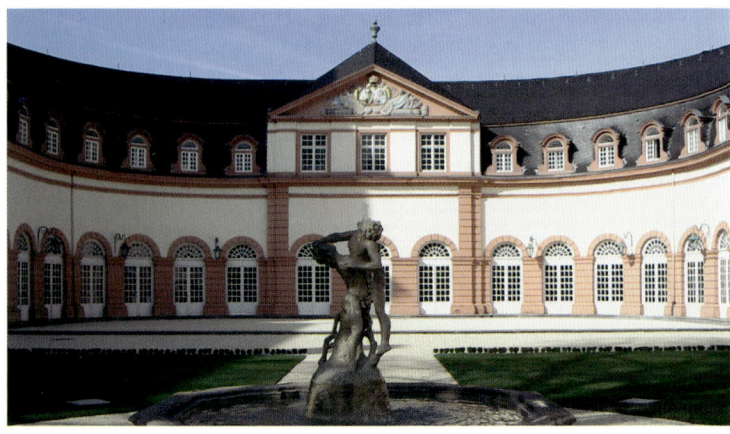

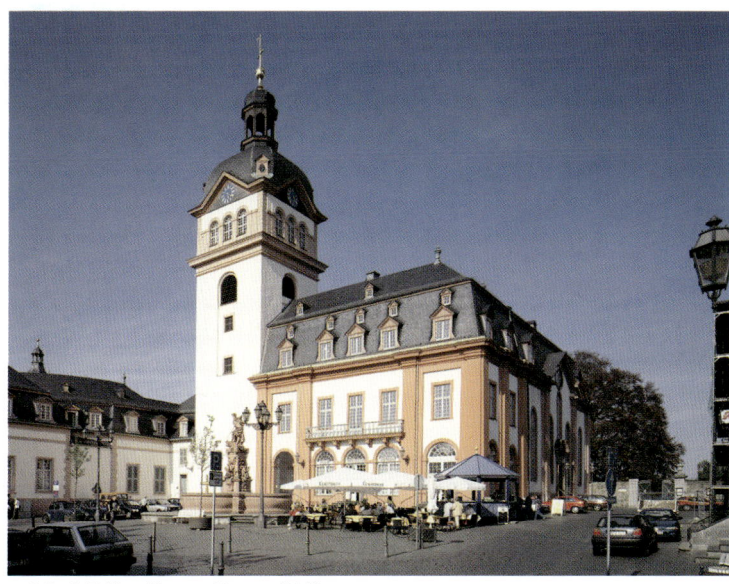

Westfassade der Schloss- und Stadtkirche

auf Graf Philipp III. von Nassau-Weilburg (1523-1559) zurück, der 1526 die Reformation eingeführt und 1540 die erste kirchlich ungebundene Schule gegründet hatte. Die prachtvolle Vierflügel-Anlage im Stil der Renaissance wurde zwischen 1533 und 1572 schrittweise fertiggestellt. Sie hat sich bis heute fast unverändert erhalten.

Das Bedürfnis seiner Vorgänger nach aufwändiger Repräsentation wurde von Graf Johann Ernst konsequent fortgesetzt: südlich des Hochschlosses wurde der Schlossgarten angelegt, der im Westen durch die obere Orangerie (1703) und nach Süden durch die Schlosskirche (1707) bzw. die untere Orangerie (1711) begrenzt wird. Auch die planmäßige Anlage von Wirtschaftshof, Verwaltungsgebäuden, Schlossplatz und Marktplatz geht auf die Neugestaltung der Stadt zwischen 1700 und 1714 zurück, die Graf Johann Ernst durch seinen Hofbaumeister Julius Ludwig Rothweil planen und ausführen ließ. ●

Weilburg
Schloss- und Stadtkirche

❌ Marktplatz

🕐 April bis Oktober Di bis So 9-17 Uhr; außen frei zugänglich

ℹ️ Tourist-Information Mauerstr. 6-8, Tel. 06471-31467

Die Weilburger Stadt- und Schlosskirche gilt als bedeutendster protestantischer Kirchenbau des Barock in Hessen und war Vorbild für zahlreiche Predigerkirchen dieser Epoche. Das 1708-1710 nach den Plänen von Julius Ludwig Rothweil erbaute Gotteshaus steht vermutlich an jenem Platz, an dem König Konrad I. 912 das Chorherrenstift mit der Stiftskirche Sankt Walpurgis gegründet hatte. An ihrer Stelle entstand 1397 die Sankt Andreaskirche, die im frühen 16. Jahrhundert einen Anbau erhielt, der

W

den Bürgern Weilburgs als Stadtkirche dienen sollte. Im Zuge der Reformation löste sich 1555 das Stift auf und beide Kirchen wurden zu einem lutherischen Gotteshaus vereinigt.

Diese Doppelkirche ließ Graf Johann Ernst 1707 abreißen. Lediglich der romanische Turm – heute das älteste Bauwerk Weilburgs – blieb bis zur Gesimshöhe erhalten. Es entstand der fast quadratische Bau, der durch ein Mansardwalmdach abgeschlossen wird. Unter diesem Dach hatte der Baumeister Julius Ludwig Rothweil aber nicht nur die neue Kirche untergebracht. An der südwestlichen Ecke war das neue Rathaus integriert und die dem Marktplatz zugewandten Westfassade besitzt mit ihren ursprünglich offenen Arkaden eine profane Ausstrahlung. Die Südfassade hingegen, mit ihren hohen Rundbogenfenstern, der Pilasterordnung und dem rundbogigen Risalit ist klar als Kirchenbau erkennbar.

Der eingezogene Turm bekam ein barockes Schlussgeschoss mit gekuppelten Arkaden und eine Haube mit Laterne. Er behielt zunächst auch seinen rund 80 Kubikmeter großen Wasserbehälter, der seit dem 16. Jahrhundert der Wasserversorgung von Stadt und Schloss diente. Durch einen Gang zur oberen Orangerie hat der Architekt für die Verbindung der Kirche mit dem Schloss gesorgt.

Die emporenfreie Kirchenhalle ist nach den Ansprüchen einer Predigerkirche gestaltet, die gleichzeitig als Hof- und Stadtkirche dient. Eine gute Akustik und die freie Sicht auf Altar und Kanzel war ebenso zu beachten, wie die Regel, dass niemand dem Regenten den Rücken zuwandte. Außerdem war das Ideal einer möglichst symmetrischen Raumgestaltung zu erfüllen.

Julius Ludwig Rothweil löste die Probleme, indem er das einfache Volk im Parterre platzierte, die Mittelachsen aber frei ließ. Die Logen im Nordteil der Kirche

waren dem Regenten und Hofadel vorbehalten. Direkt gegenüber der Fürstenloge bilden Altar, Kanzel und Orgel das liturgische Zentrum der Kirche. ●

Weilburg

Wasserreservoir und Ernst-Dienstbach-Steg

❌ westlich der Altstadt, jenseits der Lahn, ausgeschilderter Wanderweg ab Marktplatz

🔵 außen frei zugänglich

ℹ️ Tourist-Information, Mauerstr. 6-8, Tel. 06471-31467

Unter der Herrschaft von Graf Johann Ernst (1675-1719) veränderte sich nicht nur das Stadtbild Weilburgs, er ließ auch für Schloss und Stadt eine aufwändige Wasserversorgung anlegen. Um die natürlichen Trinkwasserquellen von den Anhöhen der gegenüberliegenden Lahnseite zu nutzen, plante der Architekt und Ingenieur Julius Ludwig Rothweil 1706/08 ein ausgeklügeltes System aus Reservoirs und Rohrleitungen.

Zunächst wurden gegenüber der Stadt aus Basaltsäulen des benachbarten Steinbühl zwei kleinere und ein gößeres Bassin gemauert. Die innen verputzten 30 mal 13 bzw. 13 mal 13 Meter großen Becken waren jeweils sechs Meter tief und wurden mit schiefergedeckten Satteldächern abgedeckt. Durch die Zusammenführung verschiedener Quellen aus dem darüber liegenden Mehrholzwald wurden die Bassins gespeist.

Nach dem Prinzip der kommunizierenden Röhren gelangte das Wasser durch eine hölzerne Rohrleitung durch das Lahntal wieder hinauf zur gegenüberliegenden Stadt. Hier wurden in den Türmen der Schloss- und Stadtkirche Wasserbehälter installiert, die als Hoch-

W

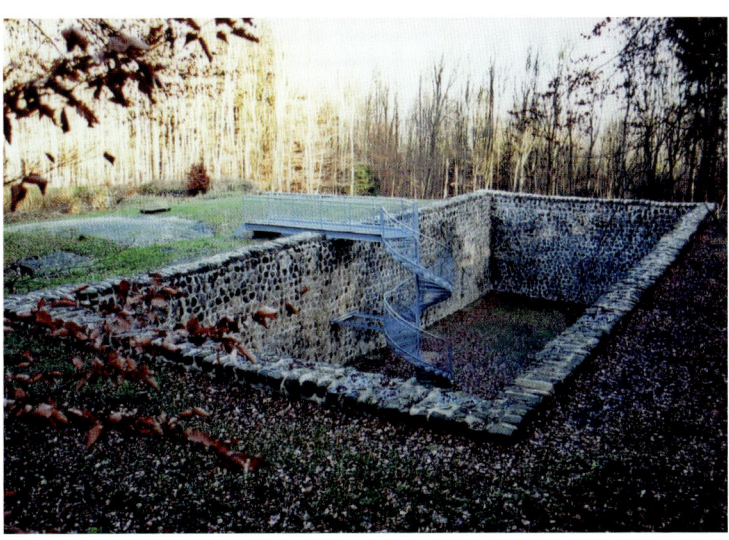

Das renovierte historische Wasserreservoir

behälter für das Rohrleitungsnetz in Stadt und Schloss dienten. Damit entsprach das Prinzip dieser ersten Trinkwasserleitung bereits dem modernen Konzept der Wasserversorgung mit Sammelleitungen, Speicherungen, Druckleitungen und Hochbehältern.

Das historische Wasserreservoir ist in den letzten Jahren renoviert worden: Während das nördliche Bassin im von der Natur zurückeroberten Zustand verbleiben soll, wurden das südliche und das östliche Becken geräumt und wieder hergestellt. Dabei führt der Weg über den Ernst-Dienstbach-Steg und den Kranenturm mit seinem schönen Blick auf die Stadt hinauf zu den Reservoirs.

Eine besondere Ingenieurleistung war die Querung des Lahntales, die im Laufe der Zeit mehrfach erneuert wurde: Zunächst verliefen die Leitungen durch das Flussbett, was aber permanente Störungen und einem hohen Reparaturaufwand verursachte. Deshalb entstand später die sogenannte „Rote Brücke", die jedoch 1784 durch Hochwasser und Eisgang zerstört wurde. Zwei der alten Brückenpfeiler benutzte Johann Ludwig Leidner als Widerlager für die noch im selben Jahr errichtete Kettenbrücke. Die damals in Europa einmalige Konstruktion bestand aus acht schweren Stangenketten mit 1,80 Meter langen Eisengliedern. Sie bildeten eine 2,40 Meter breite Brücke über die die Bleirohre für die städtische Wasserversorgung liefen.

Der heutige Steg über die Lahn ist nach seinem Stifter Ernst Dienstbach, einem Weilburger Lederhändler und Kaufmann benannt. Die 1934 erbaute Stahlträgerkonstruktion ersetzte die Kettenbrücke. Um sie als Fußgängersteg nutzen zu können, erhielten die barocken Brückenpfeiler mit ihren markanten Mansarddächern Durchbrüche. Der 1945 gesprengte Ernst-Dienstbach-Steg wurde 1946 wieder aufgebaut.

●

W

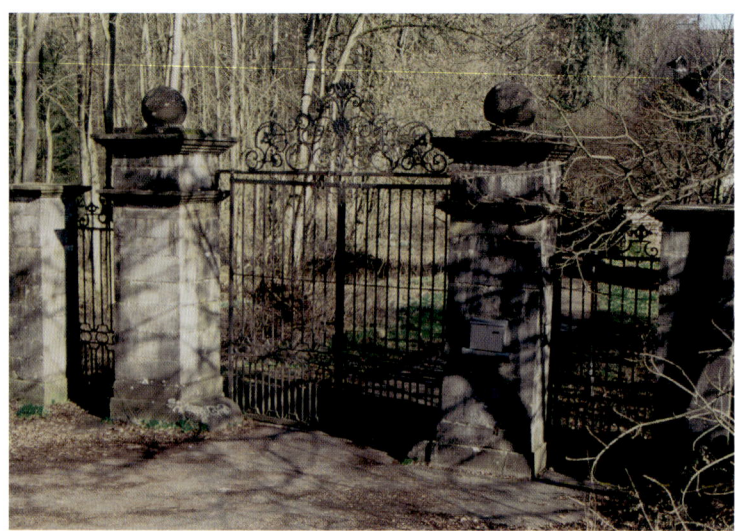

Weilburg-Hirschhausen

Tiergarten

Barockes Hauptportal zum Tiergarten

- ✖ ca. 6 km östlich von Weilburg, B 456 Richtung Usingen (beschildert)
- ☁ Hessische Landesforstverwaltung
- ⏱ im Sommer 9-19 Uhr, im Winter 9 Uhr bis Einbruch der Dunkelheit; Gruppenführungen nach Voranmeldungen
- ℹ Hessisches Forstamt Weilburg, Kampweg 1, Tel. 06471-629340

1970 öffnete der Wildpark in Hirschhausen seine Pforten der Öffentlichkeit. Besucher können auf einem etwa zweistündigen Rundwanderweg insgesamt 16 verschiedene Tierarten entdecken, darunter so seltene Tiere wie Auerochsen, Wisente, Elche, Wölfe, Luchse oder Wildkatzen. Die Ursprünge dieses 93 Hektar großen Anwesens liegen jedoch viel weiter zurück. Auch diese Einrichtung verdankt die Region dem Adelsgeschlecht der Nassau-Weilburger.

Schon Graf Albrecht II. hielt sich im 16. Jahrhundert östlich von Weilburg Damwild, das die höfische Tafel bereicherte. Graf Johann Ernst baute das Gehege in den Jahren 1685-1688 zu einem Jagdpark in der heutigen Größe aus und ließ ihn mit Holzplanken einzäunen. Sein Sohn, Fürst Karl August, veranlasste schließlich 1732 den Bau einer 3,8 Kilometer langen und zwei Meter hohen Mauer. Außerdem veranlasste dieser in den Jahren 1732-1736 den Bau eins kleinen Jagdschlosses durch den Leipziger Lust- und Hofgärtner Johann Michael Petri.

Das von Marmorsäulen eingerahmte dreiteilige Hauptportal an der Frankfurter Straße ist bis heute erhalten, das achteckige Schlösschen mit zwei kleineren Seitenflügeln brannte jedoch 1916 ab. An seiner Stelle befindet sich heute das Forsthaus. Zeitweise war auch ein Gestüt zur Pferdezucht untergebracht. Nach 1866 lag der Schwerpunkt auf der forstlichen Pflege des beachtlichen Baumbestandes. ●

Weilburg-Kubach
Kristallhöhle

❌ ca. 4 km östlich von Weilburg;
Frankfurterstraße (B 456) Richtung
Usingen (Hinweisschilder)

❓ April bis Oktober 14-16 Uhr; Sa, So und
FT 10-17 Uhr; Gruppen ab 20 Personen
voranmelden

ℹ Höhlenverein Kubach e. V.,
Weilburgerstr. 16, Tel. 06471-94000

Die Entdeckung einer gewaltigen Tropf-
steinhöhle bei Kubach war im Jahre 1881
eine kleine Sensation. Beim Phosphorit-
abbau waren die Bergleute auf einen
Hohlraum gestoßen, der – so wurde später berichtet – so groß gewesen sei, dass
die Kubacher Kirche darin Platz gefunden hätte. Bergrat Polster ließ die Höhle
zu Beginn des vergangenen Jahrhunderts sogar vermessen, doch ihre
genaue Lage wurde damals nicht festgehalten. Für die am wirtschaftlichen
Profit orientierte Bergbaugesellschaft
hatte die Höhle ohnehin keine Bedeutung. Sie geriet in Vergessenheit – nur
noch ein paar alte Bauern und Bergleute
trugen die Geschichte vom Hörensagen
weiter.

In den 50er Jahren versuchte man
vergeblich, die Höhle wieder aufzufinden.
Erst die private Initiative eines 1973
gegründeten Höhlenvereins war von
Erfolg gekrönt. Was aber 1973 entdeckt
wurde, war nicht die sogenannte
„Polsterhöhle" mit Tropfsteinen, sondern
eine Kristallkammer von einmaliger
Naturschönheit. Ihre Entstehungsge-
schichte hatte vor etwa 350 Millionen
Jahren begonnen, als hier ein tropisch
warmes Meer Korallen ideale Lebensbedingungen bot. Die Kalkablagerungen
der Korallenriffe wurden später über-
deckt. Im Laufe von Jahrmillionen löste
säurehaltiges Wasser den Kalk auf und
es entstanden die bis zu 30 Meter hohen
Hohlräume.

Jahrelang wurde mit staatlichen
Mitteln, privaten Spenden und massiven
Eigenleistungen des Höhlenvereins die
Höhle erschlossen. Seit 1981 ist sie für
die Öffentlichkeit zugänglich. Im Höhlen-
haus finden die Besucher die notwendige
Infrastruktur mit Kiosk, Aufenthaltsraum
und Café-Restaurant. Ein Steinemuseum
im Außenbereich ergänzt den Ausflug in
die Erdgeschichte. ●

*Die Hohlräume der Kubacher Kristallhöhle sind
bis zu 30 Meter hoch*

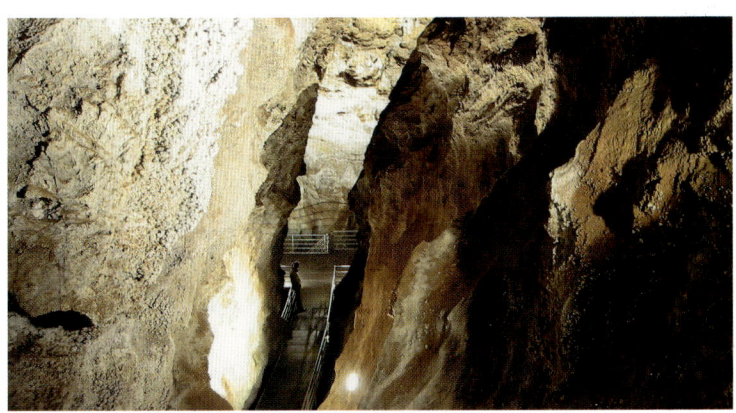

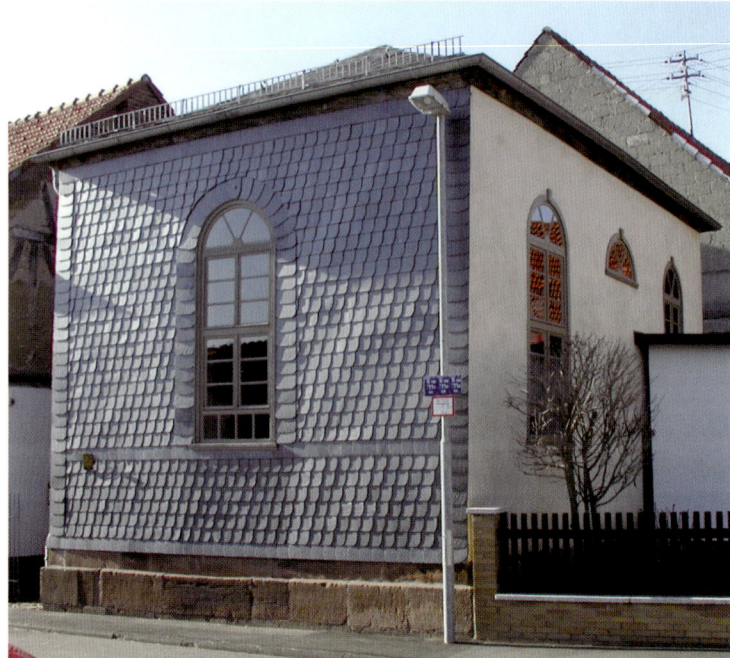

Weimar-Roth

Fast würfelförmig – die ehemalige Landsynagoge in Roth

Landsynagoge

- ❌ im alten Ortskern des Ortsteils Roth, Lahnstraße 27

- ⬇ Landkreis Marburg-Biedenkopf

- ❓ Mai bis September, 1. u. 3. So im Monat; Führungen nach Vereinbarung

- ℹ Arbeitskreis Landsynagoge Roth e. V., Tel. 06426-1237; www.landsynagoge-roth.de

Zwischen Gemüsebeeten, Kinderspielplatz und Bauernhöfen liegt die ehemalige Synagoge von Roth. Mit fast quadratischem Grundriss steht der in den 1830er Jahren errichtete Fachwerkbau auf einem hohen Sockel aus Sandsteinquadern. Zwei Seiten sind verschiefert und die hohen Rundbogenfenster lassen

viel Licht nach innen. Ihre Lage im Dorf lässt ahnen: So wie die Synagoge Teil des Dorfes war, waren seit Anfang des 17. Jahrhunderts die Rother Juden Teil der dörflichen Gesellschaft. Wer nicht katholisch oder evangelisch war, war eben jüdischen Glaubens – der eine mehr, der andere weniger streng.

Doch diese Normalität wurde durch den Nationalsozialismus abrupt beendet. In der Reichspogromnacht drangen fanatische Nazihorden in die Synagoge ein, rissen den Toraschrein heraus und demolierten das Inventar. Manche Spuren davon sind noch heute zu sehen: Axthiebe in die Säule der Frauenempore, an der Wand und zwei Stücke einer zerschlagenen Marmortafel. Dass die Synagoge nicht angezündet wurde lag

W

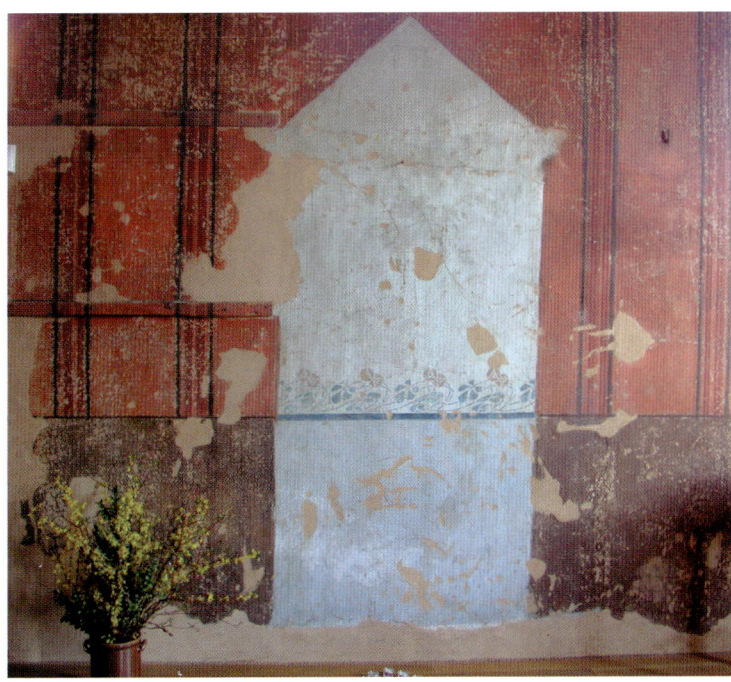

Spuren der Geschichte behutsam gesichert

wohl nur an der Angst um das Übergreifen von Feuer auf die Gebäude in der Nachbarschaft.

In der Nachkriegszeit wollte man vergessen. Jahrzehntelang standen Bretter, Säcke und landwirtschaftliche Geräte in dem Gebäude. 1990 kaufte die Gemeinde Weimar die Synagoge. Später ging sie in den Besitz des Landkreises Marburg-Biedenkopf über. Es folgte eine behutsame Restaurierung, bei der nichts geschönt wurde – Ziel war es, den geschändeten Zustand „einzufrieren": Der rotbraune Farbton von 1927 bestimmt den Raum, zwei schwarz oxidierte hebräische Inschriften zieren die Wände und an der Decke sind Reste eines gemalten Sternenhimmels zu sehen. Die Silhouette des Toraschreins

zeichnet sich an der Ostwand noch deutlich ab – außerdem finden sich hier Reste eines hellblauen Anstrichs mit einem floralen Jugendstil-Fries. Nur bei der über eine Außentreppe zugänglichen Frauenempore wurde die Brüstung im Zuge der Restaurierung ergänzt.

2005 wurde die Arbeit mit dem Hessischen Denkmalschutzpreis ausgezeichnet. Heute ist die Synagoge ein Ort des Lernens und des Gedenkens und als Ausstellungs- und Veranstaltungsraum wurde sie zum lebendigen Mittelpunkt des Dorfes. ●

Weinbach

W

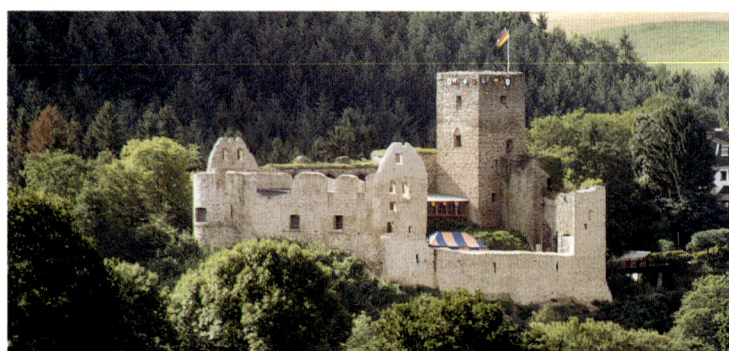

Weinbach-Freienfels

Burgruine Freienfels mit geschmücktem Bergfried

Burgruine Freienfels

- ⊗ östlich des Ortsteils Freienfels, Burgstraße
- ⬙ Förderverein Burgruine Freienfels e. V.
- ⊕ Mitte März bis Mitte Oktober 9-20 Uhr bzw. Einbruch der Dunkelheit
- ⊕ Förderverein Burgruine Freienfels e. V.; www.ritterspiele-freienfels.de

Auf einem Felssporn über dem Flüsschen Weil liegt, aus Bruchsteinen gemauert, die Burgruine Freienfels. Die hochmittelalterliche Befestigungsanlage liegt östlich des etwas höher gelegenen Dorfes. Ein tiefer, rund 20 Meter breiter Halsgraben und eine Schildmauer mit Bergfried sichert diese empfindliche Angriffsseite.

Mit seinen dreieinhalb Meter dicken Mauern war der 19 Meter hohe Bergfried die Hauptverteidigungseinrichtung der Burg. Der Schalenturm an der Nordostecke wachte über den vom Tal heraufführenden Weg und sollte zugleich den Wohnturm schützen. Im dreigeschossigen Wohnbau sind noch Reste eines Kamins, Kaminschächte und ein Aborterker zu entdecken.

Wann genau Burg Freienfels entstand, ist nicht mehr exakt nachvollziehbar. Vermutlich errichteten sie die Grafen Heinrich und Reinhard von Diez-Weilnau, um mit ihr dem Expansionsstreben des Grafen Adolf von Nassau entgegenzutreten. Dieser war 1292 zum deutschen König gewählt worden und wollte Ende des 13. Jahrhunderts durch ein erweitertes Territorium seine Hausmacht sichern. Urkundlich erwähnt wird die Burg erstmals im Jahre 1326. Wenige Jahre später fiel sie durch Kauf an Nassau, womit ihre strategische Bedeutung hinfällig wurde.

Als nassauisches Lehen ging das Anwesen im frühen 16. Jahrhundert in den Besitz des Ritters Johann von Schönborn und seine Nachfahren bewohnten die Burg über 200 Jahre. 1724 verkauften sie die Festung zurück an die Grafen von Nassau. Die Anlage, die nie gewaltsam zerstört wurde, war nun dem Verfall preisgegeben und diente im 18. Jahrhundert den Bürgern als Steinbruch.

Seit 1996 nimmt sich der Förderverein durch eine abschnittsweise Sanierung der Ruine an. Hierzu trägt auch der Erlös aus den jährlich um den 1. Mai stattfindenden Ritterspielen bei. Das Spektakel zählt zu den größten seiner Art in Deutschland und zieht jedes Jahr Hunderte von Akteuren und Zehntausende Besucher an. ●

Wettenberg

Wettenberg-Krofdorf-Gleiberg

Burg Gleiberg

❌ oberhalb des Ortsteils Gleiberg,
Parkplatz in der Burgstraße

☁ Gleibergverein e. V.

❓ jederzeit frei zugänglich; Führungen
(April bis September) nach Vereinbarung;
Restaurant: Di bis So 11-23 Uhr,
im Winter Nachmittagspause

❗ Führungen: Tel. 0641-82586;
Gleibergverein: Tel. 0641-83428

Auf einem 308 Meter hohen Basaltkegel erhebt sich eines der bedeutendsten Kulturdenkmäler Mittelhessens über das Lahntal: die Burg Gleiberg. Graf Otto, ein Bruder König Konrad I. ließ sie in der ersten Hälfte des 10. Jahrhunderts errichten. Als wichtiger Stützpunkt im Niederlahngau spielte sie über mehrere Jahrhunderte eine wichtige Rolle im Heiligen Römischen Reich. Die Burg besteht aus der älteren Oberburg und der etwa sechshundert Jahre später errichteten Unterburg.

Der mächtige Bergfried aus dem 12. Jahrhundert ist von einer vorgelagerten Mantelmauer umgeben. Der Turm hat einen Durchmesser von 12 Metern und ist 30 Meter hoch. Von seiner Plattform aus hat man einen schönen Ausblick über das Gießener Becken, zum Vogelsberg, Westerwald und zum Taunus. Die Mauerreste des Palas mit der gut erhaltenen Giebelwand werden ins 13. Jahrhundert datiert. Dieses Hauptgebäude bildete, zusammen mit Bergfried und Ringmauer, auf dem höchstgelegenen Teil des Bergkegels eine wehrhafte Burg in der Burg.

Im 14. Jahrhundert wurden die Befestigungsanlagen der Oberburg erheblich verstärkt. Vom Ende des folgenden Jahrhunderts stammen die Erweiterungen von Palas und äußerem Mauerring der seitdem den geräumigen Burghof umschloss. Außerdem wurden die Außenmauern und die den Bergfried umgebenden Mantelmauern so verstärkt, dass sie dem Einsatz von Feuerwaffen trotzen konnten. Ihren Abschluss fand die bauliche Entwicklung in der zweiten Hälfte des 16. Jahrhunderts: Es entstand

W

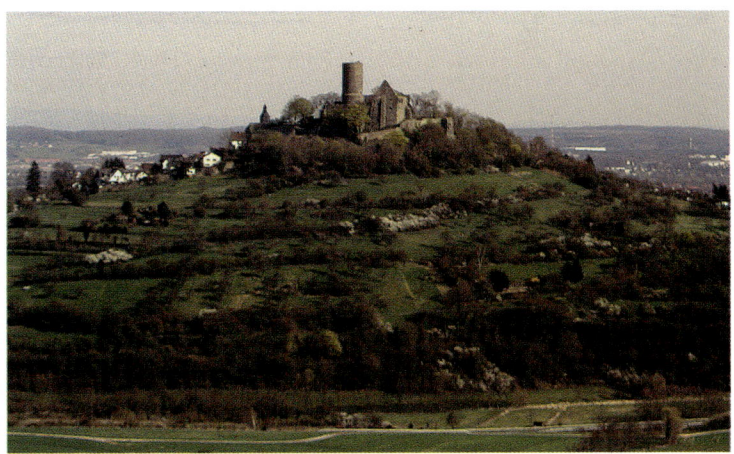

Der Burgberg von Nordwesten mit Bergfried und Palasgiebel

W

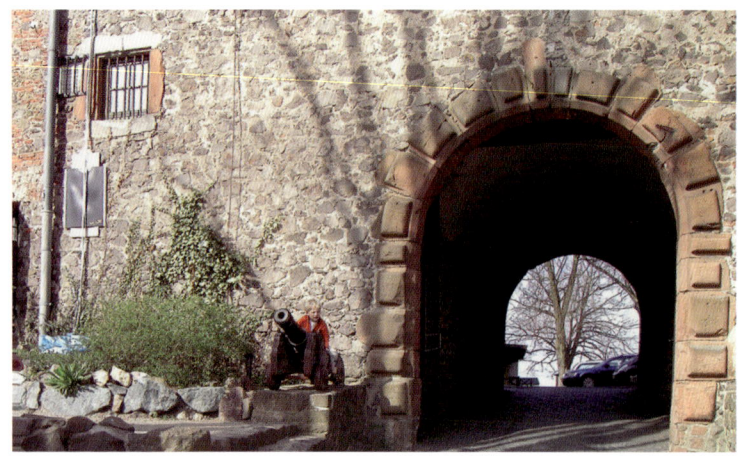

Eingangspforte zur Burg

die Unterburg mit Nassauer Bau und Albertus Bau – heute Burggaststätte bzw. Wohngebäude.

Zwei Jahre vor dem Ende des Dreißigjährigen Krieges, wurde Burg Gleiberg fast völlig zerstört. Nur der runde Bergfried und die Teile der Unterburg blieben erhalten. Das funktionslose Anwesen verfiel zusehends bis im Jahr 1837 engagierte Bürger den Gleibergverein gründeten. Dieser kümmert sich bis heute um den Erhalt der Burg und ist seit über 125 Jahren deren Eigentümer.　●

Wettenberg-Wißmar
Holz und Technik Museum

⊗ am nordöstlichen Rand von Wißmar, Im Schacht 6 (beschildert)

◉ Heimatvereinigung Wißmar e. V.

❶ 15. April bis 15. Oktober Mi, Sa, So und FT 14-18; sonst Mi 14-17 Uhr und So 11-17 Uhr

ℹ Holz + Technik Museum; Tel. 06406-8307400; www.holztechnikmuseum.de

Die Idee zur Gründung eines Holz- und Technik-Museums entstand, als die Gebrüder Winter im Jahr 1999 ihren Sägewerks- und Zimmereibetrieb schließen mussten. Einige engagierte Bürger Wettenbergs erkannten den musealen Wert der technischen Ausstattung, denn die Winters hatten bis zuletzt an ihren alten Maschinen festgehalten: ein Sägegatter von 1949 und eine Dampfmaschine aus dem Jahr 1937.

Aus dem ersten Rettungsimpuls entwickelten die Gemeinde und die „Heimatvereinigung Wißmar" ein Museumskonzept und 2004 konnte das „Holz- und Technikmuseum" in neu errichteten Räumlichkeiten offiziell eröffnet werden.

Die Ausstellung beleuchtet den Rohstoff Holz in all seinen Facetten: Die Eigenschaften verschiedener Holzarten und ihre Eignung für unterschiedliche Produkte werden ebenso thematisiert wie die historische Entwicklung der Forstwirtschaft. Holzfäller-Werkzeuge und andere Exponate veranschaulichen die Forstwirtschaft und der Besucher kann verschiedene Holzarten unter dem Mikroskop vergleichen. Der Bedeutung von Holz als nachwachsendem Energieträger wird im Zusammenhang mit dem

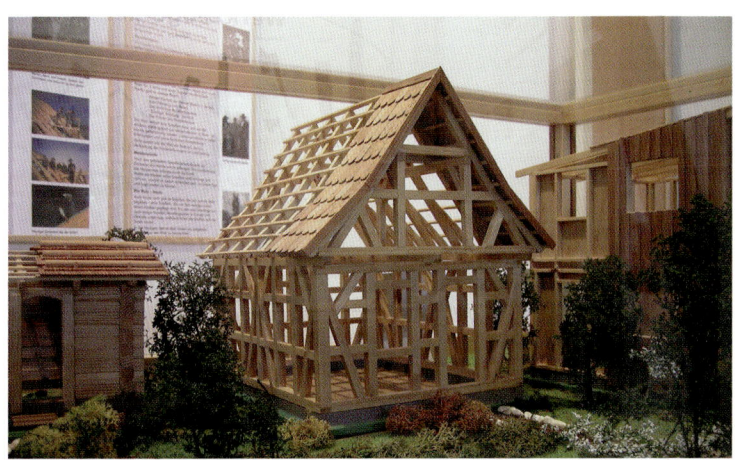

Modell einer Fachwerkkonstruktion (oben), Tonnendach des Museumsgebäudes mit Holzgitterträgern (unten)

Thema Energiegewinnung nachgegangen.

Der wichtigste Ausstellungsbereich ist dem Thema Holz und Technik gewidmet. Hier findet sich als zentrales Exponat das Sägegatter aus dem Winterschen Sägewerk. Je nach Wunsch zerschnitten seine einzeln aufgehängten Sägeblättern die Stämme in Bretter oder Balken unterschiedlicher Stärke. Außerdem steht hier die „Heißdampflokomobile" der Maschinenfabrik R. Wolf aus Magdeburg-Buckau. Sie wurde mit Holzabfällen befeuert und trieb per Transmissionsriemen das Sägegatter an. Eine rekonstruierte Schreinerei aus der Zeit um 1950 ergänzt die Präsentation und illustriert die Weiterverarbeitung des Holzes zu Gebrauchsgegenständen aller Art.

Einzelbesucher erhalten erläuternde Informationen über moderne Audioführer. Die ganze Faszination des Museums entfaltet sich jedoch an den sogenannten Dampf- und Gattertagen. Mehrmals im Jahr wird dabei die dampfbetriebene Anlage vor den Augen der Besucher in Betrieb genommen. ●

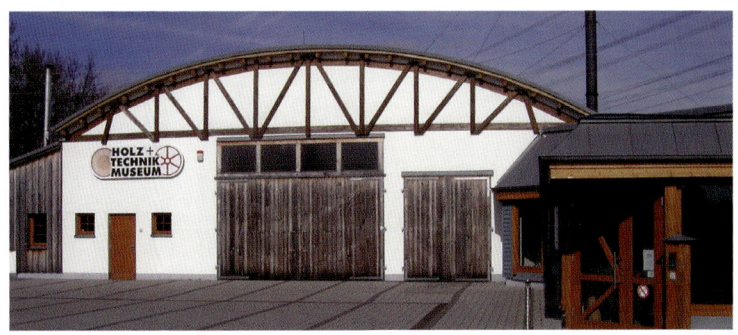

Wetter

W

Wetter
Synagoge

- ❌ im alten Ortskern, Körnerweg 2
- ☁ Träger- und Förderverein ehemalige Synagoge Wetter e. V.
- ❶ am letzten So im Monat, 15-17 Uhr; Führungen nach Vereinbarung
- ❶ Träger- und Förderverein, Tel. 06423-964489 bzw. -1807

Freundlich flutete leicht grünliches Licht durch die vielen Fenster der Wetteraner Synagoge: An den beiden Längsseiten gab es oben und unten je drei Rundbogenfenster, zwei weitere lagen an der Kopfseite rechts und links des Toraschreins. Über dem gegenüberliegenden Eingang prangte ein Rosettenfenster, das von zwei schmalen Fensteröffnungen flankiert wurde. Dadurch sollte sich die Synagoge eindeutig von der Stiftskirche unterscheiden – ein rundes Fenster sucht man hier vergebens.

Auch mit dem aus Klinker ausgemauerten Gefachen setzten sich die Wetteraner Juden bewusst vom lokalen Baustil ab. Der annähernd quadratische Grundriss ist dagegen religiös motiviert: Das Quadrat bedeutet im jüdischen Glauben Vollkommenheit. Mit dem achteckigen Dachreiter auf dem flachen Pyramidendach überragt die zweigeschossige Synagoge dennoch die umgebenden Häuser. Wo früher der Judenstern prangte, hat ein Bauer, der den Bau lange als Scheune genutzt hat einen Wetterhahn aufgepflanzt. Man hat ihn dort belassen, als Erinnerung an die lange profane Nutzung des Gebäudes.

Nicht alle Fenster konnten im Zuge der Renovierung im Jahre 2004 wiederhergestellt werden. Vier von ihnen sind heute an den Seiten nur angedeutet. Auch ist das Licht nach der Renovierung weiß und das Rosettenfenster konnte

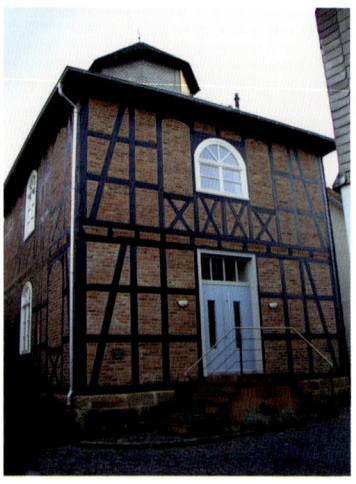

Synagoge mit Klinkerfassade und oktogonalem Dachreiter

vorerst nicht realisiert werden. Ein rundes Farbglasfenster ist aber schon in Auftrag gegeben und soll von innen vor das Rundbogenfenster gehängt werden.

Im Inneren ist heute – wo vor der Reichspogromnacht der prächtige Toraschrein hing – eine Tafel angebracht: „Wenn nicht du, wer dann? Wenn nicht jetzt, wann dann?" ist hier zu lesen. Der Spruch stammt aus der Tora und bezieht sich auf deren Weitergabe. Heute sitzen Besucher von Gedenkfeiern, Lesungen, Ausstellungen und Konzerten vor der Tafel und werden zum Nachdenken animiert. ●

Wetter-Amönau
Rapunzelhäuschen

- ❌ am nördlichen Ortsrand, Am Riedtor 2
- ☁ privat
- ❶ außen frei zugänglich, innen nach Voranmeldung
- ❶ Familie von Biedenfeld, Tel. 06423-2958

W

Die Amönauer haben sich längst daran gewöhnt, dass immer wieder Busse in das kleine Dorf rollen, nahe der Kirche anhalten und eine ganze Ladung japanischer Touristen für eine kurze Zeit die Straße überschwemmt. Grund dafür ist das kleine Teehäuschen, das mit seinem achteckigen Erker äußerst pittoresk auf der Sandsteinmauer eines Gutshofes liegt. Schnell werden ein paar Fotos gemacht und schon ist der Spuk vorüber.

Wer glaubt, dass die Japaner hier eines der ältesten Teehäuschen Deutschlands besichtigen wollen, der irrt. Hübsche alte Teehäuschen gibt es in Japan zur Genüge – wenn auch nicht solche, mit Fachwerk, Erker und einer elegant geschweiften Dachhaube. Nein – man kennt in Japan das Häuschen, genauer man kennt seine Abbildung. Das liegt daran, dass Grimms Märchen mit den Jugendstil-Illustrationen von Otto Ubbelohde in Japan sehr populär sind. Ubbelohde wählte seinerzeit das Gebäude als Vorlage für seine Illustration des Rapunzelmärchens: Die märchenhaft schöne Rapunzel lässt ihr langes blondes Haaren aus dem Erkerfenster genau dieses Häuschens herunter.

Erbaut wurde das sogenannte Lusthäuschen im Jahre 1615 für die Gutsherrin Hedwig von Bodenhausen. Nur fünf Jahre zuvor hatten die Schiffe der Niederländischen Ostindien-Kompanie erstmals Tee nach Europa gebracht. Hedwig von Bodenhausen war also eine echte Vorreiterin, denn größere Verbreitung fand das Heißgetränk in Deutschland erst im 18. Jahrhundert. Die Teegesellschaften der Hedwig von Bodeshausen müssen demnach schon etwas ganz Exklusives gewesen sein, eine Sinneslust, der ein eigenes Häuschen wohl anstand.

Im Herbst 1997 wurde das Lusthäuschen gründlich renoviert. Schadhafte Balken wurden ausgewechselt und das Dach neu gedeckt. Zutage kam das original leuchtende Oxydrot über der Tür und so wurden die Balken des Fachwerks in diesem Farbton gestrichen. ●

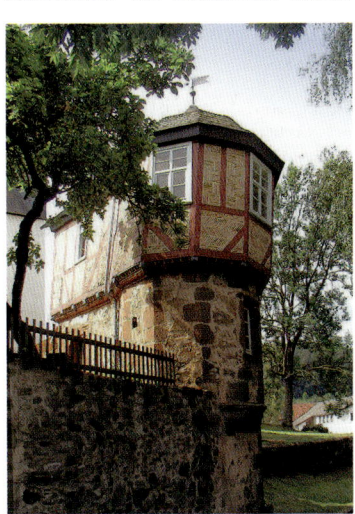 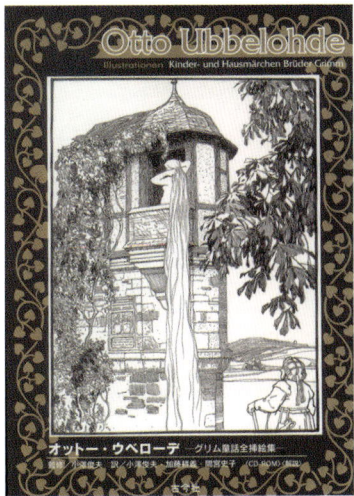

Rapunzelhäuschen, rechts auf einer von Ubbelohde illustrierten Ausgabe der Grimmschen Märchen

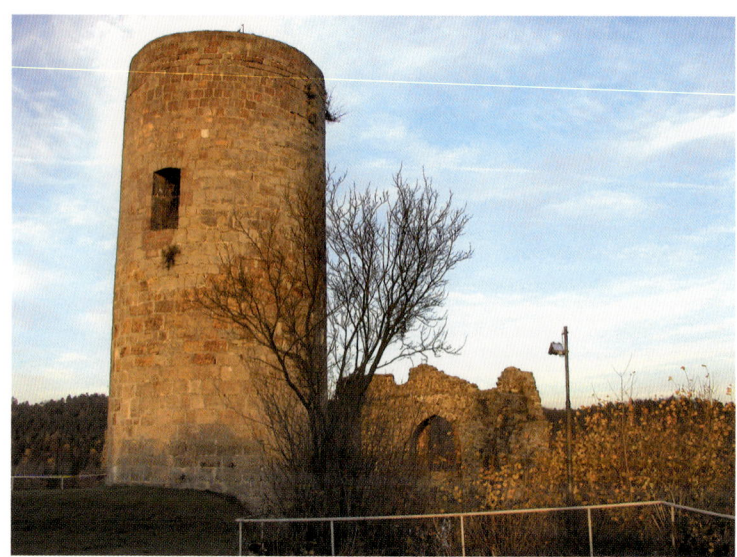

Wetter-Mellnau
Burg Mellnau

*Burg Mellnau – eine Bastion der Mainzer Erz-
bischöfe gegen die Hessischen Landgrafen*

❌ oberhalb des Dorfes Mellnau

🕐 Burg jederzeit frei zugänglich,
Schlüssel für Burgfried, Burgstraße 92a,
Tel. 06423-3962 oder in der Gaststätte
„Mellnauer Hof" bei der Kirche

ℹ️ Heimat- und Verkehrsverein Mellnau,
Tel. 06423-2309

Um die Mitte des 13. Jahrhunderts, nach
dem Tod des letzten Landgrafen von
Thüringen aus dem Geschlecht der
Ludowinger, kam es in Hessen zu heftigen Auseinandersetzungen zwischen
Sophie von Brabant mit dem Mainzer
Erzbischof Siegfried III. von Eppstein. Es
ging um die Anerkennung von Sophies
Erbansprüchen auf landgräflichen Besitz
in Hessen, die nun wieder an Mainz zu
fallen drohten. Entgegen dem Erbrecht
forderte Sophie diese Güter ein und ließ
alle Burgen belagern und zerstören,
deren Herren ihr nicht folgen wollten. Die

Burgen Hollende bei Warzenbach,
Hohenfels bei Allendorf und vermutlich
auch der Weißenstein bei Wehrda wurden
von Sophies Truppen dem Erdboden
gleich gemacht.

Der Mainzer Erzbischof reagierte um
das Jahr 1250 mit dem Bau der Burg
Mellnau am Südrand des Burgwaldes
und belegte die Herzogin mit einem
Kirchenbann. Den Schutz der neuen
Burg übertrug er dem Grafen Widekind
von Battenberg. In die Burg und in die
Gutshöfe im Tal zogen Ritter ein und
auch die Bewohner der nahen Siedlung
Kene siedelten nun an den Fuß der Burg
– das alte Dorf wurde zur Wüstung.

Erst nach der Intervention des
Papstes wurde 1263 der Zwist zwischen
dem Mainzer Erzbischof und dem Landgraf von Hessen beigelegt. Die Einnahmen
und Rechte aus dem „Weißtum Wetter"
wurden geteilt und man setzte Vögte für
die Verwaltung ein. 1547 führte Kaiser

Karl V. Krieg gegen verschiedene protestantische Landgrafen, unter ihnen auch Philipp I. von Hessen. Die Protestanten verloren den Krieg und der Kaiser befahl, die militärischen Anlagen der Burg Mellnau zu „rasieren" und zu „demolieren". Danach begann die Burg zu verfallen.

Seit 1957 sorgt sich der Mellnauer Heimat- und Verkehrsverein um den Erhalt der Burg und 1969/70 wurde der fast 20 Meter hohe Bergfried zum Aussichtsturm ausgebaut. Wer die 89 Stufen nach oben steigt, dem bietet sich bei klarer Sicht ein spektakulärer Ausblick: Das Panorama reicht vom Vogelsberg über Taunus und Gladenbacher Bergland bis ins Rothaargebirge. ●

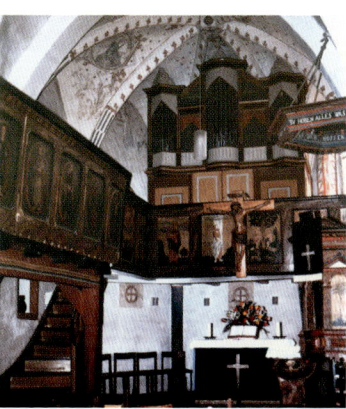

Chorraum mit spätgotischen Gewölbemalereien

Wetter-Treisbach
Kirche

❌ an der Landesstraße 3091 in der Dorfmitte

🕐 täglich 8-18 Uhr

ℹ️ Pfarramt, Tel. 06423-6850

Das trutzige Treisbacher Kirchlein an der Durchgangsstraße des Dorfes vereint mehrere architektonische Epochen in einer seltenen harmonischen Einheit. Das Alter des spätromanischen Gotteshauses lässt sich recht genau bestimmen: Die heutige Kirche wurde in der zweiten Hälfte des 12. Jahrhundert auf den Grundmauern einer rund 100 Jahre älteren Kirche errichtet. Die kleinen Fenster im vorderen Teil des Kirchenschiffs machen deutlich: Diese war eine typische Wehrkirche, die den Gläubigen bei Gefahr als Zufluchtsort diente.

Aus dem späten 15. Jahrhundert stammt der kuppelförmige Chorraum mit seinen spätgotischen Gewölbemalereien. Die Darstellungen der vier Evangelisten und ihrer Symbole sind zum Teil noch recht gut erhalten. Vom Treiben des bilderfeindlichen Landgrafen Moritz (1572-1632) blieb die Treisbacher Kirche offensichtlich unberührt. Die Reste eines weiteren Freskos finden sich links neben der Orgel: Es zeigt die heilige Barbara – die Schutzpatronin der Bergleute – der die Kirche ursprünglich geweiht war. Ein sicheres Zeichen für den mittelalterlichen Eisenerzbergbau in der Gegend um Treisbach.

Gemeinsam mit den ersten Kirchenbänken erhielt die Kirche in der ersten Hälfte des 17. Jahrhundert die geschnitzte und mit Rankblumen und Palmen bemalte Kanzel. Auch das große Holzkruzifix und das kelchförmige Sandsteintaufbecken stammen aus jener Zeit. Im Jahre 1664 wurde dann die Decke mit Engeln, Sonne, Mond und Sternen bemalt und die Brüstungsmalereien an den Längsemporen ausgeführt. Die Malereien an der Chorempore entstanden um 1800 und das große Chorfenster wurde 1818 gebrochen – vermutlich gemeinsam mit dem Bau der Orgel durch den Treisbacher Orgelbauer Heinrich Dickel. Als letzte größere Baumaßnahme wurde 1947 der Haupteingang an die Giebelseite verlegt. ●

Wetzlar

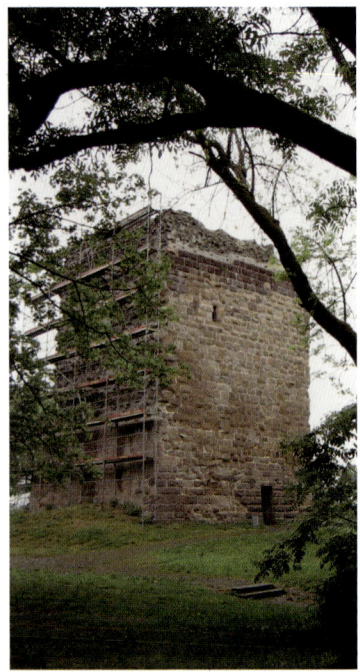

Wetzlar

Burg Kalsmunt

- ❌ südlich der Altstadt, Zufahrt: Kalsmunt/Westhang oder Burgweg
- ⬆ Stadt Wetzlar
- ❶ frei zugänglich

Viel ist von der im 12. Jahrhundert zum Schutz der Reichsstadt Wetzlar von Friedrich „Barbarossa" errichteten Festung Kalsmunt nicht mehr erhalten: ein Batterieturm, Reste der inneren Toranlage mit Ringmauer, der Palas, ein zugemauerter Keller und natürlich der Bergfried. Dieser macht den Besuch der Anlage doch sehr lohnend, denn neben dem Eindruck von der ehemaligen Wehranlage ermöglicht er einen wunderbaren Ausblick über die Stadt.

Der Bergfried von Burg Kalsmunt

Doch nicht nur als Festung ging die Anlage in die Geschichte ein, vielmehr wurde Kalsmunt 1226 zur Reichsmünzstätte ernannt. Aus diesem Jahr datiert zumindest die erste Nennung eines Ritters Winterus de Kalsmunt, eines Lehnsmanns Ulrich von Münzenbergs. Letzterer war Reichsmünzmeister und ihm unterstand vermutlich auch die Münzstätte.

Ab dem Jahr 1252 folgten weitere Burgmänner und später wurde die Festung in eine Ganerbenburg umgewandelt, der sämtliche benachbarten Adelsgeschlechter angehörten. In jener Zeit wurde Kalsmunt zur wehrhaften Festung ausgebaut und die Stadt erhielt eine durch Türme und Torbauten gesicherte Stadtmauer.

Im Disput zwischen dem „falschen Kaiser" Dietrich Holzschuh, der sich 1284 in Wetzlar als – eigentlich längst verstorbener – Friedrich II. ausgab, und dessen rechtmäßigen Nachfolger König Rudolf von Habsburg blieben die Burgleute neutral. Als Rudolf gegen Wetzlar zog, blieb Kalsmunt verschont und auch die Stadtoberhäupter gingen der Konfrontation aus dem Weg. Sie lieferten den auch als Tile Kolup bekannten Hochstapler 1285 aus und König Rudolf ließ den „falschen Friedrich" als Ketzer in Wetzlar verbrennen.

Um 1500 war die militärische Bedeutung des Kalsmunt völlig erloschen. Seit 1328 im Besitz der Nassauer ging die mittlerweile verfallene Burg 1536 an Hessen über. Der Landgraf ließ zwar noch Vermessungsarbeiten und Planungen durchführen, zu einem Wiederaufbau kam es aber weder damals, noch nach erneuten Planungen im Jahre 1740. Seit 1803 ist die Stadt Wetzlar im Besitz der Burgruine, sie ließ 1836 einen Eingang im Bergfried herstellen, um den Turm als Aussichtspunkt nutzbar zu machen. ●

Wetzlar
Jerusalemhaus

- ⊗ Schillerplatz 5
- ◉ Stadt Wetzlar
- ⊙ Di bis So 10-13 Uhr und 14-17 Uhr
- ⊕ Tel. 06441-994131

Karl-Wilhelm Jerusalem, Mitglied der braunschweigischen Delegation am Reichskammergericht, nahm sich 1772 in Wetzlar das Leben. Eingang in die Weltliteratur fand sein Selbstmord durch Johann Wolfgang Goethe, der sich zur selben Zeit in Wetzlar aufhielt. Ein persönlicher Kontakt bestand zwar nicht, doch die Tat – begangen aus enttäuschter Leidenschaft – spiegelte dem jungen Dichter wohl seine persönliche Situation und inspirierte ihn zu seinem 1774 erschienenen Brief-Roman „Die Leiden des jungen Werther".

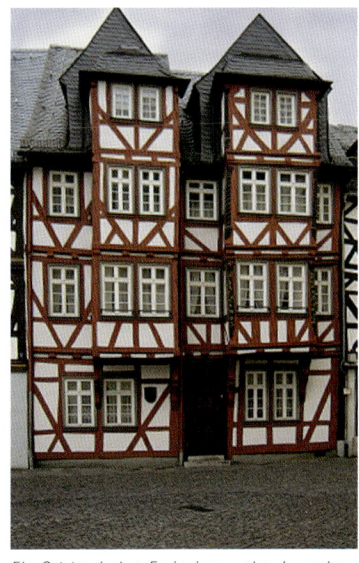

Ein Ort tragischer Ereignisse – das Jerusalemhaus

Karl-Wilhelm Jerusalem war der Sohn eines wohlhabenden und berühmten protestantischen Theologen. Er wird als nachdenklicher und zurückgezogener Mann beschrieben, der sich aber durch seinen bürgerlichen Stand nicht angemessen geachtet fühlte. Damaligen Spekulationen zufolge war es die unmögliche Liebe zur Frau eines Freundes, die ihn in den Suizid trieb. Die Pistole hatte er sich von seinem Kollegen Johann Christian Kestner geliehen, der als Ehemann von „Werthers Lotte" berühmt wurde.

Der Umgang mit Selbstmördern im 18. Jahrhundert ließ es nicht zu, Jerusalem in „geweihter Erde" zu bestatten. Deshalb wurde er nachts außerhalb des Friedhofs im heutigen Rosengärtchen beigesetzt. Hier wurde zum 200. Geburtstag Goethes ein Stein aufgestellt, obwohl die exakte Lage des Grabes nicht mehr zu erschließen war. Der Ort des Freitods ist dagegen gesichert: Die bescheidene Zweizimmerwohnung im zweiten Stock des ehemals Wincklerschen Hauses. Heute ist das Quartier des Legationssekretärs im klassizistischen Stil möbliert und die kleine literarische Gedenkstätte vermittelt dem kundigen Besucher eine Ahnung von der bedrückenden Atmosphäre, die ihren Bewohner einst in den Selbstmord trieb. Neben dem Lottehaus ist das Jerusalemhaus damit der wichtigste Ort für jeden, der in Wetzlar auf Goethes und Werthers Spuren wandeln will. ●

W

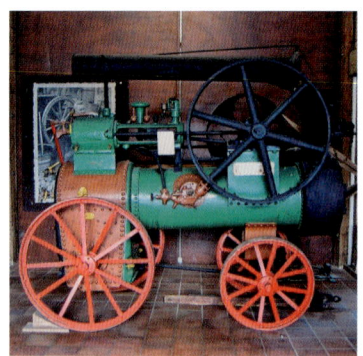

Wetzlar
Landwirtschaftliches Museum

- ❌ südöstlicher Stadtrand,
  Frankfurter Straße 113
- 🔼 Landwirtschaftlicher Verein von 1832 e. V.
- 🕐 nach Vereinbarung
- ℹ️ Landwirtschaftlicher Verein,
  Tel. 06441-782220

In zwei Hallen mit je zwei Etagen können Besucher einen Gang durch die historische Entwicklung landwirtschaftlicher Geräte und Maschinen unternehmen. Zu sehen gibt es alles, was den Bauern, ihren Familien und ihrem Gesinde auf dem Feld, in Haus und Hof die schwere Arbeit erleichtern sollte. Jahrelang hat der Landwirtschaftliche Verein Lahn-Dill Zeugnisse der bäuerlichen Ackerbautradition aus der heimischen Region gesammelt. Frühen Maschinen galt dabei das besondere Interesse, denn als im 19. Jahrhundert die Technisierung der Landwirtschaft einsetzte, verschwanden nicht nur die traditionellen Geräte, sondern auch die Maschinen veralteten immer schneller. Ein Teil der Geräte kann – unter Anleitung – vom Besucher selbst bedient werden. Außerdem erläutern Bild- und Texttafeln die Funktion und die Geschichte der gezeigten Objekte.

Lokomobile als Antrieb für Dreschmaschinen

In der „Dr. Werner Best-Halle" im Erdgeschoss – benannt nach dem 1993 verstorbenen langjährigen Vorsitzenden des Landwirtschaftlichen Vereins – sind alte Traktoren und Schlepper zu besichtigen. Die meisten Modelle sind schon 40 bis 50 Jahre alt – ältestes Ausstellungsstück ist ein schwedischer Fordson Benziner aus dem Jahr 1921. Im Dachgeschoss wird eine umfangreiche Sammlung von Bodenbearbeitungsgeräten und eine fast vollständige Chronologie von Saat- und Erntemaschinen präsentiert: Pflüge, Sä- und Mähmaschinen, Pferde- und Leiterwagen, Heuwender, Kartoffelsetz- und Rübenschnitzelmaschinen und ähnliches.

In der zweiten Halle, erbaut in Form einer Fachwerkscheune, geht es um die Weiterverarbeitung der Erzeugnisse auf dem Hof und ums dörfliche Handwerk. Glanzstück ist hier, neben einer alten Kelter, ein kompletter Dreschsatz, bestehend aus Lokomobile, Dreschmaschine und Strohpresse. ●

Wetzlar
Lottehaus

- ❌ Lottestraße 8-10
- 🔼 Stadt Wetzlar
- 🕐 Di bis So 10-13 Uhr und 14-17 Uhr
- ℹ️ Lottehaus, Tel. 06441-994140; Broschüre „Auf Goethes Spuren" Tourist-Information, Domplatz 8, Tel. 06441-997750

1772 hielt sich der junge Johann Wolfgang Goethe, der kurz zuvor das Studium der Rechtswissenschaften abgeschlossen hatte, in Wetzlar auf. Hier wollte er seine Kenntnisse als Praktikant am Reichskammergericht vertiefen. Doch nicht diese beruflichen Aktivitäten erheben Wetzlar in den Rang einer Goethestadt – es waren vielmehr Goethes

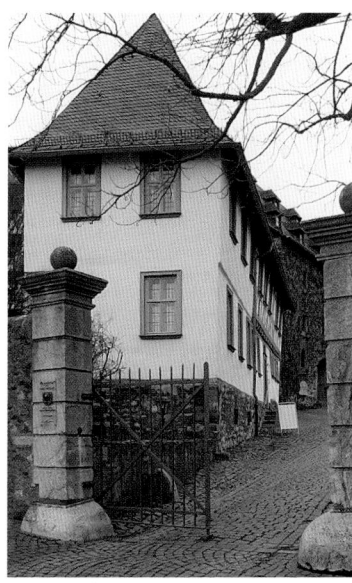

Hier wohnte Goethes Jugendliebe Charlotte Buff – das Vorbild für Werthers Lotte

private Erlebnisse jenes Sommers: Seine Bekanntschaft und unerfüllte Liebe zu Charlotte Buff, der Tochter eines Amtmanns der Wetzlarer Liegenschaften des Deutschen Ordens, sein Kontakt zu ihrem Verlobten Johann Christian Kestner und der Freitod Karl-Wilhelm Jerusalems wegen einer zurückgewiesen Liebe. Diese aufwühlenden Erlebnisse verarbeitete Goethe in einem Briefroman, der 1774 den europaweiten Ruhm des damals noch jungen Dichters begründen sollte: „Die Leiden des jungen Werther".

Das sogenannte „Lottehaus" ist das Geburtshaus von Goethes Jugendliebe Charlotte Buff. Ihre 18-köpfige Familie bewohnte das ehemalige Verwalterhaus über drei Generationen hinweg. Das historische Mobiliar und mancherlei Hausrat spiegeln jene bürgerliche Welt wider, in der sich der junge Goethe bewegte. Mit Hilfe von Bildnissen, Handschriften und persönlichen Gegenständen der Buffs kann der Besucher wenigstens ansatzweise die Atmosphäre des

späten 18. Jahrhunderts nachempfinden.

Drei Museumsräume sind der Entstehungs- und Wirkungsgeschichte von Goethes „Werther" gewidmet: Neben dem kostbaren Erstdruck sind Nachahmungen, Streitschriften, Parodien und Übersetzungen ausgestellt. Schließlich versucht die Ausstellung dem „Werther-Fieber" auf den Grund zu gehen, das sich nach dem Erscheinen des Romans nicht nur in Deutschland, sondern in ganz Europa ausbreitete: Die lebhafte öffentliche Diskussion, die der Roman auslöste, lässt interessante Rückschlüsse auf die Probleme jener Zeit zu, die Goethe in seinem Roman aufgedeckt und literarisch gestaltet hat. Für den goetheinteressierten Besucher bildet das Lottehaus den Ausgangspunkt zu einer Spurensuche durch die Stadt, deren Stationen in einer Broschüre der Tourist-Information verzeichnet sind. ●

Wetzlar

Phantastische Bibliothek

❌ Stadtzentrum, Turmstraße 20

☁ Stiftung Phantastische Bibliothek

🕐 Mo bis Do 14-18 Uhr, Mi 9-12 Uhr

ℹ Phantastische Bibliothek,
Tel. 06441-40010; www.phantastik.eu

Ganz gleich ob klassische Phantastik wie Märchen, Sagen und Mythen oder die modernen Spielarten Science Fiction, Fantasy, Utopie, Horror – phantastische Literatur ist „in" und wird gelesen wie nie zuvor. Zu dieser allgemeinen Aufwertung hat die Phantastische Bibliothek Wetzlar einen nicht zu unterschätzenden Beitrag geleistet. Diese weltweit größte öffentlich zugängliche Sammlung phantastischer Literatur wurde 1989 gegründet und

W

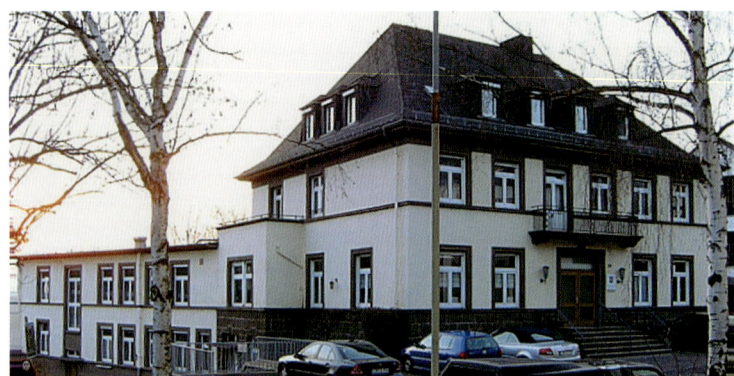

Das Domizil der „Phantastische Bibliothek"

musste aufgrund ihres rasant anwachsenden Bestandes im Sommer 2006 schon zum zweiten Male umziehen. Seitdem bietet das ehemalige Staatsbauamt in der Turmstraße mit fast 1.700 Quadratmetern Fläche genügend Raum, die ganze Bandbreite phantastischer Literatur zu präsentieren.

150.000 Bände sind nun in Freihand-Aufstellung zugänglich: von Perry Rhodan bis Harry Potter, vom Gilgamesch-Epos bis George Orwell, von Grimms Märchen bis Star Trek, von Faust bis Dracula. Naheliegenderweise beschränkt sich die Bibliothek nicht auf die klassische Buchform. Auch Heftromane, Zeitschriften, Dissertationen und Zeitungsausschnitte werden gesammelt, um allen Facetten dieses Literaturgenres gerecht zu werden. Außerdem besitzt die Phantastische Bibliothek eine Reihe von Spezialsammlungen, so z.B. zur utopisch-phantastischen Literatur der DDR, die documeta-Sammlung aus dem Orwell-Jahr 1984, Raritäten aus dem Bereich der Reise- und Abenteuerliteratur des 19. und frühen 20. Jahrhunderts, russische Phantastik in Originalsprache und -schrift, Literatur aus den neuen EU-Ländern Ost- und Mitteleuropas und sie pflegt diverse Autorenarchive.

Doch die Phantastische Bibliothek wollte von Anfang an mehr sein als reine Büchersammelstätte. Sie wollte ein Ort der Begegnung, der Literaturvermittlung und der aktiven Forschung sein. Gemeinsam mit den benachbarten Universitäten in Gießen, Marburg und Frankfurt wurden Tagungen, Seminare, Lesungs- und Vortragsreihen konzipiert und eine eigene „Alexander Lernet-Holenia-Forschungsstelle" zur österreichischen Literatur der Moderne eingerichtet. In das laufende Kulturprogramm werden Autoren, Übersetzer, Illustratoren und Verlagslektoren eingebunden und es findet eine kontinuierliche Kooperation mit Professoren, Studenten, Lehrern und natürlich den Lesern statt. ●

Wetzlar

Reichskammergerichtsmuseum

✖ Hofstatt 19

☁ Gesellschaft für Reichskammergerichtsforschung e. V.

🕑 Di bis So 10-13 Uhr und 14-17 Uhr

ⓘ Tel. 06441-994160

Die heute bekannte Form der Rechtsprechung durch Gerichte, die auf der Basis allgemein gültiger Gesetze urteilen, gibt es erst seit wenigen Jahrhunderten. Vor dieser Errungenschaft herrschte in weiten Bereichen Faustrecht, Fehderecht und Selbstjustiz. Das Reichskammergericht nahm in dieser Entwicklung eine wichtige Rolle ein. Es wurde 1495 auf dem Reichstag zu Worms gegründet und hatte seinen Sitz zunächst in Frankfurt und mehreren anderen Reichsstädten. 1693 kam es nach Wetzlar und blieb bis zu seiner Auflösung 1806 dort. Diese Ortsgebundenheit war, neben der klaren Rechtsgrundlage und festgeschriebenen Struktur, ein wesentlicher Unterschied zur Vorgängerinstitution des Königlichen Kammergerichts.

Das Reichskammergericht war das oberste Gericht im Heiligen Römischen Reich Deutscher Nation. Es urteilte auf der Basis von Reichsgesetzen und war unter anderem für Landfriedensbruch, Reichsacht und fiskalische Klagen zuständig. Außerdem verhandelte es Besitzstreitigkeiten unter Reichsunmittelbaren, also solchen Personen, Städten oder Institutionen, die direkt dem Kaiser unterstanden, sowie Zivilklagen gegen diese. Schließlich konnte das Gericht zur Überprüfung zivilrechtlicher Urteile von Stadt- und Landgerichten angerufen werden. Die Verfahren selbst wurden schriftlich geführt, Dokumente und Beweisvorlagen mussten jedoch verlesen werden,

was dazu führte, dass sich manche Fälle mehr als 200 Jahre hinzogen.

Das Reichskammergerichtsmuseum präsentiert eine Reihe originaler Dokumente und ermöglicht so interessante Einblicke in diese fast 300 Jahre währende Institution. Eine Tonbildschau klärt außerdem über die Hintergründe der traditionsreichen Instanz deutscher Rechtssprechung auf, an der neben Johann-Wolfgang Goethe die preußischen Reformer Heinrich Friedrich Karl vom Stein und Karl August von Hardenberg sowie andere bedeutende Persönlichkeiten ihr Praktikum absolvierten. ●

Wetzlar

Stadt- und Industriemuseum

⊗ Lottestraße 8-10

◉ Stadt Wetzlar

❶ Di bis So 10-13 Uhr und 14-17 Uhr

❶ Tel. 06441-994140

In direkter Nachbarschaft zum Besuchermagneten „Lottehaus" hat die reichhaltige Sammlung zur Wetzlarer Stadt- und Industriegeschichte sowie die städtische Gemäldegalerie ein angemessenes Quartier gefunden. In der historischen Atmosphäre eines ehemaligen Deutschordenshofes vermitteln die Bestände Einblicke in verschiedene Epochen der Stadtgeschichte und dem damit verbundenen Wandel der Lebenswelten.

Die frühe Besiedlung der Region wird durch Grabungsfunde aus vor- und frühgeschichtlicher Zeit belegt. Eine Abteilung widmet sich der älteren Stadtgeschichte mit der Blütezeit der freien Reichsstadt Wetzlar im Hochmittelalter und ihrem Niedergang im Spätmittelalter. Mobiliar und Hausgerät aus der Barockzeit, in der die Stadt Sitz des Reichs-

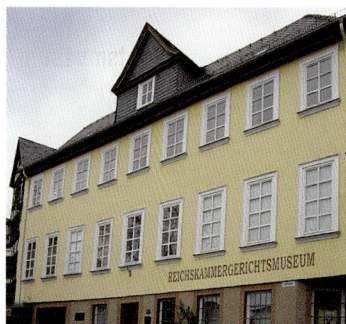

Fast 300 Jahre Rechtsgeschichte

W

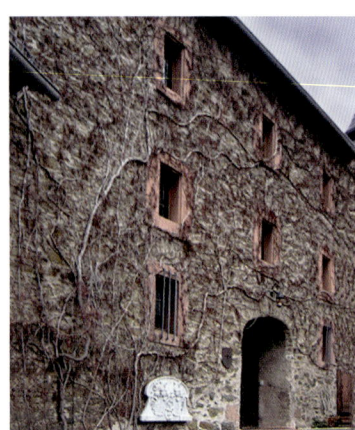

Ehemaliger Deutschordenshof, heute Stadt- und Industriemuseum

kammergerichts war, vervollständigen die Präsentation.

Der Kontrast zwischen dem bäuerlich geprägten Umland und den bürgerlich-städtischen Lebensformen, wie er im frühen 19. Jahrhundert im Großraum Wetzlar herrschte, wird in der volkskundlichen Abteilung verdeutlicht: hier die bäuerlichen Trachten, Geräte, Möbel und Geschirr aus dem dörflichen Umfeld, dort die spätklassizistischen Möbel des städtischen Bürgertums.

Dem erneuten Aufblühen der Stadt mit der einsetzenden Industrialisierung widmet sich der letzte Ausstellungsabschnitt. Verbesserte Verkehrswege zu Lande und zu Wasser boten vor allem der Schwerindustrie und der optischen Industrie gute Bedingungen. Die bergbauhistorische Sammlung veranschaulicht die Bedeutung des Eisenerzbergbaus für die Stadt und beleuchtet wirtschaftliche, soziale und ökologische Auswirkungen der Industrie bis in die Gegenwart. An den Firmengeschichten bedeutender Wetzlarer Unternehmen wie Buderus oder Ernst Leitz und anderen Unternehmen aus den Bereichen Fein-

mechanik, Vakuumtechnik, Unterhaltungselektronik und Werkzeugmaschinenbau wird die Stadtentwicklung der vergangenen 150 Jahre aufgezeigt. ●

Wetzlar
Wetzlarer Dom

> ✕ im Zentrum der Altstadt
>
> ❶ frei zugänglich
>
> ❶ Wetzlarer Dombau-Verein e. V.,
> Tel. 06441-952312

Als Wahrzeichen und Dokument städtischer Geschichte prägt der Dom das Panorama der Wetzlarer Altstadt und seit Jahrhunderten dient die ehemalige Stiftskirche beiden Konfessionen als Gotteshaus. Bischofssitz ist sie nie gewesen und doch hat sich die Bezeichnung Dom bis heute erhalten.

Durch seine Lage an der Lahnfurt einer wichtigen Handelsstraße erlebte Wetzlar im Hochmittelalter einen wirtschaftlichen Aufschwung und wurde zur freien Reichsstadt. Der Rückzug der Staufer und die Verlegung der Handelsrouten beendete aber diese Blütezeit. Der Dom dokumentiert diese Entwicklung bis heute. In einer Zeit der Prosperität im Hochmittelalter geplant und begonnen, lassen sich an der Gestalt des Gebäudes die Spuren des wirtschaftlichen Niedergangs der Stadt im Spätmittelalter und in der Frühen Neuzeit ablesen.

Begonnene, aber nie vollendete Um- und Ausbauarbeiten haben dem Gebäude einen historisch-dokumentarischen Charakter verliehen: Nordturm und Mittelzone der Westfassade sind die wohl ältesten erhaltenen Elemente. Sie sind Reste der bereits Ende des 12. Jahrhunderts errichteten romanischen Kirche eines Marienstifts, das zwei Konradiner gegründet hatten. Im Zuge der um 1250 begonnenen Vergrößerung des

W

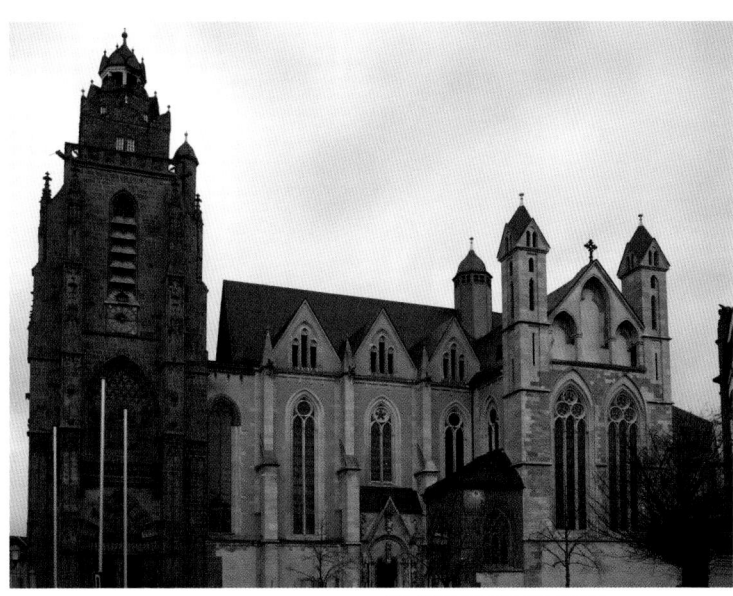

Der Wezlarer Dom von Süden

Gotteshauses zu einer dreischiffigen Hallenkirche wurden Teile dieses Baus in das Gebäude integriert. Aus Finanznot mussten die Arbeiten immer wieder unterbrochen werden und so zog sich die Fertigstellung bis ins 14. Jahrhundert hin. Bei jeder Unterbrechung zogen die Handwerker weiter und nachfolgende brachten andere Stile und Techniken mit. Dadurch finden sich in Chor, Apsis und Nebenkapellen Einflüsse vom Ober- und Niederrhein, äußere und innere Gestalt des Südquerarms lassen außerdem Einflüsse aus Marburg und Limburg erkennen.

Der Eindruck des Unfertigen und die auffällige Verbindung von Stilen und Bautechniken unterschiedlicher Epochen und Jahrhunderte sind die noch heute sichtbaren Ergebnisse dieser Baugeschichte. Tiefe Spuren hat auch die jüngere Geschichte am Dom hinterlassen: Im Zweiten Weltkrieg zerstörte ein Bombentreffer den Langchor, den hoch-

gotischen Lettner, die barocke Orgel sowie große Teile der Inneneinrichtung und der Wandmalereien.

Das, was von der Ausstattung erhalten blieb, macht das Innere des Doms gleichwohl sehenswert: Reste der Wandmalereien finden sich an der Westwand über der Orgel, im Nord- und Südquerarm; das romanische Taufbecken aus Basalt stammt wohl noch aus der Vorgängerkirche und in der Nikolauskapelle findet sich eine beeindruckende Pietà, die um 1370 entstand. In der Apsis steht eine Madonna mit Kind aus der Zeit um 1460 und die Kreuzigungsgruppe unter dem Vierungsbogen stammt aus dem ausgehenden 15. Jahrhundert. Von den ehemals zahlreichen Epitaphen wurden viele aus der Kirche entfernt. An ihren angestammten Plätzen blieben unter anderem die Grabtafeln einiger Stiftsgeistlicher und verschiedener Mitglieder des Reichskammergerichts. ●

Wohratal

W

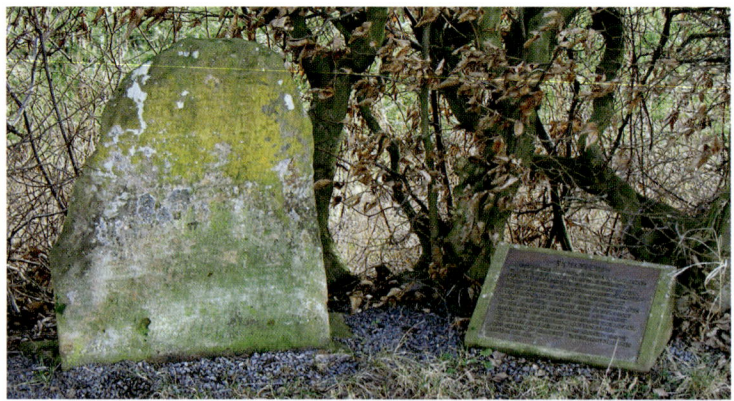

Wohratal-Wohra

Gedenkstein Wolfsstein

Der Wolfsstein (oben) mit rekonstruierter Inschrift (unten)

❌ an der Landstraße Richtung Gemünden, am Ortsrand von Wohra, ca. 800 Meter vom Rückhaltebecken Wohra entfernt

❔ jederzeit frei zugänglich

Der „Wolfsstein" ist ein alter Gedenkstein, der an eine schaurige Geschichte aus dem 17. Jahrhundert erinnert. Da der Text auf dem alten, 75 Zentimeter hohen Naturstein nahezu unlesbar war, wurde er unter Zuhilfenahme des Gemündener Kirchenbuches aus dem Jahre 1654 rekonstruiert und als Schrifttafel neben dem Stein aufgestellt.

Der Bericht auf dem Stein beschreibt lediglich, dass die 54-jährige Hausfrau Moll aus Gemünden auf dem Weg nach Wohra von einem Wolf angefallen, von einem Reisenden aber zunächst gerettet wurde und im Kreise Ihrer Familie ihren schweren Verletzungen erlag.

Die mündliche Überlieferung schmückte die Geschichte freilich mit phantasievollen Details weiter aus: Demnach wollte Margarete Moll in Wohra einen Korb voll Wecken verkaufen. Als sie auf dem Rückweg ein Wolf verfolgte, habe sie diesem zunächst nach und nach die Wecken zum Fraße hingeworfen. Erst als der letzte Köder verspeist war, habe der Wolf die Frau angefallen – noch bevor sie die rettenden Häuser von Wohra erreichen konnte. Ein zufällig des Weges kommender Reisender habe sie schließlich dem Wolf entrissen und nach Gemünden zu Mann und Kindern gebracht. Doch die Frau sei an Kopf, Armen und Beinen so fürchterlich zerfleischt gewesen, dass sie gegen Mittag verstarb. ●

Fachbegriffe

3/8-Schluss Chorschluss, bei dem die Stirnwand in drei Segmente unterteilt ist, von denen die beiden äußeren jeweils um 45 Grad zu den Seitenwänden „geklappt" sind

Absolutismus Epoche der europäischen Geschichte vom Westfälischen Frieden (1648) bis zum Ausbruch der Französischen Revolution (1789)

Allianzwappen gemeinsame Darstellung der Wappen als Zeichen einer (ehelichen) Verbindung

Andreaskreuz diagonales Kreuz zur Gefachaussteifung, findet als Ziermotiv im Fachwerk Verwendung

Apsis, **Apsiden** (pl.) halbrundes oder vieleckiges Bauteil an einem größeren Raum (z.B. als Kirchenchor)

Arkaden auf Pfeilern oder Säulen ruhende Bogenreihe

Augustiner-Chorherren ein Zusammenschluss mehrerer katholischer Männerorden, die nach der Regel des heiligen Augustinus leben

Barock kulturgeschichtliche Epoche, in Deutschland zwischen ca. 1600 und 1770/90, der Spätbarock (1735 bis 1770/90) wird unter der Bezeichnung Rokoko häufig als eigenständige Epoche gewertet

Basilika Kirche, deren Mittelschiff höher ist als die Seitenschiffe

Bastion vorgezogener Verteidigungspunkt einer Festung, von dem aus die Angreifer von der Seite oder von hinten beschossen werden konnten

Benediktiner auf den Mönchsregeln des Benedikt von Nursia gründender Orden, der aus dem 529 gestifteten Kloster von Montecassino (Mittelitalien) hervorging

Biedermeier Zeitraum zwischen 1815 und 1848, bezieht sich meist auf eine in dieser Zeit entstehende eigenständige Kultur und Kunst des Bürgertums

Brettdocken gestaltete Sprosse einer Balustrade an Treppen und Emporen, im Gegensatz zum dreidimensional geformten Baluster ist die Docke aber flach

Chatten germanischer Volksstamm, der im Bereich der Täler von Eder, Fulda und des Oberlaufes der Lahn seinen Siedlungsschwerpunkt hatte

Chorturmanlage bei kleineren Kirchen aus dem Mittelalter über dem Chor und daher über dem Hauptaltar aufragender Nebenturm, der meist als Glockenturm ausgebildet ist

Dachreiter auf einem Dachfirst aufgesetztes Türmchen

Dechanei Sitz des Leiters eines Kirchenbezirks innerhalb einer Diözese

Dehrner Cent ein Verwaltungs- und Gerichtsbezirk, dem neben Dehrn noch 15 Orte angehörten und der ursprünglich Teil der Grafschaft Diez war. Im Jahre 1607 ging die Dehrner Cent an die Grafen von Nassau Hadamar, sie hatte bis ins 18. Jahrhundert Bestand.

Dendrochronologie Datierungsmethode für Holz, bei der die spezifische Breite der Jahresringe mit Mustern bekannten Ursprungs und Alters verglichen werden

Dernbacher Fehde ein über 100-jähriger Konflikt zwischen den Adelsgeschlechtern in den Einflusssphären der Landgrafen von Thüringen bzw. Hessen und der aufstrebenden Grafen von Nassau in den Jahren ca. 1230 bis 1333

Deutsche Orden auch Deutschherrenorden oder Kreuzritterorden ist ein geistlicher Ritterorden und war maßgeblich an der mittelalterlichen deutschen Ostsiedlung beteiligt

Devon bezeichnet eine zeitliche Periode des Erdaltertums; es begann vor etwa 416 Millionen Jahren und endete vor 359 Millionen Jahren

Dreiseithof traditionelle Hofform, in der je ein separates Scheunen- und Stallgebäude mit dem Wohngebäude rechtwinklig angeordnet ist; der U-förmige Aufbau ist meist zur Straße hin geöffnet

Eckständer senkrechte Stütze an den Ecken eines Fachwerkgebäudes

Eierstab geometrische Figur, bei der sich lineare Elemente mit ovalen abwechseln

Epistolar Zusammenstellung der Apostelbriefe für die gottesdienstliche Lesung; sie wurden ab dem Spätmittelalter durch Messbücher abgelöst

Epitaph senkrecht aufgestellte Gedenk- oder Grabtafel an der Innen- oder Außenwand einer Kirche

Euthanasie eigentlich Sterbehilfe bei unheilbar Kranken, in nationalsozialistischer Zeit die Tötung behinderter Menschen

Evangeliar liturgisches Buch mit dem Text der vier Evangelien des Neuen Testaments

Filialkirche Nebenkirche, die der Hauptkirche eines Pfarrbezirks oder einer Kirchengemeinde zugeordnet ist

Franziskaner Orden ein im 13. Jahrhundert von Franziskus in Assisi in Umbrien (Italien) gegründeter Bettelorden

Fresco eine äußerst dauerhafte Technik der Wandmalerei, bei der Farbe auf den frischen Kalkputz aufgebracht wird

Fries waagerecht um den Bau verlaufendes Ornament- oder Figurenband

Frühmittelalter geschichtlicher Zeitraum zwischen ca. 550 und 1025

Ganerbschaft altdeutsches Erbrecht bei dem die Erben nur gemeinsam über den Besitz verfügen konnten. Im Mittelalter kam das Recht vorwiegend bei gemeinschaftlich erbauten oder eroberten Schlössern oder Burgen zum Einsatz. Burgfriedensverträge sollten die friedliche Koexistenz der Erben regeln

Gaube (auch Gaupe) kleiner Dachaufbau mit Fenster

Gesims aus einer Wand hervortretender waagerechter Streifen zur Betonung horizontaler Bauabschnitte

Gewände Schnittfläche, die entsteht, wenn eine Tür- oder Fensteröffnung schräg in eine Wandfläche eingeschnitten wird; steht die Schnittfläche rechtwinklig, spricht man von einer ➔Laibung

giebelständig Ausrichtung eines Hauses mit der Giebelwand zur Straße

Gotik kulturgeschichtliche Epoche, in Deutschland zwischen ca. 1230 und 1530; meist unterteilt in Frühgotik (bis ca. 1250), Hochgotik (ca. 1250 bis 1350) und Spätgotik (bis ca. 1530)

Hadamarer Schule Der Übertritt Fürst Johann Ludwigs von Nassau-Hadamar zum katholischen Glauben (1629) war mit zahlreichen Kirchenneu- und -umbauten verbunden. Diese Bautätigkeit zog nach dem Dreißigjährigen Krieg viele Künstler und Kunsthandwerker nach Hadamar. Zu ihnen gehörten auch vier aus Franken stammende Bildhauer, die vom ausgehenden 17. Jahrhundert bis in die Mitte des 18. Jahrhunderts in Hadamar arbeiteten. Ihre qualitätsvollen Figuren, Statuen und Reliefs wurden weit über die Grenzen des Fürstentums bekannt.

Als Hauptmeister der später so genannten „Hadamarer Schule" gelten: Johann Valentin Neudecker (der Ältere), geboren 1663 in Miltenberg, sein Sohn Johann Neudecker (der Jüngere), geboren 1692 in Hadamar; Johann Theodor Düringer (auch Thüringer), geboren 1696 in Großschwenkheim und Martin Volck, der seit 1726 mit Düringers Schwester verheiratet war.

Historismus kulturgeschichtliche Phase, in der auf Stilelemente verschiedener früherer Epochen zurückgegriffen wurde, in Deutschland zwischen ca. 1860 und 1900/14

Hochmittelalter geschichtlicher Zeitraum zwischen ca. 1025 und 1250

Jesuiten die „Gesellschaft Jesu" ist eine katholische Ordensgemeinschaft für Männer. Sie wurde 1534 von Ignatius von Loyola gegründet, bei der Gegenreformation spielten die Jesuiten eine bedeutende Rolle

Jugendstil europäische Stilrichtung um 1900 bis ca. 1910

Kanoniker ursprünglich Priester bzw. Ordensleute, die seit dem 4. Jahrhundert nach klosterähnlichen Regeln (dem ‚Kanon') zusammenlebten; ab dem 10. Jahrhundert Aufspaltung in Regularkanoniker (mit Gelübde) und Säkularkanoniker

Kapitell der abschließende Teil einer Säule oder eines Pfeilers, seit der Antike in unterschiedlichen Ausformungen gestaltet und verziert (Kelchkapitell, Würfelkapitell)

Karst spezifische Landschaft, die bei Untergründen aus Gips oder Kalkstein durch unterirdische Auswaschungen entsteht

Kartusche formenreich gerahmte Fläche, Träger von Wappen, Initialien oder Emblemen

Kasematten Gewölbearchitektur im Festungsbau, meist unterirdisch und mit einer Erdüberdeckung gegen Beschuss gesichert

Kemenate mit einem Kamin ausgestatteter Wohn- und Schlafraum auf mittelalterlichen Burgen

Kerbschnitt Verzierungsart in Form keilförmiger Einschnitte, meist bei Holz oder bei Tonwaren

Kirchspiel Pfarrbezirk oder Sprengel; territorial begrenztes Gebiet einer Pfarrei

Klassizismus kulturgeschichtliche Phase, in Deutschland zwischen ca. 1760 und 1850; ihr werden Stilrichtungen wie Zopfstil bzw. Louis-seize (1760-90), Empire (1804-14) und Biedermeier (1815-48) zugeordnet

Knagge hölzerne Konsole am Fachwerkbau

Konsole aus der Mauer vorspringender Tragstein

Konvikt an eine Hochschule angegliedertes kirchliches Internat, in dem die Priesteramtskandidaten leben und ihre geistlich-pastorale Ausbildung erhalten

Krüppelwalm siehe Schopfwalm

Laibung Schnittfläche, die entsteht, wenn eine Tür- oder Fensteröffnung rechtwinklig in eine Wandfläche eingeschnitten wird

Lange Hessen der mittelalterliche Straßenzug „durch die langen Hessen" führte von Frankfurt über Kleinlinden, Treysa, Spangenberg, Creuzburg nach Eisenach; die „kurzen Hessen" führten über Friedberg, Grünberg, Alsfeld und Hersfeld

Lettner steinerne oder hölzerne Barriere, die in Kathedralen, Kloster- und Stiftskirchen den Altarraum vom restlichen Kirchenschiff abtrennte

Lisene leicht vorspringender, senkrechter Mauerstreifen zur Gliederung einer Wand, im Gegensatz zum Pilaster ohne Basis und Kapitell

Louis-seize-Stil auch „vorrevolutionärer Klassizismus" oder „Zopfstil" genannt, bezeichnet v. a. den bei Inneneinrichtungen und Möbeln üblichen Stil im Zeitraum 1760-90

Mannfigur Zierform beim Fachwerk, das durch die paarweise Anordnung von Kopf- und Fußstreben erzielt wird

Mansarddach Dach mit einem steileren, oft ausgebauten, unteren und einem flachen oberen Teil

Marstall Gebäude für Pferde, Wagen, Kutschen und Geschirr in fürstlichen Hofhaltungen

Maßwerk steinernes, seit der Gotik gebräuchliches Bauornament aus geometrischen Grundformen; dient der Gliederung und der Ausschmückung von Fenstern, Giebeln, Brüstungen etc.

Mediatisierung die Aufhebung →reichsunmittelbarer Stände und deren Unterwerfung unter die Landeshoheit eines anderen weltlichen Herrschers im Zuge des Reichsdeputationshauptschlusses von 1803

Megalithgrab volkstümlich „Hünengrab" bezeichnet eine Grabstätte, die aus der Jungsteinzeit oder der Bronzezeit stammt

Mensa der eigentliche Altartisch in Abgrenzung zu den zusätzlichen Teilen des Altars wie Retabel (Altaraufsatz)

Moderne kulturgeschichtliche Phase seit ca. 1905; das Ende ist noch nicht klar definiert, häufig wird aber der Zeitraum nach den 1960er Jahren schon als Postmoderne bezeichnet

Obergaden die obere, mit Fenstern versehene Wandfläche des Mittelschiffs einer Basilika

Oppidum durch Ringwälle geschützte keltische Siedlung

Orden eine durch eine Ordensregel verfasste, meist religiöse Lebensgemeinschaft von Männern oder Frauen, die in einem Kloster leben

Palas Wohn- bzw. Saalbau einer mittelalterlichen Burg

Pallottiner kein Orden, sondern eine von Vinzenz Pallotti (1785-1850) gegründete apostolische Gemeinschaft

Palmette symmetrische Abstraktion eines Palmwedels als Grundform der Ornamentik

Perlstab geometrische Figur, bei der sich lineare Elemente mit kugelförmigen abwechseln

Pfalz königlicher Palast, in denen deutsche Könige Hofgericht abhielten; das zugehörige Gebiet war einem Pfalzgrafen unterstellt und wurde ebenfalls als Pfalz bezeichnet

Pietà Darstellung, bei der Maria den Leichnam Jesu Christi auf dem Schoß hält

Pilaster leicht vorspringender, senkrechter Mauerstreifen mit Basis und Kapitell zur Gliederung einer Wandfläche

polygonal vieleckig

Portal prunkvolles Tor oder großer Eingang

Portikus eine an ein Gebäude angefügte, nach einer Seite offene Säulenhalle

Prämonstratenser 1121 durch den heiligen Norbert von Xanten gegründeter Orden, der auf das Stammkloster Prémontré in Nordfrankreich zurückgeht

Rähm der obere, waagerechte Abschluss einer Fachwerkwand

Rähmbauweise Konstruktionsprinzip im Fachwerk, bei dem die senkrechten Stützen der jeweiligen Geschosshöhe entsprechen

Ravelin oder Wallschild bezeichnet im Festungswesen ein eigenständiges Werk mit meist dreieckigem Grundriss, das den Wallabschnitt zwischen zwei Bastionen schützt

Reichsunmittelbarkeit bezeichnet den Status von Personen und Körperschaften (Klöster, Städte), die im Heiligen Römischen Reich Deutscher Nationen direkt und unmittelbar dem Kaiser unterstanden

Reliquiar oft reich geschmückte Behältnisse für die Aufbewahrung von Reliquien

Reliquien leibliche Überreste von Heiligen, aber auch Gegenstände, die diese (angeblich) benutzt haben; stehen meist im Mittelpunkt von Wallfahrten

Remise ein Gebäude, in dem Fahrzeuge oder Geräte abgestellt werden

Renaissance kulturgeschichtliche Epoche, in Deutschland zwischen ca. 1500 und 1600

Retabel der seit dem Spätmittelalter oft reich geschmückte Altaraufsatz

Risalit über die gesamte Gebäudehöhe vorspringender Teil der Fassade; je nach Position unterscheidet man Mittel-, Seiten oder Eckrisalite

Rokoko kulturgeschichtliche Phase, in Deutschland zwischen ca. 1735 und 1770/90; wird auch als Spätbarock der Epoche des Barock zugeordnet

Romanik kulturgeschichtliche Epoche, in Deutschland zwischen ca. 950 und 1235; meist unterteilt in Frühromanik (bis ca. 1050), Hochromanik (ca. 1050 bis 1150) und Spätromanik (bis ca. 1235)

Saalbuch, **Salbuch** Verzeichnis über die Besitzrechte eines Grundherren und die Leistungen seiner Grunduntertanen im Mittelalter und in der frühen Neuzeit

Saalkirche einschiffiges Gotteshaus

Sakramentsnische in der Nähe des Altars gelegen, dient sie wie der Tabernakel der Ausstellung der Monstranz mit den konsekrierten (in den Leib Christi umgewandelten) Hostien für das heilige Abendmahl

Säkularisation Auflösung der Kirchengüter unter dem Einfluss Napoléon Bonapartes durch den Reichsdeputationshauptschluss von 1803

Schalenturm ein zur geschützten Seite hin offener Turm

Schanzen eine im wesentlichen aus Erdaufwurf bestehende Verteidigungsanlage

Schiff durch Außenwände oder Säulenreihen abgegrenzter Hauptraum eines Kirchengebäudes, oft untergliedert in Mittel- und Seitenschiffe

Schildmauer die höchste und stärkste Burgmauer zur Sicherung der Hauptangriffsseite

Schopfwalm nur im oberen Bereich eines Giebels ausgebildetes Walmdach (auch „Krüppelwalm" genannt)

Schwelle der untere, waagerechte Holzbalken einer Fachwerkwand

Secco Technik der Wandmalerei, bei der die Farbe mit Bindemittel auf den trockenen Putz aufgebracht wird

Siebenjähriger Krieg (1756 bis 1763) zwischen Preußen und Großbritannien auf der einen und Österreich, Frankreich, Russland auf der anderen Seite; Preußen etablierte sich durch den Krieg als fünfte europäische Großmacht

Silur ist die dritte erdgeschichtliche Periode des Erdaltertums; es begann vor 444 Millionen Jahren und dauerte bis zum Beginn des Devons vor 416 Millionen Jahren.

Sinter mineralische Ablagerung, die sich durch Abscheiden von in Wasser gelösten Mineralien, z. B. Kalk, bildet

Spätmittelalter geschichtlicher Zeitraum zwischen ca. 1250 und 1500

Ständerbauweise Konstruktionsprinzip im Fachwerk, bei dem die senkrechten Stützen über mehrere Geschosse verlaufen, meist bis zur Traufe bzw. zum Giebel

Stichbogen auch „Segmentbogen", flach gewölbter Bogen über Fenster- und Türöffnungen

Stift eine mit einer Stiftung meist in Form von Grundbesitz ausgestattete kirchliche Institution, deren Angehörigen (die Stiftsherren) ursprünglich in einer Gemeinschaft zusammenlebten

Tauband Profilleiste im Fachwerk, verziert mit gedrehtem oder geflochtenem Taustrickmuster

Tertiär gebräuchliche, aber in Fachkreisen nicht mehr verwendete Bezeichnung für den erdgeschichtlichen Zeitraum vor 65 Millionen bis 1,6 Millionen Jahren

translozieren an einen anderen Ort umsetzen

traufständig Ausrichtung eines Hauses mit First und Dachtraufe parallel zur Straße

Triforium ein zum Mittelschiff hin geöffneter Gang unterhalb des Obergadens

Vierung quadratischer oder rechteckiger Raum im Schnittpunkt von Lang- und Querhaus einer Kirche

Vogt Beamte, die seit dem 8. Jahrhundert zum Schutz bestimmter Sachgüter oder Personen eingesetzt wurden; der Bezirk bzw. das Amt eines Vogtes heißt Vogtei

Volute schnecken- oder spiralförmiges architektonisches Schmuckelement

Walmdach an Längs- und Schmalseiten abgeschrägtes Dach

Wehrkirche Kirche mit Elementen eines Wehrbaues (Wehrerker, Schießscharten etc.), die meisten entstanden im 15. und 16. Jahrhundert

Westwerk eigenständiger, dem Kirchenschiff im Westen vorgelagerter Gebäudeteil mit ein oder zwei Türmen; meist bei früh- und hochmittelalterlichen Kirchen

Wichhaus, **Wicherker** Verteidigungs-
erker, meist an den Türmen mittelalterlicher Wehrkirchen

Wilhelmiten Ordensgemeinschaft, die
sich am Grab Wilhelms von Malavalle
(† 1157) in Mittelitalien gebildet hatte

Wüstung untergegangene, von Menschen verlassene Siedlung

Zehntscheune Lagergebäude für die
Naturalabgaben der Bauern an die
Grundherren

Zisterzienser 1098 im burgundischen
Cîteaux (Frankreich) von Robert von
Molesme gegründeter Orden

Zwerchhaus quer zum Giebel angeord-
neter Dachausbau, dessen Vorderfront
mit der Fassade abschließt

Literaturhinweise

Besucherbergwerk Grube Fortuna. Museumsführer. Hrsg. vom Lahn-Dill-Kreis.; Solms 2005.

Bilder zur Geschichte Villmars 1053-2003. Wer die Vergangenheit kennt, kann auch die Zukunft bewältigen. Hrsg. vom Marktflecken Villmar aus Anlass des 950jährigen Jubiläums. Villmar 2003.

Borbonus, Leonhard: Niedertiefenbach – Ein Beselicher Heimatbuch. 1. Aufl. 1993.

Boyle, Nicholas: Goethe: Der Dichter in seiner Zeit. Band I. 1749 bis 1790. München 1995.

Braunfels, lebenswerte … liebenswerte Stadt. Broschüre der Stadt Braunfels; 2005.

Braunfelser Stadtmuseum Obermühle. Faltblatt der Heimatkundlichen Arbeitsgemeinschaft Braunfels e.V.

Bröckl, Edith; et al: Weilburg-Lexikon. Lexikon der Stadt Weilburg an der Lahn. Hrsg. vom Magistrat der Stadt Weilburg. Weilburg 2006.

Crone, Marie-Luise: Dietkirchen-Geschichte eines Dorfes im Schatten des St. Lubentiusstifts. Hrsg. vom Magistrat der Kreisstadt Limburg. Limburg 1991.

Crone, Marie-Luise: Konrad Kurzbold. Lebensbeschreibung des Gründers des St. Georgenstiftes in Limburg an der Lahn.
In: Nassauische Annalen 98 (1987) S. 35-59.

Crone, Marie-Luise; Hefele, Gabriel; Kloft, Matthias Theodor: Limburg-Geschichte des Bistums, Heft I.-VI. Editions du Signe, Strasbourg 1993-1998.

Dehio, Georg: Handbuch der Deutschen Kunstdenkmäler. Hessen. Bearbeitet von Ernst Gall. München, Berlin 1960

Der Dünsberg und das Biebertal. Dünsbergverein Biebertal.

Deutsches Glockenmuseum auf Burg Greifenstein. Faltblatt des Museums.

Die Höfe – dein Denkmal. Zur karolingischen Burg und salischen Königspfalz bei Dreihausen, Irmgard Fees (Hrsg.). Arbeitskreis Dorfgeschichte Dreihausen e.V. 2006

Die Höfe bei Dreihausen (= Archäologische Denkmäler in Hessen, Bd. 121), Landesamt für Denkmalpflege in Hessen und der Archäologischen Gesellschaft in Hessen e.V., Wiesbaden o.J.

Die Museen. Faltblatt der Stadt Wetzlar. Wetzlar 2006.

Döring, Mathias: Weilburg und sein Wasser. Die Wasserversorgung der barocken Residenz im 18. und 19. Jahrhundert. Siegburg und Weilburg 2005.

Einen Berg entdecken. Der Dünsberg. Informationsmappe des Dünsbergvereins.

Fuchs, Johann-Georg: Limburger Altstadtbauen. Teil I. 2000. 2. Aufl. 2006.

Fuchs, Konrad; Raab, Heribert: Wörterbuch zur Geschichte. München 1996.

Gerhardt, August: Runkel. Sein Gesicht und seine Geschichte und anderes mehr.
Ein Heimatbuch. Runkel/Lahn, Stadtverwaltung 1952.

Hadamarer Barock. Sakrale Bildhauerkunst des 18. Jahrhunderts. Eine Ausstellung
des Diözesanmuseums Limburg/Lahn vom 15. März 1889 bis 15. November 1990.

Holz + Technik Museum. Informationstexte des Museums.

Huber, Hans: Steine mit Geschichte, Heimatjahrbuch Landkreis Marburg-Biedenkopf
1978.

Informationsblatt der Gemeinde Dillheim.

Kloft, Matthias Theodor: Dom und Domschatz in Limburg an der Lahn.
Königstein im Taunus 2004.

Kreisausschuss Marburg-Biedenkopf, Kulturführer Marburg-Biedenkopf – Ausschnitte
aus der kulturhistorischen Vielfalt eines Landkreises, 3. Auflage, Marburg 2000.

Kreisausschuss Marburg-Biedenkopf und Verlag Kommunikation & Wirtschaft: Landkreis Marburg-Biedenkopf, Oldenburg 2006

Kulturdenkmäler in Hessen: Landkreis Limburg-Weilburg I (Bad Camberg bis Löhnberg) und II (Mengerskirchen bis Weinbach). Hrsg. vom Landesamt für Denkmalpflege Hessen von Falko Lehmann. Wiesbaden 1994.

Kulturführer Marburg-Biedenkopf – Ausschnitte aus der kulturhistorischen Vielfalt
eines Landkreises. Hrsg. vom Kreisausschuss Marburg-Biedenkopf. 3. Auflage,
Marburg 2000.

Landkreis Marburg-Biedenkopf. Hrsg. in Zusammenarbeit mit dem Kreisausschuss
Marburg-Biedenkopf, Red. Markus Morr. Oldenburg 2006.

Langgöns. Informationsblatt der Gemeinde Langgöns.

Magistrat der Stadt Bad Camberg (Hrsg.): Bad Cambergs Fachwerkbauten.
Ein Rundgang durch die Altstadt. Bad Camberg 2006.

Magistrat der Stadt Bad Camberg (Hrsg.): Der Bad Camberger Kneipp-Kräutergarten. „Die Natur ist die beste Apotheke". Bad Camberg 2006.

Marmorbildhauer-Symposium portugiesischer und deutscher Künstler in Weil-
münster-Wolfenhausen. Zum 25-jährigen Bestehen des Landkreises Limburg-
Weilburg. Hrsg. Kreisverwaltung Limburg-Weilburg. Limburg 1999.

Morr, Markus; Brönner, Wolfram; Haase, Uta:
Eingekreist − Land und Leute in Marburg-Biedenkopf. Wetzlar 2000.

Nieder, Franz-Karl: Das Limburger Hospital und die Annakirche. Limburg 2006.

Nigratschka, Kurt (Hrsg.): Kirberg. Einst und Jetzt. Arbeitsgemeinschaft Heimatbuch.
Kirberg, 1. Aufl. 2004.

Prinz, Dieter: Vetzberg. Burg und Burgsiedlung. Biebertal: 2004.

Haus, Rainer: Grube Fortuna. Denkmal des hessichen Erzbergbaus.
Hrsg. Förderverein Besucherbergwerk Fortuna e.V. Wetzlar 2006.

Rüdenburg, Uwe (Hrsg.): Park und Schloss Rauischholzhausen mit Beiträgen von
Ulrike Fezer-Modrow, Jutta Schuchard und Cornelia Jöchner. Marburg 1991.

Schade-Lindig, Sabine: Das Steinkammergrab von Niederzeuzheim. Führungsblatt
zum rekonstruierten Galeriegrab der Wartberggruppe bei Hadamar-Niederzeuzheim
„Hohler Stein", Kreis Limburg-Weilburg (= Archäologische Denkmäler in Hessen 160)
Hrsg. von der Abteilung Archäologie und Paläontologie im Landesamt für Denkmalpflege Hessen. 2004.

Schloss Braunfels. Von der Schutzburg zum märchenhaften Schloss.
Informationsmappe des Schloss Braunfels.

Schmidt, Hartmut: Der Dom zu Wetzlar. (= Kunstführer Nr. 2000).
2. Aufl. Regensburg 2000.

Seehafer, Klaus: Mein Leben ein einzig Abenteuer. Johann Wolfgang Goethe.
Biografie. Berlin 1998.

Seyferth, Joachim: Die Lahntalbahn. Wiesbaden 2006.

Stahl, Karl Josef: Hadamar Stadt und Schloß. Eine Heimatgeschichte.
Hrsg. vom Magistrat der Stadt Hadamar. Hadamar 1974.

Teichmann, Jörg: Von der Burg zum Schloss. Haus Solms Braunfels 2004.
Braunfels 2004.

Wetzlardruck GmbH in Zusammenarbeit mit dem Kreisausschuss Marburg-Biedenkopf: Eingekreist − Land und Leute in Marburg-Biedenkopf, Wetzlar, 2000.

25 Jahre Verein für Heimatgeschichte Werdorf. Faltblatt des Heimatmuseums.
Asslar 2005.

Internetquellen:

www.burgenwelt.de, Stand 31.12.2006
www.burg-greifenstein.net, Stand 15.12.2006
www.gleibergverein.de, Stand 15.12.06
www.grube-fortuna.de, Stand 15.12.2006
www.jugendburg.de, Stand 31.12.2006
www.leun.de, Stand 15.12.2006
www.marburg-biedenkopf.de
www.stadtlandlahn.de
www.wetzlar.de
www.wikipedia.org, Stand 07.01.2007

Verweis-Register

Altenbuseck ➔ Buseck
Altenvers ➔ Lohra
Amönau ➔ Wetter
Arnsburg ➔ Lich

Ballersbach ➔ Mittenaar
Biskirchen ➔ Leun
Burg ➔ Herborn

Caldern ➔ Lahntal

Dehrn ➔ Runkel
Dietkirchen ➔ Limburg
Dillheim ➔ Ehringshausen
Dorchheim ➔ Elbtal
Dorlar ➔ Lahnau
Dreihausen ➔ Ebsdorfergrund

Eckelshausen ➔ Biedenkopf
Eiershausen ➔ Eschenburg
Elbgrund ➔ Elbtal
Ewersbach ➔ Dietzhölztal

Fellingshausen ➔ Biebertal
Freienfels ➔ Weinbach
Friebertshausen ➔ Gladenbach
Frohnhausen ➔ Gladenbach

Goßfelden ➔ Lahntal
Großen Buseck ➔ Buseck

Himmelsberg ➔ Kirchhain
Hirschhausen ➔ Weilburg
Hohenahr ➔ Bischoffen
Hohensolms ➔ Hohenahr
Holzhausen ➔ Dautphetal

Kinzenbach ➔ Heuchelheim
Kirberg ➔ Hünfelden
Krofdorf-Gleiberg ➔ Wettenberg
Kubach ➔ Weilburg

Langenaubach ➔ Haiger
Langenstein ➔ Kirchhain
Lixfeld ➔ Angelburg
Londorf ➔ Rabenau

Mardorf ➔ Amöneburg-Mardorf
Mellnau ➔ Wetter
Muschenheim ➔ Lich

Nanzenbach ➔ Dillenburg
Niederkleen ➔ Langgöns
Niederscheld ➔ Dillenburg
Niederselters ➔ Selters
Niedertiefenbach ➔ Beselich
Niederzeuzheim ➔ Hadamar
Nordeck ➔ Allendorf

Oberbiel ➔ Solms
Oberkleen ➔ Langgöns
Oberscheld ➔ Dillenburg

Rachelshausen ➔ Gladenbach
Rauischholzhausen ➔ Ebsdorfergrund
Rodheim ➔ Biebertal
Roth ➔ Weimar
Rüchenbach ➔ Gladenbach
Ruttershausen ➔ Lollar

Schadeck ➔ Runkel
Schwabendorf ➔ Rauschenberg
Schweinsberg ➔ Stadtallendorf
Staffel ➔ Limburg
Steinperf ➔ Steffenberg

Treisbach ➔ Wetter
Tringenstein ➔ Siegbach

Vetzberg ➔ Biebertal

Waldgirmes ➔ Lahnau
Werdorf ➔ Asslar
Wieseck ➔ Gießen
Winnen ➔ Allendorf
Wissenbach ➔ Eschenburg
Wißmar ➔ Wettenberg
Wittelsberg ➔ Ebsdorfergrund
Wohra ➔ Wohratal

Textnachweis

Bildnachweis

Archiv daslahntal.de
142 unten

Archiv der Grube Fortuna
193

Aumüller, Lydia
201, 202 unten

Autenrieth, Hans Peter
151 oben

Aßmann, Heinz
223

Bad Camberg
Kurverwaltung
22

Baumann, Hans
216

Becher, Georg
143, 149

Blechschmidt, Manfred
140

Cimiotti, Robert
16

Damm, Erik
197

David, Karl
150 rechts

Dettmering, Erhart
169 unten, 170,
172 unten, 173 unten

Dietrich, Bernhard
166

Düring, Thomas
195

Eufinger, Bernhard
154, 155 links, 156

Evangelische Kirche
181

Fischbach, Robert
45

Fluck, Rüdiger
63

Forman, Imken
208 unten

Frahm, Klaus-Joachim
11, 12, 26, 27, 28, 29,
42, 43, 72, 73, 74, 75,
76, 77, 78, 79, 80, 81,
82, 83, 84, 85, 87, 94,
95, 96, 97, 115, 118, 119,
127, 129, 132, 133, 136,
137, 138, 139, 159, 178,
179, 180, 198, 217, 218,
219

Freundeskreis
Berger Kirche
38

Fritzsche, Wolfgang
40, 46, 47, 48, 49, 50,
53, 56, 57, 68, 69, 109,
111, 112, 113, 123, 174

Gemeinde Langgöns
128 rechts

Gemeinde Selters
191

Greifensteinverein e.V.
91, 92, 93

Geske, Christian
86

von Götz, Roman
209

Holzbach, Alexander
148 unten

Horch, Uli
33, 51, 52, 54, 55, 110,
114, 192

Jakobi, Karlheinz
172 oben

Kieselbach, Rainer
161, 162, 163, 164, 165,
167, 172 oben

Kittel, Gerd
208 oben

Kloft, Matthias Theodor
151 unten

Krauskopf, Christine
70 unten, 199, 220, 222

Kreisbildstelle
Limburg-Weilburg
202 unten

Kunz, Manfred
23

Krämer, Hartmut
124

Lanio, Jürgen
99, 100, 101, 103 oben,
105

Maiweg, Sonja
182

Morneweg, Jürgen
89, 90 links, 125, 232

Mit freundlicher Unterstützung

S Sparkasse
Dillenburg

S Sparkasse
Gießen

S Sparkasse
Grünberg

S Sparkasse Laubach-Hungen.
Gut für unsere Region.

S Kreissparkasse
Limburg

S Sparkasse
Marburg-Biedenkopf

S Kreissparkasse
Weilburg

S Sparkasse
Wetzlar